JN312231

変わる世界の小売業

ローカルからグローバルへ

ブレンダ・スターンクィスト
若林靖永・崔 容熏 他訳

Brenda Sternquist
International Retailing

新評論

日本の読者のみなさんへ

私が著した“*International Retailing 2nd ed.*”が日本で翻訳出版され、読者のみなさんに紹介されることを心から嬉しく思います。私にとっては日本は特別な場所です。何故なら、20年以上も前に国際小売業の研究をスタートした時、最初に注目した国が日本であったからです。また、私が国際小売業の研究を始めた背景には面白いストーリがありますので紹介させていただきます。

25年前、私が勤務しているミシガン州立大学（Michigan State University）の小売学科のスタッフ達は、小売研究の将来は小売の国際化にあるということで意見が一致していました。我々は、3年にわたって全米から国際小売業を担当できる教員を探したのですが、結局適任者が見つかりませんでした。それで、私は自ら国際小売業の研究を開拓・開始しようという思いに至ったのです。その年、私はサバティカルの資格を得ていたために、その間の一定時間を日本で過ごすことにしました。幸運にも、日本で協力者を見つけることができ、それをきっかけとして日本の小売業に関するリサーチを始めたのです。そして、日本の小売に関する研究はその後10年以上も続くことになりました。

その10数年間、私は日本の小売企業、なかでも特に小売企業のバイヤーに延べ100時間以上にわたる聞き取り調査を行いました。小売のバイヤーに対する全国的なサーベイを実施し、定量的なデータも収集し、それをベースとして日本の小売に関する多数の研究論文を執筆することができました。聞き取り調査という定性的な手法およびサーベイ調査による定量的データの分析により、私は日本の小売業に関するインサイドストーリを知ることができたのです。

それから10年後、私は日本のある大学院生の助力を得て、もう一度全国的なサーベイ調査を実施しましたが、その間、日本の流通を研究する多くの才能溢れる若い研究者達と出会うことができ、日本の消費者に関する一連の研究も並行して行うようになりました。

日本の百貨店が香港、台湾および中国へと進出し始めた時、私もその動きを追って、それらの国で調査活動を続けました。これまでに私は、世界の数多くの国々で小売の国際化に関する調査を行ってきましたが、これらの研究をスタートした所が日本なのです。ちなみに、最近の主な研究フィールドは中国とインドです。

私は、研究を始めた初期に日本の小売企業の担当者達と交わした話をいまだに覚えています。また、返品や委託取引のような日本の特殊な取引慣行について初めて知った時のこともすべて覚えています。

日本の流通システム、特に小売企業の仕入形態はアメリカのそれとは随分違っています。しかし、私は過去20年以上にわたる研究の結果から、世界各国の小売システムがアメリカ型のシステムと日本型モデルを両極とするスペクトラムのどこかに当てはまることが分かりました。例えば、韓国や台湾のような国々は日本型モデルに極めて類似しています。両手を思い切り広げると、片手はアメリカのシステムになり、反対側の手は日本型モデルになっているのです。その意味で、日本は私にとっては非常に有益な基準点であったのです。

小売システムは、その国の文化と深く結び付いています。ある国の流通システムを理解するためには、その社会に住んでいる人々の生活パターンを理解しなければなりません。そのために、私はその国の歴史を読み、文化を勉強してきました。そして、それぞれの国で多くの時間を過ごしてきました。この場をお借りして、快く私の取材に応じていただいた多くの方々に御礼を申し上げます。

そして、今回私の本を日本語で翻訳して下さったチームに感謝したい。若林靖永（京都大学）、栗村俊夫（奈良県立大学）、日高謙一（神戸学院大学）、藤岡章子（龍谷大学）、大内秀二郎（近畿大学）、岡本哲弥（京都橘大学）、玉置了（近畿大学)、林美玉（甲南大学)、徐彬如（京都大学大学院博士後期課程)、加賀美太記（同)、リー・キョンハ（同）の皆様には心から感謝しています。骨の折れる作業だったと思います。最後に、すべての作業を取りまとめてくれた崔容熏（同志社大学）には特別に感謝の意をお伝えしたい。彼はちょうど、私が本書の第２版の原稿を仕上げている時にミシガン州立大学に招聘研究員として来てくれました。彼とは、現在も共同研究を進行中です。

2009年６月

ブレンダ・スターンクィスト

もくじ

第13章 中国の小売業 299

訳者●徐(ジョ) 彬如(ヒンジョ)

第14章 韓国の小売業 331

訳者●林 美玉

第15章　インドの小売業　359

訳者●岡本哲弥

変わる世界の小売業

－ローカルからグローバルへ－

BRENDA STERNQUIST
INTERNATIONAL RETAILING, 2/E

Copyright © 2007 by Fairchild Books,
a division of Condé Nast Publications, Inc.
All rights reserved.
Japanese translation rights arranged with
Fairchild Books, a division of Condé Nast Publications, Inc.
through Japan UNI Agency, Inc., Tokyo.

第1章

小売の国際化

本章では、小売の国際化を理解するために必要なコンセプトと理論を提示する。まず、小売の国際化が国際マーケティングといかに異なるかを論じ、次に小売企業が何故「国際化」を追求するという意思決定を行うのかを説明し、外国市場に参入する際の小売企業の形態を分析していくことにする。

1　小売の地理

本書は、国際的な小売市場に焦点を当てている。様々な国の小売市場の違い、小売の国際化のプロセスを理解することを助けるコンセプトと理論について議論していきたい。

小売は地理と結びついている。外国市場で小売事業を指揮するためには、企業はそこに物理的な拠点をもたなければならない。製造業者は自国で製品を製造して世界中に輸出をすることができるが、それに対して小売業者は事業を展開する場所に物理的な拠点をもっていなくてはならない。

当然、世界各国で小売を巡る規制などは異なっている。このような異なる環境で事業を運営するためには、知識と経験が不可欠となる。例えば、もしある製造業者が EU で製品を販売したいなら、ISO9000（EU 加盟国に適用される製品基準）を満たす製品を製造しなくてはならない。

このように、ヨーロッパすべての国での規制は一つの標準に共通化しつつある。しかし、EU での事業を希望する小売業者は、各国が要求する異なる規制を満たす必要がある。

地理とは、一般的にモノが存在する物理的な地理を意味する。昔の地理学は、各国の首都を学ぶことと同義であったが、今日の地理学においては文化地理と経済地理の双方の研究が含まれる。

アメリカおよびその他の国における様々な地域とは、それらの地域に住む人々の暮らし方、つまり**文化地理**を意味する。アメリカの南部地方での暮らし方とニューイングランド地方の暮らし方は言うまでもなく大きく違い、東海岸と西海岸に住むアメリカ人の暮らし方も大きく違うのである。

一方、**経済地理**は産業化あるいは富の分布と関連する。「Ｇ７」は、世界で最も発達したアメリカ、日本、ドイツ、フランス、イギリス、イタリア、カナダの七つの国で構成されている。これらの国は隣接しているわけではないが、類似の消費パターンをもたらす経済発展段階にある。なお、「Ｇ８」は「Ｇ７」にロシアを加えたものである。

経済地理は、個別国家および世界全体の小売に影響する。富は、地理に基づいているのだ。地理的には近隣の消費者であるが、経済的には大きく異なっている場合がある。例えば、マレーシアとシンガポールがそうである。シンガポールの小売業は洗練され多様な品揃えであるが、隣国のマレーシアの小売業はあまり発達していない。文化・経済的な国境が小売業の成長率を決定していると言える。

小売業の活動は経済活動と結び付いているわけだが、小売業が経済活動と共に変化していく様子は第５章で論じることにする。また、小売業の発展は輸送、通信、そして包装などのインフラストラクチャに依存することをふまえていただきたい。

製品を生産する企業は、大きな苦労をすることなく国際化することができる。多くの製造企業の国際化は、海外に住む消費者からの製品購入の要望を受けて開始される。この段階では、国際化の主体はマーケターではなく顧客である。

国際マーケティングの主要な問題の一つは、標準化と適応化の問題である。

一部の製品はグローバル製品、つまり実質的に現地に適応することなく海外市場に販売される。これは「**標準化**」と呼ばれている。しかし、多くの製品は新市場に合うように製品ないしプロモーション戦略を変更する必要があるわけだが、これを「**適応化**」と呼んでいる。小売業における製品とは小売事業そのものである。たとえ小売業者が世界中において標準化されたフォーマットで事業を展開したとしても、企業は文化的に多様な環境の中心に位置することになる。

外国市場に参入する製造業者は、ユーザーに製品を提供するうえでいくつかの代替案をもっている。最も低い関与を選択するならば、卸売業者を活用して外国市場に製品を輸出すればよい。よって、外国市場の卸売業者と取引すれば、企業は国際販売によるファイナンスリスクも悩みもあまり被らずにすむ。しかし、小売業者にはこの選択肢はない。小売業者は最終ユーザーに製品を販売することを目的とするため、最終ユーザーが居住する場所に出店する必要がある。つまり、小売業者は、販売したい市場に物理的に拠点をもつ必要があるわけである。

通信販売業者は、店舗をもたずにカタログのような媒体を利用して市場に存在することになる。しかし、カタログの流通の戦略を決定することは、店舗の立地戦略を考えることと同様に困難である。

ネット小売業者は立地の問題がないと思うかもしれないが、実際はカタログ事業者と同じである。ウェブサイトは、市場における物理的な拠点である。ネット小売業者は、国を越えて商品を出荷すること、各国の要求に応じて消費税を集金すること、そしてウェブサイトがターゲットとする国の顧客に確実に伝わるようにすることに関連する諸問題を克服する必要がある。このことは、複数国でウェブサイトを通じて成功したネット小売業者である「アマゾン」の事例を見れば明らかであろう。また、小売業者に要求される市場での物理的拠点は、グローバルな製造企業が直面する問題とは違った問題を抱えている。とりわけ文化の要素は、製造業者以上に小売業者にとって重要な変数である。

国際化の取り組みにおいて、小売業者は製造業者に比べるとはるかに後れをとっている。世界の上位100社の小売業者のうちで、本国市場以外でも事業を展開しているのは56社にすぎない。

ご存じのように、大規模ディスカウントストアの「ウォルマート」は世界最大である。ウォルマートの収入（2億5,868万1,000ドル）は、国にたとえるとギリシアに匹敵することになる。しかし、そのウォルマートですら国際売上は小さい。このウォルマートにおいても、10か国での国際事業での売上が全体のわずか14％しかない。ちなみに、10か国を挙げると、3か国はNAFTA（北米自由貿易協定）を構成するアメリカ、カナダ、メキシコで、それ以外はアルゼンチン、ブラジル、中国、日本、プエルトリコ、イギリス、中央アメリカ諸国である。また、ウォルマートは、ドイツおよび韓国から2006年に撤退している。

2　参入戦略

製造業者が国際的に事業を拡張する際、関与のレベルと投資の大きさを決めなければならない（**図1－1**）。最も低い関与レベルが、製品を単に外国市場に出荷する**輸出**である。この場合のリスクは限られたものである。その代わり、市場への露出度もまた限定されたものになる。このことは、製造業者が市場で事業を指揮する仕方を学ばないことを意味している。何故なら、たいていは卸売業者が事業の詳細を担当するからである。

市場露出の第2のレベルは、製品あるいは企業名を**ライセンス**することである。企業がその名前をライセンスで与えるということは、他の企業に自社名に基づく製品の生産を認めることになる。ライセンス契約のもとで製造業者は、自ら製品の品質や外国市場での流通についてのコントロールを失うというリスクをもつことになるが、ファイナンシャルリスクは輸出と同様小さくなる。輸出と同じくライセンスは企業を外国市場で露出しないし、重要な学習はなされない。

製造業者の関与の第3のレベルは、進出国の企業との**ジョイント・ベンチャー**である。ジョイント・ベンチャーとは、新事業の経済価値を二つの会社が共同で形成するということである。この場合、パートナー企業から新市場の知識が得られる。

図1－1　国際化の選択肢

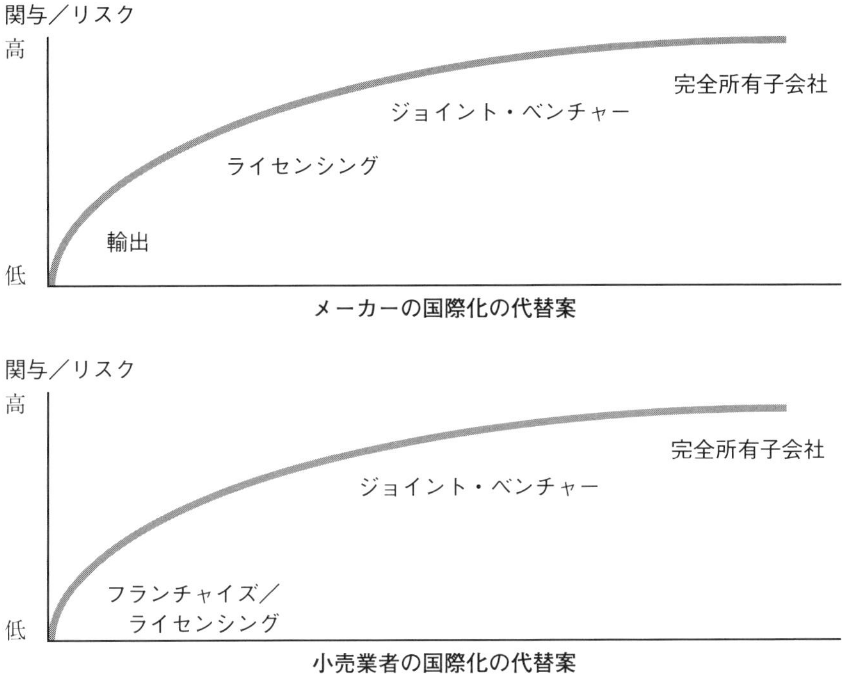

メーカーにとっては、輸出という国際化の代替案はもっとリスクが低い。小売業者にとっては、フランチャイズないしライセンシングがもっともリスクが低い国際化の代替案となる。その代わり、この戦略においては、自社のコンセプトのコントロールを失うことになるだろう。

第3のレベルが、製造業者自らの会社、つまり**完全所有子会社**を外国市場に設立することである。事実上、製造業者は外国市場に拠点をつくって製品を製造し、そこで販売することになる。これは外国市場で最も大きな露出をもたらし、新市場に関して多くのことを学ぶ機会を得ることになる。

小売業者も複数の国際的な拡張戦略の選択肢をもっている。小売業者にとって最も低い関与の選択肢は、ライセンスあるいはフランチャイズ契約に基づくものである。小売業者のライセンス契約は、製造業者のそれと同様、外国企業に自身の名前の使用を認めるものである。例えば、フランスのハイパーマーケット・チェーンの「カルフール」は、台湾でその名前をライセンスしている。しかし、ライセンス契約では自らの手によるコントロールができないのであまり一般的とは言えない。一般的には、小売業者はフランチャイズ契約をすすめている。この契約により、フランチャイザー（フランチャイズ主宰者）はフランチャイジー（加盟店）に対し名前の使用を認め、事業を経営するのに必要なノウハウを提供する。契約内容はそれぞれ異なっているが、一般的には、フランチャイジーに独特な小売フォーマットの諸要素を提供している。

小売業者がもっている独特な小売フォーマットをフランチャイジーに提供するということは、自社事業の秘密を販売することを意味する。したがって、フランチャイズ契約とは短期的な収益性の面ではよいが、のちに完全所有子会社でその市場に参入するということは困難となる。これは重大な問題である。何故なら、フランチャイジーが普及して外国市場での事業が成功したとしても、将来の子会社での拡張が阻まれることになるからである。

アメリカでのファストフード事業は、フランチャイズにより国際市場に参入して成功を収めている。一例を挙げると、マクドナルドは国際市場にフランチャイズのみで拡張している。他方、「ベネトン」（ファッション業）や「ボディショップ」などは、ライセンス、フランチャイズ、完全所有子会社を組み合わせて国際的に拡張している。フランチャイズとライセンスについては、第6章でより詳しく論じることにする。

小売業者の国際的関与の第2のレベルは、外国企業とのジョイント・ベンチャーである。フランチャイズと同様、この拡張においては企業の秘密を共有することになる。仮に、ジョイント・ベンチャーのパートナーがターゲットである国について多くの知識をもつならば、これは互いに有益なものとなるだろう。そして、国によって小売フォーマットを変える小売業者はジョイント・ベンチャーで助けられることになるだろう。例えば、ウォルマートとメキシコの大手小売業者の「シフラ」とのジョイント・ベンチャーは、業界アナリストから成功した小売ジョイント・ベンチャーの見事な事例と言われている。

ウォルマートは、シフラとのジョイント・ベンチャー以前には食品に焦点を当てていなかった。対照的に、日本の大手百貨店である「伊勢丹」は、ニューヨークの専門店チェーンの「バーニーズ」とジョイント・ベンチャーで参入したが、その結果は悲惨なものだった。バーニーズは伊勢丹からの資金の注入を希望したが、一方伊勢丹は、バーニーズを重要な小売のシンボルと見なしていた。結局、互いにそれぞれが求めるものを獲得できなかったわけだ。

小売業者の国際的な関与の第３レベルは、新市場で完全所有子会社を設立することである。これは、社内秘を犠牲にしない唯一の方法である。標準化された形式で小売フォーマットを移転する企業は、この戦略によって多くの利益を得ることができるだろう。小売業者が提供する製品や小売フォーマットの変更や修正が少ないほどこの戦略はより魅力的なものとなる。ちなみに、「IKEA（イケア）」の国際的な拡張は、進出国の政府が制限する場合を除いて完全所有の店舗によって展開されている。

3　国際化の理由

小売業者が国際化する理由は次のようなものである。

❶成長の可能性が低いという成熟した本国市場の限界を超えたい。
❷投資を多角化する必要性がある。
❸規制によって本国での拡張に制限がある。
❹ユニークな小売フォーマットを所有している。
❺本国市場での競争が厳しい。
❻本国市場での景気が悪化している。
❼先発者優位を確保したい。

アメリカの小売業者の国際化は早くなかった。何故ならば、自国の市場が大きかったからである。小売のナショナル・チェーンはアメリカで生まれた新しいアイデアであり、本国市場が飽和するまでは他国に拡張しようという考えはなかった。一方、オランダのような国では本国市場が小さく、成長を求める小売業者は国際市場に進出しようとするのだ。

4　成熟した本国市場――潜在的低成長

新製品を生み出すのと同じく、小売フォーマットは四つの段階を経由する。すなわち、導入、成長、成熟、衰退の4期である。成熟期に到達した小売フォーマットは、右肩上がりの売上を続けることができない。しかし、本国市場では革新的、刺激的ではない小売フォーマットでも、外国市場では新しくて興味深いものと見なされる可能性がある。例えば、ウェアハウスクラブは、1980年代後半のアメリカで普及のピークにあったが、このフォーマットはアジアや南アメリカの市場において今日でも活気をもって展開されている。そして、「トイザらス」は、アメリカにおける出店は飽和状態に達していると判断したためにアジアやヨーロッパへの拡張を始めた。また、コンビニエンスストアと同程度の小さな売場面積で展開するウェアハウスクラブのようなハード・ディスカウント業態はヨーロッパで始まったが、アメリカで成功を遂げている。

しばしば小売業者は、本国に留まって新しい小売フォーマットを考え出すよりもリスクが小さいと考えて、既存の小売フォーマットで外国市場に拡張している。したがって、拡張する小売業者は一般的に大規模小売業者であり、発展途上国に拡張している。ウォルマートがメキシコに拡張したのは、その適例であろう。

国際拡張をすすめる「トイザらス」

5　投資を多角化する必要性

「**卵**は一つの**かご**に盛るな（Don't pull all your eggs in one basket）」という古い格言は、事業投資においてふさわしい言葉である。1970年代、ベルギーの同族所有の食品小売業者である「デルハイズ」は、ヨーロッパに投資のすべてをすることはないと決定した。そして、アメリカへの投資を慎重に判断し、「フードライオン」の食品スーパーチェーンを買収した。買収は、小売フォーマットの多角化戦略ではない。あくまでも、財務上のポートフォリオ（分散投資）の多角化戦略に基づくものであった。

ある国は、他の国より小売業者にとって魅力的である。アメリカは、安定した政治環境や政府の規制レベルが低いなど、魅力的な投資地域である。しかし、すでに過剰店舗となっており競争が厳しくなっている。**過剰店舗**とは、消費者１人当たりの売場面積が過剰に広いことを意味する。アメリカは他国に比べ過剰店舗率が30％も高く、その結果、国内市場でのカニバリゼーション（共食い、つまりある店舗が売上を獲得しようとするなら他の店舗の売上を奪わなくてはならない）が急速に進んでいる。

6　規制によって本国での拡張が制限されている場合

多くの国では、小売の拡張を制限したり小売業者による従業員の解雇を制限し、そして営業時間を規制するといった厳格な規制がある。日本での厳しい規制がよく取り上げられるが、多くのヨーロッパ諸国でもまた日本と同様に規制が厳格である。

政府は、小売業に好意的でないところがある。その理由は、第１に小売業は国の貿易収支の改善に貢献しないというものである。国は商品の輸出を奨励するが、小売業は商品の輸出には貢献していないということだ。第２は、多くの国々では小規模の小売業者を保護しているからだ。というのも、小規模の小売業者は市街地の経済的な存続を維持するうえで役立つと期待されているからである。また、小売業はしばしば雇用の吸収先としても見なされている。つまり、小売業は失業者を吸収しているのである。

「大店法（大規模小売店舗規制法）」と呼ばれる日本の法律は、1,000平方メートル以上の規模の出店を規制するものであった。大規模小売店の出店を希望するならば、その地域の中小小売業者たちから承認を得る必要があった。予想通り、たいていの中小小売業者は大規模の競争相手が仲間に加わることを拒み、その結果、開店までに10年以上もかかるケースもあった。

しかし、アメリカからの強い要求によって日本でのこの規制は廃止された。これにより、新規出店を認めるのに必要な時間は減少し、2年以内になるだろう。同様の法律として、ベルギーには「パドロック法（Padlock Laws）」、フランスには「ロワイエ法（Loi Royer）」と呼ばれるものがある［259ページ参照］。

7　ユニークな小売フォーマットを所有

新しいアイディアを守ることは小売業者にとって難しい。というのも、小売イノベーションは特許や著作権で保護されるものではないのだ。新しい小売フォーマットを導入しても、すぐに競争業者が模倣してくる。ユニークな小売フォーマットをもつ小売業者がそのフォーマットの価値を最大限に活かそうとするならば、外国市場に積極的に拡張することが一番である。もし、小売業者自らが拡張しないということが分かれば、代わりに他社がユニークな小売フォーマットを複製してイノベーションの価値を享受することであろう。

「ザラ」はこの戦略の適例である。ザラは迅速な在庫補充システムを開発し、回転率は極めて高く、すぐ買わないと製品が店頭からなくなってしまうという感覚を消費者に与えた。また、「アルディ」はハード・ディスカウントのフォーマットである点でユニークである。ハード・ディスカウントの店舗規模はとても小さく、一般に大規模な小売業者を規制しようとする政府施策では規制されることはない。

8　本国での競争が厳しい

日本やアメリカのように競争の厳しい市場での小売業者は、成長の可能性が高く、競争が厳しくない他の市場へ参入することになる。1990年代、日本の百貨店が香港に進出した。最初に香港に進出した百貨店は、本国での業績がよくない企業であった。そして、日本で成功している他の企業が進出するまでは香港での業績はよかった。しかし、他の企業が進出してからは本国と同様に競争が激しくなった。そして、多くの日本の百貨店は、本国における市場シェアの停滞ないし低迷の影響を受け、香港市場からも撤退している。

メキシコに進出したアメリカの小売業者はもう一つの例を提供する。アメリカの「Ｋマート」はディスカウント小売業においてウォルマートにトップを譲った。アメリカで共食いの戦いを続けるよりも、ウォルマートとは直接対立しないだろうと思われた国際市場に拡張することを決定した。しかし、Ｋマートの国際事業で成功しているものはない。

9　本国での景気の悪化

景気後退は、早い段階で小売業者に大きい打撃を与える。本国市場が経済の低成長期に入っている場合、国際的な拡張が望ましいだろう。1990年代初頭、日本の小売販売は、1995年の第３四半期に上昇に転じるまで44か月連続で減少した。対照的に中国の小売販売は、この期間、５年以上にわたって二桁成長を遂げた。

小売業者は、わずかな準備期間で新規出店が可能になるという付随的なメリットをもっている。また、本国の景気が悪い場合、小売業者は速やかに他の立地に移動することもできる。

ベルリンの壁が崩壊（1989年）して以降、西ドイツの小売業者は東ドイツの都市に移動店舗を出した。この移動店舗は、商品を詰め込んだ小さなトレーラートラックである。トラックは東ドイツの町や都市の中心部まで運ばれ、西ドイツの小売業者は速やかに事業を開始できた。小売業者が小規模であればあるほど、景況に基づく移動はより速やかに展開できる。

10　先発者優位

小売業のための各都市の商業地域は限られている。小売業が成功を収める条件は、1に立地、2に立地、そして3にも立地である。良好な立地を見いだすということは、専門店よりも百貨店やマス・マーチャンダイザーのような大規模店にとってより重要となる。

立地は小売業者が成功するうえにおいて決定的となる。プレミアムのある立地がまだ利用可能であるならば、最初に市場に進出することが極めて重要となる。一方、製造業者は小売業者よりはるかに広い立地の代替案をもっている。というのも、製造業者は消費者に直接アクセスする必要がなく、地価の低い都市の周辺や農村地帯に工場を建設することができるからだ。良好な立地は小売業者にとっては重要であり、国際的な拡張をするための決定的な要因となる。

11　小売業者のタイプによって国際市場への拡張はどう違うか？

あらゆる小売業者が国際的な拡張を考慮している。強い企業、弱い企業、ユニークな企業、さらに標準的な企業も拡張を求めている。下記に挙げる四つの特徴によって、小売業者がどこに進出するかを予測することができる。

①強い小売業者

強い企業は、世界的な流通を目標として国際市場を追求する。「マクドナルド」はファストフード業界で最強の小売業者であるが、もし自らが国際化をし

図1－2　小売業の国際拡張：どのような企業がどこに進出するのか？

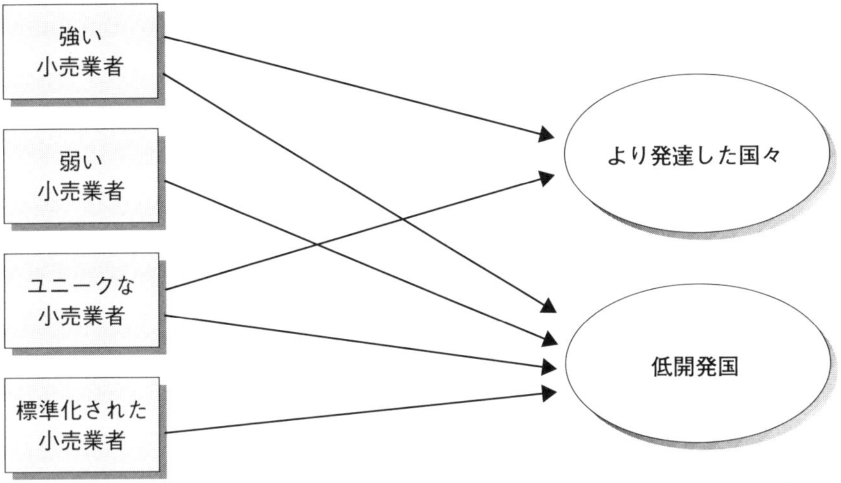

小売業者の性質によって、どのような国に進出するかということを予測することができる。強い小売業者、ユニークな小売業者はより発達した国々へも、低開発国にも拡張するだろう。弱い小売業者や標準化された小売業者は、弱い競争にしか直面しないような国々、つまり低開発国に進出する傾向があるだろう。

なかったとしたら、各国の競争業者に模倣されて当社の将来に国際的な成長の機会を失うことを自覚している。斬新なアイデアを有するイノベーターが市場シェアで優位に立ち続けるためには拡張し続けることが何より重要となる（**図1－2**を参照）。

強い企業は、どこに拡張するかという選択権をもっている。また、もともとの小売フォーマットで拡張することもできるし、そのフォーマットを修正することもできる。一例を挙げると、IKEA（イケア）は強い企業である。IKEA が参入した各市場では、市場シェアのリーダーとなっている。

②弱い小売業者

弱い企業は、しばしば本国市場での市場シェアを維持できないために国際的な拡張を余儀なくされる。弱い企業の国際化は、激しい競争を伴わない市場を探す試みでもある。Kマートが1993年にチェコとスロバキアの市場に参入したのが、その例と言える。プラハには外国企業との競争は存在しなかったが、国内の百貨店は何年もの国家所有を経て民営化されていた。この市場は、アメリカの国内市場で強い競争力を維持することが難しい企業にとっては理想的な状況をもたらしたのだが、先に指摘した通りこの進出は失敗に終わり、数年後にはチェコとスロバキアでの店舗をイギリスの食品小売業者である「テスコ」に売却した。

③ユニークな小売業者

ユニークな企業には様々な拡張戦略がある。最も多いのは、自らの標準的なフォーマットを正確に複製して拡張するというものである。これらの小売業者は、一般的に専門店のフォーマットを採用している。彼らは、ライフスタイルを先導する小売業者である。彼らは国の発展度にかかわらず拡張しているが、独特なグローバル消費者が見受けられる、より発達した国に焦点を当てている。

世界の主要都市には、極めて同質の消費者グループが存在している。ユニークな小売業者の戦略は、製品を変更することなしに消費者に訴求することである。ザラ、「マンゴ」、「H&M」は、**プライベート・ブランド**のユニークな製品ラインで構成されており、他と区別される衣料品の小売業者である。

④標準化された小売業者

標準化された企業は、大規模な小売フォーマットを資本化するために国際市場に進出する。このような企業は、高いレベルのサービスを提供するために販売員の技術訓練に熱心である。また、土地および労働コストが低い地域に立地することがベストとなる。そして、消費者の可処分所得が増大している国に進出することが重要である。一般的に、標準化された企業はより発達した国から発展途上国に進出している。フランスのハイパーマーケットがスペインに参入したのがその好例であろう。

第2章 小売の戦略的国際化に関する包括モデル（SIREモデル）

小売業者が、どのように、何故、どこで国際化するかを説明する理論の発展は、これまでにほとんどなかった。ほとんどの国際化の理論において、国際化する企業には輸出という選択肢があると想定しているが、小売業者には輸出という選択肢がない。小売業者は最終消費者に対する販売を行うために、進出先の国内において物理的に存在しなければならない。また、インターネットを利用している小売業者の場合でもウェブサイト上での存在という形をとっている。**図２－１**は、小売業者がとりうる参入形態の戦略を示している。

小売部門における近年の研究では、モチベーションや関与の度合いなど、小売国際化の様々な側面に光が当てられてきたが、**参入形態の戦略**における研究は不十分なままである。

二つの大きな問題が、小売国際化についての一般理論の確立を妨げてきた。一つは、すべての小売業者の国際化は同じであると多くの研究者が考えてきたことである。サーモン＆トルジュマンが、初めて小売業者をグローバルとマルチナショナルの二類型に分類した(1)。しかし、スターンクィスト(2)を除く主要な研究者達は、サーモンらの分類に従わず、すべてのタイプの小売業者をひとまとめにして分析している。

私の経験によれば、小売の国際化には少なくとも四つのタイプ（投資、純粋なフランチャイザー、グローバル、マルチナショナル）があり、組織構造などの理由からそれぞれ異なった拡張パターンをたどっている。小売業者を類型化

図２－１　参入形態

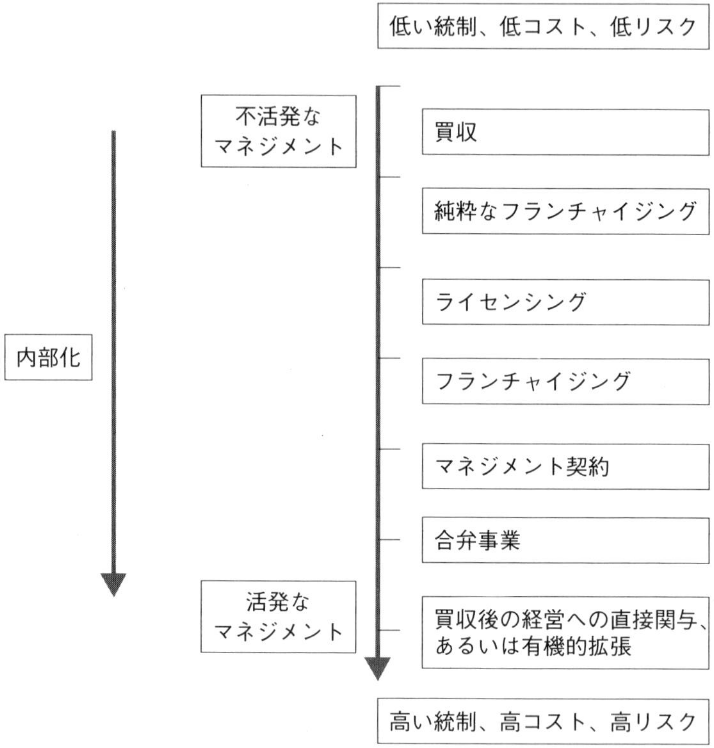

することで、それぞれのタイプの小売業者がどのように国際化しているのかを識別することができる。

二つ目は、ほとんどの研究者達が小売業者の国際化の成功事例のみを分析していることである。完全な小売における国際化のモデルを確立するためには失敗事例の分析が不可欠である。企業は成功よりも失敗の分析を行うものであるし、加えて失敗は、どのような拡張パターンが正しいかに関する明確な解答を示してくれるものだ。

本章において示される諸概念は、記述的というよりも規範的である。つまり、どのような国際化のパターンが正しいと解釈されるかを示すものである。誤ったパターンの動きは、最終的には撤退という結果に終わるであろう。

1　小売国際化の類型

買収

買収とは、運営の順調な既存の企業を買い取って、その経営陣に事業を継続させせることである。これは、**消極的なタイプのマネジメント**である。この戦略は、「デルハイズ」や「アホールド」、そして「セインズベリー」がアメリカに最初に参入したときに用いられた。また、「ウォルマート」がイギリスのスーパーマーケット・チェーンである「アスダ」を買収したのも同様の戦略である。この時、ウォルマート・ヨーロッパの社長兼 CEO のデイヴ・ファーガソンは次のように言っている。

「我々は、あえて変革する必要のないほど有能な企業を手に入れた[(3)]」

買収戦略を用いる企業は、国内よりも高い**投資利益率**、安全な投資環境、さらに／もしくは**小売のノウハウ**の習得を求めている。自国市場ではなく他国の企業を買収しようとする動機は企業の多角的な投資である。先に挙げたデルヘイズは、冷戦の最中にアメリカの「フードライオン」を買収した。デルハイズは、企業の資源をより政治的に安定的な環境に向けようとしたわけである。

買収による国際化では、知識の移転はほとんど発生しない。したがって、必ずしもより積極的なマネジメントへと移行するわけではない。また、買収では業績の不振な企業ではなく好調な企業を買い取ろうとする。そのため、買収は金のかかる国際化戦略であり、投資の回収は困難である。

「アホールド」は、進出先国の「逸材」の小売業者を求めたが、その国の「逸材」を買収できない場合はその国には進出しないとした。近年、アホールドが南米やアジアで買収企業を売却したことからも買収戦略の困難性が分かるというものだ。

純粋なフランチャイザー

消極的なタイプのマネジメントには、**純粋なフランチャイザー**という形態がある。これらの企業は、国際的な拡張において排他的なフランチャイジングを用いている。純粋なフランチャイザーは、通常、マスター・フランチャイズの権利をフランチャイジーに与え、そのネットワークを国中に広げることに集中している。また、純粋なフランチャイザーは、**場当たり的な**理由によって国際的に拡張することがよくある。

場当たり的とは、戦略的な目的をもって進出先国に興味を抱くというのではなく、誰かがフランチャイズの権利を求めて自分の所へやって来るという意味である。例えば、日本における「マクドナルド」のマスター・フランチャイズの権利は、三越との取引をもつハンドバッグと靴のセールスマンであった一人の起業家である藤田田（ふじたでん）［1926～2004、94ページを参照］に与えられた。当時、マクドナルドは日本での店舗展開に関心はなかったが、藤田は「ハンバーガーとフライドポテトは日本でヒットする」と言ってマクドナルド社を説得した。

マスター・フランチャイザーにとっては、どの国に参入するのが最善であるかを見分けることよりもフランチャイズのネットワークを拡大できる人物を識別することのほうが重要である。したがって、**マスター・フランチャイザー**の拡張パターンは、文化的に近い国から順次参入していくという段階的な拡張ではなく、多様な国にランダムに拡張するパターンとなっている。

買収と純粋なフランチャイザーは、いずれも消極的なマネジメントを基礎に置いている。マネジメントが消極的であるため知識の移転はほとんど起こらないし、いずれの手段も小売における戦略的な意思決定ではなく財務的な意思決定であるため、その後、国際的な拡張がどのように展開されるかを予測することはできない。これらのアプローチを用いる小売業者は、戦略的・合理的ではなく機会主義的でランダムであり、小売業者の国際化のモデル構築からは除外する必要がある。

本章では、戦略的な行動であると見なし得る二つのタイプの小売業者に焦点を当てることにする。サーモン＆トルジュマン[1]に倣って、「グローバル小売業者」、「マルチナショナル小売業者」という用語を用いることにする。「グローバル」および「マルチナショナル」という名称は、その企業の国際化の程度を示すのではなく、**標準化**（グローバル）－**適応化**（マルチナショナル）という概念に該当するものである。

この「グローバル－マルチナショナル」という用語に関しては論争がある。マーケティング関連の文献においては、マルチナショナル企業はしばしば「マルチローカル」と呼ばれている。しかし、マルチローカルという概念では、マルチナショナル小売業者がそれぞれの国際化の動きから知識を習得するという含意が伝わらない。この知識は、将来の国際的な活動を決定する際に重要なものとなる。なお、すべての小売業者がグローバルあるいはマルチナショナルのいずれかに完全に分類できるわけではなく、ほとんどの小売業者は両者の特徴をあわせもっている。

ペレグリーニは、成長過程を説明するための重要な論点を提示している(4)。彼は、成長機会を求める理由として次の三つを挙げている。

❶その企業独自のノウハウを活用して国際化の利益を享受する試み（マネジメント関連の文献では「レント」と呼ばれる）。

❷オペレーションの規模を最適化する試み（**規模の経済**）。

❸オペレーション・ミックスを拡張し、コストを抑えて効率性を高める試み（**範囲の経済**）

次節では、グローバル小売業者とマルチナショナル小売業者のそれぞれの成長過程を検討する。

2　グローバル小売業者

グローバル小売業者は、**集権的**で標準化され、一般には小規模の小売業者である。また、しばしば**垂直統合**を行っており、**プライベート・ブランド**や排他的な商品の取り扱いに関心が高い。その例として、ザラやマンゴ、そして「ギャップ」などが挙げられる。

グローバル小売業者が海外市場に参入する時は、自分達の提供物が大幅な変更なく受け入れられるような普遍的でグローバルな市場セグメントを求める。グローバル小売業者は相対的に規模が小さく集権的であるため、その事業フォーマットをフランチャイズ化することも可能である。また、標準的な事業フォーマットをもっているため新しい場所で急速に店舗網を拡大することもできる。

グローバル小売業者は国から国へ国際化するというのではなく、全世界共通の市場セグメントを見つけられる世界規模の大都市から大都市へと国際化していく。どこへ行こうと顧客は基本的には同じであるため、提供物を変更する必要はないわけだ。

グローバル小売業者、特にファストフードの企業は新しい形態の**グローバル帝国主義**として論じられてきた。グローバル帝国主義とは、小売業者が進出先の物質文化を一変させるという意味である。ロナルド・スティール［Ronald Steel］やトーマス・フリードマン［Thomas L. Friedman、1953～］らは、「マクドナルドなどのグローバル文化の体現者が専制的で非民主的な社会において現れつつある中産階級の関心を満たす」と論じている。

グローバル小売業者が国際的な拡張を行う動機は、他社に先んじてユニークなコンセプトを活かすことである。したがって、グローバル小売業者は自国市場が飽和する前に他国へ進出する必要がある。グローバル小売業者が追求するのは、単なる成長ではなく自分達のコンセプトを植えつけることなのである。

コンセプトを植えつけるとは、他社が模倣できるようになる前に急速に事業を拡大することを意味する。すべてのグローバル小売業者はマルチナショナル小売業者よりも急速に国際的に成長するが、その中でも極めて急速な国際化を成し遂げている企業がある。これらの企業は、創業してすぐに国際的な拡張を開始している。マーケティング関連の文献において、ナイト＆コーヴィスギルはこれらの企業を「**ボーン・グローバル**」と呼んだ(5)。また、ボーン・グローバルの文献では、急速な国際的拡張の説明のためにネットワークにおける学習に焦点が当てられているが、小売における先発者は、学習のネットワークに依存するのではなくコンセプトを植えつけることに注力している。

企業のアイディアがそれまでにない新しいものであることが、その企業に重要な先発者優位を与える。これらの企業は提供物を変更しようとはしないのだから、国際環境について学習する必要はまったくないのだ。

3 マルチナショナル小売業者

二つ目のタイプであるマルチナショナル小売業者は、**分権的**で、製品を進出先の文化に適応させている。一般には大規模であり、その事業フォーマットをフランチャイズ化しようとしても困難、もしくは不可能である。もし、このタイプの小売業者がコストを抑えながら国際的な拡張を図るならばフランチャイジングという選択肢はなくなり、その代わりにライセンシングを用いなければならない。

ウォルマートのスーパーセンターや「プライスクラブ」などのウェアハウスクラブ、そしてテスコなどのスーパーマーケットはマルチナショナル小売業者で、これらの小売業者は進出先の文化に適応している。通常、マルチナショナル小売業者は進出先の地域から商品を調達し、その土地の経営者を雇用して教育しようとする。

マルチナショナル小売業者の国際化は、成長戦略としてよく理解できる。これらの小売業者は、**自国市場の飽和**後に国際化するのが一般的である。自国市場が飽和するのは、自然な成長による場合もあるが、ヨーロッパでよりしばしば見られるように大規模店に対する政府の規制による場合もある。これは、ヨーロッパの食品小売業者が国境を越えた事業拡張に極めて積極的であることを物語っている。主要なグローバル・ブランドはしばしばアメリカのものであるが、それを販売しているのはヨーロッパの小売業者である。

日本の百貨店や総合量販店（GMS）は、最初に国際的拡張を遂げたマルチナショナル小売業者であった。これらの企業は、大規模小売店舗法によって母国市場での拡張が規制される日本の競争環境から逃れるために香港や台湾に参入した。これらの小売業者の初期における国際化の動きは防御的なものであり、ヤオハンのように、最初に国際化した日本の小売業者は自国市場では弱かった。結局、日本の小売業者の初期の国際的拡張のほとんどは失敗した。

第二波として、日本の小売業者は中国のビジネス環境でどのように事業を行えばよいかを学ぼうとして香港や台湾へ拡張した。伊勢丹に代表されるこれらの企業は、中国で事業を立ち上げる手段として香港や台湾をうまく利用した。

国際化を行ったヨーロッパの大規模小売業者は、そのほとんどが食品小売であった。[6] これらの企業は、自国市場が飽和して初めて外国市場に参入するのが一般的であったが、成長の必要性が国際的拡張の原動力となった。この場合、ヤオハンなど日本の初期の国際化の動きとは異なり、国際的拡張は成長戦略の一部であった。

マルチナショナル小売業者は大規模であるため、フランチャイジングという選択肢をもたない。**フランチャイジング**は、事業フォーマットを標準化し、基本的には知識を成文化して外国の店舗に移転できるようにする必要がある。マルチナショナル小売業者が低リスクの手段を用いたいならば、フランチャイジングではなくライセンシングを用いなければならない。**ライセンシング**は、ライセンスを受ける事業者が名前に関してとる行動をほとんどコントロールできないためにリスクが高くなる。

4　国際化の理論的な説明

ここで提示される命題は、いくつかの先行理論を踏まえたものになっている（**図2－2**を参照のこと）。

段階理論では、国際化のパターンに焦点が当てられる。段階理論によれば、企業はまず自国市場に似た国へ進出し、その後、その経験を生かしてそれほど似ていない国へと進出することになる。J・H・ダニングの**折衷理論**[7]は、所有、立地、内部化の3要素に注目している。また、**制度派理論**は、マクロ環境とミクロ環境が企業の国際化の意思決定に与える影響を説明している。最後に**リスク理論**では、企業は知覚されたリスクの水準に従って外国市場を評価するとされる。

小売業者が進出先で行う投資は、多くの場合、在庫や施設に対するものであって流動的ではないため、短期的に見れば、もし政府によって営業が規制されるかあるいは事業が失敗した場合は投資が回収できないことになる。

輸出の段階理論では、国際化は段階的に発展し、より高次元の段階になれば国際的な関与の度合いがより高くなると考えられている[8][9]。このパラダイムは、各段階を区別するマネジメント上の特徴に着目している。しかし、小売業者には輸出という選択肢がなく、小売業者の踏む発展段階と製造業者の踏む発展段階とは異なる。小売業者にとっての段階は、マネジメント上の特徴ではなくリスクと知識に基づいたものなのである。

マルチナショナル小売業者は、まず自国市場と文化的に近い国へと国際的に事業を拡張していく。この地域で事業を展開したあとに**別の地域へとジャンプ**し、その地域での事業展開を通じてその地域に関する知識を習得する。そして、それぞれの国・地域において経験を積むとさらに別の地域へと進出することになる。

S・エログルは、規模、経験、国際化志向などの組織的な特徴により、どの企業が国際的拡張を図ろうとするかを予測するための論拠を示している[10]。これらの組織的な特徴は、その企業が国際的な拡張の性向をもつかどうかに直接関係することになる。

小売業者は、国際化の過程において過ちを犯すことがある。失敗事例は成功よりもより分析され、またその分析が学習につながるため、小売企業の長期的な成功にとって非常に価値のある経験となりうる。その点で言えば、カルフールは立ちゆかなくなった市場から撤退する企業の好例と言える。

表２－１（28ページ）は、カルフールの国際的拡張と撤退の歴史をまとめたものである。この試行的な学習の結果として、カルフールは外国市場でどのように事業を行えばよいかについての膨大な情報を蓄積してきた。2000年、カルフールはベルギー企業の「GB」を買収した。ベルギーは1969年にカルフールが最初に参入した外国市場であるが、一度撤退し、30年にわたって国際化の経験を積んだのち、買収による再参入を果たそうとしている[11]。

図２－２　小売の戦略的国際化に関するモデル

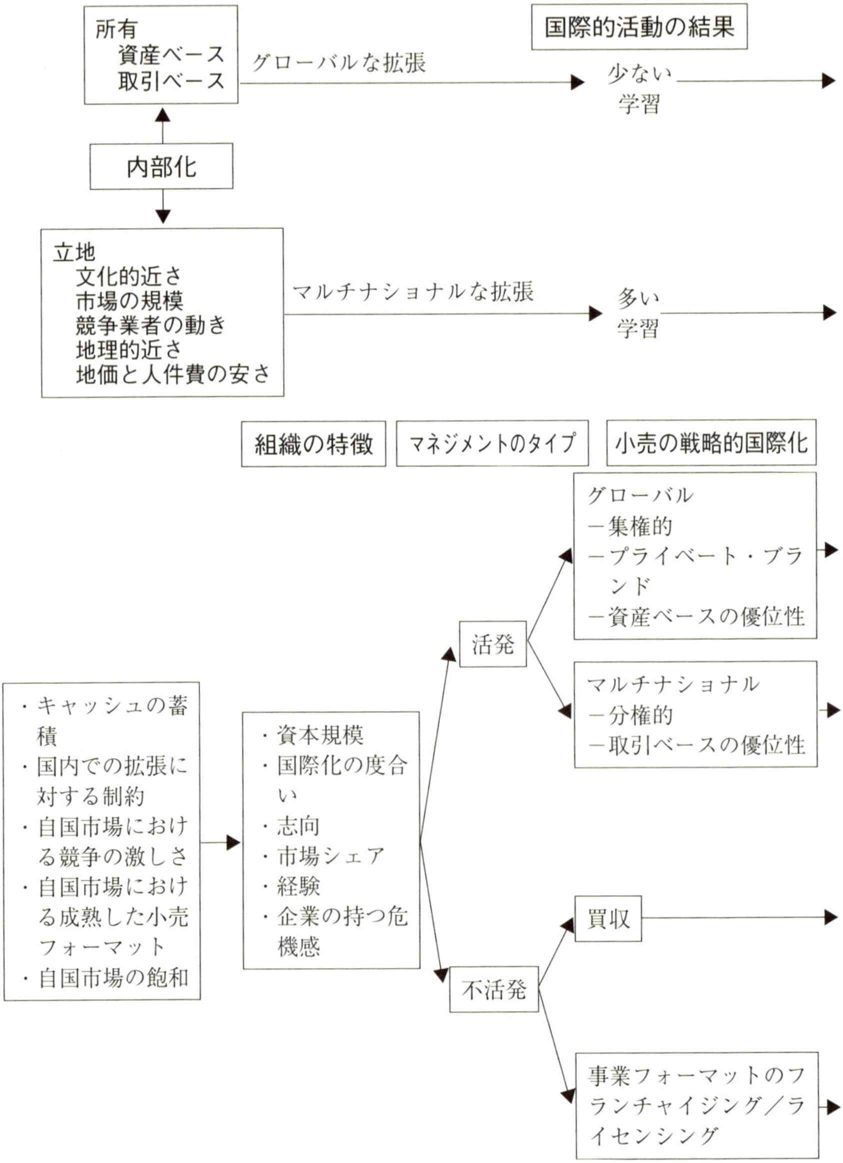
所有
資産ベース
取引ベース
グローバルな拡張
国際的活動の結果
少ない
学習
内部化
立地
文化的近さ
市場の規模
競争業者の動き
地理的近さ
地価と人件費の安さ
マルチナショナルな拡張
多い
学習
組織の特徴
マネジメントのタイプ
小売の戦略的国際化
グローバル
－集権的
－プライベート・ブランド
－資産ベースの優位性
活発
マルチナショナル
－分権的
－取引ベースの優位性
・キャッシュの蓄積
・国内での拡張に対する制約
・自国市場における競争の激しさ
・自国市場における成熟した小売フォーマット
・自国市場の飽和
・資本規模
・国際化の度合い
・志向
・市場シェア
・経験
・企業の持つ危機感
買収
不活発
事業フォーマットのフランチャイジング／ライセンシング

予測される拡張パターン

自店舗による急速な拡張
小規模な店舗－ハード・ディスカウント店やコンビニエンス・ストア
全般的な事業展開の経験
高い国際化志向
リスクに対する高い耐性
高い競争優位－資産ベース

自店舗による段階的拡張
立地面で優位な国へ拡張
大規模な店舗－ハイパーマーケットやキャッシュ・アンド・キャリー
高い国際化志向
リスクに対する高い耐性
競争優位－取引ベース

リスクの低い別の選択肢

フランチャイジング
小規模な店舗
限定的な事業展開の経験
低い国際化志向
リスクに対する低い耐性
低い競争優位

ライセンシング
大規模な店舗
限定的な事業展開の経験
低い国際化志向
リスクに対する低い耐性
低い競争優位

どこへ？	どのように？	国際的拡張の結果	食品小売業者の例
所得の高い消費者からなる類似セグメントのある都市	自国の事業フォーマットをそのまま活用して急速に拡張	学習はほとんどない 単に事業フォーマットをそのまま活用	アルディ
新興経済国からより発展した国、立地面で優位な国へ	初期段階はゆっくり拡張、何がうまくいくかを学び経験を積むにつれ拡張が加速	多くを学習 他国でどのように事業展開すべきかを習得	カルフールの南ヨーロッパ・南米・アジアにおける拡張、ウォルマートの北米、南米、アジアにおける拡張
産業が分断的な国、経済的・政治的に安定した国	企業が使える資金による	学習はほとんどなし 投資家は技術の移転を享受する場合も	デルヘイズのアメリカ合衆国への拡張、アホールドやセインズベリーのアメリカ合衆国における拡張
経済的・政治的に不安定な国、潜在的成長力の低い国	マスター・フランチャイズの場合は急速な拡張、過度な拡張のため継続不能に陥ること	所有の優位性は減少 秘密を相手に明かす 学習はほとんどなし	セブン・イレブン、中国における IGA

表2－1　カルフールの国際的拡張

参入の時期	参入の場所	参入形態	2005年9月時店舗数	フォーマット（店舗数）
1969	ベルギー（1978年撤退、2000年再参入）		496	HM（56）；SM（265）；CVS（175）
1969	イギリス（1983年撤退）		0	
1972	イタリア（1984年撤退、1993年再参入）		1,500	HM（43）；SM（390）；CVS（697）；C&C（17）
1973	スペイン	合弁事業	3,030	HM（137）；SM（177）；HD（2,687）；C&C（29）
1975	ブラジル	合弁事業	414	HM（96）；SM（97）；HD（221）
1976	オーストリア（1979年撤退）		0	
1977	ドイツ（1979年撤退）		0	
1982	アルゼンチン	合弁事業	480	HM（28）；SM（114）；HD（338）
1988	アメリカ合衆国（1993年撤退）	合弁事業	0	
1989	台湾	合弁事業	36	HM（36）
1991	ギリシャ		622	HM（19）；SM（142）；HD（335）；CVS（126）
1992	ポルトガル	合弁事業	379	HM（7）；HD（372）
1993	マレーシア	合弁事業	8	HM（8）
1993	トルコ	合弁事業	434	HM（12）；SM（84）；HD（338）
1995	メキシコ（2005年撤退）	合弁事業	0	
1995	中国	合弁事業	284	HM（64）；SM（8）；HD（212）
1995	UAE	フランチャイジング	8	HM（8）
1996	韓国（2006年撤退）	完全所有子会社	31	HM（31）
1996	タイ	合弁事業	22	HM（22）
1996	香港（2000年撤退）	完全所有子会社	0	
1997	シンガポール	完全所有子会社	2	HM（2）
1997	ポーランド	完全所有子会社	102	HM（31）；SM（71）
1998	インドネシア	合弁事業	18	HM（18）
1998	チリ（2004年撤退）		0	
1998	コロンビア	合弁事業	18	HM（18）
1998	チェコ（2005年撤退）	完全所有子会社	0	
2000	日本（2005年撤退）	完全所有子会社	0	
2000	スロバキア（2005年撤退）		0	
2000	カタール	フランチャイジング	1	HM（1）
2000	オマーン	フランチャイジング	1	HM（1）
2000	ドミニカ共和国	フランチャイジング	1	HM（1）
2001	ルーマニア	フランチャイジング	4	HM（4）
2001	スイス	合弁事業	12	HM（12）
2001	チュニジア	フランチャイジング	2	HM（1）；SM（1）
2002	エジプト	フランチャイジング	2	HM（2）
2004	サウジアラビア	フランチャイジング	1	HM（1）
2004	ノルウェー	フランチャイジング	5	SM（5）

（註）HM；ハイパーマーケット、SM；スーパーマーケット、CVS；コンビニエンスストア、C&C；キャッシュ・アンド・キャリー、HD；ハード・ディスカウント店

研究者達は、ほとんどの国際的な事業モデルを製造業者の観点から構築してきた。それゆえ、行動学派と輸出段階説が主要な事業国際化の研究パラダイムであった。

行動学派においては、国際化は企業の市場に対する一般的・経験的知識や資源に基づく漸進的な戦略的成長過程と見なされている。市場に対する知識が増せば企業は国際的な関与を高めることができ、その知識と経験は、企業が国際化を通じて成長することで蓄積され、またその知識の蓄積によって企業は国際化に伴うリスクをコントロールできるようになるというものだ。

行動学派のパラダイムは、小売業者の国際的関与を説明するモデルとして用いられてきた。この理論から、小売業者の国際化には、戦略的マネジメントの特徴、小売業者のコンセプトや**ロジスティクス**に関する競争優位性、そして小売業者の規模が関係していることが導かれる[(12)]。

輸出段階説は、国際的な拡張に市場の観点から焦点を当てている。この立場に立てば、企業は資源のコミットメントが最も小さい輸出から出発し、次第に国際的な関与を高めて、最終的に直接投資へ至ると考えられる。

どちらの理論においても、国際的な活動は国内市場における事業拡張よりもリスクが高く、また国際化の過程は低関与から高関与へ向かう一連のものであり、マクロ環境の要因よりもその企業の内部的な要因が国際的な関与に影響を与えると考えられている。

しかし、小売業者の国際化は製造業者のそれとは異なる。小売業者は国際化を行う際、事前に洗練された意思決定モデルを利用しないことがしばしばある。小売業者は、国際進出を行ったのちにその効果を評価する傾向が強い。イプ、ビスカーリ＆モンティは、中小規模の企業研究からこの場当たり的なアプローチを観察した[(13)]。

また小売業者は、その国に物理的に存在しなければならないために製造業者よりも国の経済的な特徴をよく検討している。したがって、小売業者の国際的拡張を説明する理論には、外国市場への参入だけでなくそこからの撤退と進出先国の競争的要因、経済的要因、さらにはその国が先進国か発展途上国かという要因が含まれなければならない。

ダニングの折衷理論は、企業による国際化の意思決定に影響を与える要因として、所有、立地、内部化の三要素（OLI）に注目している(7)。加えて、制度派理論は、小売業者のマクロ環境（進出先と自国）とミクロ環境（小売業者の過去の経験と競争業者の動き）が小売業者による国際化の意思決定にどのように影響を与えるかを説明している。

5　折衷理論

所有の優位性（ownership）

所有の優位性には、市場支配力を獲得するために企業が利用できる革新的でユニークな製品またはプロセスが含まれる。所有の優位性は、「資産ベースの優位性」と「取引ベースの優位性」に分けられる。

資産ベースの優位性とは、特許やユニークな製品のような有形のものを指す。グローバル小売業者は、資産ベースの明確な所有の優位性をもつのが一般的である。何故なら、グローバル小売業者はしばしばプライベート・ブランド商品に力を入れるからである。プライベート・ブランドは重要な所有の優位性と考えられるが、それが必ずしも企業の国際化を成功させるとは限らない。

ザラやマンゴなどの小売業者は、それらのプライベート・ブランドのコンセプトによって特徴付けられるが、この場合、プライベート・ブランドは国際的な拡張において資産的な価値をもっている。また、プライベート・ブランドは容易に外国市場へと展開できるため、その資産的な価値も移転が可能である。

それとは対照的に、マルチナショナル小売業者は一般的には量販店である。これらの小売業者にとっては、プライベート・ブランドは外国市場にはなかなかうまく移転していかない。その好例が、日用雑貨や食品を取り扱うイギリスの企業「マークス＆スペンサー」である。マークス＆スペンサーは、彼らのコンセプトと関連の深い香港（かつてのイギリス領）などの地域で当初成功を収めたが、国外居住者の顧客が減少すると共に不振となり、その結果、成功するだ

スペインの小売業者「ザラ」。ファスト・ファッションのリーダー

ろうと考えていた多くの地域からの撤退を余儀なくされた。

ギーレンス&デキンペは、ヨーロッパの食品小売の研究から、プライベート・ブランドが売上や効率性と無関係であることを発見した[(14)]。つまるところ、マンゴやザラなどの標的とする市場の明確な小売業者は世界中で自らの製品を好む市場セグメントを探しているが、大規模な小売業者にとってはプライベート・ブランドを効果的に用いることが難しいということである。何故なら、大部分の大衆は自分のよく知らない小売業者には親しみを覚えず、それらの企業が販売するプライベート・ブランド商品を受け入れないからである。

取引ベースの優位性は、物事のなされ方によってもたらされる。その例としては、顧客サービスや集中仕入などが挙げられる。取引ベースの知識は暗黙のものであり、他への移転は困難である。この暗黙知は、行動による学習（暗黙の学習）によって特徴づけられる。取引ベースの所有の優位性は、他の国に移転することが難しい。また、模倣されにくいわけだが、知識を移転させるためにフランチャイジングを用いることは難しい。

取引ベースの優位性には、国際化の方法に関する知識も含まれる。カルフール（フランス）は2001年に40軒の新店を海外にオープンした[(15)]。その数は、1997年の35店、1996年の30店、1995年の23店と比べても多いものである[(16)]。カルフールとマクロは新興市場における経験の豊富な食品の小売業者であり、その豊富な経験が彼らに三つの分野における所有の優位性をもたらしている。

第一は、人である。カルフールの長い国際化の経験は、マネージャーに豊かな蓄積をもたらしてきた。これらのマネジャーは、世界中で新規出店の際に活用できる。カルフールは店舗に権限を与え、マネジャーに全般的な意思決定の経験を積ませてきた。近年では、仕入れにおける規模の経済を発揮するために集権の度合いを高めつつある。

第二の優位性は、ハイパーマーケットのコンセプトである。このコンセプトは新興市場に特に適している。何故なら、新興市場では消費者の購買力の水準が急速に成長しているためである。また、土地が安いために手に入れやすく、そして政府によって厳しく規制されていない地域では大規模店舗のフォーマットも好都合なのである。そして、第三の所有の優位性は供給業者との交渉上の立場である。

近年、カルフールは活力を失ってきている。CEO のダニエル・バーナード［Daniel Barnard］は業績不振の責任を取って2005年２月に辞職した。しかし、カルフールの国際的な拡張は、マルチナショナル小売業者の国際化の好例である。

カルフールの初期の国際化の成功は、**先発者優位**によってもたらされた。当初、カルフールは北欧諸国への進出を図ったものの、うまくいかずに撤退した。やがて、スペインのように文化的には極めて近い、先進化のやや遅れた国々へと進出を始めた。そして、次に南米へ進出したわけだが、そこではラテン文化における事業展開の知識を活かすことができた。しかし、他のマルチナショナル食品小売業者がそれらの市場に参入するようになると競争は激化して苦闘するようになった[(15)]。2005年、カルフールはウォルマートが仕掛けてきた価格競争に敗れてメキシコから撤退している。

小売業者に対して聞き取り調査を行うと、彼らは「資金の壁」（余剰資金）を何とかするために国際化したという話をしばしば耳にする。彼らはこれまで成功を収めてきたが、今度はその収益を再投資しなければならなかった。この「余剰」は**スラック**（slack）と呼ばれている。

いくつかの理論命題は、様々なタイプのスラックが国際化の意思決定にどのように影響するかに焦点を当てている。また、私が話をした小売業者の多くは、投資家は投資先の企業の国際化を期待し、また国際化をしない企業に好意をもたない、と語った。つまり、株式市場のアナリストは事業を拡大しない企業への投資をすすめてはくれないために、**上場企業**にとっては、国際的な拡張が投資家を満足させるための収益源となっている場合があるわけだ。ここで言う上場企業とは、株式市場で売買されている企業のことである。

所有の優位性に関する命題

命題 1　小売企業にとって、所有の優位性が大きければ大きいほどフランチャイジングやライセンシングを採用する傾向が低くなる。

説 明　重要な所有の優位性をもつ企業は、自分の秘密を明かしたがらない。秘密を守るために、完全に所有する形態での投資を好む。

命題 2　利用できる組織スラックが大きければ大きいほど、国際的に事業を拡張する傾向が高い。（流動資産の流動負債に対する比率［国際的な事業拡張を開始する前 3 か年の平均］）（リー＆チェン[(17)]）

説 明　これは「流動性比率」と呼ばれる。企業の有する余剰流動性資金が多ければ多いほど、この資本を自らに投資する必要があると考える傾向が高まる。企業は、最良の投資先は自社自身であると考え、資本を事業の拡張に利用したがる。もし、自国市場が飽和しているなら、拡張の方向性は国外市場へ向けられることになる。

命題 3　回収可能なスラックが大きければ大きいほど、国際的に事業を拡張する傾向が高まる。（一般管理費の売上高に対する比率［国際的な事業拡張を開始する前 3 か年の平均］）

説 明　販売量の拡大のためにより多くの費用（一般管理費）を使うなど、より広範囲な事業展開のために使える資金の量が多ければ多いほど、国際的に事業を拡張する傾向が高まる。言い換えれば、量の拡大に伴って費用が軽減される場合があり、もし企業が拡張すればこの費用の総売上に占める割合は小さくなる。

命題 4　潜在的なスラックが大きければ大きいほど、国際的に事業を拡張する傾向が高まる。（自己資本比率［国際的な事業拡張を開始する前 3 か年の平均］）

説 明　自己資本の比率が高ければ高いほど、国際的に事業を拡張することが魅力的になる。これは、企業を所有する人々の利益のために投資をすることであり、国際化の積極的な動機である。

命題5　プライベート・ブランドの比率が高いということは、グローバル小売業者が成功するためには有利に作用するが、マルチナショナル小売業者が成功するためには不利に作用する。

説 明　以前に、私はプライベート・ブランドが小売の国際化に与える影響について述べた。定のニッチ市場をもつグローバル小売業者は、プライベート・ブランドの製品ラインを活用している傾向が極めて高い。そのような小売業者は、特定のセグメント、主として同じライフスタイルをもつ世界の主要都市の人々に着目している。しかし、マルチナショナル小売業者が同様のことを行うのはかなり困難である。マルチナショナル小売業者はマス・マーケットを相手にしているため、その国の人々を惹きつける一般的な提供物が必要となる。

立地の優位性（Location）

立地の優位性は、進出先の国が企業の戦略にとって適しているかどうかに関係してくる。言い換えれば、進出先国が出店するために相応しい場所をどれだけ首尾よく提供してくれるかということである。L・ペレグリーニの1991年の研究では、小売にとって問題となるいくつかのポイントが挙げられている。

①**文化的近さ**——国が異なっていても人々の生活パターンが似ている場合がある。アメリカ中西部の人々は、東海岸および西海岸の人々よりもカナダ中西部の人々の生活パターンに似ている。またヨーロッパは、文化的には概ね三つのグループに分けられる。フランスのハイパーマーケットはスペイン市場を支配しているし、ドイツの百貨店は急速に旧東ドイツ地域へと拡張してきた。そして、第三は北欧グループである。これらは、小売業者が文化的に近い環境へと拡張する例である。文化的な近さは**マルチナショナル小売業者**にとっては重要であるが、狭く区切られたニッチ市場を対象とする**グローバル小売業者**にとっ

てはさほど重要なものではない。

エヴァンス＆マヴォンドは、心理的な距離と組織のパフォーマンスとの関係性について考察した。(18) **心理的な距離**とは、文化的な近さと概念的には正反対のものである。彼らは、心理的な距離は組織の業績に正の効果をもたらすことを発見した。自国と進出先との間に文化的な距離を感じる小売業者は進出先となる市場に適応しようとするが、距離を感じることがなければ適応しようとはしない。この知見は、小売業者のタイプによっては当てはまらない場合がある。もし、彼らが小売業者を**グローバル**と**マルチナショナル**に分類していたならば、グローバル小売業者にとっては心理的な距離は重要でないことを発見していたであろう。何故ならば、グローバル小売業者は、本来、同質の顧客に向けて世界中で商品を販売しているからである。グローバル小売業者は世界の都市に参入して、自国で販売しているものとまったく同じものを販売しようとしている。一方、マルチナショナル小売業者は、自国市場との文化的な距離が近い国にまず参入しようとし、その後、文化的な距離の大きい国へと拡張するだろう。

②**市場の規模**――市場の規模に関しては「プッシュ要因」と「プル要因」の両方がある。**プッシュ要因**とは、自国市場における小売業者の成長が限られているために他の市場環境を探す必要があるということを意味する。自国市場が飽和状態であるということは、マルチナショナル小売業者が外国市場へ直接投資する誘因となる。特に、企業が規模の経済性を発揮するためにある程度の規模に達する必要がある場合は、事業を拡張するための十分な市場の余地がなければならない。自国市場において成長を抑制するような法的な規制があれば、企業にとっては外国へ進出する動機となるであろう。フランス、ベルギー、ドイツ、スペインでは、厳しい要件により大規模小売業者の成長が制限されており、そのため小売業者は国境を越えて事業を拡張しようとする。

フランス政府は、1996年に新規出店をより厳しく規制する法律を通過させた。この法律は、ハイパーマーケットの新規出店を実質的に不可能とした。小規模のホールセール・クラブ(訳注１)のようなハード・ディスカウントの小売ですらこの法

(訳注１)　会員制ディスカウントストアのこと。支払いは現金で、配送を行わない代わりにかなりの低価格販売を実現していることから「キャッシュ＆キャリー」などとも呼ばれる。

律の影響を受けるであろう。典型的なハード・ディスカウント店の店舗面積も900平方メートルくらいであるが、新しい法律では300平方メートル以上の店舗は出店の際に認可が必要となる。このため、ハード・ディスカウント店でさえも成長が抑制されることになった。

市場の**プル要因**とは、外国市場を魅力的なものにする要因である。マルチナショナル小売業者は、自国市場よりも発展の遅れた国を探している。所得の増大が見込まれる市場では小売業者は急速に成長することができるため、グローバル小売業者は国の経済発展の水準に影響されることなく、同質の消費者が居住する世界の主要都市を探している。

先進化のやや遅れた国々へ参入するマルチナショナル小売業者は国にあわせて提供する商品を変えているわけだが、その結果、食品が売上に占める割合が大きくなる。先進化の遅れた国々の消費者は、可処分所得の多くを食品に費やしている。ウォルマートは、メキシコに参入する以前は食品の売上比率はそう大きくなかった。メキシコでの合弁事業のパートナーであったシフラは大手の食品小売業者であり、合弁事業の主な関心事は食品であった。しかし、この合弁事業はその後解消されている。

③**競争業者の動き**――先発者優位は、競争業者が進出してくると失われる可能性がある。競争業者が出店に適した一等地を確保して、他の企業を締め出すかもしれないのだ。どんな大都市でも、一等地の数は限られたものである。国際的な拡張を検討している小売業者が大規模であればあるほど、先発者であることが重要となる。チェスのゲームのように、大規模な小売業者が早く動けば動く分だけ長期的な競争における優位性がもたらされやすくなる。なお、競争業者の動きはグローバル小売業者にはさほど影響を与えない。

④**地理的な近さ**――自国市場により近い所へ事業を拡張すれば、輸送や企業内の情報伝達といったコストは軽減される。**地理的な近さ**は、一か所で集中的に製造されるプライベート・ブランドを販売する小売業者にとっては重要である。一方、分権的な企業にとってはさほど重要でない。何故ならば、分権的な企業は商品調達も進出先の国内で行い、それぞれの地域を独立した事業単位として運営できるからである。ペソの切り下げ以前でさえ、ウォルマート・メキシコ

は商品の80～90%をメキシコの供給業者から調達していた。

⑤**地価と人件費の安さ**――カルフールは、店舗を自ら所有するという方針をとっている。新しい地域でカルフールが出店するとなると、多くの企業がテナントとしてカルフールのハイパーマーケットの総合施設へ入ろうとする。それゆえ、経済的な合理性から見て自らの店舗、そしてもし可能ならショッピング・センター全体を所有しようとする。

カルフールは、地価が極めて高い国、あるいは法的な理由により不動産の所有権を有することができない国に限りテナントとなることに同意している。これは、1996年までの台湾に当てはまるわけだが、同年、台湾は外国資本による土地所有に対する規制を緩和した。土地の所有が実質的に禁じられており、長期の賃貸借契約しか許可されていない中国においてですら、ウォルマートは自己で店舗を所有している。

立地の優位性に関する命題――マルチナショナル企業（適応化・分権化）

命題6　マルチナショナル小売業者は、自国よりも可処分所得の水準の低い国へ進出する。

命題7　マルチナショナル小売業者は、GDP が増加傾向にある国へ進出する。GDP とは国内総生産のことであり、富の指標として用いられる。

$$\frac{(\text{拡張開始時の GDP}-\text{国際的な事業拡張を開始する5年前の GDP})}{\text{国際的な事業拡張を開始する5年前の GDP}}$$

命題8　マルチナショナル小売業者は、サービスに関する付加価値の GDP 比が増加傾向にある国へ進出する。これは、国富のうち財の生産と比較してサービスにどれほど国富が費やされたかを指している。このサービスには、清掃、芝生の手入れの専門家、塗装工などの雇用が含まれている。人は、豊かになればなるほどこれらの作業を行う人を雇う傾向がある。

$$\frac{(\text{拡張開始時のサービスの対 GDP 比}-\text{国際的な事業拡張を開始する5年前のサービスの対 GDP 比})}{\text{国際的な事業拡張を開始する5年前のサービスの対 GDP 比}}$$

命題9　マルチナショナル小売業者は、自国と文化的に最も近い国へまず進出する。（ホフステードの四つの文化的次元による自国と進出先国の指標――①男らしいか女らしいか、②不確実性の回避度が高いか低いか、③個人主義的か集団主義的か、④権力の格差が大きいか小さいか）［84ページから参照］

説明――マルチナショナル小売業者は進出国によって提供物を変えるため、それぞれの国の文化を理解することが重要となる。自国と進出先国の文化が近ければ近いほど、進出先国の文化の理解が容易となる。もっとも、小売業者は文化的な距離のパラドックスに陥らないように注意しなければならない。すなわち、二つの国が似ているので適応化の必要がないと判断してはいけない。文化的に近いと考えてしまうと、その違いに対処することを怠ってしまいがちである。

命題10　マルチナショナル小売業者は、まず一国で事業展開を始め、次にその国と地理的に近い地域内で事業を広げていく（例えば、まずブラジルへ進出し、それからアルゼンチン、チリへと事業を拡張）。

説 明　マルチナショナル小売業者がいったんある国へ進出すると、次の国へと参入する前にその国での事業を拡張する。ロジスティクスや倉庫のシステムを支える基盤を立ち上げる必要があるためである。また、新たに進出した国の文化を学習している過程にあるため、その国の中で事業を拡張し続けるほうが有益なためである。同様の理由で、マルチナショナル小売業者は一地域内で拡張していく。これは、より多くの経験を積むことでその地域の文化をより理解できるようになるからである。

命題11　マルチナショナル小売業者は、定期的に別の地域へと「ジャンプ」して拡張することがある。

説 明　ある地域内で事業を展開してきたマルチナショナル小売業者がさらに事業を拡張しようとする時は、まったく別の地域に狙いを定めて進出する。例えば、ウォルマートはまずメキシコで新規出店を開始してから南アメリカへと進出した。そして、南アメリカでの市場が飽和しないうちにアジアへ進出し、香港、そして中国へと出店した。香港での事業展開は非常に短期的なものであり、主に中国市場について学習する場所として活用された。

命題12　マルチナショナル小売業者は、まず自国と地理的に近い国へと進出し、それからより遠い国へと拡張する。

命題13　マルチナショナル小売業者は、人口の多い国へと進出する。

立地の優位性に関する命題――グローバル企業（標準化・集権化）

命題14　グローバル企業は、国の主要都市（あるいは首都）へ進出する。

命題15　グローバル企業は進出国の人口・所得水準・文化的な近さ・地理的な近さには魅力を感じない。

内部化の優位性（Intenalization）

企業の所有資産が大きくなればなるほど、企業の秘密を守ることによってこれらの資産を保護することが重要となる。**内部化**とは、情報を企業内に留めることを意味する。小売のフランチャイジングでは、所有資産を他の企業に売るか貸すことになる。したがって、取引ベースの所有の優位性が強い小売業者にとってはフランチャイジングは特に危険となる。

小売のイノベーションは模倣者からの防御が難しい。小売のノウハウには特許がないため、競争業者は自由にイノベーションを模倣することができる。したがって、競争における優位性を維持するためには、小売業者はイノベーションを内部化する必要がある。小売業者が経営上の秘密を守る唯一の方法は様々な国で**完全所有子会社**を設立することであるが、これは多くの企業にとってはコストが掛かりすぎて不可能なことであり、急速に事業を拡張するためには自らの小売イノベーションをフランチャイズ化せざるを得ない。しかし、のちにその地域における有機的な成長機会を逸してしまったとしてフランチャイジングしたことを後悔するかもしれない。

一方、フランチャイジングが実際に賢明な戦略的な手段となる場合もある。すなわち、自らの小売フォーマットがすぐに模倣されることが分かっている場合は素早く進出せざるを得ないためにフランチャイジングを用いる。

外国市場でフランチャイジングを用いる最大の利点は素早い事業拡張であろう。企業によっては、国内市場の発展水準にかかわらず外国市場のほうが好ましい成長機会を提供しているように見えるかもしれない。例えば、ボディショップ、ベネトン、マークス&スペンサー、マンゴ、ネクストのような小売業者は、事業拡張の手段としてフランチャイジングをすすんで採用してきた。この傾向は、革新的なコンセプトをもつグローバル小売業者は、所有資産を十分活用するために急速に事業を拡張しようとする、という前提に合致する。

一方、急速な事業拡張という目的を達成するためにフランチャイジング以外の戦略を用いる小売業者も多々ある。非常に革新的な小売ブランドのコンセプトをもつザラは、初期から完全所有子会社を通じて事業を拡張し、非常に短期間で30か国に進出し、2001年から2003年にかけてその店舗数を250軒近く増やした。非常に明確なコンセプトをもつギャップもまた、フランチャイジングではなく直接投資によって急速な拡張を達成してきた。

完全所有による参入形態をとりながら急速に事業を拡張するグローバル企業が存在することを鑑みれば、何らかの要因が介在して、グローバル小売企業の参入形態の選択に影響を与えていることが想定される。

表2－2は、ネクストの国際的な拡張の参入形態をまとめたものである。

フランチャイジングに関する理論的な説明としては、**エージェンシー理論**と**資源依存理論**の二つが挙げられる。エージェンシー理論では、企業は外国の子会社の監視が困難なためにフランチャイジングするべきであると提案されている。つまり、所有者兼経営者であれば欺こうとする傾向が低くなるということである。一方、資源依存理論では、自らの資源で事業を拡張する余裕がない場合にフランチャイジングを採用すると説明されている。

国際的な事業展開を開始する際に企業がどちらの判断に基づいてフランチャイジングを採用するかは分からないが、長期的に見れば次のような説明も可能であろう。つまり、企業が資源をかき集めてフランチャイズ店舗を買い戻すならばこの事実が資源依存理論を支持することになる。また、資金的な余裕が生じた企業がその資金を用いてフランチャイジーを買い戻そうとするならば、資源依存理論が妥当であることが分かる。

合弁事業は、二つの企業が一緒になって新しい事業を始める時に生じる。例えば、ウォルマートがメキシコへ進出した時、「ボガタ(Bogata)」という名称のスーパーセンターを出店するためにシフラとの合弁事業に参加した。このような合弁事業においては、情報や知識は合弁のパートナーと共有される。すなわち、完全所有子会社の場合と比べると秘密を保持しにくいわけだ。

表２－２　ネクストの国際的拡張

参入の場所	参入形態
アイルランド	完全所有子会社
フランス（1998年撤退）	完全所有子会社
ベルギー（1998年撤退）	完全所有子会社
アメリカ合衆国(1998年撤退)	合弁事業
マルタ	フランチャイジング
サウジアラビア	フランチャイジング
UAE	フランチャイジング
クウェート	フランチャイジング
オマーン	フランチャイジング
カタール	フランチャイジング
キプロス	フランチャイジング
チェコ	フランチャイジング
バーレーン	フランチャイジング
レバノン	フランチャイジング
インドネシア	フランチャイジング
日本	フランチャイジング
アイスランド	フランチャイジング
デンマーク	フランチャイジング

文化的な環境が異なる国へ参入する場合、あるいは政府による規制があるために合弁事業が必要とされる場合もある。発展途上国の多くは国内資本による所有を要求し、マルチナショナル企業に対して企業の支配力をもつことになる。国際的な小売合弁事業には、必ずといってよいほどマルチナショナル小売業者が参加している。一般的に、**国際的な小売合弁事業**には進出先国の文化や取引慣行を学習しなければならない外国企業が参加することになる。これらの企業はこの種の情報を提供してくれる合弁相手を選ぶわけだが、いったんその国でどのようにして事業を行えばよいかを学習すると、合弁によって設立された企業を買収する傾向がある。したがって、国際的な小売

合弁事業は短期的なものとなる。面白いことに、国際的な合弁事業は、外国企業が文化を学習するまでの期間に限って有用なのである。

内部化の優位性に関する命題

命題16　グローバル小売業者の資産ベースの（製品ラインがすべてプライベート・ブランド）所有の優位性が大きければ大きいほど、フランチャイジングを活用する傾向が高くなる。

説 明　もし、グローバル小売業者の主な所有の優位性がすべてプライベート・ブランドの製品ラインであれば、また、特にこの小売業者が非常に在庫の回転率が速い製造・販売を行っているならば、他の小売業者が模倣することは不可能ではないにしても困難となる。ここに、「速い小売業者」という考えが浮かぶ。速い小売業者にとっては、在庫の回転が極めて速いために、フランチャイジングを採用するかどうかはおそらく大した問題とはならないであろう。

命題17　グローバル小売業者の取引ベースの所有の優位性が大きければ大きいほど、フランチャイジングを活用する傾向が低くなる。

命題18　利用できる組織スラックが大きければ大きいほど、グローバル小売業者が国際的なフランチャイジーを買い戻そうとする傾向が高くなる。（流動資産の流動負債に対する比率［再買収を始める前3か年の平均］）

命題19　回収可能なスラックが大きければ大きいほど、グローバル小売業者が国際的なフランチャイジーを買い戻そうとする傾向が高くなる。（一般管理費の売上高に対する比率［再買収を始める前3か年の平均］）

命題20　潜在的なスラックが大きければ大きいほど、グローバル小売業者が国際的なフランチャイジーを買い戻そうとする傾向が高くなる。（自己資本比率［再買収を始める前3か年の平均］）

命題21　いったん外国企業によって現地の文化や慣習が学習されると、その外国企業は合弁事業を買収しようとするために国際的な小売合弁事業は短期的なものとなる。

6 国際化に関する他の理論的説明

SIRE モデルを構成する命題は先行理論の要素を含んでいる。**段階理論**は国際化のパターンに焦点を当てているし、**ダニングの折衷理論**は所有、立地、内部化の３要素に焦点を当てている(7)。これらに対して**制度派理論**は、マクロ環境とミクロ環境の影響を説明している。

制度派理論

制度派理論は、小売業者の**制度的な環境**が意思決定や行動に影響を与える点を強調している。ここで言う制度的な環境を構成するものとしては、**規制構造、法律、規則、文化的信念、規範、慣習**だけでなく、顧客、供給業者、さらには小売業者自身も含まれている。また、小売業者の国際的な拡張は、**小売のマネジメント技術**の国境を越えた移転をもたらす。文化的、法的、政治的、社会的、経済的といった外部の環境要因は、小売業者が、どこへ、いつ、どのように進出するかを意思決定する前に影響を与えることになる。

S&P(訳注２) 500の上位50社のうちの半数は過去20年以内に設立された企業であるが、それらの企業が国際的な展開を開始してからわずか10年足らずしか経過していない。これらの企業の中には、「ホーム・デポ」や「ベスト・バイ」のような小売業者も含まれている。

国際的な拡張を成長手段の一つと考える小売業者が次第に増えつつある中、**参入の場所、参入のタイミング、参入の形態**は小売業者の市場参入戦略の要となっている。外国へ進出しようとする小売業者にとって、フランチャイジング（もしくはライセンシング）と合弁事業への参加と完全所有の子会社の設立は、はっきりと区別される市場参入形態である。参入形態が異なるということは、

（訳注２） Standard&Poor's Stock Index はスタンダード・アンド・プアーズ社が算出する株価指数。アメリカの主要企業500銘柄の時価総額をベースにして計算される。ここでは、その主要企業500社のこと。

表2－3　様々な参入形態の特徴

参入形態	所有の度合い	資源の関与
完全所有子会社	高　い	高　い
合弁事業	中　間	中　間
フランチャイジングまたはライセンシング	低　い	低　い

出所：Hill, Hwang & Kim（1990）[21]

資源関与の水準や外国での事業運営のコントロール水準が異なるということを表している。**表2－3**は、それぞれの参入形態の特徴を示している。

スコットは、制度体系を法的、社会的、心理的要素を表す三つの次元（**規制、規範、認知**）に分類している。これら三つの次元が、小売企業の国際的な拡張の意思決定と行動に及ぼす影響に焦点をあててみよう[19]。

規制次元

制度派理論は、国特有の法的、政治的な要因を強調している。自国と進出先国の法規制は、小売業者が直面する最も強い環境的な圧力である。例えば、日本における大規模小売店舗法は、トイザらスのような外国小売業者の事業拡張を大きく遅らせたのみならず、伊勢丹などの日本の小売業者を国際的な拡張へと推し進めた。

強力な**法規制**をもつ国であるということは、政治制度が安定しており、強力な裁判制度があって秩序に則って権力が継承される国であることを意味する。また、強力な法規制があるということは、取引の自由、所有権の保障、政府と法的手続きの透明性が確保されていることを意味する。

法規制は諸刃の剣であるのだ。一方で、外国企業の事業展開に対する法規制は小売業者にとっては障壁となりうる。他方で法規制は、小売業者が進出先国の法制度によってどのように守られるかについての不確実性を低める安定的な構造を確立する。

統治機構の弱い国は、外国からの投資を誘致できるように改められなければならない。これまでの研究から、法環境の改善は参入のタイミングの重要な決定要因となることが明らかとなっている。制度改革が進めば、小売業者が完全所有の子会社を設立する傾向が高くなる。しかし、日本の大規模小売店舗法のように法規制が次第に厳しくなれば、その国へ進出しようとしなくなるか、子会社の設立ではなくフランチャイジングやライセンシングによって参入することを選択するかもしれない。

規範次元

制度派理論の規範次元では、社会規範や文化的影響に重点が置かれる。外国で商品を消費者に販売する小売業者にとって自国と進出先国の消費者の文化的な違いは、参入形態を決定する際に考慮しなければならない最も重要な要因の一つであろう。

トイザらスは、異なる市場に対して一部適応化を図りながら事業を拡張した。外国にある店舗はアメリカの店舗とほぼ同様のフォーマットだが、販売する商品の品揃えは異なり、商品の20％は地元の消費者の関心に合わせて選ばれている。例えば、日本市場は磁器製の人形を好むが、ドイツ市場は木製の玩具を好むという具合だ。

自国と進出先国の文化的な距離は、外国への拡張方法の選択に影響を与える。多くの研究者は、文化的な距離が大きくなればなるほどフランチャイジングやライセンシングのような統制の弱い参入形態が選択されるということを支持している。

文化的な距離が極めて大きい場合には、小売業者は外国市場へ参入することに大きなリスクを感じ、異なる顧客にサービスを提供することが難しいと考え、その国への参入をやめるかあるいは遅らせるかもしれない。しかし、外国市場で得られる利益が十分に大きければやはりその国へ参入することを望むことになる。そして、新しい環境に適合するために小売業者は適応化を選択するかもしれない。

ウォルマートは当初、アルゼンチンにおいて小売フォーマットを地元の文化に適応させることをしなかった。しかし、似た状況でのちに事業を続けていく際に教訓となる価値があることを学んだ。

適応化は、長期的な積み重ねの過程である。小売業者はこの過程を速めるために地元のパートナーを探すかもしれない。これとは対照的に小売業者は、自国と文化的に遠い国に参入する前に自国とよく似た国へと参入する傾向が高く、この場合、完全所有子会社による参入が選択されるであろう。何故ならば、すでに社会規範や価値観が十分に共有されており、それゆえ地元のパートナーがそれほど必要とされないからである。

認知次元

制度派理論の認知次元では、ボディショップのようなグローバル小売業者が国際的な拡張の際に同じ参入形態を必ずとるのは何故かということが説明されている。認知的な見方によると、組織には習慣や**慣性**がある。ポーターは次のように記している。

「企業は変わろうとしないものである……過去のやり方は手順や経営管理の中に制度化される[20]」

小売企業は、特に状況が過去と似ている場合には同じ参入形態をとり続ける傾向がある。内部の制度的な環境が参入形態の選択に影響を与えるのは主に習慣によるものである。つまり、いったんある慣行や決定が選択されて履行されると、将来の意思決定の場面で他の選択肢が検討され採用される可能性は小さくなるのだ。要するに、習慣や慣性が合理的な変化を妨げるのである。

さらに小売業者は、自分自身の経験だけでなく競争業者など他社の経験から学ぶこともできる。戦略的選択理論では、**模倣**は競争業者に対する戦略的な反応であり、**二番手企業**は先発者によって状況の違いに関するリスクが吸収されていることを利用できる、とされている。つまり、猿真似もまた成功しうるのである。

小売業者は、他の小売業者に追随する形でどの国に参入すべきかを決定することができる。例えば、中国は世界で最も人気のある投資先の一つであるわけだが、1990年代における数年間、世界で２番目に外国からの直接投資を受け入れた国であった。外国企業が中国に投資をする誘因の一つは、中国へ進出する競争業者の動きに合わせること、そして／あるいは、他の企業が中国市場で収益を上げるのを未然に防ぐか、その収益を減少させることであった。

それまでの事業実践の観点からは類似性がほとんど見いだせないような未知の地域であれば、小売業者はその地域に進出することをやめるか延期しようとするのが自然なことである。にもかかわらず、小売業者が新しい地域に進出することを決定し、なおかつその拠り所となる過去の自らの経験がない時は、他の小売業者の経験に頼るようになる。つまり、他社の成長行動を真似ようとするわけである。

リスク理論

最後の理論はリスクに関係するものである。小売業者は、まず自国と文化的に似た国へ国際的に拡張し、それぞれの国・地域で経験を積むと別の地域へと進出する。エログルの概念モデルの中では、企業規模、経験、国際化志向などの組織的な特徴を理由として、国際的な拡張をしようとするのはどの企業なのかを予測する論拠が挙げられている(21)。

これらの特徴は、リスクを軽減し、リスクに対処するのに必要な知識を増やしている。

リスク理論は、企業が国際的な拡張にどれほど投資するかにも関連している。グローバル小売業者がよりリスクの少ない手段を求める場合はフランチャイジングを選択する。一方、マルチナショナル小売業者がよりリスクの少ない手段を求める場合はライセンシングを選択しなければならないだろう。フランチャイジングにせよ、ライセンシングにせよ、企業は資産を手放さなければならない。

以上、本章で示した小売の国際化を理解するための概念的枠組みは**図2－3**のようにまとめられる。マクロ環境は、その国の立地の優位性に影響を与える。そして、その企業の所有の優位性は、自社の秘密を内部化するかどうかに影響を与えることになる。また、その決定は、その企業が同じフォーマットを利用するかそれともそれぞれの国に合わせたフォーマットを利用するかということに影響を与える。

図2－3　小売国際化の意思決定スキーム

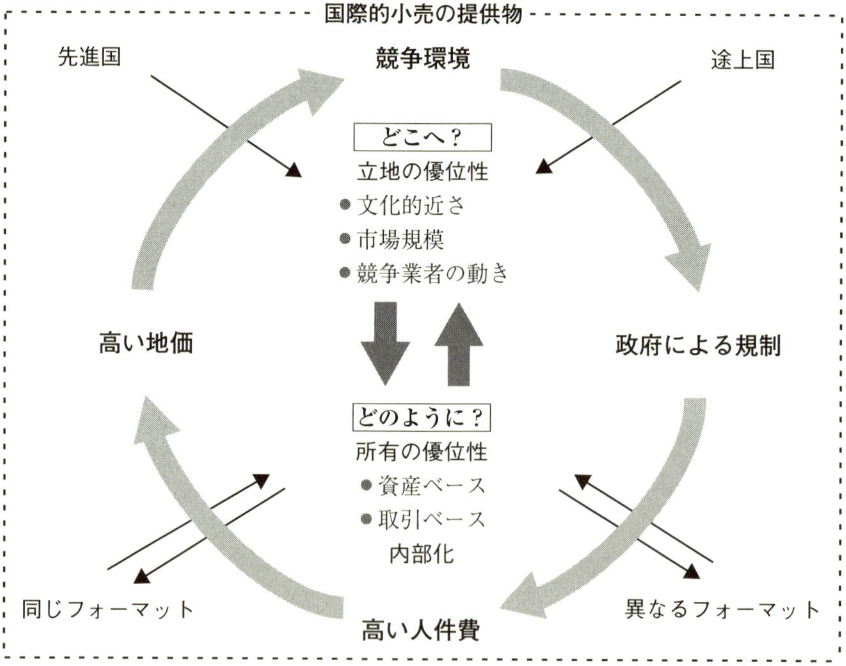

第3章

立地要因

1　マクロ・マーケティング意思決定の枠組み

一企業がビジネスに影響を与えるすべての要素をコントロールすることは不可能である。企業がコントロールできない環境的な要因を「マクロ環境」と呼んでいる。それは、経済環境、競争環境、技術環境、社会環境、そして政府の五つである。

競争における優位性を獲得するために、企業はマクロ環境をモニターする必要があり、コントロール可能な環境（すなわち、ミクロ環境）要因についてはそれを変化させるために情報を利用する必要がある。ちなみに、ミクロ環境は、価格、製品、プロモーション、流通、そしてマネジメントによって構成されている。また、マクロ環境は、企業が参入を見込んでいる国によっても異なる。よって、マルチナショナル企業にとって環境を注意深くモニターすることは非常に重要である。

小売業者にとって、経済環境は考慮すべき重要な要素である。自国内で外国企業が事業を行うことを一切認めない国も存在する。中国は1992年まで外国企業との合弁企業に対して門戸を開かなかったし、インドはいまだに小売業界での外国合弁企業を認めていない。ただ、例外として、小売業者が自らのブランドだけを販売する場合にはインドで営業することが認められている。

日本の小売業者である「ヤオハン」は、中国政府の規制のために、中国市場に参入するにあたっては地元の小売業者と手を結ぶしかなかった。ヤオハンが選んだのは、上海最大の小売業者である「第一百貨店」であった。また、ウォルマートは、メキシコ市場への参入に当たり、最初のステップとして現地最大の小売業者である「シフラ」と合弁企業を設立した。

経済環境

企業が海外市場に参入する際に考慮しなければならない最大の問題は、経済システムの基盤である。統制経済の国に外資系の小売業者が参入する余地は少ない。統制された経済システムでは、何を生産し、どこに流通するかを決めるのは政府である。北朝鮮はその数少ない例の一つであるし、中国などの諸国は実質的に混合システムを採用している。中国はかつて政府が所有していた小売部門を現在は民営化しており、小売業者が市場で自由に営業できるようにしている。また、ロシアと旧ソビエト連邦の諸国でも類似の転換が進行中である。

社会主義国家と資本主義国家の間には多様な形態の経済システムがある。例えば、ヨーロッパの大半の国々とメキシコはアメリカよりも社会主義的である。これらの国では、失業保障、保険医療、育児支援など、高い水準の社会福祉システムの提供が企業に対して義務付けられている。一方、アメリカと香港のような国や地域はより資本主義的である。これらの地域では、ビジネスを行ううえで企業にかなりの程度の自由権が与えられている。

経済環境には、各地域経済の現時点での健全さも含まれる。インフレ、失業率、可処分所得、そして貯蓄率は小売業界の活力と繁栄に影響を与えている。小売の販売額は、経済の変化を示すバロメーターとなる。消費者にとっては、非必需品は購買を延期してもいい品目であるため、その販売額の伸びは経済に活力があることの指標になる。

小売業者が参入対象国の魅力度を判断する際にも経済環境は重要である。しかし、魅力的と判断される国でも参入が難しい場合がある。その好例が日本で、バブルが弾ける以前の日本市場は海外の小売業者にとって極めて魅力的な市場であったが、日本市場の競争環境はとても厳しく、立地条件のいい場所はほとんど現地企業によって先取りされていた。要するに、経済環境は「ゴー」と言っていたが、競争環境は「ノー」と告げていたのだ。

競争環境

競争環境には主に四つのタイプがある。独占、寡占、独占的競争、そして完全競争である。この分類では、生産者の数と消費者の数で競争環境が規定されている。各タイプは、価格と関連する付随属性を備えている。**図３－１**を見ると、この分類は、生産者と消費者の数と製品が異質的か同質的かに基づいていることが分かる。

①**独占**――まずは**独占**である。そこでは、多数の買手に対して一人の供給者しか存在しない。アメリカ市場において独占は、ある個人や企業が特許または著作権を保有している場合において成り立っている。あるいは、ある特定のサービスが国にとって不可欠であると政府が判断した場合にも独占が成立する。その例としては、「アムトラック」や「U・S・ナショナルレールサービス」のような、公益事業体と交通サービスの供給者が挙げられる。かつてアメリカでは、長距離電話サービスのような、現在よりも多くのサービス供給者にまで独占権が認められていた。

概して、競争が発生すると消費者が払う価格は低下する。一方、独占には競争がないために供給者はできる限り高い価格をつけようとする。しかし、独占でありながら供給者が高価格を設定できない場合もあるが、たいていはサービスが欠如していることが多い。一例を挙げると、市場改革以前の中国とロシアでは国がすべての店を所有していた。必需品が特にそうであるように販売価格は非常に低く設定されていたが、そこでの品揃えとサービスは悲惨なものであった。

②**寡占**――競争の次のタイプは**寡占**である。寡占状況では少数の企業が市場を支配する。一般的に、上位４社が市場の50％を占有していると、その産業は寡

図3−1　競争のタイプ

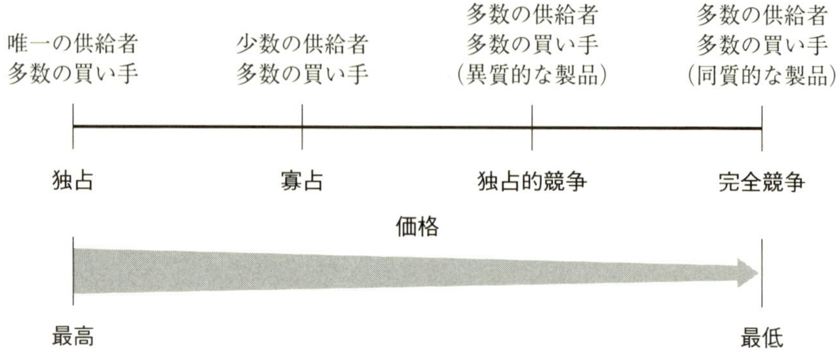

占と見なされている。寡占市場では、各企業は価格競争よりはサービス面で競争をすることになる。これを説明する簡単な例を挙げよう。

寡占市場では限られた数の競争相手しか存在しないために、消費者にとって各社が提供する多様な提供物を比較することはとても簡単である。仮に、ある企業の製品価格が他より低ければ、消費者はその企業の製品を選択するだろう。価格競争は価格戦争をもたらし、やがて産業全体を傷つけることになる。多くの場合、最大のマーケットシェアを有する企業がプライスリーダーになるわけだが、それは自動車産業と航空業界を見れば明らかであろう。寡占が発生しやすいのは、資本集約的な産業や参入障壁が高い場合である。

③独占的競争――独占的競争とは、多数の供給者と多数の買手が存在する市場のことである。しかし、買手は、供給者が提供する製品は差別化されていると認識している。そのために、各供給者が提供する製品を単純に価格だけで比較することはできない。異質的な製品（競争相手の製品とは異なると消費者が認識するという意味で）を供給することによって、各企業は高価格を設定することができるのだ。

④完全（純粋）競争――完全競争市場にも、多数の供給者と多数の消費者が存在する。ただ、ここで消費者はすべての製品が同質であると見ている。農産物がそのよい例であろう。消費者が食料品店に行く時、特定ブランドの塩を指定して買いに行くというのはあまり一般的ではないだろう。塩は単なる塩でしか

ないのだ。完全競争で、需要と供給の交差点を完璧に結び付けているのは価格である。このような市場で、消費者に選択されるのは最低価格の製品なのである。

独占的競争と完全競争の違いはしばしば混同されやすい。バナナを購入する時のことを考えてみよう。我々がバナナを買うために食料品店に行った場合、大体は最も見栄えのいい房を見つけてそれを購入する。しかし、ある消費者は「チキータ（Chiquita）・バナナ」（ドール［Dole］などと並ぶブランド）と書いたステッカーに気づくかもしれない。そして、よく知られた宣伝文句が消費者の心をよぎる。

「私はチキータ・バナナ」だと。

この消費者がチキータ・バナナを購入すると、彼は完全競争から独占的競争の状況に移動することになる。チキータ・バナナが優れていると（あるいは、少なくとも望ましいと）考えることによって、その消費者は喜んで少し高めの金額を支払うことになる。その場合、商品（つまりバナナ）は、もはや同質的なものではなく異質的なものとして認識されるのである。

技術環境

小売業務をより効率的かつ収益的なものにするための装備とインフラを「技術環境」と言う。この技術環境こそ、より洗練された小売情報システム（RIS: Retail Information System）の発展を促進するだろう。

私は、1992年に上海のある国営スーパーマーケットを訪れた。当時、中国は電力不足という問題を抱えており、コンピュータによる処理や冷凍装置を必要とする産業にとっては頭の痛い問題であった。

このスーパーのオープン当初、基本的には必需品やパッケージ商品が販売されているのみで冷蔵や冷凍食品は見当たらなかった。そして、この草創期のスーパーがオープンしてからしばらく経つと、この店にも冷凍肉用の大型冷凍庫が導入された。私は中国のほとんどの家庭には冷凍庫がないことを知っていた

シリア・ダマスカスの零細店の模様

ので、「何故、冷凍肉を販売するのか？」と店主に聞いてみた。それに対して彼は、「冷凍肉はもの珍しいものと思われているので」と答えた。人々は、わざわざ冷凍肉を購入して家に持ち帰り、それを解凍して料理をしたのである。

また、そのスーパーは、スキャン機能が付いたコンピュータ・レジをも備えていた。しかし、このスキャン機能は使われていなかった。コンピュータはまるで昔ながらのレジスターとして、そして現金の保管箱として使われているにすぎなかったのだ。中国では、デパートの販売員達の多くがいまだにソロバンを使っている。ちなみに、彼らのソロバンでの計算スピードは計算機に決して劣らない。

技術発展への適応を促進するために政府が支援をすることもある。近年の中国におけるコンピュータ使用の増加には、政府が大きな役割を果たしている。中国政府は、ブロードバンドの普及のために巨額の投資をした。また、最新のパッケージング・システムも、近代的小売システムに求められる最も重要な技術進歩の一つである。

中国全体が経済的な発展を遂げるにつれて、小売業者も次第にセルフサービスに適したディスプレイを採用するようになった。また、パッケージングは、セルフサービスに慣れていない消費者から商品を守る役割をも果たす。経済がより発展すると、パッケージングの役割は商品をより魅力的なものにし、長持ちさせるものへと変わっていく。

社会環境

小売にとって、社会環境は非常に重要である。いくつかの文化では、買い物は主に女性の仕事となっている。家族のために食料品やその他の商品を選んで一日を過ごすことが主婦の仕事とされているのだ。エクアドルの家族生活がまさにそういうパターンである。主婦は、一日を家族の夕食のための食材探しに費やしている。彼女たちが買い物に出掛けると、そこの店主や他の主婦と情報を交換することになる。市場は、単に商品を手に入れる場所だけではなく、多様な機能を提供してくれているのだ。

アメリカでも、主に女性が買い物を担当していた時代があった。買い物は余暇時間の楽しい過ごし方とも思われていたが、私の周りには、もはやそういう考え方をするキャリアウーマンは存在しない。今日のキャリアウーマンと母親達は、素早く、そして便利に買い物ができる場所を求めている。女性達は買い物に要する時間を節約し、家族や友人と過ごす時間を増やしたいと思うようになった。いまや、小売業者はどうすれば再び買い物を楽しんでもらえるかで苦心している。

一時「モール・ラッツ(訳注１)」とも呼ばれていた10代の少年少女でさえ、ショッピング・モールに見向きもしなくなった。モールは魅力的な場所ではなくなりつつあるのだ。それを象徴する一例として「タワーレコード」がある。

同社は、近年、モールへの出店を避ける戦略を採用している。その代わり、近隣商業地に単独で店舗展開をしている。タワーレコードは、同社のターゲットである若者がありきたりのモールよりは、より溌剌としたショッピング空間を求めていることに目をつけているのだ。

政府

マクロ環境の最後は、政府と法律システムである。特定の法律システムは、

(訳注１)　夜な夜なショッピング・モールに集まり、何をするわけでもなく徘徊したり、たむろしていた若者達のこと。

特定の国の中でのみ適用される。何が合法で何が非合法かについて、他国に命令する権限はどこの国にもない。つまり、世界中の法律的な問題を解決できる最高裁というものは存在しないのだ。世界法廷(訳注2)が加盟国の苦情に注意を払っているとはいえ、直接介入する権限も能力ももち合わせているわけではない。

法律システムには、成文法、慣習法、イスラム法、そして社会主義法という四つのタイプがある。外資による小売業の所有を許容しているほとんどの国は、成文法と慣習法の国である。また、イスラム法と社会主義法を採用している国々は外部からの影響にさらされることを好まない。

成文法国家では、すべての訴訟が一つの既存法律の中に収まることが求められる。フランスとイタリアがその例で、これらの国では所有権が登録によって決まっている。一方、**慣習法**国家では、伝統、慣例、判例などが国の決定に影響を与えている。社会が変化すれば慣習法も変化するわけだ。かつて、イギリスの法律システム下にあった国々を慣習法国家と見なすことができる。アメリカ、イギリス、カナダ、オーストラリアなどがそれに該当する。

成文法国家では、女性と男性が共有財産権によって保護されるためには形式的に婚姻関係を結ばなければならない。つまり、入籍証明書こそが彼らの関係の登録証になるのだ。一方、慣習法国家では、男性と女性が公式的な婚姻関係を結ばなくても、一定期間同棲し、実質的に妻と夫として機能しておれば結婚したと見なされる。仮に、その夫婦が離婚をすれば、双方が共有資産に対する権利を主張する訴訟を起こすことができる。アメリカにおいて、我々が「内縁の妻（common law wife）」という言葉を使うゆえんはここにある。また、慣習法は、未婚者間の慰謝料の請求訴訟の際にも根拠となる。

あなたは「占有は九分の利（“possession is nine tenth of the law”）」という諺を聞いたことがあるだろうか。これもまた、その根拠を慣習法に置いている。

隣人があなたの土地と自分の土地との境界に柵を設置したと想定しよう。その柵があなたの土地のほうに50センチほどはみ出していたにもかかわらず、数年間、あなたがそのことについて文句を言わなかったとしたら、あなたはその土地に対する所有権を失ってしまうことになる。自分の土地が50センチも侵犯されていることを知っていながらそれを許してきたことが、その50センチの土地の所有権を隣人が主張する根拠になるのだ。つまり、慣習法下では、先使用によって所有権が認められるということである。

成文法国家では、特許と著作権は登録によって決まっている。慣習法国家での特許と著作権は、そのアイデアを最初に所有していたと証明する人に帰属している。

イスラム法は、コーランの解釈にその基礎を置いている。この種の法律システムは、パキスタン、イランなどのイスラム国家で見ることができる。イスラム法では、その信者のための総合的な生活パターンが決められている。そこには、所有権、経済的意思決定、そして経済的自由に関する多様な内容が含まれている。

イスラム法では、利子を課すのは違法である。想像がつくと思うが、それは営利目的の資本投資（business capitalization）を困難なものにする。イスラムの銀行は、この問題に対して一つの解決策を発展させてきた。銀行は利子付ローンを提供する代わりとして企業の株式を購入し、のちにそれを高値でその企業に買い戻させるのである。購入時の価格と売却時の価格の差が、非イスラム国家においては利子として見なすことのできる金額となる。

社会主義法は、法典に基づいている。社会主義法の基本的な前提は社会主義的所有権である。北朝鮮はいまだに社会主義法を採用しており、国がすべての工場、小売店、教育機関を所有している。現在、混合システムを採用している中国は、国が所有しているほとんどの資産を民営化した。

中国政府は1992年に法律を改正し、小売部門における外資との合弁を認めた。しかし、当時はまだ外資との合弁をカバーできる成文法は存在しなかった。中国市場に最初に参入した外資系の小売業者は日本企業であったが、日本の小売業者は法律が制定される以前に中国市場に参入しており、社会主義法の下での事業運営がいかに不確実で困難であるかということを学習した。また、中国で最初に合弁企業を設立したヤオハンは、中国最大の小売店舗を立ち上げたのちに、出店した敷地に住んでいた居住者達のために中国政府が住宅建設を要求し

(訳注２)（World Court）オランダのハーグに本部を置く国際司法裁判所のこと。国家間の紛争を処理する役割を期待されている。

ていたことを知った。社会主義法の観点から見ると中国政府の要求は理に適ったものだが、資本主義社会から参入したヤオハンにとって、その要求は理不尽なものでしかなかった。

所有権に対する政府の影響

政府は、法律システム以外にも小売業者に大きな影響を与える。第1章で論じたように、各国は新規出店の立地、営業時間、販売品目などを規制する独自の法律をもっている。かつて、日本では大規模小売店舗法（大店法）のために新規出店の許可プロセスが非常に厳しいものであったことを思い出してほしい。開店許可を得るに、10年またはそれ以上の歳月を要する場合もあった。その後、日本は大店法を改正し、出店に要する時間を短縮した。やがて大店法は緩和され、2000年には完全に撤廃された。そして、大店法の規制緩和が実施されたのち、外資系の小売業者の日本への参入が始まったのである。

また政府は、自国内で営業する小売業者に所有権を放棄するように強要することもある。所有権に関連する政府の介入には、「没収」、「収用」、「国内化」、「国有化」という四つのタイプがある。

没収は、政府が元の所有者に何の代価も払わずにある企業を引き取ってしまうことを意味する。一般的に、国が国民の資産を没収するのは政治的な紛争がある場合に限られる。1950年代の中国では、共産党政府が個人資産を没収した。その結果、「永安（Wing On）」と「先施（Sincere）」のような外資系の大型小売業者が上海の店舗を失ってしまった。資産が没収されたあと、政府は取得した資産を売却したり、企業を閉鎖したりする。言うまでもなく、没収の結果は政府が企業の資産を取得するということである。

収用は、政府がある企業を引き取る場合に、所有主に対して名目上のわずかな補償を与えるということである。例えば、政府がある企業の元の所有者に対して100ドルの資産価値当たりにわずか1ドルだけの補償を与えるとしたら収用にほかならない。重要なのは、所有者が自分の資産を売却するにあたって選択権がもてないということだ。ただ、政府は名目上のわずかな支払いを済ますことによって、自らの行動をより簡単に正当化できるのである。収用も没収同様、政府が資産を再配分したり、企業を閉鎖したりすることができる。この場合にも、政府が企業の資産を取得することになる。

国内化とは、政府が企業の所有権を**自国民**に移転するように強制することである。国内化は、自国の資産を外資が所有することに対する強いナショナリズムが発生する時によく見られる現象である。例えば、メキシコで外国人が保有できる株式の割合を規制する法律が成立すれば、外資系の企業がメキシコでビジネスを続けるためにはその株式の一部をメキシコ人に売却せざるを得ないだろう。

「シアーズ」は、メキシコ市場に初めて参入した時に「先行国内化（predetermined domestication)」と呼ばれるプロセスを用いてメキシコのビジネス環境に適応しようとした。つまり、国内化を長期的な市場戦略の一環として組み込むことにしたのである。この先行国内化は、次の四つの次元を包含している。

❶企業資産を公正な市場価格で売却する。

❷下位職だけではなく、中間職や上級管理職にも現地人を起用する。

❸現地からも商品を仕入れる。

❹同社のグローバル事業に現地のベンダーを参加させる。

小売業者は、率先して先行国内化を遂行することによって政府主導の国内化に対する保険をかけているわけだ。

国有化は、政府が企業の所有権を取得し、それを政府の一機関として運営することを意味する。また、国有化は、個別企業レベルではなく特定の産業全体を対象に行われるのが一般的である。政府は、国全体の福祉を増進させるという名目で特定産業を国有化するのである。

カナダ政府は1881年に鉄道産業を国有化することにより、同産業に関わるすべての所有権を政府が単独で手に入れた。先に言及したように、中国政府は1950年代にあらゆる産業を国有化し、すべての資産と事業所有権を中華人民共和国のものにしている。

国際マクロ・マーケティング環境には、経済環境、競争環境、技術環境、社会環境、そして政府環境が含まれる。これらの諸環境を特定の小売業者がコントロールすることはできないが、それをモニターすることは可能であるし、モニターの結果を意思決定のために活用することもできる。

2　生産要素

国際貿易理論は、貿易の流れを説明することに焦点を当てている。ある国が何を生産するかを規定する基本的な要因を「生産要素」と言い、そこには「土地」、「労働」、「資本」、そして「企業家精神」という四つの生産要素が存在する。実際、個人的資産が各個人の固有のものであるように、これらの生産要素も各国にとっては固有のものである。知的に優れている人もいれば、素晴らしい身体能力のもち主もいる。各個人が保有しているこのような資産によって、その人がどのような仕事をこなせるのかが決まるわけだ。同じく、ある国が土地、労働、資本そして企業家精神という生産要素をどれだけ保有しているかを知ることができれば、その国で効率的に生産できるものは何かを予測することができる。

生産の四つの要素を理解することができれば、この章の後半部で取り上げられる国際化理論を理解しやすくなる。そして、第7章で議論される多国籍市場の形成動機を理解するのにも役立つはずである。

土地

土地要素は自然資源である。農地、森林、河川、そして油田などはすべて土地要素の一部である。カナダ、ロシア、中国、アメリカなどは、土地資源の供給が豊富なケースである。過度な人口と不耕作地をもっている日本は、土地供給が乏しい例と言える。

土地要素を豊かに保有している国々は、自給自足ができるのが一般的である。歴史的に見れば、それらの国々の経済的基盤は農業からもたらされていることが分かる。強い農業基盤がない国は、生産に必要な資源を獲得するために国際貿易をしなければならない。一方、豊かな土地要素を備えている国々は閉鎖経済（孤立経済）を貫くことも可能である。もちろん、土地要素のない国には不可能な選択肢である。

土地要素の乏しい国々は、開発によって土地が破壊されるのを阻止しようとする。環境保護のために、小売による土地の利用を厳しく制限する法律を制定したドイツがその好例である。この法律により、大規模店舗は都心部に制限され、広大な面積を要するウェアハウスクラブのような特定の小売業態はその展開に制約を受けることとなった。

労働

生産要素としての労働は、熟練労働力を意味するのではなく、むしろ非熟練もしくは半熟練労働者を表す。よって、最低賃金が低い国々は労働要素が強いということになる。一般的には、最低賃金が低いために途上国のほうが労働供給の面では強い。しかし、しばしば途上国では、ビジネスに関わる社会福祉コストが高いために労働供給の利点が相殺されることも多い。例えば、メキシコでは最低賃金は日本の１時間の賃金にも及ばない。しかしながら、政府によって義務づけられている福祉費用は実質賃金の３倍に近い。

強い労働要素をもつ国々は、アパレル生産のような労働集積的産業にとっては魅力的となる。とはいえ、アパレル製品の生産は、経済発展とともに労働コストが上昇するに従って、ある地域から別の地域へとその拠点が移動している。

大型百貨店のような小売業者にとっても、労働コストが低い国は魅力的だ。香港の百貨店では、賃金が低いという理由で中国本土から労働者を輸入した。また、貧富の格差が激しい所ではサービス産業が隆盛する。何故なら、高所得者が低所得者をサービス提供者として雇うからである。

ファストフード小売業者は、伝統的に10代の青少年を雇ってきた。しかし、数年前、「マクドナルド」と「バーガーキング」は豊かなアメリカ社会では10代の従業員を見つけるのが難しいことを知った。何故なら、彼らはそこで得る給料よりは自分達の時間のほうが価値があると考えたからである。この問題を、各企業は副収入を望む退職した高齢者を雇うことによって解決した。

資本

資本とは、資金、機械設備、インフラストラクチャーを指す。これらの資源を豊富に所有している国々は資本要素が強いと言われる。アメリカとドイツがその代表であろう。両国は、投資対象として安全な国であると認識されているために、企業家達により多くの資源を貸すことができる。一般的に、資本資源は先進国であるほど強い。

アメリカとドイツは政治的システムが安定しており、自国通貨があまり激しく変動しないという理由で「安全」であると見られる。長い間、ブラジルは経済環境の不安定な国の一つとして知られていた。インフレがひどく、店での商品価格は日々変化を繰り返していた。つまり、ブラジルは投資家にとって資本を投資するには不安定な国だったのである。

企業家精神

企業家精神とは、創造的なマネジメントとアイデアを意味する。つまり、どのように問題を解決し、チャンスを求めるのかということである。生産要素としての企業家精神は、我々が普段その言葉を使うように、単に中小企業の経営を意味するものではない。中小企業の経営はこの要素の一部であり、決してすべてではない。アメリカの主な輸出品の一つはマネジメントそのものであり、それは、アメリカがこの要素の強い国であることを反映している。また、ドイツも企業家精神の面で優れた能力をもっている国である。そして、特に小売イノベーションにおいてはフランスも強い企業家精神を見せている。ハイパーマーケットを最初に開発したのはフランス人であり、この業態は他の国々に移転することに成功している。

各産業は、しばしば「労働集約的」とか「資本集約的」というように表現される。アパレル産業は労働集約的な産業の典型と言える。生産の基本的な単位が縫製機械であり、生産量を伸ばすためにはより多くの労働者を必要とする。

労働集約的な産業では、一般的に規模の不経済が働く。**規模の経済性**が働くと組織は一層大きくなり、コストを削減しながらより効率的な生産が可能になるわけだが、**規模の不経済**が起こると逆のことが起こるのだ。組織が成長するにつれ生産はより非効率的になり、コストが上昇していくわけだ。

あなたは、大勢の人と一緒にグループワークをした経験があるだろうか。その際、全員を一つのチームとして働かせるためには、同じ仕事を一人または少人数で行う時よりも労力と時間がかかるという経験をしたことだろう。しばしば我々は、ある仕事に大勢で取り掛かればかかるほど個々人の努力は低減されるだろうと考えがちだが、実は逆の場合が多い。グループを４人で組もうが14人で組もうが、結局、与えられた仕事の９割は３～４人の人間がこなすことに気づくはずだ。

化学産業は、労働力ではなく機械が生産量を決定するという意味で資本集約的である。資本集約的な産業では、一般的に規模の経済性が働く。つまり、生産量が増えれば増えるほど単位当たりの生産コストが低減するわけだ。

100％労働集約的、あるいは100％資本集約的であるという産業は存在しない。にもかかわらず、この考え方はある産業がどのように分類されるかについて示唆を与えてくれる。重要な点は、労働集約的な産業は強い労働要素（すなわち、低い最低賃金）を備えている国で自然に発達するだろうし、資本集約的な産業は強い資本要素（金（かね）、高技術機械、それをサポートするインフラ）をもっている国で隆盛するだろう。

これらの諸要素は比較優位の理論を理解する上で役立つだけではなく、本書で取り上げられるその他の諸理論にも基本となる考え方を提供してくれる。

3　比較優位理論

国際貿易理論は、比較優位という考え方に基づいている。この考え方を理解すれば、どの国が世界と接触しようとするのか、またどの国が世界との接触を歓迎するのかということが分かりやすい。いくつかの国は、他の国とは交流せずに孤立する方を選択している。世界最大の文明の一つである中国は、長い間にわたって外国との貿易を拒否してきた。同じく日本も、武力で開国を強いられるまでは鎖国に固執し、海外との貿易を受け入れなかった。現在は、北朝鮮が外部世界とわずかな接触のみを維持する形態をとっている。

比較優位と絶対優位の考え方は、いつ、そしてどのように国際貿易が発展するかを理解するうえで有益である。

絶対優位と比較優位

木工の仕事を愛する外科医がいるとしよう。もし、彼が手術に一日中従事すれば4,000ドルの収入が得られるとする。そして、彼が本棚をつくる工作に専念すればその収入は一日1,000ドルになるとする。外科医としての収入にせよ、木工としての収入にせよ、彼の収入が他のいかなる外科医や木工師より多いとしても、彼にとって一番有利なのは、最大の利益をもたらしてくれる仕事（すなわち外科医）に集中し、他の人に本棚をつくらせることであろう。彼が、外科医としても木工としても他の誰よりも多い収入を上げられるということは、彼が絶対優位をもっていることを意味する。

国際貿易において、交易相手よりも効率的な生産ができる国は**絶対優位**をもっているということになる。**表3－1**で提示されている例を見れば分かるように、アメリカは綿織物とワインのどれにおいても中国より生産性が高い。したがって、この例ではアメリカが中国に対して絶対優位をもっていることになる。

しかし、最も効率的な貿易をするためには、絶対優位にある国（アメリカ）は、貿易相手（中国）がより苦手としている製品を生産すべきである。上の例

表3－1　綿織物とワインの生産における比較優位の一例

	（1日当たりの生産量）	
	（綿織物）	（ワイン）
アメリカ	（50億メートル）	（400万ボトル）
中国	（30億メートル）	（100万ボトル）

で言うと、アメリカと中国の生産性の差は綿織物よりワインのほうが大きい。つまり、アメリカは綿織物よりワインの生産に相対的に高い生産性をもっていることになり、中国はワインの生産が相対的に苦手ということになる。そのため、アメリカはワインを、中国は綿織物を生産するべきである。

このロジックが「**比較優位**」と呼ばれる概念である。比較優位という考え方は、ある国が最高の収益を達成できる製品を生産し、それを他の国が生産した別の製品と交易する場合に適用される。各国は、最も高い収益をもたらしてくれる製品に自らの生産力を集中すべきである。

先述の例を拡大してみよう。中国が、代替的な貿易先としてメキシコを考慮していると仮定しよう。両国は、いずれも靴と綿織物を生産している。もし、中国がすべての資源を靴の生産に費やすならば年間600万足の靴を生産することができる。逆に、全資源を綿織物の生産に向けた場合には、年間1,000万メートルの生産ができる。メキシコが同様のことをした場合には、300万足の靴、または800万メートルの綿織物を生産することができる。この状況では、中国が絶対優位を保有していることになる。中国は、靴でも綿織物でもメキシコより効率的な生産ができるのである。しかし、この場合にも中国にとって最も有益なやり方は、相手がより苦手としている製品を生産することに生産力を集中することである。もちろん、この例では靴になろう。

比較優位は、自国の強みと交易相手の強みによって決まる。すべてのものに強い国もあるだろうが、おそらくそのような国はそれぞれの生産要素を豊富に保有しており、生産する物を選ぶことができるだろう。このような状況においても、他国にとって苦手な製品の生産に特化し、その他の製品は交易によって得るほうが理に適うことになる。この考え方を「**労働の専門化**」と言う。

4　国際貿易に影響するその他の要因

比較優位理論は、各国が何を生産したほうが良いかを説明してくれる。我々は、比較優位理論を先に言及した生産の諸要因と関連づけることができる。生産の諸要素とは、土地、資本、労働力、そして企業家精神であり、国によってその保有の程度が異なっている。当然、生産の効率性を上げるために何が必要であるかは産業によって違うことになる。上述したように、アパレル産業では生産要素として労働力が重要となる。その結果、アパレル製品の生産は、時間の経過と共に低コストの労働力をもつ国へと移行していったのである。

かつて、アメリカのアパレル産業には活力があった。しかし、アメリカの労働者の賃金が上昇するにつれて、他の低賃金国家がより魅力的な場所となった。まず、アパレル産業は日本に移った。日本の賃金が上がると韓国に、そして次に中国へと移っていった。

現在、アパレル産業が立地している地域は中国よりも労働コストの低い地域（例えば、スリランカ）である。それぞれの地理的な移動は、低コストの労働（つまり、アパレル製品生産の基本的要素）を探そうというニーズによって引き起こされるのである。

もちろん、政府官僚がある日突然、「よし、そろそろ労度集約的なアパレル産業から企業家精神集約的なコンピュータソフトウェアの生産に移行する時期だぞ」と提案するわけはない。ただ、一種の自然なトレンドがその国の貿易関係に顕著に現れるようになっただけである。

ある産業で貿易赤字が累積され始めると、もはやその産業は競争的ではない、と分析することができよう。こういう状況に直面した国には二つの選択肢がある。貿易の自然な流れを受け入れるか、自然な流れを止めるように貿易障壁の構築を試みるかである。

各国が貿易の自然な流れを制限する方法の一つは関税を賦課することである。言うまでもなく、関税とは輸入品に課される税金のことである。この税金が輸入品のコストとして加えられて価格を引き上げるのである。ある国が輸入品に対して関税を賦課することは、自国民が輸入品を購入する際に高値を支払わせるということである。要するに、輸入品の購買者は、国内産業をサポートするために高値を払わされていることになる。

関税には、「従量税」、「従価税」、「混合税（combination tariffs）」という三つの形態がある。**従量税**とは、各製品ごとに一定金額を徴収する課税方法である。例えば、シューズに2ドルの従量税が課税されると、輸入品のシューズ一足のコストは2ドル高くなることを意味する。この従量税が適用される場合には、輸入業者は高額の製品を輸入するほうが得策となる。一足10ドルの製品であれば2ドルの関税は20％になるが、200ドルのシューズに対しては1％でしかない。

従価税は、輸入価格の何％かを徴収する方式である。一足30ドルのシューズに10％の従価税が課税されると、関税は3ドルになる。そして**混合関税**は、従量税と従価税を結合したものである。例えば、2ドルの従量税と10％の従価税を組み合わせた徴収法を考えることができよう。この場合、一足40ドルの輸入シューズには、2ドル（従量税）＋4ドル（従価税、40ドルの10％）、合計6ドルの関税が賦課されることになる。

割当制は、製品の輸入量を制限する制度である。各国は、交渉によって締結された貿易協定の一部として他国に対して割当制を適用することができる。例えば、アメリカがエクアドルに対して50万足のシューズしか輸入できないと告げることもありうる。エクアドルからアメリカへの輸出が50万足に達すると、それを超える輸出品は倉庫に留められ、次の期間まで待たされるのである。この割当制は、供給を抑制するために製品の価格を引き上げるという効果がある。供給が減ると価格が上昇するというのは当然である。

関税と割当制はともに逆累進的である。何故なら、この両制度によって打撃を受けるのは高所得層よりは低所得層であるからだ。特に、アパレル製品のような場合、低所得の人々は低価格の輸入品を好んで購入している。

長い間、アメリカ政府はアパレル産業の雇用効果を考慮してこの産業を保護してきたが、15年前からようやくこの保護政策を変更し始めた。同様に、フランスと日本も農産物の輸入を制限してきたという長い歴史がある。これは、輸入品との競争で自国の農家が淘汰されるのを防ぐためである。

世界中の貿易政策を統括するための新たな組織である世界貿易機構（WTO）の目的は、このような貿易規制を緩和することである。そして、WTO の加盟国は貿易に対して門戸を開放すると公約している。

輸入品を減らすために各国政府が採用する他の手段は為替である。**為替**とは、それぞれの通貨を売買する際に基準となるレートのことである。毎日、世界中のトレーダー達が通貨の売買を行っている。しかし各国は、国同士における製品・サービスの交易のために公式的な為替も維持している。そのため、各国政府は輸入を抑制する目的で、この公式的な為替レートを意図的に低く維持することもできるのである。もし、ドルの為替レートが低ければ、アメリカの消費者が外国製品を購入するためにはより多くのドルを必要とすることになる。

一つの例を挙げよう。1985年、私が初めて日本を訪問した時、1ドルは約200円だった。今日（2007年当時）、1ドルは112円程度にすぎない。これは、日本からアメリカに輸出された物品についても同じことが言える。すなわち、ドル安の状況では、日本製品を購入するためにはより多くのドルが必要になるということである。このため、日本の製品はアメリカの製品に比べたら割高に見えてしまうことになる。

政府というのは、常に**貿易収支の黒字化**を求めるものだ。これまで考察してきたように、アメリカ政府はドルの公式レートを低く維持することで輸入品を割高にし、輸入を抑制している。しかし、ドルの価値は一定ではなく、世界中の通貨ごとに異なることを覚えておいてほしい。他の様々な通貨と比べてドルの価値がどの程度なのかは、「ウォール・スリート・ジャーナル誌（Wall Street Journal）」に掲載されるチャートを利用すれば分かる。ただし、為替は相対的な経済指標でしかない。円を買うのに必要とされるドルの量は、ポンドを買う際に必要とされるドルの量とは何の関係もないということだ。

世界貿易機構（WTO）

おそらく、関税と割当制は今後もなくならないだろうが、**WTO** がそれらの貿易障壁を撤廃するための土台を準備している。WTO は、グローバルレベルで国家間の貿易に関わるルールを取り扱う組織である。この組織の基本的な目的は貿易を自由化することである。また、同組織は各国政府が貿易紛争を解決するための場であり、貿易に関するルールのシステムを取り扱う組織である。

WTO の発端は、世界貿易関税機構（GATT）とウルグアイラウンド（1986年から1994年にわたって行われた通商交渉）に関連する一連の合意に基づいている。WTO が公式的に発足したのは1995年１月からである。WTO は、現在、2001年に立ち上がった「ドーハ開発アジェンダ」の下で新たな交渉を行っている。

WTO の合意は、国際通商の基本的なルールを提供してくれている。その合意とは、国家間の合意の範囲内で、各国政府がその貿易政策を維持するように義務づける契約である。その目標は、財とサービスの生産者や輸出入業者が、ビジネスを営むための予期せぬ変化のない健全な環境を提供することである。

WTO の基本的前提は、すべての貿易相手は平等に扱われるべしという、差別なき貿易である。たとえフランスが中国における小売事業においてアメリカよりも優遇されるために交渉を行ったとしても、そこで合意された優遇対策の恩恵はアメリカにも適用されるということである。この点に関して、個人的に次のような経験をしたことがある。

以前、私は中国の高位官僚と面会し、今後の中国での小売部門の開放に関して意見交換をした。その時、彼は次のように言った。

「小売部門におけるアメリカの要求は、フランスのそれより多くないようだね。アメリカは中国での出店に関するウォルマートの能力をあまり気にしていないように見えるけど、フランスはカルフールの出店についてはとても気を遣っているよ」

もちろん、すでに言及したように、WTO では最も良い協商案がどの加盟国によって得られたのかに関わらず、すべての加盟国に同じ条件が適用されるべきであるとしている。我々は、これを「**多国間協定**」と呼んでいる。

WTO のもう一つの条項は、外国人も自国民と平等に取り扱わなければならないということである。これは「**内国民待遇**の原則」と呼ばれるもので、各国政府が自国企業を優遇する傾向があるために設けられているものだ。WTO は、自国企業の優遇を禁じている。輸入品であれ、国内生産品であれ、同等な扱いを受ける必要がある。この原則は、サービスや商標権、著作権、そして特許にも同じく適用されている。

第4章

国際文化と人間の行動

ある国の文化を理解せずにその国の小売システムを語ることはできない。何故なら、それぞれの文化が、人々が何を購入し、購入した品物をどのように使用するかに影響を与えるからである。同じように見える製品でも、国によってかなり違う目的で使用されることもある。

例えば､私が初めて日本を訪問した時に東京の百貨店を訪れたのだが､そこの家庭用品コーナーである大きい品物を発見した。私の目には、それがまるでアメリカ人がベッドで朝食をとるために使うトレーのように映った。そこで私は、友人の日本人に「日本人はとてもロマンティックだね。ベッドで朝食をとるためにこれほど気を遣うなんて」と言ったわけだが、その友人は少し戸惑った表情で、「それはトレーではなく、掘りごたつである」と説明してくれた。日本の家族はこのテーブルを囲んで座るらしく、テーブルの下に足を入れるのだが、そこには

東京の百貨店で見たこたつのポスター

暖房装置が備わっているという。そして、テーブルの上には布団を掛け、熱が冷めないようにしているという。これは、私の想像とはまるで違う使い方だった。

この章では、文化が我々の世界観をどのように変えるかについて触れていくことにする。文化が小売に与える影響は極めて大きい。実際、国際市場で失敗を味わう多くのケースは、その原因が文化にあると思われる。

1　文化の定義

第一次社会化（primary socialization）とは、人々が社会の中で多様なシンボルの意味を学習するプロセスを意味する社会学の用語である。私達は、このプロセスを通して自分の周りの世界を分類する[(1)]。文化は、ある社会構成員の間で共有された理解を提供し、彼らが社会的行動を予測し、調和させることを可能にする。そして、我々はその文化について「学習」するわけだが、それは社会全体にわたって同質なものではない。性別、民族、宗教、社会階層、そして地域の違いが、個人がある文化の中で社会化されていく方式に影響するのである。

我々は、学習された行為を通して文化を見ている。社会グループの果たす機能もまったく同じである。食料、住宅、そして他人との感情的連帯は、すべての個人にとって基本的に必要とされるものである。しかし、各社会がその必要を満たす方法は様々である。

世界には**多文化国家**も存在する。中国、インド、アメリカ、カナダ、南アフリカ共和国などはその例であり、逆にスカンジナビア諸国（デンマーク、ノルウェー、スウェーデン）のように複数の国が一つの文化圏を形成しているケースもある。これはもちろん一般論であり、私が育ったサウス・ダコタ（South Dakota）のスウェーデン・コミュニティでは、会話とジョークの話題としてノルウェーとスウェーデンの違いが頻繁に挙げられていた。また、ベネズエラ、コロンビア、エクアドルといったラテンアメリカの諸国も単一文化圏と思われている[(2)]。

集団の相違を説明する最も単純な方法の一つは、「高コンテキスト文化」と

「低コンテキスト文化」という概念を使うことである。この次元に沿って世界各国を分類すれば、小売の一般化を導くのに大いに役立つことになる。

2　高コンテキスト文化と低コンテキスト文化

有名な社会学者であるエドワード・ホール［Edward T Hall、1914～2009］は、文化をこの両極を使って識別した初めての人物である。ホールは、個人の行動の意味が状況に依存している文化を**高コンテキスト**、言葉に基づいている文化を**低コンテキスト**と区別している。高コンテキスト文化の人々は、言葉を交わすことなく有効にコミュニケーションを取ることができる。非言語的なやりとりは低コンテキスト文化でも起こるが、その意味は意図通りに伝わらないのが一般的である。この文化において、重要な意味の多くを伝達するのは言葉なのだ。

高コンテキスト文化では、言葉以外のメッセージが重要な意味をもつことになる。言葉を使わずメッセージを読み取るためには、共通のバックグラウンドをもっている必要がある。そのため､高コンテキスト文化では､子どもが幼い時から家庭でこのようなコミュニケーションを教える。これは、学校や宗教組織、職場といった他の社会的機関でも同様である。仮に一つの国が単一宗教､単一言語､そして高度に調整された教育システムをもっているならば、この種の文化的な適応プロセスが発生しやすい。

サウジアラビアのレストランには二つの入り口がある。一つは女性や子供､家族用のもの､もう一つは男性の一人客向けである。

高コンテキスト文化の

図4－1　文化コンテキストによる各国の分類

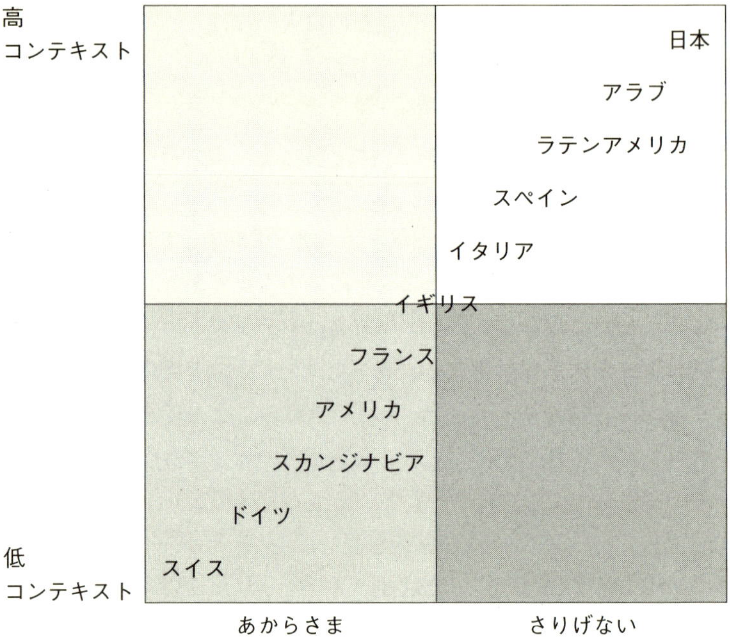

出所：Cateora (1996)

代表的な例は日本とサウジ・アラビアである。**図4－1**は、いくつかの国を高コンテキスト文化と低コンテキスト文化の線上に分類したものである。

低コンテキスト文化では、意図と感情が言葉で表現される。言葉と行動の意味合いが状況によって変わることはない。つまり、言ったことはその言葉通りの意味しかもたないのだ。このタイプのコミュニケーションが最も頻繁に起きるのは多文化をもつ国々、そしてそれぞれ異なる価値観をもった人々によって構成される国々である。アメリカ、インド、中国、オーストラリア、ニュージーランドが、そのような低コンテキスト文化の代表例と言える。

高コンテキストと低コンテキストの違いをうまく描写するものとして、ホールの言う「沈黙の言葉（Silent language）」という概念がある。「沈黙の言葉」には、「空間」、「物理的所有」、「友情のパターン」、「文化をまたがる合意」、そして「時間」が含まれる。

空間

空間とは、二人の人間が会話を交わす距離を意味する。例えば、中東では非常に近接した距離で会話をする。中東に行ってある店に入ると、とても込み合っているという印象を受けるだろう。商品がすし詰めになっており、人にぶつからずに身動きをとることも難しい。中東では、店は忙しく混雑した場所であり、アメリカ人には閉所恐怖症を感じさせるかもしれない。

欧米の文化では整理整頓された店が好まれる。ある研究によると、欧米の消費者はすし詰めにされた商品を見ると心理的にバーゲンを連想してしまうという。同様に、きれいに整頓しすぎているレイアウトには不信感を抱くという。

また、欧米の文化はプライベートな空間を好む。高級なオフィスとは、広々としたプライベートな空間を指すのである。そして、入り口では、一人もしくは二人の秘書が来訪者をチェックするということが好まれている。一方、高コンテキスト文化である日本では、プライベートなオフィスをもっている人は、その行動には関係なく、もはや企業にとって重要ではない人物と見なされる傾向がある。つまり、そういう人は窓際に追いやられているのである。

日本では、会社の重要ポストに就いている人物のデスクが、その人の管轄している部署の広いオフィスのど真ん中に置かれている場合が多い。そして、アシスタント達のデスクはオフィスの壁際にある。声の聞こえる距離内に全員が配置されているので、日本のオフィス・システムでは社内連絡用のためにメモなどは使われない。誰かに伝えたいことがあれば、その人物に向かって大声で呼びかけるか、立ち上がってその人物の席に行って話せばいいのである。

物質的所有

物質的文化という表現は、所有に関する学習された社会的な意味を表す。小売の目的は物質的文化の普及である。国によっては、物質的文化の製品が自国内で流通することは好ましくないと考え、しばしば外資系の小売業者の参入を制限する場合がある。

デザイナーズ・ブランドは社会的なステータスを表す。日本では、バブル経済がはじける前にデザイナーズ・ブランドの消費が非常に旺盛であった。このトレンドが鈍ったとはいえ、日本では依然として顕示的な消費が目立っている。**顕示的な消費**とは、人々が自らの富やステータスを表現するために行う消費のことを言う。

G・マクラッケン(3)は、世界中の消費者にとって新品が高い価値をもつようになったのはごく最近のことであることを発見した。かつてヨーロッパにおいては、モノが人々を惹きつけるのは、それが使い込まれた時に現れる**風格**や円熟味であった。何世代もの時間にわたって引き継がれてきた家具や銀製品は、新品よりもはるかに価値が高かったのだ。つまり、成金よりは伝統のある金持ちのほうが望ましいとされたわけである。要するに、高コンテキスト文化では先祖伝来のモノに高い価値を認め、家系がモノのコンテキストになっているのである。

高コンテキスト文化の物質的文化が低コンテキスト文化の粗野さによって脅かされる時、社会的な秩序に対する不安が顕著になる。コカ・コーラを飲み、ナイキのシューズとリーバイスのジーンズを履いている途上国の若者達は、古い文化的な規範に対する一つの脅威である。この新しい物質的文化は露出度が高く、古い世代にとっても簡単に無視できないものである。消費パターンの変化がより目立つようになったことは、多くの途上国や計画経済の諸国が外資系の小売業者の参入を制限する理由の一つにもなっている。

友情のパターン

人々が他人と関係を結ぶやり方は文化的パターンを表している。アメリカでは、友情や結婚でさえ、永久的というよりは一時的なものと考えられる傾向がある。加えて、アメリカ人はすぐに友情を発展させることもよくある。数時間で新しい友人をつくり、他の文化であれば他人に話すのには何十年もかかるような個人的な情報を教えたりする。そのため、他の文化圏の人々にとってアメリカ人は非常にフレンドリーに映るが、時には表面的な印象を与えてしまう。

多くの外国人は、アメリカ人から「いかがお過ごしですか（How are you doing?)」と質問される時に、本当は自分たちの答えには興味がないだろうと感じている。

そのような形式ばらない行動は、アメリカで小売店の販売員が顧客に話しかける際にも見られる。販売員やウェイトレスはすぐに顧客のファーストネームで呼び掛けようとするし、「敬愛する（dear)」とか「ハニー（honey)」といった親近感の沸く言葉を用いて顧客に接しようとする。販売員達は、顧客にアドバイスすることで自らが役立つ存在であると信じ込んでいるわけだ。

他の文化における人間のコミュニケーションは、アメリカの気楽なスタイルとはかなり違っている。1970～1980年代の中国では、販売員が顧客を「同志(comrade)」と呼ぶのが一般的だった。そして、1990年代になると、その呼称は「ミスター」あるいは「ミス」に変わった。さらに、顧客をファーストネームで呼ぶことはめったにない。また、文化によってはギフトを贈る方法やパターンにさえ違いがある。

文化をまたがる合意

低コンテキスト文化では、合意内容の詳細が記されている契約が重要視される。彼らは、相手が契約の詳細条項を厳守することを期待する。これに関連してアメリカには、「法律を（その精神よりも）字句通りに実行する（adhering to the letter of the law)」という言い回しがある。一方、高コンテキスト文化では、大雑把に互いの基本的な意図に合意することに依存している。

このコンセプトを理解していない外国人が日本でビジネスを行う場合は困惑することになる。契約書の内容にこだわらない日本人のパートナーと細部にわたってその項目を交渉するのに長い時間を費やす必要があるかもしれない。

日本人は、契約を有利に導くために時間を活用する。また彼らは、アメリカ人が仕事を遂行する上でせっかちであることを知っている。そのため、自分達に有利な条件を引き出すためにミーティングを引き延ばすかもしれない。

時間

ドイツでは、一般的に食料雑貨店が営業を終了するのは午後6時である。ドイツの販売員にとっては、これは午後6時以降には精算を行わないことと理解されている。例えば、お客が買い物を精算するために5時45分にレジの列に並んでいたとしても、6時になってしまうと、そのお客はお金を払うことなく通路やレジにカートを置いて店から出なければならない。一方、アメリカでは、閉店時間が10時だとしても、10時までにレジに並んでいさえすれば買い物を済ますことができる。

1965年の**閉店法**では、ドイツのすべての店は木曜日を除く平日には午後6時30分に、日曜日は午後2時に閉店することが義務づけられていた。そして、1990年代半ばの連邦法で、平日は午後8時、土曜日は午後4時まで営業することが許された。その法律では、日曜日は営業禁止、それ以外は毎日8時には閉店することが求められていた。

2004年、各州を代表するドイツ議会の上院は、営業時間に対する規制を撤廃するための投票を行った。いまや、営業時間を決める権限をもっているのはそれぞれの州である。ただ、それにもかかわらず、依然として約半分の州は日曜日の営業禁止を続けるという方針をもっているとされる。2006年にドイツで開催されたサッカーのワールドカップの期間中は、期間限定の条例（都市法）によって夜の10時まで営業時間が延長された。

ホールは、時間のシステムを二つに分類し、「単一的時間（Mタイム）」と「多元的時間（Pタイム）」と名づけた。Mタイムは北ヨーロッパをベースに考案され、物事というものは一つずつ順番に計画されるという概念である。そして、Pタイムは、地中海モデルをその基礎とした、複数の事柄が同時に起こるという概念である。この二つのシステムは、論理的にも経験的にも明確に異なっているため混合することが難しい。

Pタイムは、事前の予定に執着するよりは人間関係と取引を完了させることに焦点を当てている。約束は重要なものと見なされず、しばしば破られるものだと考えられる。よって、Pタイムの時間観念をもつ人々にとっては、時間とは実体のないものであるため、時間を浪費したり節約するといった考え方をしないのが普通である。

Ｐタイム文化をもつ地中海とアラブ諸国の市場や店に行くと、北ヨーロッパやアメリカ人は戸惑いを感じるかも知れない。買い物の環境は無秩序のように見え、店の店員は多数のお客を同時に待たせており、客達は店員の注意を引こうと争っている。そこには、はっきりとした順番もなければ、誰が一番長く待たされるかを示す行列や番号札もない[(4)]。

類似のパターンは、地中海国家の政府高官のオフィスでも見受けられる。専用オフィスには大きな受付があり、訪問客はそこで待機させられて大臣や補佐官の応対を受ける。彼らは、実質的なビジネスのほとんどを、オフィス外のセミパブリックな空間で行っているのである。また、官僚達は一つのグループとの話し合いが終わると次のグループへと移動する。そして、非常に深刻な問題を抱えている訪問者に対しては、大臣が再び戻って解決策が見つかるまで話し合いをする。店の店員と同様に、大臣は複数のグループに同時に対応するのだが、これこそＰタイムのエッセンスである。

ホールは、Ｐタイムを女性の生き方と関連していると主張する。母親が家族の面倒を見る状況を思い出してほしい。母親は、家族一人ひとりに対してきっちりと一定の時間を割くようなことはしない。その代わり、数分間一人の子どもの面倒を見たあとに、別の子どもの面倒を見ながら同時に洗濯物を畳み、夕食の準備を行っている。Ｐタイムの文化で重要なのは、スケジュールではなく人間関係なのだ。

たとえある社会がＰタイムとＭタイムのどちらかに適合しているとしても、その両方をうまく結合させることもある。日本では、日本人同士の付き合いにおいてはＰタイムに近い社会だが、外国人との付き合いではＭタイム的な要素も強い。両方の側面を最適に組み合わせる日本人の能力は、国際市場における日本の成功からもうかがい知ることができる。

ＭタイムとＰタイム、どちらが優れているとは言えない。これは、単に世界観の違いにほかならない。Ｍタイム社会の人にとっては、時間とは管理されてコントロールされるべきものである。しかし、Ｐタイム社会の人は時間をそのようなものとは考えていない。

次に、文化の要素について述べる。各社会は、製品の使用、他人との相互作用、芸術、そして言語を通じて文化をつくり上げている。小売はこれらの文化的な要素に影響を受けると同時に影響を与えている。

3　文化の次元

世界には多様な社会が存在する。しかし、各社会がその構成員を社会の一員にするために必要とする基本的な手段は非常に類似している。我々は、それを**文化的ユニバーサル**と呼んでいる。文化的ユニバーサルには、物的要素、社会制度、信念体系、美的感覚、そして言語などが含まれる。

物的要素

物的要素はその国のインフラに依存している。その国で利用可能な基本的な経済的、技術的システムは、その国で販売されうる製品に影響を与えている。もちろん、技術的な進歩も文化的な変化を引き起こす主な要因である。

経済学は、ある社会がその能力と能力から得られる便益を活用する方法である。これには、財とサービスの生産、その流通と消費、交換の手段、効用の創出から得られる収入などが含まれる。よって、物的要素は、需要量、製品の品質、そして製品の機能に影響することになる。[(5)]

開発途上国なら、予防メンテナンスという考え方はもっていないかもしれない。例えば、開発途上国の人にとっては、ディーラーのサービスを要する高級車を所有することは賢明なこととは言えないだろう。それよりも、あまりケアをしなくても走ってくれるような車を所有するほうがより良い選択となるだろう。

ロシアと中国が厳しい政府主導の計画経済システムを採用していた時代、奢侈品は平均的な消費者が購入できるものではなかった。これらの政府は、消費者の生活を豊かにしてくれる製品ではなく、産業用の生産に役立つ製品の購入だけをサポートしてきたのである。計画経済の下では、小売というのは軽蔑的な見方をされ、生活必需品ではない物に対する欲望をつくり出すことで人々を堕落させる否定的な影響力があると見なされていた。他人がどう見るかということに置かれた価値が、次項の根拠となっている。

社会制度

準拠集団は、購買行動に影響を与え、購買行動を方向づける価値観と態度を規定するという意味で消費者の社会化過程における重要な一部である。子どもが幼い時には、家族が重要な準拠集団になる。そして、思春期には、仲間達からより大きな影響を受けるようになる。

家族の概念は地域によって多様である。アメリカにおいて家族とは、親類ではない者同士が一緒に暮らすことを意味するかもしれない。一方、アジアでは、配偶者の両親と祖父母までを親族の一部だと考える傾向が強い。

消費者の意志決定に影響を及ぼす他のグループとしては、変革推進者、オピニオンリーダー、ゲートキーパーなども含まれる。**変革推進者**は消費者の意志決定に影響を与えるが、準拠集団ではない人のことを指している。つまり、変革推進者とは、政治家や俳優のように頻繁にメディアに登場する人達のことである。変革推進者がある特定の製品を使うと、その真似をしようとする人々によって需要が激増することもある。

オピニオンリーダーとは消費者の準拠集団に属する人々のことで、購買に影響を及ぼす存在である。オピニオンリーダーはもっと狭い範囲での流行の仕掛け人の役割を担っている。彼らの影響力は、変革推進者の影響力よりも大きい。

ゲートキーパーとは、消費者が何を購入しようかを決める権限を有している人々のことである。両親は、子ども達にとってはゲートキーパーである。彼らはお金をコントロールするし、合理的な購入とは何かを決めることができる。また、小売バイヤーもゲートキーパーと言える。自分の店で販売する製品を選択するのは彼らなのだ。小売バイヤーがある製品の仕入れを選択しなかったならば、消費者がその店で当該製品の購入を検討することはできないのだ。

例えば、毎年アカデミー賞の授賞式が終わると、そこでスターやセレブ達が着用していたデザイナーズ・ブランドの衣裳を別のメーカーが手頃なものに変えて小売店で販売することがある。このケースでは、映画スターやセレブが変革推進者となる。そして、そのファッションを即座に購入し、着こなしている人達がオピニオンリーダーである。

次項では、非人的な文化次元が人々にどのような影響を及ぼすかを考察する。ここには、宗教、信念体系、迷信、そしてその他の関連する世界観が含まれる。

信念体系

風水（Feng Shui）は、中国文化においては重要な要素の一つとなっている。これは、ビルや住宅の建築環境は、精神と調和の取れた場所でなければならないという信念である。

中国人は、ビルを新築する際には必ず風水の専門家に見てもらっている。実際、香港のリージェントホテルが、精神との調和を向上させるために当初の建築プランを変更したこともある。また、中国人は、人間は自然と調和しながら生きるべきであり、自然をコントロールしようとしてはいけないという信念をもっている。このような文化では、出来事の多くが運命として受け止められる。仮に、製品が果たすべき機能を果たせなかったとしても、中国の消費者はそれを製造業者の責任にするよりは不良品を選んでしまった自分達のせいだと考えるわけだ。

小売業者は、国際化を展開していく上で、以上のように信念と結び付いた文化を考慮に入れる必要がある。マクドナルドは、インドでのビジネスにおいて自社の標準的なメニューに変更を加えた。その理由は、ほとんどのインド人が牛を神聖なものと見なすヒンズー教の信者であるからだ。インドにおけるマクドナルドのメニューには、現在、牛肉を使用したアイテムは含まれていない。

自民族中心主義では、自分達の文化が他の文化より優れていると考える傾向がある。多くのアメリカ人は、自国の文化が世界のすべての人にとっては憧れの対象でないことに驚くかもしれない。私の友人であるイギリス人によると、彼の教え子達はよく「アメリカ人は馬鹿馬鹿しい」と言うらしい。それに対して彼は、「アメリカ人がそんなに馬鹿馬鹿しいなら、何でアメリカはこれだけ豊かになれたの？」と尋ねたそうだ。

また、スウェーデン出身の友人は、「アメリカには絶対住みたくない」と私に言ったことがある。そして、彼女は次のように言葉を続けた。

「アメリカはとても厳しい社会ね。だって、アメリカ社会は貧しい人や年寄りの面倒を見ないでしょう」

国際マーケティングにおける多くの失敗は、**自己参照基準**を払拭できていないことから引き起こされていると言える。自己参照基準とは、無意識のうちに自らの文化的価値に依拠してしまうことを指す。

美的感覚

ある文化の美的価値は、購買行動に影響を与えている。美しさ、感謝、芸術的な表現の意味と多様な表現方法なども消費者の購買に影響する。その芸術の対象物も社会によって異なっている。例えば、東京には数多くの素晴らしいギャラリーがあるし、私は東京を訪れるたびによく美術館に行くが、かつて、銀座にある美術館を訪れた時のことは特別な思い出として残っている。その美術館には、私には真価が分からない書道の掛け軸が館全体に飾られていた。文字が読めなかっただけだが、私は短時間で美術館を出てしまうのが気恥ずかしかったため、しばらくの間ベンチに腰掛けていた。

約75年前まで、中国では幼児の女の子の足を縛り付けるという慣習があった。小さい足が美しいと思われていたからであるが、この纏足（てんそく）のプロセスは決して美しくない。つま先が折られて下のほうに曲げられるため、歩くことさえ大変だろう。この国では、小さく縛られた足はエロチックな象徴であった。足の指の間の隙間をチラッと見るのは、今日の男性が女性の胸の谷間をチラッと見るのと同じようなものである。

言語

ある日本女性の友人が、「Speak Lark ってどういう意味？」と私に聞いたことがある。私は困った表情で振り返った。彼女は、ラークという名のタバコを楽しんでいる金髪の女性が描かれている大きい看板を指差していた。その看板に書いてあるキャッチフレーズが「Speak Lark」だったのだ。

私は、特に意味がある言葉ではないと彼女に説明した。この言葉の違いも、しばしば国際マーケティングにおける失敗の原因となる。つまり、会社名や広告テーマの直訳が問題を起こすことになるのだ。それよりも、そこに隠れている考え方を翻訳することが大事であることは言うまでもない。

日本には、ひらがな、カタカナ、漢字という3種類の文字体系がある。漢字は、事物を視覚的に表現したものである。一本の木を表す漢字はまさに一本の木に似ており、3本の木が合わさるとモリ（森）になるのだ。これは、漢字という複雑な文字体系を説明するシンプルな一例である。

日本の広告ではしばしば英語が使われているが、そのメッセージにはほとんど意味がない。ただ、魅力的に見せたり、洋風の感じを伝えたりするために使われている場合が多い。おかしなことと思われるかもしれないが、アメリカの広告でも、単純なデコレーションだけのために日本のシンボルが用いられていることを思い出せば納得できるだろう。アメリカ人が日本の文字を見た時、それは意味をもつ単語というよりはただのイラスト（つまり、他文化のシンボル）として映るだろう。

4　ホフステードの文化的次元モデル

高コンテキスト文化と低コンテキスト文化の区分は、多様な文化グループを幅広く分類するための手段を提供してくれる。そして、これらの文化要素が個人の日常生活のパターンを規定することになる。多様な文化グループを説明するためのもう一つの有用なモデルは、ホフステード［Geert Hofstede、1928～］

が提起している文化次元の違いである。彼が提案している文化を構成する四つの次元は、そのまま小売の状況にも一般化することができる。

オランダの研究者であるヘールト・ホフステードが開発したこの理論は、文化間の違いを説明する際に最も頻繁に引用されている。彼は、文化が個人の行動に与える影響を研究するためのパラダイムを開発した。ホフステードの研究のユニークさは、世界40か国で働いている IBM 社の従業員11万6,000人を対象として、彼らの価値観と信念を綿密に調べてモデルを開発したところにある。のちに彼は、対象としてさらに10か国を追加して同研究を拡大した。

ホフステードは、社会を分類するための四つの国民文化的な次元から成り立つ類型法を開発した。この四つの次元とは、「**個人主義**」、「**不確実性の回避**」、「**権力の格差**」、「**男性らしさ**」である。この類型法は国際経営の分野で頻繁に利用されているが、国際的な小売に対しても重要かつ独特のインプリケーションを与えてくれる。

個人主義

表4－1（86ページ）は、個人主義と集団主義という二分法の主要な要素を要約したものである。この次元の出発点は、「個人主義」対「集団主義」の違いである。ホフステード自身が、この次元を小売に応用したわけではないが、我々はこの次元の両極端に位置づけられる社会について何らかのことを予想することができる。

つまり、個人主義の社会では、中小企業と企業家精神が隆盛すると考えることができる。また、この社会では、自身の購買と他人のそれとを差別化しようとする傾向が強いので、非常に幅広い製品と消費のバリエーションがあるだろうと予想することができる。その反面、集団主義の社会では、消費者が特定のグループのメンバーであるというステータスを顕示するために商品を使うだろうと予想される。ブランド名がもつ効果も、集団主義の社会のほうがより大きいと考えられる。

表4－1　個人主義の次元

集団主義	個人主義	小売と消費者行動への応用
●人々は親族または血族の一員として育ち、血縁への忠誠心と引き換えに保護される。	●人々は自分自身、または家族のみの面倒を見る。	●中小企業を保護する政府 対 自由放任の政府
●「我々(we)」という意識が非常に強い。	●「私（I)」という意識が非常に強い。	●小売部門に対する政府の管理と小売の国家所有 対 個人起業家
●アイデンティティは社会システムに基づいている。	●アイデンティティは個人に基づいている。	●大手企業、老舗企業に勤めることがステータスになる 対 起業家と個人オーナーがステータスになる
●組織に帰属することが強調され、メンバーシップを得ることが理想的とされる。	●個人の創意と実績が強調され、リーダーシップを発揮することが理想的とされる。	●チームワークと集団の成果 対 個人の創意とリーダーシップ
●プライベートは各人が所属している組織や血族によって干渉されることがあり、個人の意見は予め方向付けられる。	●プライベートと自分の意見をもつ権利がある。	●会社が個人の生活について知る権利がある 対 仕事とプライベートが分離している
●グループ内とグループ外で価値基準が異なる。(部門主義)	●価値基準は、すべての人に適用されるべし。(普遍主義)	●グループのメンバーが購入する権利を与える 対 すべての消費者は自らが選択するものを購入する権利をもつ

出所：Hofstede (1992), "Motivation, Leadership, and Organization: Do American Theories Apply Abroad?" in H. Lane & Distefano, eds., *International Management Behavior*, 2nd Edition, Boston: Pws-Kent.

不確実性の回避

不確実性の回避という次元は、その社会がリスクを進んで抱えようとするか否かに焦点が当てられている。ホフステードによれば、リスクを避ける社会は不確実性の回避度が高い社会で、その逆が不確実性の回避度が低い社会になる。不確実性回避の主な下位次元は**表４－２**（88ページ）にまとめられている。

日本人は贈り物をすることを非常に重要と考え、他人への贈り物をどの店で購入するかを慎重に選択する。その店の名声が、贈り物を購入することのリスクを低減してくれるからである。不確実性の回避が高い社会である日本では、長年の歴史をもつ大規模小売業者が最も低い購買リスクを提供するのである。逆に、零細店での購入には高いリスクが伴うことになる。

権力の格差

この次元は、ある社会が不平等に耐えられる度合いに関連している。権力の格差が小さい社会では、不平等はなくすべきものと考えられる。一方、権力の格差が大きい社会では、世界には整然とした不平等があってしかるべきものと考えられている。この社会では、すべての人には自分に相応しい場所があり（高いか低いかの違いはあるが）、社会秩序がそれを守っていると考えられる。権力の格差という概念の主な要素は**表４－３**（89ページ）に記されている。

マレーシア、グアテマラ、パナマそしてフィリピンは権力の格差が大きい社会であり、デンマーク、ノルウェー、スウェーデンなどはその反対のケースである。権力の格差の大きい社会では、権力の保持者に特権が与えられている。彼らは権力を求め、それを行使することを楽しんでいる。

男らしさと女らしさ

この次元は、社会での役割分担がどれだけきっちり定められているかに注目する概念であり、「男らしさ」と「女らしさ」という対比で表される。この概

表4－2　不確実性回避の次元

不確実性の回避度が高い	不確実性の回避度が低い	小売と消費者行動への応用
●緩やかで弱いストレスを経験している。	●大きい不安とストレスを経験している。	●買い物は楽しい、家族の経験 対 買い物はストレスが溜まる、最小限にすべきこと
●時間はただ。	●時間は金。	●理想としては完全なサービス 対 セルフサービス
●攻撃的な行動は軽蔑される。	●攻撃的な行動が受け入れられる。	●控えめのセールス 対 熱心なセールス
●意見の一致を強く求める。	●意見の不一致がより受け入れられる。	●集団への帰属意識を表す製品が購入される 対 個人主義を維持するための製品が購入される
●奇人や奇抜な考え方は危ないと考えられ、偏狭さが見られる。	●変わり者は脅威と見なされず、より大きい寛容が見られる。	●奇抜さは考え方や密かな行動を通じて表れる 対 奇抜さは洋服のような可視的なものを通じて表れる
●若い人は怪しまれる。	●若い人に対して比較的にポジティブな評価が見られる。	●若者は監視されるべき厄介者 対 若者は重要なターゲット・グループ
●ルールを守らないのは罪であり、悔い改めなければならない。	●ルールが守られなければ、そのルールを変えるべし。	●商業的行動に対して法律の規定通りの適用 対 慣習法の適用
●人の専門性と知識に信頼が置かれる。	●ジェネラルリストと常識に信頼が置かれる。	●豊かで権力のある人々からイノベーションが発生する 対 普通の人々がイノベーションを起こす

出所：Hofstede (1992), "Motivation, Leadership, and Organization: Do American Theories Apply Abroad?" in H. Lane & Distefano, eds., *International Management Behavior*, 2nd Edition, Boston: Pws-Kent.

表4－3　権力の格差

権力の格差が小さい	権力の格差が大きい	小売と消費者行動への応用
●社会の不平等は最小化されるべし。	●世の中には不平等な階級があってしかるべきであり、その中で万人は自分に相応しい居場所を持っている。また、階級の高低は権力によって守られる。	●富とパワーの幻を避ける購買 対 顕示的消費と富の誇示
●階級制は、便宜的に確立された、役割の不平等を意味する。	●階級制は実存する不平等を意味する。	●顧客の問題を取り扱う権限がセールスマンに付与される 対 上級管理者のみが顧客の問題を処理できる
●支配階層にアクセスできる。	●支配階級にはアクセスできない。	●顧客と身近に接する小規模小売業者の成功 対 CEO が顧客と遠いところにある大手の小売業者の成功
●万人が平等な権利をもつ。	●権力の保持者が特権を行使できる。	●サービスを受けるためにはすべての人が平等に行列に並ぶべき 対 権力者は優遇される
●権力をもっていようがいまいかに関わらず、人から脅威を感じることは少なく、他人を信頼しようとする準備ができている。	●他人は自身の権力に対する潜在的な脅威と見なされ、他人に対する信頼も薄い。	●一般的な監督および柔軟な労働時間 対 高度に厳格な労働スケジュール

出所：Hofstede (1992), "Motivation, Leadership, and Organization: Do American Theories Apply Abroad?" in H. Lane & Distefano, eds., *International Management Behavior*, 2nd Edition, Boston: Pws-Kent.

念が意味するのは、どの性が社会内でパワーをもつかに関連するものではない。むしろ、人々がどのように生き、彼らにとって重要なものは何かを説明する概念なのである。

男らしさ志向の社会では、自己主張、支配、高いパフォーマンスが注目される。この社会では、カネとモノが重要な意味をもっており、大きいもの、速いものが美しいとされ、自立することが理想的と思われている。一方、女らしさ志向社会では、男女は平等であるべきと考えられている。人生の質が重要であり、他人と支えあうことが理想的とされ、小さく、ゆっくりしたものが美しいと評価されている。男らしさ志向社会の人々が「働くために生きる」のに対して、女らしさ志向社会では「生きるために働く」のである。この次元の主要素は**表4－4**に示す。

次元の結合

二つの次元を合わせることで、国家間の相違に関するより正確な側面が明らかになる。**図4－2**（92ページ）は、個人主義と権力格差をそれぞれ縦軸と横軸に配置したものである。網掛けの部分には、類似した複数の国がグループ化されている。大部分のアジア圏国家と中南米国家は、大きな権力の格差と集団主義で特徴づけられるクラスターを形成している。アメリカを代表とし、オーストラリア、ドイツ、オランダ、カナダ、そしてニュージーランドなどは小さな権力の格差と高い個人主義の特徴を示している。

図4－3（93ページ）には、男らしさと不確実性の回避が一つの図にまとめられている。アメリカは不確実性の回避が低く、高い男らしさ志向を表している。アイルランド、ドイツ、インド、フィリピン、ニュージーランド、南アフリカ共和国、カナダ、オーストラリアがアメリカと同じグループを形成していることが分かるだろう。そして、このグループに属する国々の国民は、成功のためにはリスクを甘受することが不可欠だと信じているだろう。また、彼らはパフォーマンスや権力、カネ、モノなどを成功を判断する基準とすると予想できよう。彼らは、働くために生きているのである。

表4－4　男しさと女らしさの次元

女らしさ	男らしさ	小売と消費者行動への応用
●男性だからといって自己主張が強い必要はなく、男性も育児の役割を果たす。	●男性は自己主張は強くなければならず、育児は女性が行う。	●中性的な製品 対 性別を特定できる製品
●社会における性別の役割は流動的。	●社会での性別の役割が明確に区分される。	●上と同様
●暮らしの質が大事。	●結果が大事。	●環境にやさしい企業 対 高収益企業
●生きていくために働く。	●働くために生きていく。	●小売店は夜と週末に閉店 対 24時間ショッピングが重要
●人間と環境が大事。	●お金とモノが大事。	●環境にやさしい製品 対 市場占有率の高い製品
●相互依存が理想的。	●自立が理想的。	●生協 対 企業型小売
●サービスがモチベーションを提供する。	●野心が推進力を生む。	●長期持続的な顧客サービス 対 高成長・短寿命製品
●不幸な人に対する同情心	●成功者に対する憧れ	●コミュニティのイベントへの企業の支援 対 コミュニティの目標と企業の目標とは別物
●小型の、ゆっくりしたものが美しい。	●大型の、速いものが美しい。	●ユニークで独立のビジネス 対 大企業

出所：Hofstede (1992), “Motivation, Leadership, and Organization: Do American Theories Apply Abroad?” in H. Lane & Distefano, eds., *International Management Behavior*, 2nd Edition, Boston: Pws-Kent.

図4－2　個人主義と権力の格差

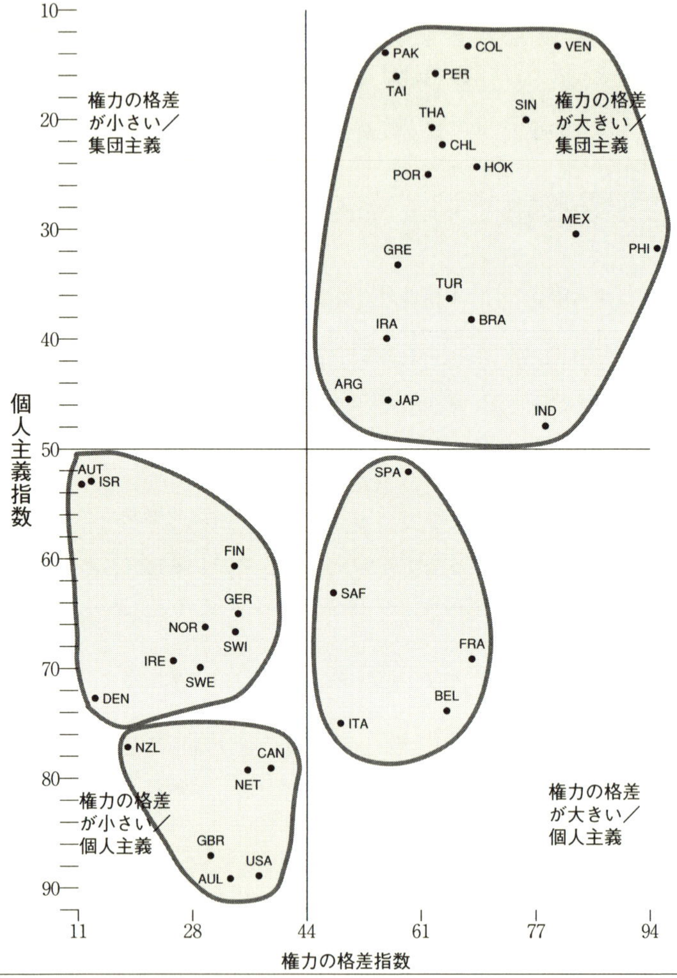

ARG	アルジェリア	FRA	フランス	JAP	日本	SIN	シンガポール
AUL	オーストラリア	GBR	イギリス	MEX	メキシコ	SPA	スペイン
AUT	オーストリア	GER	ドイツ	NET	オランダ	SWE	スウェーデン
BEL	ベルギー	GRE	ギリシャ	NOR	ノルウェー	SWI	スイス
BRA	ブラジル	HOK	香港	NZL	ニュージーランド	TAI	台湾
CAN	カナダ	IND	インドネシア	PAK	パキスタン	THA	タイ
CHL	チリ	IRA	イラン	PER	ペルー	TUR	トルコ
COL	コロンビア	IRE	アイルランド	PHI	フィリピン	USA	アメリカ合衆国
DEN	デンマーク	ISR	イスラエル	POR	ポルトガル	VEN	ベネズエラ
FIN	フィンランド	ITA	イタリア	SAF	南アフリカ	YUG	ユーゴスラビア

出所：Hofstede (1980), Culture's Consequences: *International Differences in Work-Related Values*, London: Sage Publications.

図４－３　男らしさ／女らしさと不確実性の回避

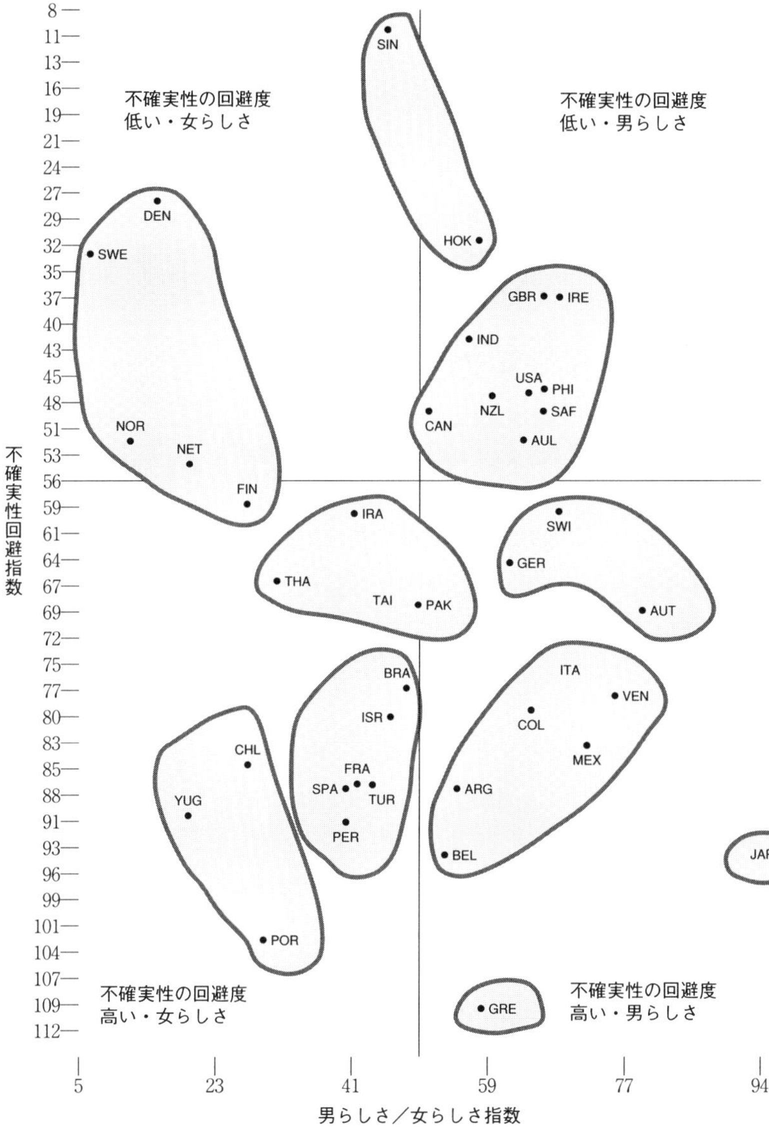

出所：Hofstede (1980), Culture's Consequences: *International Differences in Work-Related Values*, London: Sage Publications.

スカンジナビア諸国は、低い不確実性の回避と高い女らしさ志向を表すクラスターに属している。このグループの国民は、リスクに対する姿勢は前のグループ同様前向きであるが、成功を判断する基準は人生の質に置かれている。ここで重要なのは、人間であり環境である。彼らは生きるために働き、働くことだけで人生を無駄にしたいとは思っていない。

次節では、上記の文化要素を盛り込んだモデルを提示し、異文化プロセスを説明していきたい。

5　異文化行動のモデル

小売業者の成功は消費者の行動に変化を与えることになる。マクドナルドが紹介されたことによって、アメリカでは多様なファストフード業態が展開できる土台が用意された。こういった文化的な変化は、アメリカ以外にもマクドナルドが参入を果たした国々で起きている。ファストフードという発想自体はマクドナルドのオリジナルではない。しかしながら、フランチャイズ化するための同社の攻撃的な努力によって、マクドナルドは世界中でアメリカのシンボルになったのだ。

異文化購買行動を分析するための一つのモデルが**図4－4**に記されている。このモデルは、一国の中でも地域ごとに多様な文化グループが存在している場合、その国内における新しい小売業態の普及を分析する際に利用することができよう。また、国家間で新商品や小売の新業態がどのように適応されるのかを説明する際にも有益であると言える。

ここでは、本モデルを検討するために、日本市場へのマクドナルドの参入を例として挙げよう。まず、この例では、日本で最初にマクドナルドのフランチャイズを運営した藤田田（ふじたでん）という実業家が変革推進者となる。

藤田は、25歳で輸入業を始め、ゴルフクラブやフローシャイムというブランドの靴を海外から輸入していた。しばらくしてから、彼は輸入品のデザイナー・ブランドに興味をもっているのは女性であることに気づき、輸入品目を女性用

図４－４　異文化行動モデル

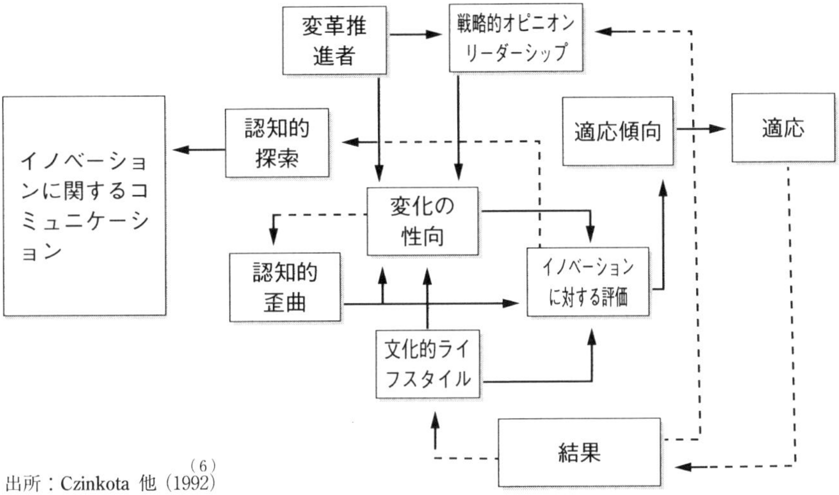

出所：Czinkota 他（1992）[6]

のアクセサリに変更した。そして、シカゴにある貿易会社を利用し、マクドナルド社が国際化に関心をもっていることを知った。当時、マクドナルド社の基本的な方針は、個人に限り一店舗のみのフランチャイズ権を認めるものであった。しかし藤田は、マクドナルド社に対して、日本で複数のフランチャイズ店を出店することと、店舗運営においても自由裁量権を認めるように説得したのである。

マクドナルド社のアナリストはアメリカでの成功を例に挙げ、日本でも郊外に出店することをすすめたが、藤田はそのアドバイスに従わなかった。彼は、マクドナルドの１号店を、東京でも指折りの繁華街である銀座にオープンしたいと考えたのである。

銀座の有名百貨店である三越は、藤田から長い間にわたって女性用のアクセサリーを購入していた顧客であった。藤田はそのコネを利用し、三越内で通常のマクドナルド店舗の５分の１にすぎないスペースを借りて１号店をオープンしようと考えた。それは、彼が女性用のハンドバックを販売した店舗と同じ広さだった。藤田はキッチンをコンパクトに設計し、座席の代わりにカウンターを用意したのだ。

そこには一つの理由があった。三越は、顧客に不便さを感じさせるような店の改築を望まなかったのである。三越の定休日は月曜日である。そのため藤田は、日曜の午後6時から火曜日の午前9時までという短い時間でその狭い店を改装しなければならなかったのだ。マクドナルドの典型的な店舗の建築には3か月を要するが、藤田に与えられた時間はわずか39時間であった。

藤田はこの案をのんだ。まず、彼は東京郊外にある倉庫を借り、そこで作業員達に39時間以内で店舗のユニットを組み立てられるように練習させた。当日になるまで、作業員達は店舗を立てては取り壊すという作業を繰り返した。そして、藤田はシカゴにテレックスを送り、グランドオープンが1971年7月20日であると伝えた。

マクドナルドの偉大な創業者レイ・クロック［Ray Kroc、1902～1984］と会社関係者達が、オープニングに出席するために7月17日の土曜日に東京に着いた。彼らは藤田に「店を見せてほしい」と頼んだわけだが、藤田は店が出る予定地である三越のショーウィンドーの前に彼らを案内し、「ここにオープンしますよ」とだけ言った。関係者達は、藤田の話を信じることができなかった。当然、彼らは予定されていたグランドオープンに対する不安を隠せなかった。

しかし、しっかりとリハーサルを終えた作業員達が仕事を終え、アメリカからの訪問者達がグランドオープンを見に行った時には、店は完成されていた。第1号店がオープンした3日後、藤田は東京で最も混雑する駅である新宿に次の店をオープンした。そして、その翌日には第3号店が開店した。すべての店舗が大成功で、18か月後、藤田は日本全国に19軒のマクドナルドの店舗をもつようになった。(7)

図4－4のモデルにおいて、**戦略的オピニオンリーダーシップ**とは、ある文化グループ内で変革推進者がインフルエンサー（影響力ある人々）にアピールするためにとる行動のことである。先の例で言うと、藤田はファストフードというコンセプトを最も受け入れやすい層は若者だろうと確信しており、広告の焦点を子どもと若い家族向けに絞っていた。このグループは、**変化の性向**が最も強い層なのだ。藤田は次のように言っている。

「日本の年配世代の食習慣はとても保守的である。しかし、子ども達には、ハンバーガーは美味しいものだと学習させることができると思った」

藤田は、ハンバーガーが日本の子ども達の健康状態を改善し、彼らをより逞しくするとさえ広告で訴えた。また、マクドナルドの関係者には極めて遺憾なことだが、ハンバーガーが日本人の肌を白くするとまで訴えた。

藤田は、日本での成功のためにマクドナルドのマーケティング戦略に自分なりの修正を加えたのである。彼の主張では、マクドナルド・ジャパンはアメリカ人ではなく日本人が経営するものであった。このやり方は、**認知的歪曲**を減らし、**イノベーションに対する評価**を引き上げた。

彼は、テレビが日本人の嗜好に合っていると考えてテレビコマーシャルを主に利用した（**イノベーションに関するコミュニケーション**）。そして、「McDonald」という名前が日本人には発音しにくいと考えて「マクドナルド（Makudonaldo）」に発音を変えた。同様の理由で、シンボルの「Ronald McDonald」も「ドナルド・マクドナルド」に変わった。これによって**適応傾向**が改善され、最終的にはマクドナルドに対する消費者の**適応**を促したのである。

マクドナルドの人気が高まるにつれ、選択の**結果**が一層明確になった。従来までは弁当を購入していた日本の若者が、ファストフードを選択するようになったのである。そして、日本の家族の**文化的ライフスタイル**がアメリカの家族のように変化していったのである。現在でも、日本ではファストフードの販売店が拡大し続けている。そのためか、食卓を囲んで１日３食をとる伝統的なスタイルは年々減少しつつある。

あらゆる小売イノベーションの国際化が文化を変えるわけではない。ほとんどの国際小売は、現地の消費者に気づかれないまま参入している。むしろ、ある小売のコンセプトが海外発であることを知っていたり、気にしたりする人は少ない。毎年、数多くの小売業者が国際的に進出し、またその後退出を繰り返している。小売イノベーションにも製品ライフサイクルのようにライフサイクルがあり、将来の成功を予測のために利用することができるのだ。

第5章 発展途上国の小売業

1 発展途上国とは？

経済学者は、一国の発展水準を GDP によって分類している。世界銀行がランキングを作成しており、その数字は正確で簡単かつ使い勝手がよい。しかし、残念ながら、GDP だけでは実際にその国で小売業がどのように営まれているかについてはほとんど語ってくれないし、その国の人が実際にどのように生活しているかについて理解することは難しい。

その国の人々がどのように生活しているかを理解するための分かりやすい指標として私が関心を抱いたものは、生活必需品と考えられるものを所有している世帯の比率である。ここで言う生活必需品とは、水道、水洗トイレ、そして照明器具である。

私自身にとっては、トイレが日常の生活水準を示す良い指標である。私はかつて、中国の二つの大学の仲間と仕事をしたことがある。どちらの大学も社会的に高く評価されている大学であるが、(欧米の水準では) トイレは暗黒時代の代物であった。数日間そこで過ごさなければならなかったが、ある大学のトイレは決して使わなかった。私が女性の同僚に「トイレに行きたい」と言うと、彼女は車を手配して私をホテルにまで連れていってくれた。彼女は、「こうするほうがいい」と言って、決してその大学のトイレを私に見せなかったのだ。

この大学は中国最大都市の中心に位置していたのだが、トイレはまだ建物の外にあり、水洗設備もなかった。

トイレットペーパーを使うなどという行為は、もちろん文化的に刷り込まれた行為である。インドでは、高所得者の５人に１人だけがトイレットペーパーを使うとも言われている。ロンドン・ビジネス・スクールで教育を受けたインド人はこんな言い方をしていた。

「インドの閣僚の誰もがトイレットペーパーを使っていないほうに喜んで賭けるよ[(1)]」

ライフスタイルが違うインドや中国の消費者に、欧米の製品をマーケティングすることはそう容易なことではない。

2　発展段階

もちろん、トイレやトイレットペーパーだけで一国の経済発展の水準を理解できるわけではない。W・ロストウ［Walt Whitman Rostow、1916～2003］は、生産と消費能力によって発展段階を論じた。W・ロストウは、①伝統的社会、②離陸のための準備、③離陸、④成熟への前進、⑤高度大衆消費の時代という発展５段階説でよく知られている。３番目の段階までの国が発展途上国と考えられており、第４段階と第５段階はすでに発展していると考えられている。以下で議論するように、このモデルのある発展段階には特定の小売戦略が対応している（**図５－１**参照）。

第１段階：伝統的社会

この段階にある国は、生産性の水準を大きく向上させるための能力を欠いている。また、近代科学技術の方法の体系だった応用が見られず、識字率も低い。

小売の対応――ルワンダ、モザンビーク、エチオピア、タンザニア、ブルンジのような国がこの分類に当てはまるだろう。これらの国では、商品を

図5－1

第1段階：伝統的社会
例）ルワンダ、エチオピア

第2段階：離陸のための準備
例）マリ、ナイジェリア

第3段階：離陸
例）中国、ベトナム

第4段階：成熟への前進
例）香港、韓国

第5段階：高度大衆消費の時代
例）USA、イギリス

取り揃えて鞄に詰め、村から村へと移動して歩く行商人が小売業の典型的な姿である。店を構えている場合でも、非常に雑多な品揃えをしている。雑多な品揃えとは、彼らが関連のない商品群を取り扱っているという意味で、衣料品、食料品、雑誌、ソフトドリンクなどを品揃えしている。

第2段階：離陸のための準備

第2段階には、離陸段階への移行過程にある社会が含まれる。この段階では、農業と生産の分野で近代科学の進歩が応用され始める。交通やコミュニケーション、政治権力、教育、健康、その他の公的事業の発展の芽が、小規模ながら重要な点で見られるようになる。

小売の対応——マリ、ナイジェリアは、おそらくこの分類に当てはまるだろう。小売業者は主に店舗を構えて商売するようになるが、品揃えはまだ極めて雑多である。小売事業は、政府所有か家族経営であることが多い。

第3段階：離陸

この段階にある国は、正常な成長パターンを手に入れている。持続的な発展のために、人的、社会的資本を発展させていく。これらの地域では、農業と産業の近代化が急速に拡大していく。

小売の対応——ベトナムやジンバブエがこの段階に当てはまるだろう。外国の小売業者が市場参入に熱心で、彼らによってスーパーマーケットやスーパーレット（superette）が導入されている。スーパーレットとは、小規模なスーパーマーケットで、先進国のフルサイズのスーパーマーケットの前に発展途上国で導入されるセルフサービスの小売業態のことである。この段階では、ショッピングセンターにおける近代的な小売業態の発展が見られる。

第4段階：成熟への前進

離陸を果たした国は持続的な発展を維持し、またあらゆる経済活動において近代技術を進展させようとする。経済は国際化し、この段階では、一国内で何でも生産する技術や起業家的な技能をもつようになるが、比較優位をもつ特定分野の製品を生産するようになる。

小売の対応——中国は、現在この段階にあるだろう。スーパーマーケットや他の近代的な小売業態が十分確立している。しかし、それらは伝統的なウェット・マーケット（wet market）と共存している。ウェット・マーケットでは、伝統的な食料品市場で、冷蔵されていない状態で生鮮食品が売られている。言ってみれば、アメリカのファーマーズ・マーケット（farmer's market）のようなものである。

スーパーマーケットが小売業態の支配的なものになる以前は、たいていの人がウェット・マーケットで生鮮食品を購入していた。魚は生きた状態で売られており、肉はおろし立てで湯気が立ち上っているかもしれないし、野菜は農場直送なので新鮮である。ショッピングセンターは離陸期に乱立し、この段階では減少傾向となる。

第5段階：高度大衆消費の時代

高度大衆消費の時代は、一国の経済を主導するセクターが耐久消費財やサー

リベリアの行商人（提供：国連／B. Wolff）

ビスへと移行する。一人当たりの実質所得は増加し、大部分の国民が相当な額の可処分所得をもつようになる。[(2)]

小売の対応――この段階には、高所得経済とされる多くの国が含まれる。小売店において販売されている商品は非常に特化している。また、ロジスティックスが流通効率を改善する重要な部分となり、小売業者は垂直的にも水平的に統合される。

発展段階の指標としてこれらは重要ではあるが、現在は、従来よりも一層予測困難な状況になっている。過去10年間、いくつかの国は急速な経済発展を経験してきた。その潮流は「四頭の虎」[(訳注1)]から始まった。これらの国や地域の経済成長のスピードは驚くべきものであった。これらの国や地域、そしてさらに高度に発達した国でも伝統的な小売システムが近代的な小売業態と共存している。伝統的な小売システムがどのように機能しているかを知ることは、近代的な小売システムの影響を理解するための基礎となる。次節では、この問題を掘り下げていこう。

発展途上国は経済成長を促す多くの方法を採用しているが、その一つは外国直接投資（FDI）[(訳注2)]を誘致することである。多くの研究者は、FDI が経済成長を促進させ、次に国内投資を刺激すると実証している。[(3)]

(訳注１)　韓国、台湾、香港、シンガポールの４国。1980年代に経済成長を遂げたアジア NIEs. のこと。
(訳注２)　外国人が経営支配あるいは経営参加を目的として、国際間で資本移動すること。

3　伝統的な小売システム

伝統的な小売システムは、小規模で独立した店舗で構成されている。このシステムの中で小売店主は、普通、彼らの顧客を知っている。買い物は毎日の仕事で、時間をとられるものの楽しいものであり、一般的には女性によって行われている。各世帯の女性の長は、毎日会う店主とおしゃべりをするのに相当な時間を費やしているだろう。ここでは、日常の買い物は経済的な交換活動であるだけでなく、社会的かつ文化的な交換活動でもある。

私はかつて、エクアドル出身の大学院生を指導したことがある。彼はエクアドルの首都であるキト（Quito）の裕福な家庭の出身で、ミシガン州立大学の学士課程を修了間近の才能あふれるインテリアデザイナーの女性と結婚した。彼女の卒業後、二人はエクアドルに戻った。彼はエクアドルに戻ると「私の妻は外で仕事はしない」と言い、家庭における彼女の役割を以下のように説明した。

「家には住み込みのコックがいるが、妻は世帯の女性の長として、家族の食事のための買い物に一日の大半を費やす」

数年前、私は彼らを訪問した。さすがに彼の妻はパートタイムで働いていたが、依然として家族のために食料品を選ぶ責任を負っていた。そして、住み込みのメイドが料理をしていた。

伝統的な小売システムをもつ多くの国では、世帯の女性の長が買い物をする。このことは、女性が車の運転をすることが文化的な制約によって禁じられており、女性が外出することも望ましくないと考えられているサウジ・アラビアでは当てはまらない。サウジ・アラビアでは、女性が買い物リストをつくり、世帯の中の男性が買い物をしている[(4)]。

女性が家庭外で仕事を求めることと、近代的なセルフサービスのスーパーマーケットの出現には関係がある。しかし、どちらが先かは明確ではない。女性が職場に入り、家族のための買い物をする時間がなくなったからセルフサービスのスーパーマーケットが現れたのか、あるいはセルフサービスのスーパーマーケットが小売システムに現れ、女性が買い物に費やす時間が短くなったために家庭外で仕事をする時間が生まれたのか？　おそらく、どちらのシナリオも完全には正しくなく、二つの側面は相互補完的であろう。

オーストラリア、メルボルンのクイーン・ビクトリア・マーケットは120年以上続く市場であるが、現在も近代的な小売業と共存している。（提供：日高謙一）

私がサウス・ダコタの農場で育った時、伝統的な雑貨店が私の家から1.6キロほど行った所と、その反対方向に400メートルほど行った所にもあった。これらの雑貨店は、半径８キロ圏内の農家を相手に商売をしていた。ところが、私が第８学年（中学２年生）を終える前にどちらの雑貨店も店を閉じていた。

学生たちは、しばしば伝統的な小売業者はアメリカでは20世紀の初頭に消滅したと考えがちだが、実際には、ニューヨークやロサンジェルスのような大都市のエスニック地域にはいまだに伝統的な小売セクターが存在している。また、大部分のヨーロッパやアジアの都市にも、近代的なスーパーマーケットと共存して伝統的な小売セクターが存在している。

伝統的な小売システムは、以下で説明するように分断された市場、長いチャネル、局所的な競争、少ない製品種類、交渉次第で変わる価格、そして個人的な与信という点によって特徴づけられる。

分断された市場

分断された市場では、意思決定の単位は個々の店である。各店はそれぞれ独立して営業されているので、チェーンストアは存在しない。また、各店舗は、流通システムの中ではほとんど影響力をもっていない。それが、経済発展に伴い組織的なチェーンストアが普及することになる。各店舗は購買あるいは販売促進における規模の経済を獲得するために協力するようになり、経済発展がさらに進むと市場はさらに統合される。

長いチャネル

チャネル（channel）とは、生産者から小売業者へと製品を届ける経路のことである。チャネルの長さは、その国の経済発展と関連している。非常に伝統的な小売業界ではチャネルは非常に長く、しばしば複数の異なる段階を含んでいる。具体例を挙げてみよう。

例えば、日本は高度に発達した国であるが、近代的な小売セクターと並んで伝統的な小売セクターがかなり残っている。日本の主婦は一般的に、いくつかのパパママ・ストア（mom-and-pop store）に毎日あるいは一日おきに食材を買いに出掛けている。日本の家は小さいのでたくさんの食材を貯蔵することができない。さらに、日本人は新鮮な魚や食品を好む。毎日買い物をするので、新鮮な魚や農産品を手に入れることができるのだ。

日本のパパママ・ストアも非常に小規模なため、貯蔵の問題を軽減するために高頻度の配送に頼らざるを得ない。田舎のパパママ・ストアは第３段階の卸売業者から仕入れていることもあるし、鮮魚は小さな店に届けられるまでにさらに多くの卸売業者を通しているかもしれない。

卸売業者にとって重要な活動は、大量の段ボールの山をさばき、小分けして小売業者に配送することである。卸売業者は100ダースの卵のケースを注文し、それを、例えば20の小売業者に５ダースずつ販売するために小分けをする。伝統的な小売システムでは、小売店舗は小規模で小売業者が一度に仕入れる量は少なく、卸売業者が重要な役割を果たしている。当然、**発注単位が小さければチャネルは長くなる**。

製品特徴もチャネルの長さに影響を与える。もし、製品が傷みやすいものでなければ一度に大量仕入れをして貯蔵しておくことができる。しかし、**製品が傷みやすいものほどチャネルは長くなる**。

講義において学生にこう言うと、彼らは納得できないらしい。短いチャネルのほうが傷みやすい商品を迅速に顧客に届けられそうに思えるわけだが、現実には長いチャネルのほうが速く届けられるのである。

昔の消防士の消火方法の絵を見たことがあるだろう。消防士が一人ずつバケツに水を汲み、それを火元まで運んで水をかけるということはしていない。そうではなく、一人がバケツに水を汲み、それからバケツリレーで人から人へバケツを手渡している。製品流通もバケツリレーと同じなのである。これ以外にも、河川の堤防に土嚢を積み上げる時もバケツリレーと同じやり方を見ることができるだろう。この時、バケツの代わりに土嚢を次から次へ手渡している。バケツや土嚢を次の人へと手渡していくことは、製品を次の中間業者に手渡していくようなものなのである。

鮮魚の流通は、食料品販売の中でも最も長いチャネルの一つである。魚は新鮮でなければならないため、品質を維持するのに一日２回か、少なくとも１回の配送が求められるのだ。

局所的な競争

伝統的な小売システムは、地理的な競争（最終的には、地理的集中と顧客吸引）によって特徴づけられる。個々の店舗は競争力のある吸引力をもっていないので、小売業者は顧客を引きつけるような中心地が形成されることによって利益を得る。中心地とは、そこに行けば様々な商品が販売されている所であり、消費者がその場所に引きつけられることを意味する。競争相手が増えることは、中心地としてその場所の魅力を高めるがゆえに望ましい。こうした考え方は、中心地理論に基づいている[(5)]。

中心地理論によると、最寄品の購買のために移動する最大距離は、専門品の購買のために移動する最大距離よりもはるかに短い。**図５－２－a**は、これを図解している[(6)]。

図5－2　中心地理論

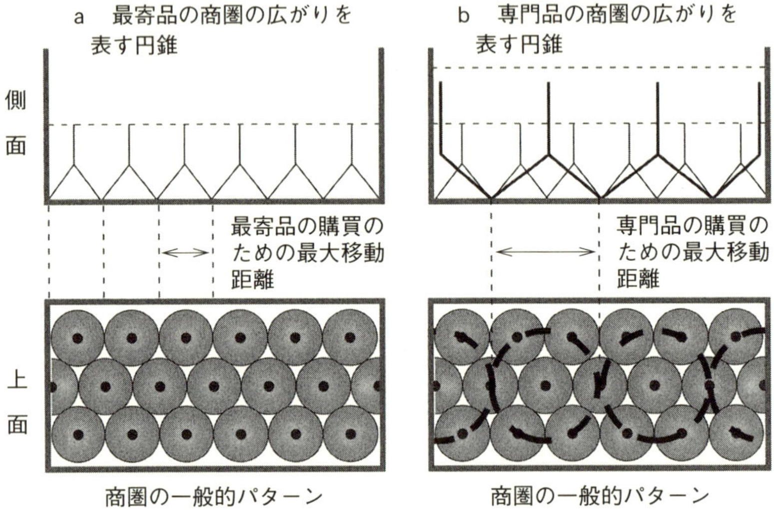

出所：Brown, S. (1995). “Christaller Knew My Father: Recycling Central Place Theory.” *Journal of Macro Marketing*, Spring, p.62

もし、牛乳を1パック買おうとすると、最も近いコンビニエンスストアに行って牛乳を買って戻ってくるだろう。そして、靴を買おうとするなら品揃えの豊富な靴屋がある地域まで行くだろう。たぶん、靴屋の集積地域（ショッピングモールや中心商業地）に行く途中にあるポツンと単独で立地している店舗には立ち寄らないだろう。集積地に行けば、あなたの考える価格と品質の靴を販売しているすべての店舗に行くことができるからだ。

図5－2－bで示すように、専門品と最寄品は異なる購買パターンをもっている。これは、図では商圏を表す円錐形の底面が大きく広がっていることで表現し（遠い距離でも気にせず買いに行く）、またその下図（商圏の一般的パターン）に描かれている円の大きさによっても表現されている（興味がある靴が売られてそうな店舗を一軒ずつ立ち寄る）。

ビーチにある露店は、中心地理論を体現している。広がってバラバラに立地するのではなく、ある一地区に集まっているのだ。ホットドッグを売る店もあればアイスクリームを売る店もあり、ビーチにおいてファストフード店を形成しているようなものである。互いに競争するというより、それぞれの露店が中心地にとって魅力となり、また貢献しているのだ。

ビーチにいて、急に冷たい飲み物が欲しくなったとする。1ブロック先の露店に行けばコカ・コーラというのぼりが見え、3ブロック先では露店の集まりがあってあらゆる種類の食事と冷たい飲み物が売られている。もし、あなたがコカ・コーラを欲しいのであれば、一番近い露店に行って買ってくるだろう。コカ・コーラは、この例では最寄品である。あなたは最寄品を買いに行っているので、それを販売している最も近い市場に行くのである。

さて、もしあなたが何を飲みたいかをはっきりと決めていないとしたらどうするだろうか？　コカ・コーラではなく、アイスティーやミネラルウォーターに関心があるかもしれない。この場合は、少し遠い距離を移動してでも複数の露店をのぞいてみてから何を飲むかを決めようとするだろう。

B・J・ベリーは、**中心地（centers）**と**専門店エリア（specialized areas）**に焦点を当て、都市における小売を3分類し、中心地の概念を拡張した[7]。**図5－3**に示されている中心地とは、中心商業地区あるいは他の計画的もしくは自然に形成された商業集積のことである。また、専門店エリアとは、集積した小売業者の分類である。これらの小売集積には、自動車販売店通り、印刷屋街、娯楽街、外国物産街、そして家具店街などがある。**リボン状集積(ribbons)**とは、主要交通路に沿って延びる直線的な商業地域で、中心地や専門店街とつながっている。伝統的な商店街や幹線道路沿いの商業地域がリボン状集積である。

香港「男人街」。中華圏では夜市が立ち、市の中は飲食店、雑貨店、衣料店などおおざっぱなエリアのくくりが存在する。（提供：日高謙一）

図5－3　ベリーによる都市小売分類

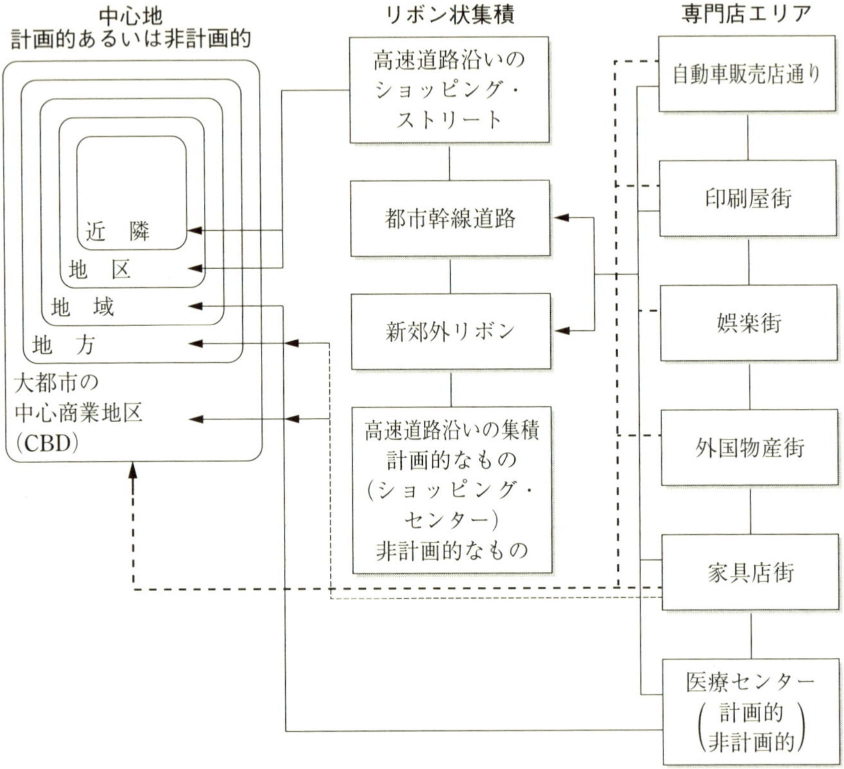

出所：Brown, S. (1995). "Christaller Knew My Father: Recycling Central Place Theory." *Journal of Macro Marketing*, Spring, p.67. Reprinted from Berry, B. and J. Parr. (1998). *Market Centers and Retail Location. Upper Soddlle River*, N.J.: Prentice-Hall, p.39.『小売立地の理論と応用』奥野隆史、西岡久雄、鈴木安昭訳、大明堂、1992年

私は、これら三つのカテゴリーが非公式市場（露店街）にも存在するかもしれないと言えるだけの、いくつかの例を目撃したことがある。メキシコ・シティでは、露店街は教会広場の一部となっている。教会と広場にある市場は、B・J・ベリーの分類では中心地である。広場から伸びる路地には、露店のリボン状集積が狭い直線的な路地に沿って並んでいる。その路地を抜けると空間が開け、ハンドバックの露店のような専門店通りが始まる。これらの小売業者が集

まって消費者に対する吸引力を形成しているのだ。各々の露店は独立して営業しているが、集積することによって中心地の魅力を高めているということを彼らは認識している。

少ない製品種類

メキシコに行った際、たくさんの小規模な店舗を訪れた。そこでは、ほぼすべての店舗が同じような売り場をもっていた。有名なリゾート地で、多くの観光収入があるカンクン（Cancun）の露店街でさえ、ベルトを販売する露店ならどこでもほとんど同じ品物を置いているし、レースのドレスを販売している露店も同じで、チェス盤の露店なら3、4種類の同じチェスセットを販売しているだろう。世界中を通じて、伝統的な市場では同じような光景を目にすることができる。

どうして、これら小規模な小売業者は同じ商品を販売しているのだろうか？ユニークな商品を販売すれば、彼らの売上高が増えるということに気づいていないのだろうか？

これらの質問に対する答えは、これらの小売業者と取引をする供給業者の数が少ないというところに見いだせる。これらの小売業者は非常に小規模なので、製品を常に安定して供給してくれる供給業者を自分で見つける必要がある。供給業者としては、こうした小規模な小売業者に対して良いサービスを提供する動機をほとんどもっておらず、供給業者が提供する品揃え幅は狭いのである。しかし、メキシコも他の同様の国も、発展するにつれてより多くの供給業者が現れると思われる。供給業者間の競争によって、小売業者に対してサービスを提供し、また幅広い製品選択を提供するよう供給業者に圧力がかかることになる。

さらに経済発展が進むと、製造業者はブランドを開発して自社製品を差別化し始める。製造業者がブランドを開発することで、製品に関する保証を消費者に与えることになる。つまり、ブランドは、いつ製品を買ってもある一定の品質水準に達していることを保証しているわけだ。野菜の缶詰にとって保証されるのは食品の安全性と品質だろうし、衣料品では着心地や製品の耐久性に関する期待だろう。そのため、ブランドを開発する製造業者は、製品保証を実行するコストを相殺するだけのプレミアム（上乗せ価格）を設定することができる。

製造業者は、彼らの製品を二つの方法で販売促進することができる。一つは、自分達がある価格に対して最善の製品ラインを有していると小売業者に納得させることであり、これは「流通業者向けの販売促進（trade promotion）」と呼ばれている。もう一つの方法は、ブランドを確立して消費者に製品を訴求することである。消費者に訴求するための費用は流通業者に対するそれよりもずっと大きいが、それに成功すれば、製造業者は価格競争から距離を置くことができる。

多くの発展途上国では、外国ブランドが高い地位を築いている。しかし、中国では、30年以上にわたって外国企業がその製品を広告して販売することが認められていなかった。計画経済の時代には、製造業者はブランドネームを使用することができず、また製品の販売促進もできなかった。つまり、中央政府は、何を生産するのか、また生産したものをどの国有卸売会社に出荷するのかを製造業者に命じていたのだ。

しかし、生産を没個性化しようとする試みにも関わらず、消費者はある製造業者の製品は他の製造業者のものよりも優れていると認識し始めた。そして、消費者は、天津自転車一場（現、天津飛鴿自転車有限公司）の自転車を買うために列をなした。つまり、この製造工場でつくられている自転車は、他の生産工場のものよりも優れているという評判が口コミで広まったのである。

交渉しだいで変わる価格

発展途上国で買い物をするのは時間がかかる。普通、小さな商店では値札をつけていなし、たとえ値札があったとしても価格は交渉次第で決まるのだ。つまり、商品の販売価格は店主の考え次第で決まるのである。

食料品以外の商品では、最初はその店が受け入れられる価格よりも相当高い価格を提示してくる。買い物客は、店主に価格を聞いてから、店主の言い値の半額を要求し、そこから価格交渉が始まることになる。そこには、誠意をもって交渉するという暗黙のルールがある。購入意図もなく交渉するのは「ひやかし」と呼ばれている。いったん店主と交渉を始め、店主から適正な価格が提示されれば買い物客は購入しなければならないのだ。もちろん、交渉で決められた価格で購入したものを返品することはできない。

店主は、縁起を担いで、一日の最初や最後に低い価格を提示することもあるが、小売業者がその業態を独立店からチェーン店へと変えることによって、一般的に交渉による価格は姿を消していくことになる。その理由は、各店舗の責任者が所有者や事業者と同じ決定をするかどうかを信頼していないからである。これは、エージェンシー理論の一例である。店の所有者は、親類なら誠実に、そして最も得策な交渉をするだろうと信頼するが、従業員を雇うとなると価格を固定せざるを得ないのだ。

経済発展に伴って固定価格において販売を始める小売業者が現れるが、それが百貨店であることが多い。百貨店には多くの販売員がいるので、集権的に固定価格が決定されることになる。

個人的な与信

小規模な小売業者は、しばしば自ら顧客に与信を提供する。この個人的な与信は、販売を刺激し、その小売と顧客との間に長期的なパートナーシップを形成するために使われる。消費者は、最も魅力的な製品や価格を提示しているからというより、与信を受けることができるからという理由で小売業者を選択することもある。

公的な与信制度の導入は、経済的発展のために重要な措置である。公的な与信制度は個人の返済能力に基づくが、個人的な与信は人間関係や地域性に基づいている。公的な与信制度なら消費者は地域に縛られることがない。魅力的な与信政策によって、市場における存在感を増す企業も存在する。ちなみに「シアーズ」は、与信審査を緩やかにし、他から与信が受けにくいような若い世帯でも初めての家庭用の電気製品が購入できるようにした。

与信は、消費の開放にとって重要な役割を果たしている。それによって消費者は、おそらく最低価格ではないにせよ、一定期間をかけて支払うことのできる価格で品質の良い製品を買うことができるようになった。メキシコでは、「ユーリカ」という会社がかつてこのような単純な与信政策をもっていた。ユーリカは、アメリカに住んでいるメキシコ人がメキシコに住んでいる親類や友人に電気製品を買ってあげられるようなユニークな販売促進プログラムを展開したのだ。このような与信制度の利用によって、高額商品の購入に際して合理的な意思決定ができるようになった。

第1章で述べたいくつかのマクロ環境要因が、発展途上国の小売業に影響を与えている。発展途上国では政府が流通チャネルを管理するために規制を敷くことがある。価格管理はごく一般的で、製品には補助金が出され、配給が闇市を生み出している。また、消費者は、インフレが予測される時には価格上昇に備えて先物買いをすることになる。先物買いとは、一種の買いだめ行為と言え、現在必要としている以上のものを購入することを意味する。このため、発展途上国では政府が流通や協同組合を所有していることが多い。かつてギリシャでは、政府によって消費財の流通が管理されていた。

発展途上国では、小売業者は供給業者の信用供与に頼っている。これは、結果的に小売業者が供給業者に対して依存を強めることにつながる。小売業者が消費者に対して信用供与することによってその消費者をつなぎ止めることができるように、供給業者による信用供与によって小売業者はその供給業者とのつながりを強めることになる。香港や台湾などでは、企業集団は集団の一員に信用供与している。この仲間融資が、他の市場のベンチャー資本と同じ役割を担っている。

4 小売の進化

売り手市場から買い手市場へ

売り手が供給できる量以上の製品を消費者が求めている時に、**売り手市場**が存在することになる。売り手が市場でこうした力をもっていると、消費者は入手できるものでとりあえず我慢しなければならない。例えば、デトロイト・レッドウイング(訳注3)のホッケーの試合のチケットはたいていの場合売り切れている。現在の供給枚数よりも多くの人がこの試合のチケットを欲しがっているということなので、たいていの人が年間チケットを購入している。この例では、チケットの所有者は額面よりも高い値段で転売することができる。いわゆる「だふ屋」と言われる行為である。

転売することによって利ざやを得るという行為は小売業でも起こる。売り手市場では、売り手は大きな需要がある製品を保有しておいて、ある時に高い価格で売ることができる。発展途上国では、ほとんどの製品において売り手市場となっている。一方、発展途上国の小売業者は、不十分な流通システムと流通技術のために在庫切れという問題を抱えている(8)。また、売り手市場では、消費者は他に買える製品がないので、売り手は在庫切れという問題を普通は気にかけておらず、むしろこうした状況が起こることを望んでいる。逆に、買い手市場では、売り手は在庫切れによる機会損失を削減し、ストア・ロイヤリティーやブランド・ロイヤリティーを高めることで消費者を呼び戻すために必死に取り組むことになる(9)。

消費者が求める量よりも多くの製品を売り手がもっている時に、**買い手市場**は存在する。ここでは、売り手は販売のために競争し、買い手が力をもっていることになる。多くの先進国は買い手市場となっている。そのため、消費者のお金を求めて競争することで消費者に便益を与えつつも価格は下がることになる。

（訳注3）（Detroit Red Wings）NHL のプロのアイスホッケーチーム。

買い手市場の特徴は、転売ではなく値引きである。供給業者は消費者に購買してもらうために価格を下げる。もし、アイスホッケーチームが何年にもわたって良い成績を残すことができなかったら、年間チケットの所有者はそれを売り始めることになるだろう。実際に、何年にもわたって成績が低迷していたあるフットボールのチームでこうした事態となった。ホームゲームでさえ、20ドルするチケットが当日入り口の前で5ドルで売られたのだ。言うまでもなく、このフットボールのチケットは買い手市場になっている。

買い手と売り手の間の関係は、売り手市場か買い手市場かによって変わってくる。S・H・ケールは、売り手市場と買い手市場の違いに焦点を当てたいくつかの研究命題を発展させた。彼の研究は、製造業者と供給業者の関係性に焦点を当てている。いくつか用語の変更はあるが、ケールの研究成果は小売業者（買い手）と供給業者（売り手）の役割を理解する上に深い関連がある。また、彼の理論の一般化は、消費者（買い手）と小売業者（売り手）の関係性の理解にも大きな貢献をしている。

ケールは、関係性の導入、実行、再検討という3局面の理論を提示した。それぞれの局面について議論し、それらが買い手市場と売り手市場という市場特性にどのように関連しているかを以下で説明していく（**表5－1**参照）。

関係性の導入

これは、売り手と買い手の関係性が始まる局面である。買い手市場で小売業者は、供給業者が自分達の店舗で販売しようと思うような品質の商品をもっているのか、納品やサービスに問題はないか、同じ製品を自分達の競争相手に売るつもりかどうかなど、供給業者を客観的に評価しようとする。逆に、売り手市場では、小売業者はあまり多くの供給業者の選択肢をもっておらず、そのため供給業者が力をもつことになる。関係性の始まり方は非公式的で、誰に売るかという意思決定は主観的、個人的な基準に基づいて行われる。

表5－1 買い手市場と売り手市場における供給業者（売り手）と小売業者（買い手）の関係性の違い

段階	買い手市場	売り手市場
導入期	＞公式に、慎重に検討する。 ＞供給業者は客観的基準に基づいて小売業者を選択する。	＞買い手市場ほどには慎重に検討されない。 ＞買い手市場と比べ、供給業者は主観的、個人的な基準に基づいて小売業者を選択する。 ＞供給業者は小売業者の選択肢をたくさんもっているが、小売業者のほうはもっていない。
実行期	**チャネルパワー** ＞供給業者の役割遂行が小売業者の依存と供給業者のパワーを決定する。 **サプライヤーのパワーと影響力行使戦略（小売業者の意思決定を変えること）** ＞パワーをもつ供給業者→婉曲的な影響力行使戦略。 ＞パワーをあまりもたない供給業者→相対的に高圧的な影響力行使戦略。	**チャネルパワー** ＞代替的なチャネル参加機会の欠如が小売業者の依存と供給業者のパワーを決定する。 **サプライヤーのパワーと影響力行使戦略（小売業者の意思決定を変えること）** ＞パワーをもつ供給業者→相対的に高圧的な影響力行使戦略。 ＞パワーをあまりもたない供給業者→婉曲的な影響力行使戦略。
再検討期	**小売業者の依存と供給業者属性** ＞供給業者との消極的な関係。 ＞供給業者は小売業者を信用している。 ＞もし関係が損なわれれば、供給業者と小売業者の依存関係次第で、供給業者は自分自身を非難したり、小売業者を非難したり、あるいはその状況を非難したりする。 ＞小売業者はチャネル関係の対等性に関心をもつ。	**小売業者の依存と供給業者属性** ＞供給業者との積極的な関係。 ＞供給業者は自分自身しか信用していない。 ＞もし関係が損なわれれば、供給業者と小売業者は互いに非難しあい、チャネルコンフリクトが生じる。 ＞小売業者は渋々ながらチャネル関係を続け、関係を継続する動機が減少し、他の供給業者を探索する。しかし、それは時間を浪費するだけで実現はしない。

出所：Kale, S. H. (1989), “Impact of Market Characteristics on Producer-Distributor Relationship.” L., Pellegrini, S. K. Reddy, eds., Retail and Marketing Channel, New York: Routledge, pp.100-114.

関係性の実行

これは、ある特定の関係性において売り手と買い手がどのように行為するかという側面である。買い手市場では、供給業者の能力そのものが彼らの市場支配力を決定するだろうから、もし供給業者がよく売れる製品を小売業者に安定的に供給すれば、その供給業者は市場支配力をもつことになるだろう。しかし、売り手市場では小売業者には代替先がほとんどない。供給業者の市場支配力は供給業者の能力そのものからではなく代替供給業者の欠如から生じるのであり、たとえ供給業者が適切に行動していなかったとしても、他に代わりがないのだから小売業者はその供給業者と取引を続けるしかない。どのように行動しても市場支配力に影響を与えないので、供給業者はますますサービス水準を低下させることになる。

買い手市場では、市場支配力をもつ供給業者ほど婉曲的な影響戦略（小売業者の意思決定を望ましい方向に変えようとすること）を用いるので、支配力のある供給業者への依存が高まっても小売業者はそれをあまり認識しない。しかし、売り手市場では、逆に支配力のある供給業者ほど高圧的な影響戦略を用い、供給業者への依存が高まれば高まるほど小売業者はますます大きな支配力を供給業者に与えることになる。

関係性の再検討

買い手市場では、もし関係性がうまくいっているのであれば供給業者は小売業者を信用する。供給業者はチャネル関係の対等性に関心をもち、これは関係性マーケティングへの出発点となる。しかし、売り手市場では、もし供給業者が適切に行動するとしても小売業者を信用しているわけではないので、関係がうまくいかないと互いに非難しあってチャネル・コンフリクトが生じることになる。このような場合、小売業者はしぶしぶ関係を継続しながらも常に新規の供給業者を探し続けることになるが、この探索には時間を必要とし、現在の成果を損なうことにもなる。

小売業者の役割は経済発展とともに変化する。発展途上国では、小売業者は仕入れられるものなら何でも販売するが、これは「場当たり的な仕入れ」とも言える。小売業者が供給業者の選択を多くもつようになると、小売業者は商品の品揃えという新しい役割を担うようになる。

小売業者の商品の品揃え機能

商品の品揃えという小売業者の機能は、経済発展が進むにつれて小売の成熟度を示す重要な指標になる。発展途上国では、小売業者は仕入れられるものを販売するわけだが、経済が発展して競争が激しくなるにつれて小売業者は差別化する必要を感じるようになる。この段階になると、小売業者は異なる役割を担うことになる。このように、小売がゲートキーパー（gatekeeper）としての役割を果たすという考え方は重要である。つまり、仕入れた商品の保管場所という位置づけから、顧客の嗜好の翻訳者となって顧客の代わりに製品を選別する役割を担うようになるわけだ。

彼らは、市場を探索し、他の小売業者と差別化するための商品を探し求める。こうした小売の役割の移行が起こる以前には、消費者は小売業者を渡り歩くという必要があった。小売業者がある金額の範囲内で最善の製品を消費者に提供しようと努力するようになるにつれ、消費者側の買い物にかかる負担は軽減していく。

5　経済発展と小売変化の理論

S・サミーは、経済発展と小売変化の理論の基礎となる研究命題を提示している[(10)]。これらの命題は国際小売研究に優れた貢献をしているが、いくつか不正確で修正を必要とする点がある。

表５－２は、サミーが売り手と買い手の関係性をどのように説明しているかをまとめたものである。サミーは、環境、消費者の特徴、チャネルの特徴、小

表5－2　サミー（1993）の研究命題の分析：経済発展と小売変化

チャネル／小売業要素	命　題	著者の見解
環境	**経済発展段階は発展途上国に以下の点で流通チャネル構造に重大な影響を与える。**	
	＞チャネルは長く非効率である	＞確かに長い、しかし長いことと効率性とは関係ない
	＞チャネルは雇用の大きな源泉である	＞必ずしもそうではない
	＞国民の大部分は自給自足の生活をしている（例、食品、アパレル）	＞必ずしもそうではない
	＞多くの製品カテゴリーで売手市場である	＞同意する
	政府の規制や管理が以下のような点から流通チャネルに影響を与える。	
	＞頻繁なあるいは継続的な価格管理、補助金付き製品とその結果として闇市場の存在	＞同意する
	＞ハイパーインフレーション環境の中で消費者は買いだめをする	＞同意する
	＞政府支援あるいは政府所有の配給業者と協同組合	＞同意する
	チャネルの買り手と売り手は互いによく知っていて、チャネル運営は高コンテクスト文化（ビジネス・コミュニケーションや交渉の諸側面にインパクトを与える）によって影響を受ける。	＞同意する。高コンテクストな関係性は買い物が社会的行為であるという証拠である。
消費者の特徴	**発展途上国における消費者の特徴により、小売業者は供給業者に少量で頻繁な購買を求める。それは、さらには製造業者に製品とパッケージの修正を求めるようになる。典型的には以下のことが予想される。**	
	＞より少量のパッケージ	＞同意する
	＞小さなケースに多種類の製品を詰めて発送される	＞同意する
	＞品質保持期限を長くするための製品修正	＞同意する
	＞配送の安全性確保するためのパッケージの修正	＞同意する
	＞小売業者は非公式に与信を与える	＞同意する
	＞先進国に比べると買い物は重要な社会的相互作用である	＞同意する
チャネルの特徴	**チャネル構造は断片化していて、ネットワークは調整されていない。さらに、以下のような特徴がみられる。**	＞同意する
	＞相対的に小規模な流通業者	＞同意する
	＞チャネル・メンバーは総合的な品揃えから、しだいに専門化していく	＞同意する　雑多な品揃えである
	＞小売店はその形態、担っている機能という点で多様であり、先進国とは異なる顧客層をターゲットにしていることもある	＞同意する
	＞財務および経営資源が限られている	＞同意する
	＞セルフサービス小売業の採用と普及は包装品の登場と労働力不足による	＞同意できない。包装はセルフサービスの後であり、労働力不足はセルフサービスとは関係がない。セルフサービスの起源はコスト削減に関係なく、むしろ消費者がいろんな製品を実際に触れることできるといったことや、革新的小売業の持つ高級感に関係がある。セルフサービス店の最初の立地は富裕層居住地である。
	＞垂直的マーケティングシステム（VMS）はほとんど存在しない	＞同意する

小売と卸売の商習慣	**先進国と比較して、発展途上国の小売業の商習慣は以下のような特徴を持っている。**	
	＞チャネル・メンバー、特に小売業者は運転資金が不足している	＞同意する。可能ならば、資金は家族メンバーから集める
	＞中間業者は供給業者から無利子又は低利の仕入資金融資を受けていたり、供給業者から取り扱い料を受け取っていたりする	＞同意する
	＞家族所有あるいは家族経営が一般的である。	＞同意する
	＞様々なチャネル・メンバーが散発的あるいは慣例的な輸入を行っている	＞同意する
	＞仕入業者に対するロイヤリティーはほとんどない	＞同意する。これはケールによって詳しく説明され、支持されている
	＞小口分けや主要製品の取扱いが主要機能である	＞同意する
チャネル・コミュニケーション	**チャネル・コミュニケーションは、印刷媒体の利用や様々な形態のチャネル内プロモーションのような限られた手段しか利用できない。**	＞同意できない。非公式なコミュニケーション手段が利用できるし、豊富な印刷物あるいはラジオによるコミュニケーションが最貧国以外では見られる。
	多くのブローカーや代理人がコミュニケーション・プロセスに関与し、以下のように取引を促進させる。	
	＞全市場カバレッジの支援をする	＞同意できない
	＞顧客つまりチャネル・メンバー、あるいは地域、製品によって特化している	＞同意できない
市場調査	**一般的に以下のようなパターンが予想される**	
	＞発展途上国のチャネル・メンバーが公式的な市場情報を利用することはほとんどない。市場調査の利用は経済発展とチャネル・メンバーの規模が大きくなるにつれ増える。発展途上国では、小売業者は典型的には市場調査部門はもたないし、アウトソースはほとんどない。	＞違いはおそらく企業規模によるものであり、経済発展とは無関係である。
	＞発展途上国では非公式的な闇流通チャネル重要な役割を果たす。しかし、これは公式の統計には表れない。	＞その通りであり、この非公式活動が非常に効果的である。
チャネル・パフォーマンス	**小売のパフォーマンスは先進国よりも低く、以下のような特徴がある。**	
	＞柔軟だが、一般に低いチャネルのマークアップ率	＞同意できない。マークアップは製品グループにより異なる。マークアップは、むしろ競争が厳しくないために高く、競争が厳しくなるにつれ低下していく。
	＞流通セクターへの外資参入が増加するにしたがい、定価販売政策の導入が進む	＞同意できない。固定価格は大規模店やチェーンオペレーションによりもたらされるのであり、外資小売業者の市場参入とは関係がない。
	＞価格、販売条件、支払協定は交渉次第であり、したがって売上純利率は低い	＞同意できない

出所：Samiee, Saeed (1993), Retailing and channel considerations in developing countries: a review and research propositions, *Journal of Business Research*, 27, pp.103-130

売および卸売の商慣行、チャネル・コミュニケーション、市場調査、そしてチャネル・パフォーマンスという七つのカテゴリーの下に命題を構成している。

環境

発展途上国のチャネルは長いが、チャネルの長さはチャネルの非効率を意味するわけではない。小売業者が形成する在庫規模が小さいためや、あるいは製品が非常に傷みやすいためにチャネルが長いこともある。

チャネルの長さが非効率性を表しているという考え方はまったく間違っている。日本では、チャネルが長いことを理由に流通システムが非効率であるという議論が何年にもわたってされてきた。しかし、製品の傷みやすさの水準が同じ製品であるならば、アメリカと日本のチャネルの長さに差はない。

発展途上国では、政府が商品流通に大きな役割を果たしている。価格管理、外国資本の参入制限、国有流通企業がこの環境では問題なのである。多くの発展途上国は、外資系の小売業者の活動を制限する法律が存在する。

消費者の特徴

サミーの命題は正しいだろう。小売業者は、輸送と販売の際に商品を守るために包装を必要とする。しかし、発展途上国における包装は、消費者を引き付けるものというよりは商品を保護するものである。買い物は楽しいもので、社会的交流のための重要な場所である。

チャネルの特徴

以前、私は「雑多な品揃え」という言葉を用いたことがあるが、それをサミーは「何でも屋（retail generalist）」という言葉で表現している。これは、どちらも同じ現象を表現しているものだ。

発展途上国の小売業者は、彼らが販売する製品の品揃え幅を限定していない。

彼らは、販売できると考えるものなら何でも販売するのだ。ロシアで調査を行っている私の同僚は、最近、モスクワのキオスクが製品の品揃え幅を限定し始めたことに気づいた。以前は、キオスクでカミソリや雑誌、シャツ、ガムまでもが売られていることもあったが、現在は雑誌だけである。

サミーはセルフサービスの小売業に関する記述で、包装品が増えたことと労働力不足を背景にセルフサービス小売業が登場したと述べているが、私はその関係は逆だろうと考えている。セルフサービスは、発展途上国で予想通りのパターンで登場してくる。最初のセルフサービス店は、スーパーマーケットまたはスーパーレットである。そして、デベロッパーは都市の富裕層居住地にこのセルフサービス店を配置する。

初期のスーパーマーケットの価格は非常に高い。これらの店舗は、その地域に住む富裕層と外国人という経済的に成功したニッチ（niche）をターゲットにしている。顧客はスーパーマーケットを高級店と認識しており、またそこでは輸入品を販売しているということもあり、顧客は高い価格でも受け入れることができる。

初期のスーパーマーケットの商品を支える包装資材業界は、スーパーマーケットの存在によって発展させられる。スーパーマーケットは、独自の収縮ラップや使い捨てトレーをもっている。独立した包装資材産業が出現し、スーパーマーケット向けにサービスを提供するようになるのはそのあとである。また、セルフサービスは、労働コストを節約するために出現したのではない。それは、消費者が自分の欲しいものだけを見て、商品を手に取り、自分でそれを吟味することができるようにしたことが始まりである。

小売と卸売の商習慣

この点では、サミーの命題は私の研究成果と一致している。発展途上国では、小売業は小規模で家族経営となっている。運転資金は、利用できるのであれば一族の他のメンバーが拠出しており、商業信用はこの商売では利用できない。

供給業者へのロイヤルティはほとんどない。S・H・ケールの研究は、売り手市場では買い手は常により良い供給業者を探しているという点を強調していた。供給業者がどの程度その役割を果たすかによって小売業者と供給業者の関係性が規定されるのではなく、ほとんど代替がないために関係性を継続せざるを得ないのだ。

チャネル・コミュニケーション

発展途上国におけるチャネル・コミュニケーションは非常によいが、それは非公式的なコミュニケーションである。発展途上国のチャネル・コミュニケーションでは、口コミによる宣伝が重要な要素となる。

後発発展途上国以外では、コミュニケーションのための媒体が存在する。実際、印刷媒体は発展途上国でもよく利用されているし、1930年代の中国には、すでに多くの新聞、ラジオ局、テレビ局が存在していた。

市場調査

サミーは、正式な市場調査が存在しないことを発展途上国特有の現象であると考えている。しかし、私はそうは思わない。正式な市場調査を行わない小売業者はアメリカにもたくさん存在する。市場調査を行っている小売業者と言えば、非常に大規模な小売業者である。

もし、規模が同じなら、おそらく発展途上国でも先進国でも市場調査の利用に関しては差がないだろう。例えば、日本で行われている調査の多くは草の根の調査である。製造業者は小売店に商品を販売することを目的に従業員を雇っており、彼らが小売業者ではなく顧客と直接話をすることで製品ラインに直接その反応を伝えている。

チャネル・パフォーマンス

サミーは、発展途上国では粗利（マークアップ）率と純利益率は低く、経済発展と共に向上すると指摘している。しかし、私はそれらの関係はもっと複雑だと考えている。まず、この命題は、発展途上国は典型的な売り手市場であるというサミーの先の命題と矛盾している。売り手市場では、競争がほとんどないために価格は高くなると考えられるからである。また、利益率はおそらく商品によっても異なるだろう。先進国では、最も利益率が低いのは食品小売業であることが多い。

レバノンの市場で果物が陳列台に並べられている。このような市場には冷蔵設備はない。

ある特定の商品の利益率と発展段階の間には直線的な関係はないだろう。発展水準の低い段階では利益率は小さく、市場の発展とともに向上するが、最終的には競争が激しくなって縮小することになる。

サミーは、定価販売政策もまた外国資本の参入とともに広まるという趣旨の命題を提示しているが、私は定価販売政策は外国資本の参入とは関係はないと考える。むしろ、店舗規模と店舗運営が非所有者によって行われるのか、家族によって行われるのかによると考えている。百貨店のような大規模店が出店する際に定価販売が採用されるが、これらの大規模店が外国資本であろうが現地資本であろうが、その影響は同じである。ちなみに、日本や中国、そしてメキシコにおける小売業の歴史的な発展過程はこの考え方を支持している。

小売業者の規模が大きくなり、店主に代わって価格交渉をするための代理権を販売員に与えることが必要になるにつれ、社会は交渉価格から定価販売へと移行していく。代理権（agency power）とは、他人に、あなたの代わりを務める権限を与えるということである。そのためには、多くの販売員をかかえる大規模店の店主は、従業員を信頼して、販売価格を交渉するための代理権を与えなければならないだろう。

第6章 ライセンシング、フランチャイジング、戦略的提携

第1章から、製造業者にとって利用可能な国際展開様式の選択肢が、小売業者にとっては利用不可能な場合があることを確認した。製造業者は、製品を自国で生産して海外に販売することができるが、国際小売業者は必ず参入した市場に姿を現さなくてはならない。小売業者が国際市場に参入する際の様式としては、支配力の低い方から順に挙げると、ライセンシング、フランチャイジング、ジョイント・ベンチャー（合弁企業）、そして完全所有の子会社設立という方法がある。これを連続線上に配置すると、以下のようになるだろう。

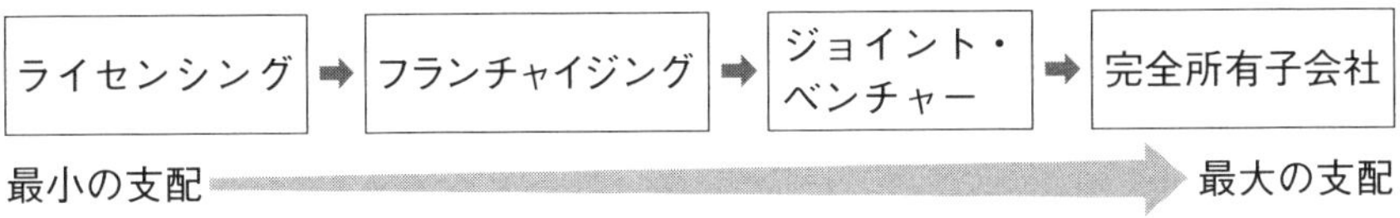

本章では、まず小売業者がビジネスにおいてライセンシングあるいはフランチャイジングを選択する理由を探る。次に、フランチャイザーを四つのタイプに区別するフランチャイズ理論を提案し、さらに戦略的提携の議論をフォローし、戦略的提携の二つのタイプを対比していく。そして最後は、企業が国際市場への拡大を図る際に最大の利益を獲得するためにいかに戦略的提携を利用するかについて触れることにする。

1　ライセンシング

ライセンシングとは、企業がノウハウやその他の無形資産を供与し、その代価として報酬やロイヤルティ、またはその他の支払いを受け取ることを意味する。ライセンシーは、ライセンサーが占有する知識の使用権を手に入れる。一方、ライセンサーは、金銭的な報酬と、自らの小売コンセプトを幅広く披露するチャンスを獲得できるが、不利益としては、ライセンシーがライセンサーから得た独特の知識によって市場で成長していくことによっていつしか競争相手になるかもしれないということである。

アメリカの各大学がアパレルメーカーに大学名を使用させることが、ライセンシングの一例であろう。大学そのものがアパレル製造業に携わっているわけではないが、大学名をライセンス契約で供与したために、アパレルメーカーはそれを使用することができるのである。

海外の小売業者にブランドの使用を許す小売業者はしばしばライセンスを交わしていた。しかし、ライセンシングには大きなリスクがある。最も大きなリスクは、非常に重要な資産の一つである企業名を手放してしまうことである。もし、ライセンシーがずさんな手法で運営すれば、多かれ少なかれライセンサーにも影響することだろう。そのうえ、ライセンス契約はこのライセンサーを保護していない。

表6－1は、ライセンシングに加えられるべき重要な考慮事項の一覧である。一般的に、ライセンサーはロイヤルティとして売上の５％を受け取っているが、その数字は定数ではない。現に、ディズニー・ワールド・コーポレーションは、日本のライセンシーから７％のロイヤルティを受け取っている。同社は、ヨーロッパにテーマパークを開設しようと決定した時、ライセンシングではなく、よりコントロールの効くジョイント・ベンチャー方式（合弁方式）を選択した。

製造業者は、小売業者よりもライセンシングを使用することを好む。製造業者は、外国の他の製造業者や小売業者にライセンス権を付与し、自社ブランドの下で製品を生産させることができる。そして、その製品は、当該の海外市場

表6－1　ライセンス契約の要素

技術パッケージ
ライセンスされた産業財産の定義/説明（特許、トレードマーク、ノウハウ）
提供されるノウハウと、その移転の方法
原料、設備、中間財の提供
使用状態
ライセンスされた技術の使用領域
生産と販売の領土権
サブライセンス権
企業秘密の保護
特許とトレードマークの侵害行為を防衛する義務
競合製品の排除
競合技術の排除
製品規格の管理
パフォーマンスの要求
新製品と新技術のライセンシー権利
報告義務
ライセンサーによる会計監査/検査実施の権利
ライセンシー側の報告義務
保障
支払通貨
地域税の支払の義務
情報公開の手数料
継続的なロイヤルティ
最低ロイヤルティ
ロイヤルティの一括支払
技術援助の手数料
ライセンシーへの販売またはライセンシーからの購買
追加製品に関する手数料
ライセンシーによる製品改善の許諾
その他の保障
その他の条項
追随される契約法
契約の継続期間と更新
条項の取り消しと終了
紛争調停の手順
ライセンス協定の政府認可の義務

出所：Johansson, J.K (1997). Global Marketing. New York: Times Mirrow Bbooks, p.196.

内で販売されるのが一般的である。ライセンス契約の下で販売される製品の品質は、ライセンサーが直接生産するものに劣らない場合もあるが、そうでない場合もある。

小売とはビジネスの方法であり、それは実地訓練を通して、もしくは暗黙のうちに学んでいくというタイプのものである。大規模小売業者はフランチャイジングよりライセンシングを好むが、その理由は、フランチャイズでは大規模店舗の運営に必要とされるオペレーションを成文化することが困難なためである。また、専門店はフランチャイジングにより適していると言える。

第2章で使われる名称「マルチナショナル小売業者 VS グローバル小売業者」は、本章でも助けになる。多国籍形態を用いた国際展開は、小売業者が分権化されたマネジメント手法を用い、各地域の文化的な違いに店舗を適応させることを意味する。この形態は、フランチャイジングよりはむしろライセンシングのほうが適している。一方、グローバル形態を用いる国際展開は、集権化マネジメントと世界中に標準化した店舗展開を行うことである。そして、プライベート・ブランド商品が活用されることもしばしばある。この形式はフランチャイズに特有のものである。

2　フランチャイジング

フランチャイジングは、売り手に小売店舗の形態に対してより強力な支配力を提供するライセンス契約の一類型である。フランチャイズとは、ある企業名の下でビジネスを遂行する権利である。**フランチャイザー**は、すでに確立されたビジネスのやり方に関する権利を販売し、**フランチャイジー**がその権利を購入する。

マクドナルド社は、言うまでもなく世界規模のフランチャイザーである。マクドナルド社は、同社の名前と経営手法を販売している。もし、あなたがマクドナルドの店舗を開こうと決めたのなら、フランチャイジーになればよいのだ。フランチャイズ運営が最も厳格にコントロールされる場合は、フランチャイザーが店舗運営に関するすべてを提供する。国際的に成功を収めているフランチャイザーの多くは、国際化の前に自国市場で強固なフランチャイズ・ネットワークを構築している場合が多い。

フランチャイジーは、従業員の採用とトレーニングを含んだビジネスを遂行していくための総合的なシステムをフランチャイザーから提供してもらえる。各地域のフランチャイジーは、必要な資本を調達してフランチャイズを運営する。そして、加盟金と総売上高の一定割合をロイヤルティとしてフランチャイザーに収めることになる。**表6－2**は、いくつもの主要な国際的フランチャイザーの例を表し、フランチャイズ店の開設における必要条件をまとめている。「フランチャイズ」の概念をかなり緩やかに解釈し、「ライセンス」と代替可能な用語として使用している国々もある。我々が、アメリカにおいてフランチャイズという用語を用いる際には事業モデルとしてのフランチャイズを指している。ちなみに、アメリカの法律では、フランチャイズの基本的な要素は下記のことを含んでいる。

- 契約（但し、アメリカ法令集に記載されている必要はない）
- システム
- ブランディング（例えば、トレードマーク、サービスマーク、トレードネームなど）
- 権利の容認
- 資金の支払い

フランチャイズには、ダイレクトとマスターの二つの類型がある。**ダイレクト・フランチャイズ**は、個別店舗のオーナーに与えられる。そして、個々の契約内容は独立したものと見なされる。一人が複数のフランチャイズ権を獲得することもできるが、その各々には、それぞれ独立した契約内容が適用されるべきである。このタイプのフランチャイズの優位性は、雇われマネジャーよりは熱心に店舗運営をするオーナー経営者によって各加盟店が運営されるというところにある。

一方、**マスター・フランチャイズ**は、フランチャイズ権を与えられた個人が、

表6－2　選ばれた国際小売フランチャイザー

社　　名	本社所在地	製品/サービス	国際展開状況	フランチャイズ手数料	必　要　資　本	利用可能なトレーニングとサポート
アスリート・フット	"1950　Vaughn Rd. Kennesaw, GA 30144 (800)524-6444"	競技用シューズ	40か国以上	25,000ドル	175,000ドル～325,000ドル	可能：2週間のトレーニングプログラムと、継続的なサポートを提供
バスキン・ロビンズ	130 Royall St. Canton, MA 02021 (781)737-3000	食品：アイスクリームとヨーグルト	44か国と、インドに進出中	30,000ドル	600,000ドルの流動資産：12,000,000ドルの自己資本	可能：詳細は定められていない
コーヒー・バーナリー	3429 Pierson Pl. Flushing, MI 48433 (810)737-1020	全世界から仕入れた特別なコーヒーと茶	8か国	27,500ドル	338,500ドル～501,500ドル	可能：本社で21日間の総合的なトレーニング
フルラ	389 Fifth Ave., Ste 700 New York, NY 10016 (212)213-1177	女性向けのハンドバッグ、靴、ベルト、小型の革製品、時計、アクセサリー	5か国	25,000ドル	284,400ドル～408,000ドル	可能：ニューヨーク・オフィスと店舗での1週間のトレーニングプログラム
ゼネラル・ニュートリション・カンパニー（GMC）	300 Sixth Ave. Pittsburgh, PA 15222 (800)766-7099	スポーツ用、ハーブ、ミネラル、ビタミンなど各種サプリメントの専門小売店	38か国	40,000ドル	132,681ドル～182,031ドル	可能：新規フランチャイザーは3週間の初期トレーニングを、また経営幹部は1週間の集中的なトレーニングを受ける
ジンボリー・プレイ・アンド・ミュージック	500 Howard St. San Francisco, CA 94105 (800)520-7529	相互作用的な親子の遊びと音楽のプログラム	26か国	45,000ドル	最小初期投資額の平均は141,400ドル～286,765ドル	可能：必須の初期フランチャイズ・トレーニングに加えて、フランチャイジーは常に地域別のトレーニングを受けられる

リトル・シーザーズ・ピザ	2211 Woodward Ave. Detroit, MI 48201-3400 (800)553-5776	食品：ピザ、パン、サンドウィッチ、サラダ	20か国	20,000ドル	50,000ドルの流動資本 150,000ドルの総自己資本	可能：6週間のトレーニングでは、アーキテクチャーから戦略的市場発展のサポートが利用できる
マンゴ	P.O Box 280 08184 Palau de Plegamns Barcelona, Spain (34-3)864-4444	ファッショナブルな女性向けアパレル	スペイン、フランス、ドイツ、ポルトガルなどのヨーロッパ各国	24,950ドル	97,430ドル～145,650ドル（総投資）	可能：2週間のトレーニング、1週間の店舗研修
マーブル・スラブ・クリーマリー	3100 S. Cessner, Ste. 305 Houston, TX 77063 (713)780-3601	食品：毎日つくられる新鮮なアイスクリーム	11か国	28,000ドル	255,000ドルの自己資本 70,000ドルの流動資産	可能：ヒューストンとテキサスでの10日間のトレーニング、開店時のアシスト、継続的な領域監督、宣伝・広報活動のアシスト
ノーブス・オート・ガラス・リペア・アンド・リプレイスメント	12800 Highway 13 S., 500 Savage, MN 55378 (952)946-0447	各種自動車用ガラス製品の修理と交換	42か国	7,500ドル	410,500ドル～185,099ドル	可能：3週間
ポストネット	1819 Wazee St. Denver, CO 80202 (800)38-7401	郵便物の配達とサービス		29,900ドル	174,325ドル～195,800ドル	可能：顧客サービス、マーチャンダイジング、マーケティング、監督、日常業務などに関する、きめ細やかなオペレーション・マニュアルを基礎にした徹底的なトレーニング。
サブウェイ	325 Bic Drive Milford, CT 06460 (203)877-4281	食品：サブマリン・サンドウィッチとサラダ	55か国	12,500ドル	87,300ドル～218,800ドル	可能：2週間のトレーニングと、追加的な援助

各社サイトより著者作成

特定の地域や国で一括して店舗展開が行える権利をもつという制度である。一般的に、マスター・フランチャイズの保持者には、地域のどこにでもフランチャイズ契約を転貸する権利が与えられる。そのため、マスター・フランチャイズ保持者はフランチャイザー企業と個別フランチャイジーとの仲介者になりうる。

このタイプのフランチャイズは、小売業拡大の新しい形態である。アスリート・フット社は、国際展開の際にこの方法を用いた。つまり、一つの国に一つのマスター・フランチャイズ権を供与したわけである。オーストラリアでマスター・フランチャイズを発展させた人物は、今はアスリート・フット社の最高経営幹部の一人になっている。また、第2章で取り上げたマクドナルドを初めて日本に紹介した藤田田は、日本におけるマクドナルドのマスター・フランチャイザーである。

併営形態

いくつかの企業は併営形態を用いている。それは、直営店とフランチャイズ店を同時に展開していることを指す。直営店を運営すると、フランチャイズ店の生産性をベンチマークすることができる。ベンチマーキングとは、比較の基準として特定の店舗を利用することを意味する。例えば、直営店がフランチャイズ店よりはるかに高い業績を示しているのならば、それはフランチャイジーが販売額を過少報告しているか、店舗を適切に運営していないのではないかと疑う根拠になるだろう。

併営形態を用いている企業の例は、バスキン・ロビンズ社である。同社はアメリカを含む45か国で3,456軒のフランチャイズ店をもつと同時に、依然として直営の4店舗を維持している。フランチャイズ展開の各形態にはそれぞれ長所も短所もあるが、その詳細については**表6－3**に示す。

表6－3　フランチャイズの有利な点と不利な点

大部分のフランチャイズ・チェーンの有利な点（経営上）	大部分のフランチャイズ・チェーンの不利な点（経営上）
財政的観点から ●フランチャイザーにとって初期投資が低く抑えられる。 ●経済的観点から動的なマーチャンダイズが可能になる（規模の経済）。 **戦略的観点から** ●迅速にチェーンを発展させられる。 **経営的観点から** ●フランチャイジーは従業員よりも企業精神に富む。 ●一般的なフランチャイズ・システムはよりダイナミックであり、官僚的ではない。 ●経営上のコントロールが少なくてすむ。 **マーケティング観点から** ●地域市場にあわせた知識を用いられる。	**財政的観点から** ●たとえ製造業が販売マージンを補填したとしても、二流の位置の低いマージンによって個別の財政能力が制限される。 **戦略的観点から** ●元フランチャイジーがコンセプトをコピーし、競合するチェーンシステムを開発するリスク。 **経営的観点から** ●同じ都市の異なるフランチャイジーは構造的な問題を引き起こす。 ●純粋なフランチャイズ・システムは刷新する事が困難になる。 ●不完全な情報がパフォーマンスに反映される。 ●フランチャイジーの従業員に標準要件を満たさせる事は困難である。 **取引コストの増加** ●マーケティングの観点から。 ●トレードマークの品位と支配的コンセプトの低下のリスク。
大部分の直営チェーンの有利な点（経営上）	大部分の直営チェーンの不利な点（経営上）
財政的観点から ●サービス中心の支持者による、より効果的な言及。 ●財政的な利益をフランチャイジーと共有する必要がない。 **戦略的観点から** ●最適地に迅速に展開できる。 ●より大きなグループに買収されるという大きなチャンスを得る。 **経営的観点から** ●強固なヒエラルキーのおかげで組織化にともなう問題が起こりにくい。 ●優れたフランチャイズの志願者が欠如してもその分を保障できる。 ●コントロール・トレーニング期間を短縮できる。 **マーケティング観点から** ●コンセプトを全体的に管理できる。 ●トレードマークの品位を高められる。	**財政的観点から** ●発展コストが上昇する。 ●フランチャイジーではない直営店経営のために製造業者に入る利益が縮小する。 **戦略的観点から** ●発展速度が遅い。 **経営的観点から** ●柔軟性にかける。 ●経営者と雇われ店長との間で、エージェンシー関係において標準化の問題が生じる。 **マーケティング観点から** ●コンセプトを地域で合わせるのが困難。 ●イノベーションが起こりにくい。
大部分の併営チェーンの有利な点（経営上）	大部分の併営チェーンの不利な点（経営上）
立地速度／コンセプトのコントロール（加えて各店舗の均一性）問題の解決 ●迅速な発展と補完的なテリトリーの補填（フランチャイズと直営店舗は異なる系列で補完的な役割を果たせる）。 ●重要な境界を迅速に越えられる。 ●直営店舗を用いる事で、コンセプトのコントロールを強化できる。 ●旗艦店舗と標準化されたフランチャイズ店舗で合同できる。 **巨大な組織化における柔軟性（順応）** ●試験的な店舗をトレーニングとシミュレーションのために近くに立地して、フランチャイザーのノウハウをデモンストレーションできる。 ●直営店はコンセプトの発展の為の実験場として用いることができる。 ●フランチャイズと直営店の協力により相補性を発揮する。 **大きな経済的波及効果** ●フランチャイズのために投資額が低く抑えられる。 ●パートナーの財政的な拡大により、投資能力が増加する。	**二つの異なる経営方法を和解させる事が困難** ●フランチャイザーとフランチャイジー、あるいはフランチャイザーと直営店の関係という二つの組織構造を必要とする。 **直営店舗の存在がフランチャイジーのモチベーションを低下させるリスク** ●地域で直営店がすぐそばに立地される場合。 ●システム上で、直営店舗が高い比率を占める場合。

出所：Cliquet, Gerard and Croizean, Jean-Philippe (2002). "Towards Plual Forms, Franchising/Company-owned Systems, in the French Cosmetics Retail Industry" International Journal of retaili & Distribution Management. 30(5), pp.136-137.

フランチャイジングの理論

企業がフランチャイズ展開をするのには以下の三つの理由がある。

❶資源の制約を乗り越えるため。

❷管理能率を改善するため。

❸リスク・マネジメントに備えるため。

第２章では、フランチャイジングに関する三つの理論的な背景について述べた。小売の戦略的国際化に関するモデル（SIRE モデル）のところでの、企業がライセンス権やフランチャイズ権を与える時に、所有の優位性の一つである営業機密も同時に譲渡されるという議論を思い出してほしい。それでも、何故企業はフランチャイズ展開をするのだろうか。それを説明する理論として「資源依存理論」、「エージェンシー理論」、「リスク理論」という三つがある。

資源依存理論では、企業が限られた資源の制約を乗り越えるためにフランチャイズ展開を行うと説明している。何故なら、フランチャイジーが加盟金と多額の初期投資を支払うために、フランチャイザーは自らの資本を投下することなく市場拡大ができるからである。このことは、ブランド名の認知と市場占有率の獲得を必要とするファストフード業界のフランチャイズ例に顕著に現れている。

管理効率化の観点は、エージェンシー理論に由来する。エージェンシー理論では、雇われ店長よりもオーナー店長のほうがより高い成果を出すと想定している。フランチャイズ店のオーナーは、店の業績と自身の収入が連動するために熱心に働くというインセンティブをもっているため、本社が監視する必要がない。その反面、直営店の雇われ店長の場合は、多大なコストをかけて本社が監視する必要がある。例えば、タコ・ベル社は、従業員店長のパフォーマンスを高めるために多様なインセンティブを用意した。同社は、業界平均より高い給料と、より多くの権限と店舗の成果に応じたボーナスを提供したのである。

フランチャイズ化を説明する最後の観点はリスク・マネジメントである。この視点は、フランチャイザーが信頼できる地域では直営店をもつことでリスクを減少させて、リスクが高い地域ではフランチャイズにするであろうということを示している。リスクの高さは、地理的な距離と文化的な差異が理由となる[(1)]。例えば、バスキン・ロビンズ社がイランを危険なビジネス環境だと考える場合は、他の誰かにリスクを抱えてもらうためにフランチャイズを採用するだろう。

ある企業が何故フランチャイズ化を選択したのかを説明する際、以上の三つの理論の中でどれが適切かということが最初から明らかなわけではない。例えば、もし企業がより多くの資金を手に入れたあとにフランチャイズ店舗を再び獲得し始める、あるいは、彼らがより多くの資金を獲得して初めてフランチャイジングを止めて自社所有の店舗を開くとしたら資源依存理論で説明することができよう。しかし、エージェンシー理論に沿って考えると、企業が直営店を開設できる資金的な余裕があるからといってフランチャイズ展開をやめる理由はない。また、リスク理論は、企業がリスクの高い地域でフランチャイズ展開をする場合に当てはまるわけだが、企業がその地域に対する経験を積んだり、その地域がより安全な場所に変わったのちには直営店方式で参入することもできよう。

私が中国を旅行した時、様々なグループが私にプレゼンテーションをして欲しいと頼んできた。2002年、中国のチェーンストア・アンド・フランチャイズ協会が、私にフランチャイジングに関して話して欲しいと頼んできた。私はフランチャイズが自分のコアな専門分野でないと伝えたが、彼らはこの問題について是非講演して欲しいと言ってきた。

私は、中国に行く際にはいつも企業幹部と政府役人へのインタビューを実施している。ある時、政府役員にフランチャイズに関するいくつかの質問を試みてみた。例えば、「中国には、フランチャイズに関する特定の法律が存在するのか？」、「企業は利益の国外もち出しができたのか？」などである。利益の国外もち出しとは、フランチャイザーが資金を国外にもち出せることを意味する。この二つの質問に関して、ある政府高官は、「中国にはフランチャイズに関する法律はないし、利益を国外へ送ることもできない」と教えてくれた。

いよいよ私のフランチャイズに関するプレゼンテーションの日がやって来て、私は招待者と一緒にイベント会場に連れていかれた。想像してみてほしい……

私がフランチャイジングに関する中国でのコンベンションにおけるメインの講演者だと聞いた時の驚きを。

私は自分のプレゼンテーションを終え、その後、何人かの有望なフランチャイザーと話をしながらコンベンションの周りをぶらついた。私はその彼らに、政府高官にしたのと同様の質問をした。私と話し合った大部分の企業は、その質問に「イエス」と答えた。彼らは、当然フランチャイズ法が存在しており、利益を海外に送金できると思い込んでいたのだ。しかし、先述したように、当時の中国ではフランチャイズに関する法律は存在しなかったし、利益を国外にもち出すことも許されていなかった。中国でフランチャイズ関連法が成立したのは、ようやく2005年になってからである。

中国は、営利と営利活動の発展が、それをカバーする法律の発展より速い国である。**法の支配**という概念が意味するのは、すべての市場参加者が合法・非合法の境界を知ることができるようにするために国家が法律を成文化するということである。

法律が制定される以前は、その国においてビジネスを行う企業にとっては大きなリスクが存在することになる。現行の中国のフランチャイズ法では、フランチャイザーが利益を本国送還することは可能であるが、企業が純粋なフランチャイザーとして中国に参入することはできないだろう。中国の法律によると、中国においてフランチャイズ展開が許可されるためには、事前に二つの直営店舗を運営していなければならないからである。

国際的なフランチャイズ事業の動機は、フランチャイズ協定に参加する一般的な動機とは異なるように見える。国際的な企業拡大を行わない最大の理由は、自国に十分な販売機会が存在することと、国際的な知識と能力の欠如である。[(2)] よって、経験と規模は、企業が国際的なフランチャイズの実行を決心するのに役立つ重要なファクターとなる。[(3)]

次節では、国際フランチャイズ化の理論が管理能力とリスク管理の最大化に基づいていることを議論する。

3　国際的フランチャイジング理論

フラッドモエ＝リンドクィストは、論文で国際フランチャイズの類型を理解するための分類法を提案している。この分類法は、資源依存理論に依拠している。資源依存理論では、ノウハウベースの資源や事業運営のルーチンが企業に競争優位を提供すると説明している。それに、アイデアと物事を遂行する新しいやり方の生成に長けている企業もある。

このように、資源依存理論は、資源の保有だけではなく継続的な組織学習の重要性を強調している。企業が成長するには、既存資源と能力に新たな資源と能力を開発するための手腕を結合させることが求められる。効果的な学習のためにフランチャイザーは情報を獲得し、保有している必要があり、それをもって知識を創造しなければならないのだ。これは、国際競争環境に関して学ぶ国際的フランチャイザーが新しいフランチャイズ戦略を立てる時の基礎である。(4)

表6－4は、フラッドモエ＝リンドクィストの分類法の要旨である。彼女は、国際フランチャイズを、「制限付フランチャイザー」、「統合フランチャイザー」、

表6－4　国際的フランチャイジングのケイパビリティと発展キャパシティ

国際的ケイパビリティの発展のキャパシティ	現在の国際的フランチャイジングのケイパビリティ	
	低い	高い
高い	統合フランチャイザー ＞慎重な発展の追及 ＞複数のフランチャイズ形態の活用 ＞積極的な評価	世界的規模フランチャイザー ＞グルーバル市場への集中 ＞複数のフランチャイズ形態の活用 ＞能動的かつ受動的
低い	制限付フランチャイザー ＞ローカルな国際化 ＞国際市場に対する貧弱な熱意 ＞受動的な評価	形式的フランチャイザー ＞いくつかの海外市場への集中 ＞少数のフランチャイズ形態の活用 ＞多少は努力するが、基本的には受動的

「形式的フランチャイザー」、「世界的規模フランチャイザー」という四つのタイプに類型化した。彼女の論拠のポイントは、学習とケイパビリティ（企業固有の知識）は決して不変ではないということである。企業の学習能力と知識集約能力は、時期によって異なる。これは、何故ある時期にフランチャイザーが拡大するのか、何故別の時期には撤退をするのか、そして何故ある期間中には怠惰に過ごしているのかを説明するのに役立つ。

制限付フランチャイザーとは、国際マネジメントと学習に関して限られた能力しかもち合わせていない企業を指す。この種の企業は、注目に値する国際的なフランチャイズ展開を追求しそうにないフランチャイザーである。そのような「ローカルに国際的な」フランチャイザーは、地理的かつ文化的に近い国だけに限って国際展開をするだろう。多くのアメリカ企業はカナダにフランチャイズを拡大していたが、他の国への進出に関してはほとんど関心をもっていなかった。

ブリューガーズ・ベーグル社が、制限付フランチャイザーの一例と言える。同社は、1983年に最初の店をオープンして以来、1991年までフランチャイズ展開を行わなかった。しかも、国際展開の対象地域はカナダに限定されていた。[(5)]

統合フランチャイザーとは、国際的なフランチャイズ展開に関しては限られた能力しかもっていないが、経験から学んだこととその経験を事業運営に生かすことに関しては優れた能力をもっている企業のことである。これらの企業は、ライフサイクルの初期段階から国際展開を始める傾向が強い。

イギリスのフランチャイザーであるタイ・ラック社がこの分類に該当する。同社は、国際的な拡張を考慮する以前に自国市場で成長した。そして同社は、海外市場への参入の際に、各国における国民の嗜好、規制、そしてフランチャイズ契約のパートナーの相違を反映したアプローチを採用した。ちなみに、フランス市場には合弁事業相手にマスター・ライセンスを与えるという手法で参入し、ノルウェーでは個別フランチャイジーの店舗ごとに直接ライセンス権を供与するという手段をとった。また、アメリカ市場には完全所有子会社を設立することで参入を果たしている。[(6)]

形式的フランチャイザーとは、国際展開に必要とされるいくつかの能力はもっているが、グローバル・レベルで成功するために必要とされる重要な能力をもっていない場合を指す。この種の小売業者は、国際的に拡張する時に理想的な立地を確保できない場合が多く、参入と撤退を繰り返す傾向がある。また、国際的なフランチャイズ展開においても自発的な展開よりは有望なフランチャイジーからの要望によって展開するケースが多い。南アフリカ共和国のあるビジネスマンが衣類の世界的な小売業者であるギャップ社にアプローチして、ケープタウンで同社のフランチャイズ店を出店したことがこの例に当てはまる。同社は、自ら南アフリカ共和国を戦略的な販売拡大地域として選択したのではなく、その国のビジネスマンからの要請に対応しただけなのだ。

これは、海外から頼んでもいない注文が入ってきたことをきっかけとして国際展開を開始する製造企業のケースと類似している。海外の企業から予期せぬ注文が入ってくると、それに応じて輸出を始めるということである。この形態は企業の国際化の初期段階であるが、日和見主義的なやり方であり、戦略的な意思決定とは言えない。

イギリスのフランチャイザーであるファストフレーム社がこの描写に適合する。この企業はイギリスで成功していたが、実際には国際展開の準備ができていなかった。あるアメリカ人が、ファストフレーム社にカリフォルニアへ進出するように説得した。同社はそれなりの成功を収めていたとはいえ、取り組みの初期段階において、計画の実行可能性に関するお粗末な調査、決してほめられない立地選択、そしてフランチャイザーを束縛する近視眼的な契約規定を含むという多くのミスを犯した[(7)]。

世界的規模フランチャイザーは、一般的には巨大な小売業者で、豊富な経験と管理能力、そして進出先国における危機管理のいずれにおいても重要な能力をもっている。このタイプの企業は、多数の国に進出しており、多様な種類の所有構造とフランチャイズ契約を用いている。また、国際事業の歴史も長く、多様な市場から特別な知識を蓄積している。マクドナルド社がこのグループに当てはまるだろう。これらの企業は、国際展開の初期段階でこそ失敗を犯すが、失敗の経験を活かして国際フランチャイジングのルーチンと能力を改善し、世界規模での成功を維持することができる。

小売業者は、以上の4類型のうちから一つを選んでスタートし、別のタイプのフランチャイザーにシフトすることもできる。その典型の一つは、制限付フランチャイザーから形式的フランチャイザーにシフトすることである。このシナリオでは、ドメスティックな、または「ローカルに国際的な」フランチャイザー（すなわち、制限付フランチャイザー）が、フランチャイズ運営に関する新しい知識を内部化ないしは統合化できないままより広く国際的に拡張（すなわち、形式的フランチャイザーへ）していくのである。制限付フランチャイザーは、比較的母国市場や隣国市場で成功を収めてきたために以上のような経路を辿ることができるのだ。

企業がより広範囲な国際的拡張を試みるのは、彼ら自身が機は熟したと信じる時である。しかしながら、この動きにはリスクを伴うこともある。自国市場や隣国市場での成功は低いレベルの「国際認識」でもできるために、その他の進出先国のリスクに対する充分な理解をすることなく国際進出を果たすことになりかねないのである。実のところ、成功はとても貧弱な教師である。何故なら、あなたが成功した時に振り返ることや、成功した理由を調査することはめったにないからである。

重要な学習は、失敗もしくは少なくとも注意を必要とする問題から得られる。本社の従業員を一時的に派遣する形でイギリス市場への参入を果たしたミダス社が、制限付フランチャイザーから形式的フランチャイザーに移行した実例であるが、同社の展開したフランチャイズ店の多くが失敗に終わっている。

制限付フランチャイザーから統合フランチャイザーへとシフトする場合もある。基本的にこの動きは、ドメスティックなフランチャイザーが国際的な拡張を試みる前に自らの能力を向上させたいと思う時に発生する。これは積極的な国際化のパターンである。フランス、スカンジナビア、アメリカへのタイ・ラック社の拡大は綿密な分析に基づく能力開発を伴った国際化の典型的なケースである(8)。

学習能力を発展させながら統合フランチャイザーとして発展してきた企業は、やがて世界的規模フランチャイザーとして成長することもありうる。フランチャイザーの国際化の一般的な経路は、制限付フランチャイザーから統合フランチャイザーへ、そして世界的規模フランチャイザーへとつながる。企業家精神をもち続けてきたサブウェイ社[9]とイギリスでの最初の失敗以降他国での拡大に成功したミダス社が、以上の進展パターンを示す好例であろう[10]。

少数の企業が、形式的フランチャイザーから世界的規模フランチャイザーへの変貌に成功する。この変貌を成し遂げるためには、海外市場向けの新製品と新アイディアを見つけるために多大な努力が必要とされる。

普通、このタイプのフランチャイザーは、海外のフランチャイジーに対する一連の反応の結果として、気がつくと複数の国際市場で事業展開をしている。デイリー・クイーン社は、国際拡張の初期にフランチャイジーからの要請に応じていた結果、気がつくと競争の激しい市場に参入していたことが分かった。言うまでもなく、同社には、事業を成功させるために追加的なスキルと能力が求められることを認識するだけの賢さがあった。

最後のパターンは、最初から優れた能力を備えている企業が、統合フランチャイザーから世界的規模フランチャイザーに移動する場合である。この種の企業はすでに学習モードでの経営をしており、学習モードに沿って資源と能力を獲得しながら新しい情報の統合を続けている。学習と統合のための能力が落ちない限り、このような企業は他のタイプのフランチャイザーよりも早く世界規模で拡大することができるだろう。フラッドモエ＝リンドクィストによる国際フランチャイザーの分類法で強調されているように、企業のケイパビリティ（企業固有の知識）と過去の行動からの学習への意欲と能力が、国際フランチャイズ展開を考える企業の能力を規定するであろう。

4　フランチャイジングに関する規制

ほとんどの国は、フランチャイジングを特別に扱う法律をもっていない。フランチャイズの発展を先導してきた国々でさえ、フランチャイズに関する特別な法律を設けているのはアメリカとフランス、そしてスペインくらいである。フランチャイジングが盛んな日本でも、いまだにフランチャイズ関連法は存在しない。

メキシコを含む中南米では、フランチャイズ展開が目覚しく増加してきている。ラテンアメリカ各国のフランチャイズ協会全体で800を超える企業が加盟している。メキシコでは、1994年にアメリカとフランスのフランチャイズ法と類似した一連の公示要件が導入された。そして、ブラジルもまたメキシコと同時期に独自のフランチャイズ法を制定した。

メキシコとブラジルの法律は、共に、フランチャイジーがフランチャイズ権の取得に関する情報を閲覧して意思決定をするために10日間の期間を与えるという条項を設けている。スペインの法律では、フランチャイザーが自分の会社を政府に登記登録しなければならず、フランチャイジーが契約書にサインをする、もしくは支払いを済ませる少なくとも20日前までに主要な投資情報をフランチャイジー希望者に提供しなければならないと定めている。また、ロシアの法律は投資情報の提供については厳しくないが、登記登録とフランチャイズ関係の要件に関しては強調している。

国際的なフランチャイズ帝国を成功させるためには、慎重かつ持続的な品質管理が欠かせない。マクドナルド社はこれをしっかりと継続している例であり、かつ世界で最も成功したと見なされるフランチャイジング・システムの一つである。

マクドナルド社は、フランチャイジーとの関係を強固に保っているという評判を得ており、フランチャイジーの製品販売のみが自社の収益源であるという理念の上に立っている。つまり、マクドナルド本社は、フランチャイジーに対して設備、食材、あるいはパッケージを販売しない。それらの一連の物品は、同社が承認する外部のサプライヤーからフランチャイジーに供給されている。これまでのフランチャイズ経営においては、フランチャイジーに設備を売りつけることで多くの収益を生み出していたので、マクドナルド社の哲学はユニークなものだった。

マクドナルド社は、パリのあるフランチャイズ店が店の清潔さを保てなかったという理由で契約を破棄したことがある。そのフランチャイジーはマクドナルド社を裁判にかけたが敗訴し、さらにフランスの裁判所からマクドナルド社のような素晴らしい企業を失望させたとして叱責を受けた。

近年、複数のフランチャイザー同士が互いの経営コンセプトを結び付ける動きが始まっている。「デュアル・ブランディング（dual branding）」あるいは「コ・ブランディング（Co-branding）」という考え方が、二つないしそれ以上のコンセプトを結合して一つ屋根の下とすることでフランチャイジングのあり方を変えつつある。理想的な場合、コ・ブランディングはコンセプト間の相乗効果を創造する。バスキン・ロビンズ社とダンキン・ドーナツ社は、このタイプの好例であろう。午前中はダンキン・ドーナツの販売量が高く、午後はバスキン・ロビンズが高くなるというようにである。

先に指摘していた限りでは、フランチャイジングの主要な問題は、フランチャイザーがその企業秘密をフランチャイジーに譲渡することであった。フランチャイザーは、速やかな成長と即座の収入を手に入れることができるが、企業機密と自分のユニークさの源泉たる情報に関するコントロールを失うかもしれない。以下では、共同拡大行動の別の方法である戦略的提携を取り上げる。

5　国際的戦略提携

戦略的提携とは、二つあるいはそれ以上の企業がリスクを分担し、相互の必要性から協力することで共通の目的を達成するために構築されるビジネス関係を指す。この定義は、戦略的提携に関わる参加企業が下記のことを熟慮することを意味する。

- 共通の目的が存在する。
- パートナーの弱みを他方のパートナーの強みによって相殺する。
- 単独での目標達成にはコストと時間がかかりすぎる、あるいはリスクが高すぎる。
- 互いの強みを結合することで、単独では実現不可能なことを可能にする。

戦略的提携が成り立つためには、三つの特徴（水平的であるべき、協力的であるべき、そしてすべての参加者に相互有益であるべき）を備える必要がある。企業は互いが保有するスキル間のギャップを埋めるために戦略的提携を形成する。良い提携は良い結婚のように運営され、逆に、悪い提携は悪い結婚にとてもよく似ている。

水平的な提携であるためには、パートナー達がチャネル上の同レベルに存在する必要がある。つまり、小売業者同士の提携は水平的であるが、小売業者と製造業者の提携は垂直的提携になるのである。よって、戦略的提携には小売業者同士の提携のみが含まれる。共通の目標にベースを置いている提携は**協力的**である。戦略的提携は、強いメンバーが弱いメンバーに命令するようなものではない。

相互有益な関係では、ベネフィット（利益）はすべてのメンバーに発生するだろうと予想できる。1950年代から1970年代の終わりにかけて、多くの国際小売提携が結ばれた。しかしながら、これらの提携のほとんどは特定国での政治的なリスクを回避するためか、法律的な必要条件を満たすために結成されたものである。例えば、2005年まで、中国では海外企業は地元企業とのパートナーシップなしでは投資することができず、しかも合弁企業の株式の51%を中国側のパートナーが保有しなければならなかった。これらの提携は、一般的に戦略的ではなかった。戦略的とは、協力的、水平的、かつ相互利益的であるために組まれるものである。これらは、むしろ法律で定められた提携である。

今日では、グローバル市場において技術使用や製品の新しいスタンダードを達成し、あるいはそれを超えることによって競争的であり続けることが国際的戦略提携の目的である。よって、成功している提携のほとんどが十分な強さを母国市場でもつパートナー同士によるものである。

ウォルマートとメキシコの小売業者であるシフラとの国際的戦略提携は、新しいタイプの協力関係の良い例である。シフラは、メキシコで支配的な小売業者の地位を長期にわたって維持していた。同社は多様な小売業態を展開しており、メキシコでのビジネスの歴史も長く、地元のサプライヤーと強固な関係を築いてきた。一方、ウォルマートは、シフラとの提携において洗練されたロジスティクスと世界規模での仕入システムを提供してきた。

小売業者が提携を組む理由は大きく分けて次の三つである。

❶地元の小売業者をパートナーとして、新しい小売企業を海外に設立するため。

❷購買力を増加させるため。

❸知識あるいはノウハウの交換を促進するため。

これらの理由は相互に矛盾しない。ウォルマートとシフラとの提携では、これら三つの理由すべてが提携に参加するモチベーションであった。にもかかわらず、最終的にウォルマートはシフラを買収・合併した。このケースは、小売間の合弁事業が基本的には短期的なものであり、一般的には海外企業（ウォルマート）が進出先国（メキシコ）の文化を学習するまでの間にだけ維持されるという考え方を裏付けてくれる。

合弁事業には、戦略的提携の性質を帯びる場合とそうでない場合がある。合弁事業が戦略的提携になるかどうかは、戦略的提携の三つの特性が備わっているか否かによって決まるのだ。

提携のタイプ

提携には二つのタイプがある。**エクイティ・アライアンス**（equity alliance）は、メンバー間での株式の相互保有を含む。**ノンエクイティ・アライアンス**（non-equity-alliance）は、共同仕入れや共同ブランディング、そして専門技術の交流、製品マーケティングなどビジネス活動における協働を図ることによって相互に有益な関係を築くことである。[(11)]

ノンエクイティ・アライアンスでは、提携活動を管理するための拠点となる事務所を置くのが一般的である。拠点となる事務所は、しばしば「提携の中央事務局」と言われる。ノンエクイティ・アライアンスはメンバーの流出入が多いなど、エクイティ・アライアンスより流動的である。

合弁事業

合弁事業は、二つあるいは複数の小売業者が新しい会社をつくるために集まった際に形づくられる。ここで鍵となる言葉は「**ニュー・エンティティー**（New Entity・新しい存在）」である。ある企業が別の企業を乗っ取るのではない。異なる二つの企業が、新しいものを共につくり出すのである。新しい会社が三つの戦略的提携の特性をもっているとすれば、その会社は合弁事業と見なされるだろう。

先に私は、1950年代から1970年代に国際小売提携の多くは、所有権に関連する進出先の政府の規制を避けるためのものだと言及した。このようなケースでは、合弁事業は戦略的提携として見なされないだろう。何故なら、そこには協力と相互利益的に必要とされるものを満たすという証拠がないからである。

一定の地元の支配力を要求する政府によって設立された合弁事業は、いわゆる「できちゃった婚」と比較される。二人の関係者は公的に接続されるが、この状況は必ずしも幸せだとは言えない。対照的に、戦略的提携は、尊敬と愛にあふれた結婚に似ている。それぞれのパートナーは連結から利益を獲得し（相互利益的であり）、彼らは似た目的を共有し（素晴らしい人生を共有し）、そして対等な二人の間でパートナーシップが結ばれるのである（水平的である）。

第 7 章

多国間提携における小売業

世界を一つの市場としてとらえる見方と共に、貿易を通じて各国を結び付けようとする考え方が浮上している。1952年に、EU は加盟 6 か国からスタートした。2004年、EU には25か国が加盟している。加えて、2007年までにさらに 2 か国の加盟が計画されており、ゆくゆくは EU 加盟国は30か国になるだろうと言われている。しかし、いくつかの国は超国家的な存在へ自国の主権を譲るつもりはないようである。

スカンジナビア諸国はこのような国の一つである。また、ベラルーシ、モルドバ、カザフスタンやウクライナといったいくつかの東欧諸国も EU には加盟していないが、これらの国は CIS（独立国家共同体）に加盟しており、さらに進んだ EU のような統合モデルを計画している。そして、アメリカ、カナダ、メキシコは NAFTA（北米自由貿易協定）を結んでいる。

この章の後半において、我々は EU の一部である国々を確認しよう。ラテンアメリカ諸国は多くの多国間貿易提携を結んでおり、そのうちいくつかは成功を収めているし、アジア諸国は多国間提携形成の大きな可能性をもち、一連の共同協定を結んでいる。そして、アフリカ諸国は各地域の政情が不安定なために多国間協定の設立に最も苦労している。

多国間協定は、加盟国の生産能力が互いに異なる時に最も成功する。第 3 章で議論したように、生産能力は各国のもつ生産要素に影響される。異なる優位性をもつ国の間で結ばれる多国間協定は、加盟国に大きな長期的な利得をもたらす。そして、低賃金国家と資本・企業家精神の豊富な国家が結合すると自己充足的な市場関係が形成される。多国間提携における最良の組み合わせは、異なる生産要素をもち、生産物においてまったく別個の優位性をもつ場合である。この多様性が、自給自足できる貿易関係の発展をもたらすのだ。

多国間提携は、加盟国にいくらかの利益と不利益をもたらすことになる。また、多国間提携は公的ではないものからより公的なものへという発展パターンを示す。

最も公的でない協定が**地域協同体**（地域協力グループ）と言える。この協定は、共同で参加して、加盟国の経済に有益な特定の産業またはインフラを開発する国々で結ばれている。次の段階が**自由貿易協定**で、この段階では加盟国間の貿易障壁が撤廃される。第三段階が**完全関税同盟**で、この段階では加盟国間の貿易障壁が撤廃されると共に非加盟国に対して共通関税が設けられる。第四段階が**共同市場**で、この段階では貿易障壁が撤廃され、共通関税が設けられると共に資本と労働力の自由移動が可能になる。そして、最も進んだ形態が**政治連合**である。この段階では、貿易障壁の撤廃、共通関税の導入、資本と労働力の自由な移動、そして経済論理の統合が行われる。

この章の後半において、私は以上の多様なレベルの協定についてより詳細な検討を行うつもりである。だが、ひとまず多国間統合の利益と不利益について見てみよう。

1　多国間提携の利益

多国間提携の主な利益は次の四つに区別できる。

❶広いマス・マーケットが大型小売店にとって魅力的であること。

❷改良された流通経路によって、地元のコミュニティの外で営業している様々な小売業者も利益が得られること。

❸加盟国間での貿易の増加が加盟国にとっては有利に働くのに対して、貿易ブロック外の非加盟国に対しては不利に働くこと。

❹多国間提携が多様な生産要素をもつ国々を含むのならば、低コスト化によって消費者利益が生じること。

広いマス・マーケット

自由貿易に関する規制やルールが撤廃されると、企業にとっての販売地域と潜在顧客が拡大することになる。小売業者にとって、広いマス・マーケットは有利である。何故なら、商品調達において規模の経済性を獲得できるからである。世界の一大マス・マーケットの一つであるアメリカ市場は、ナショナル・チェーンの発展を促進してきた。また、世界規模の小売業者にとって最も重要なイノベーションのほとんどはアメリカで起こってきた。膨大な「量（すなわち国内市場)」が、技術的なイノベーションと利益率の高いPB製品の調達を可能にするからである。しかし、これらは広いマス・マーケットの利益の一面でしかない。何故なら、アメリカの小売業者は巨大なマス・マーケットをもつがゆえにこれまで国際化をしてこなかったからである。

国内市場が過剰競争であったために国際展開する必要があったヨーロッパや日本の小売業者と違って、アメリカの小売業者では国際展開を始めるのに必要とされる能力や技術が発展していなかった。アメリカの小売業者は、しばしば本国であるアメリカを基準にして国際展開を考えてしまう。これは、アメリカにおける適切な経営が海外での適切な経営に直結するという考え方である。しかし、このような態度は、アメリカの小売業者が世界市場で効果的な小売事業を運営するにおいては役に立たない。

広いマス・マーケットは、特定の小売業者のタイプにとってはさらに重要である。多国籍市場から最も多くの利益を得るのは大型小売店とディスカウント事業であるが、これは驚くべきことではない。初期におけるアメリカの国際小売業者は、シアーズのような大型小売店とウォルマートやKマートのようなディスカウントストアであった。多国間提携の二つ目の優位性は、国家間の移動が簡単に行える点に由来する。

流通チャネル、広告、そして輸送の改善

もし、1992年以前にあなたがヨーロッパを旅行したとすれば、各国の税関ごとに様々な質問をされたことだろう。そして、あなたは税関でパスポートを提示し、旅行の目的を教えるように要求されたことだろう。しかし今日、例えばフランスからドイツに移動する際に、あなたは別の国に入国していることに気付かないだろう。これは、ミシガン州からインディアナ州へ移動するのに似ている。あなたが別の州に入ったことを知らせるサインは、「インディアナへようこそ」というアナウンスだけである。

同様の変化が EU 加盟国内での商品輸送において起こっている。1992年以前、輸送トラックは税関で立ち止まり、各種の申請書類に記入し、税金を支払い、そして商品の輸送先を教えるように要求された。これらすべての過程が流通コストに計上されていたため、これらの過程の削減は流通コストを減少させることになる。

規制の削減と貨物の監督によって、多国間提携における輸送費が減少した。そして、航空機の輸送コンテナに関する規制の標準化は、国毎に異なる規制に対応するための詰め替え作業を削減したことになる。

小売業者は、マス・マーケットを通じて広告費を節約することもできた。各国は依然として広告に関連する規格を決定する上で自由権をもっているが、その規制は単純である。ドイツでは比較宣伝は禁止されていたが、このような法的規制を遵守することはそれほど難しくない。

消費者のアクセス改善と広いマス・マーケットの魅力は、多国間提携における貿易の拡大をもたらしたわけである。

加盟国間での貿易増加

我々は、多国間提携の利益が最大化するのは、加盟国の生産資源と生産要素が相互補完性をもち、かつ競争的ではない時であることを知っている。例えば、メキシコはアメリカやカナダに比べて労賃が安い。この3か国が結んでいる

NAFTA の下では、メキシコの低賃金は、NAFTA の南側(すなわちメキシコ)における労働集約的製品の生産を促進するだろう。

NAFTA に対する反対論者は、多国間提携への加盟が、企業に対して他国の安価な労働力の利用を可能にすることで国内雇用を減少させ、国家に破滅をもたらすと主張する。しかし、このような事態こそが NAFTA のような協定の下で起こるべきである。豊富かつ安価な労働力を供給できるメキシコが労働集約的な製品を**生産するべきであり**、このような分業があってこそアメリカ、カナダが高い技術を基礎に置く高賃金雇用を維持することができるのである。

EC にスペインが加盟した際、同様の懸念が EC 内に拡がった。多くの人々は、ヨーロッパの至る所で雇用が失われると信じていた。競争相手としてではなく、スペインの生産要素を補完的な資源として見ればこの協定は成功するように見えたにも関わらず、である。

農業生産物は、しばしば貿易における最も競争的な分野となる。それは、各国が共に農業調整を円滑な国家運営における極めて重要な要素として見なしているからである。また同様に、農業生産は加盟国間で重複して行われているのだ。大陸側のヨーロッパは、イギリスで狂牛病が発生した時にイギリス牛の輸入を禁止した。この禁止令は、おそらく健康問題よりも市場保護に関係があったと思われる。

以前、イギリスはフランス産家禽肉の輸入を禁止していた。おそらく、イギリス市民を家禽のウィルスから保護するためだろう。また別の時、フランスはイタリア産のワインを、アイルランドは別国からの家禽肉と卵のすべての輸入を禁止した。各国が建前として述べる理由は常に健康に関することであったが、実際の目的は、自国市場の保護にあることを指し示す証拠が存在する。欧州委員会は、ヨーロッパ共同市場の貿易議論を調整する集団である。この例では、欧州委員会は各国政府を EU 規制に違反していると非難した。

低い域内関税障壁による消費者利益

関税は輸入製品に掛かる税金である。関税の引き下げは輸入製品の価格を引き下げることになり､それは消費に影響を与える。つまり､関税の引き下げは輸入製品の価格を引き下げることによってさらに多くの輸入製品と国内製品の購入を可能にし、一般的な生活水準の上昇に影響を与えるのである。消費者が多国間提携内で生産された製品を買う際に、消費者コストは低くあるべきである。

加盟国の多様な生産能力は、消費者にとっては費用を節約することになる。先に我々が見たように、メキシコのNAFTA加盟によってアメリカとカナダはメキシコの低賃金労働の利用が可能になった。このことは、特に影響を受けるアメリカの労働者にパニックをもたらした。大統領候補であったロス・ペロー［Henry Ross Perot、1930～］は、ある時、NAFTAに次のような警鐘を鳴らした。

「アメリカの雇用が南に行ってしまう」

しかし、そのような事態にはならなかった。メキシコに奪われた低賃金の雇用は、経済の別分野における新しい雇用によって置き換えられつつある。

2　多国間提携の不利益

ここまでの議論だけでは、読者のみなさんは多国間提携がもたらす不利益は小さいと考えるだろう。もちろん、そうではない。利益が不利益よりも大きいことは間違いないのだが、多国間提携においても国家間での競争があるため勝者と敗者が存在する。その一つの理由として、加盟国家間の生産能力が類似であればあるほど経済的な利益が縮小すると考えられる。また、その競争も多国籍経済圏の中で増加することになる。これは、価格低下をもたらすので消費者にとっては利益になるかもしれないが、競争はおそらく市場におけるプレイヤーの強化をもたらすだろう。弱い企業はビジネスから撤退し、残った企業だけがより一層強力な存在になるだろう。

別の不利益としては、最初に目に映る市場が単一市場のように見えることであろう。本来、小売業者は市場ごとに異なっている文化に対応しなければならないのだが、単一市場という見方はこの必要性を覆い隠してしまう。そのうえ、競争を通じて価格引き下げをもたらす市場において不十分な競争しか行われていないとすればインフレーションが生じることになる。そして最後に、政府介入の増加がインフレーションに寄与するかもしれない。以下で、これらの不利益について見てみよう。

競争の激化

関税の撤廃後、競争はより一層激化する。この理由を理解するために、学校の運動部を例として考えてみよう。まず、あなたは生徒が40人しかいない小さな高校に通っていると想定して欲しい。サッカーチームをつくろうとすれば11人が必要である。あなたがチームの一員になる確率は40分の11であり、その可能性は十分にあると言えるだろう。では次に、300人が通う別の学校にあなたの学校が吸収されたと想定する。この時、チームの一員になるために、あなたは340人の内の１人として競争に参加しなければならない。あなたがチームの一員になる確率は340分の11であり、可能性は先程よりも少なくなる。しかし、潜在的な選手の大きなプールは、あなたの学校のサッカーチームがより競争に耐えられる強いチームになることを保障する。

多国間提携での競争の増加は、消費者にとっては低いコストを、そして企業の自然な整理統合を意味する。資本集約的な企業は整理統合から利益を得るだろうし、労働集約的な企業は小さな変化を経験することになろう。

単一市場に見えるが本当ではない

多国間提携の文化的相違に対する不注意は、次のような不都合を引き起こす。多国間提携を単一市場として理解するという発想は、とても危険な想定である（**表７－１**参照）。

NAFTA 成立後のアメリカとメキシコは、それ以前と比べて本当に互いに似てきたのだろうか。おそらく、そんなことはないだろう。現に、資料は正反対

表7－1　APEC 加盟国の主要な経済指標

	国名	人口 (100万)	国土面積 (1,000㎢)	GDP (10億ドル)	国民一人当たり GDP (ドル)	2005年度 GDP 成長率 ※(%)	GDP 輸出 (10億ドル)	GDP 輸入 (10億ドル)
1	オーストラリア	20.2	7,692	692.4	33,629	2.5	86,551	103,863
2	ブルネイ・ダルサラーム	0.4	6	5.7	15,764	0.4	4.713	1,638
3	カナダ	32.0	9,971	1084.1	33,648	2.9	315,858	271,869
4	チリ	15.4	757	105.8	6,807	6.3	32,548	24,769
5	中華人民共和国	1,299.8	9,561	1804.1	1,416	10.2	593,647	560,811
6	香港	6.9	1	174.0	25,006	7.3	265,763	273,361
7	インドネシア	223.8	1,905	280.9	1,237	5.6	71,585	46,521
8	日本	127.3	378	4694.3	36,841	2.6	566,191	455,661
9	大韓民国	48.2	99	819.2	16,897	4	253,845	224,463
10	マレーシア	25.5	330	129.4	4,989	5.2	125,857	105,297
11	メキシコ	105.0	1,958	734.9	6,920	3	177,095	171,714
12	ニュージーランド	4.1	271	108.7	26,373	2.3	20,334	21,716
13	パプアニューギニア	5.9	463	3.5	585	3.1	4,321	1,463
14	ペルー	27.5	1,285	78.2	2,798	6.4	12,111	8,872
15	フィリピン	86.2	300	95.6	1,088	5	39,588	40,297
16	ロシア	144.0	17,075	719.2	5,015	6.4	171,431	86,593
17	シンガポール	4.2	1	116.3	27,180	6.4	179,755	163,982
18	台湾	22.5	36	335.2	14,857	4.1	174,350	168,715
19	タイ	64.6	513	178.1	2,736	4.5	97,098	95,197
20	アメリカ合衆国	239.0	9,364	12365.9	41,815	3.2	818,775	1,469,704
21	ベトナム	82.6	332	51.0	610	8.4	26,061	32,734

※GDP 成長率の出所：Euromonitor International from International Monetary Fund (IMF), International Financial Statistics and World Economic Outlook/UN/national statistics

の影響を指し示している。同様に、独立した国家のアイデンティティが EU の成立前よりもむしろ成立後になってからより重要になったという兆候もある。

ヨーロッパ諸国が経済的に緊密に結合し始めた時、それとは逆に各国は自国のアイデンティティを切実に必要としていたのである。例えば、フランスでは製品広告のどこかに必ずフランス語を用いること、あるいは別のコミュニケーションの形態でもフランス語の使用を義務づけるという、とても制限のある法律が成立した。

国家の誇りへの考察と国家のアイデンティティの維持がなければ、同質である人々の異質な集団の考察という問題は存在しない。もし、あなたがアメリカのある州から別の州に移動しているのならば、おそらくあなたは別の文化を経

表7－2　小売業の営業時間に関する EU 各国の商法

国名	平日・土曜日	日曜日
ドイツ	火曜－金曜:AM6:00～PM8:00 土曜：PM4:00まで クリスマスのみ PM6:00まで	閉店
オーストリア	月曜－金曜：AM6:30～PM7:30 土曜：AM6:30～PM5:00まで 週に2日だけ PM9:00まで営業可。 ただし、開店時間は最大で週当り66時間。	
ベルギー	昼夜を問わず開店時間は自由。 ただし、開店時間は最大で週当り91時間。	
オランダ	近年、自由化。各地域で自主的にルールを設定。	
イギリス	制限なし。	地域ごとに異なる。
スペイン	地方政府が制限を決定。ただし、72時間未満にはできない。	地域ごと。 最大で年12日、最小で年8日。
ポルトガル	地方ごとに異なる。	2001年に大規模スーパーとハイパーマーケットの日曜の開店時間制限に関する法律が成立。
イタリア	AM7:00～PM10：00の間で小売業が自分で決定できる。ただし、1日13時間以上の営業は禁止されており、開店時間に関しては各地方政府の規制に従わなければならない。	小売業は日曜と週当り半日は閉店しなければならない（各地域）。
ギリシャ	2005年に自由化。全ての店舗で1日12時間を上限として自由に営業時間を決定できる。	

出所：GMID Country Reports 2006.

験していることになる。ロサンゼルスのライフスタイルはニューヨーカーやミシガンのそれとはまったく異なっているのだ。ゆえに、マス・マーケットとしての多国間提携を単一のものとして見ることは一般的に言って誤りである。

インフレーション

我々が今まで見てきたように、多国間提携における競争は増加している。だが、多国間提携以外の国家との競争は減少している。そのため、減少した競争圧力は消費者のコストを増加させている。

何故、多国間提携においてインフレーションが問題になるのか。その答えは、統合の相手に依存していると言える。もし、統合が**寡占**をもたらすのならば、競争者達は非価格競争に突入するだろう。そして、価格競争がなければ構造的に価格が上昇することになる。もし、あなたが価格の特性と寡占における競争を再検討するならば（第3章で議論した）、このことを理解することができるだろう。

我々は、多国間提携においてインフレーションが生じるのは非加盟国との貿易が減少する時だということも知っている。多国間提携では加盟国間の関税は削減されるが、非加盟国に対して設けられた関税は逆に上昇するのである。ヨーロッパ統合以前には、統合することは**ヨーロッパ要塞**（非加盟国に対して友好性を欠く市場）をつくり上げてしまうのではないかという懸念があった。重大なことは、1992年以前にヨーロッパ市場に参入していなかったとしたら、その後のヨーロッパ市場への参入が一層困難になっただろうということである。このような経過に関するいくつかの証拠もある。ヨーロッパ市場に参入する海外の企業は、EU からの要請（規制）だけでなく、各国政府独自の規制にも応える必要がある。

行政組織の多重化に伴う複雑化

ビジネスに対しての政府の介入が生産的であるとは滅多に考えられない。多国間提携には各国政府の考え方が重層的に反映されるわけだが、その例をヨーロッパに見てみよう。

欧州委員会はヨーロッパ連合の行政部であり、ベルギーのブリュッセルに本部が置かれている。委員会は25人の委員によって構成されており、それぞれの委員は加盟国の代表者である。これは、2000年のニース条約によって決定された。

欧州委員会の構成は、2014年までに加盟国の３分の２に削減されるスケジュールとなっている。17か国のメンバーで欧州委員会が設立された時は、人口が多い国々から二人、それ以外から一人ずつという構成だった。しかし、EU 拡大に伴伴って加盟各国が委員会に席を得たのである。

ISO9000による規制は、ヨーロッパの製品にとっての最低限の基準を設定するためにデザインされた。1992年、規制は、共同市場に対して加盟国が最低限の標準化水準を設定することを要求した。これは「ハーモナイゼーション（Harmonizaiton）」と呼ばれており、この規制は EU 全域で販売を行うために必要とされる最低限の水準である。よって、ハーモナイゼーションの下方修正は、各国が以前は規制外にあった製品の販売ができるということを意味する。(1)

さて次に、あなたは多国間提携に関わるいくらかの利益と不利益に関する適切な概念を理解するだろう。多国間提携は、統合の度合いが低い水準から高い水準へと段階的に発展する。そして、それぞれの段階には、統合と関連する追加的な要素、つまり①域内の貿易障壁の撤廃、②共通関税の導入、③資本と労働力の自由移動の許可、④政治と経済システムの統一、が加わる。続いて、各統合の段階について検討してみよう。

3　多国間提携の水準

地域共同体（地域協力グループ）

最も統合水準の低いのが**地域共同体**である。この協定は、共同で参加して、加盟国の経済に有益な特定の産業またはインフラを開発することを目的とした国々で結ばれている。この統合段階では、加盟国間での関税の撤廃や非加盟国との貿易の減少といった事態は生じない。この水準の統合は、一般的により高い水準の統合段階へと発展していく。

自由貿易地域

小売業者に対して直接的な影響を与える最初の統合段階が自由貿易地域である。**自由貿易地域**の設立に伴って、まず加盟国間の貿易障壁が撤廃されるだろう。この統合段階では、加盟国は非加盟国に対して統一した貿易障壁は導入せず、また加盟国間での資本と労働力の自由な移動も起こらない。NAFTA はこのタイプの協定の例で、カナダ、メキシコ、アメリカは加盟国間での関税を減少させつつ、最終的には関税の完全撤廃を目指している。このタイプの協定は多国間提携の生成にとって重要ではあるが、加盟国同士の対外的な貿易関係が似ていないために本来は持続的とは言えない。

加盟国が非加盟国と個別協定をもつと、このタイプの協定に一種の抜け道とも言える弱い鎖輪（ウィーク・リンク）が生じる。例えば、アメリカがフランス製品に16％の関税を課したとしても、フランス製品はカナダを経由して目的地であるアメリカへと流通するだろう。アメリカとカナダが非加盟国に対して同じ内容の協定を結ばない限り、常に抜け道が生じることになる。NAFTA のケースでは、この問題にアメリカが国内法によって解決に向けて取り組んでいる。

次項で我々が検討する完全関税同盟は、自由貿易地域に比べてより持続的な水準の多国間提携である。それは、各国の非加盟国に対する独自の貿易協定という弱点を取り去っているからである。よって、NAFTA が成功するためには３か国がより高い統合水準へ進む必要がある。

自由貿易地域では、小売業者は地代と労働力の低いコストによって優位性を獲得できる加盟国へ進出するだろう。もし、企業が高いサービス水準を目的にしている場合は、低賃金の発展途上国へ進出することによって達成されるだろう。そして、発達した小売業態をもっている企業は、加盟国の中でも発展度の低い国が地理的な優位性を提供するということに気づくだろう。途上国の消費者は、この小売業態を先進国に住む消費者達よりも革新的なものとして見ることだろう。Ｋマートのメキシコ進出が、ここで起こっていることの一例である。

完全関税同盟

完全関税同盟は、内部の貿易障壁を縮小あるいは撤廃する。さらに、完全関税同盟は対外的な貿易障壁である共通関税を設立する。そして、資本と労働力の自由移動は起こらない。この水準の多国間提携は、対外的な貿易障壁が加盟国間で共通しているために持続的である。また、小売業者は、互いに類似した資源と供給コストをもつことから利益を獲得する。

自由貿易地域から共同市場へと発展するほとんどの統合がこの段階を通過している。共同市場以前の EC は関税同盟であったわけだが、その関税同盟はフランスとモナコ、イタリアとサン・マリノ、スイスとリヒテンシュタインとの間に存在していた。(2)

共同市場

共同市場では内部の貿易障壁が撤廃され、対外的には共通関税が設定され、さらに資本と労働力の自由移動が可能になる。EC が、このタイプの協定の例である。

共同市場で活動する小売業者は、製品にかかるコストの低下から利益を得ることになる。このコスト低下は、内部の貿易障壁の撤廃によるものである。また、共同市場により安定的かつ公平な取引状況を内部につくり上げることで、外部に対しては対外障壁の優位性を享受することができる。百貨店のような労働集約的な小売業者は低賃金国の労働者を雇って自国市場で働かせることで利益を得ることができるし、銀行は発展が遅れている国に対する資金供給が拡大することから利益を得る。そして、消費者も共同市場の形成に伴う競争の深化から利益を手にすることになる。しかしながら、もし EU がよい指標であるなら、小売取引を規制する法律は国内議論の範囲に留まっているだろう。

ラテンアメリカには、ACM（Andean Common Market・アンデス共同市場）、CACM（Central American Common Market・中央アメリカ共同市場）、Mercosur（南米共同市場）という三つの共同市場がある。**表 7 − 3** は、EU に加盟

表7－3　ヨーロッパとラテンアメリカの多国間市場グループ

提　　携	加　盟　国
ヨーロッパ連合	
1952年（ECSC 加盟国）	ベルギー ドイツ（前身は西ドイツ。1991年に統合） フランス イタリア ルクセンブルグ オランダ
1973年（第1次拡大）	デンマーク アイルランド イギリス
1981年（第2次拡大）	ギリシャ
1986年（第3次拡大）	ポルトガル スペイン
1995年（第4次拡大）	オーストリア フィンランド スウェーデン
2004年（第5次拡大）	キプロス チェコ エストニア ハンガリー ラトビア リトアニア マルタ ポーランド スロヴァキア スロヴェニア
アンデス共同市場（ANCOM）	ボリビア コロンビア エクアドル ペルー ベネズエラ パナマ（準加盟）
中央アメリカ共同市場（CACM）	グアテマラ エルサルバドル コスタ・リカ ニカラグア ホンジュラス

提　　携	加　盟　国
カリブ共同体・共同市場（CARICOM）	アンティグア・バーブーダ アンギラ（準加盟） アルバ（オブザーバー） バハマ バルバドス ベリーズ バミューダ（準加盟） イギリス領ヴァージン諸島（準加盟） ケイマン諸島（準加盟） コロンビア（オブザーバー） ドミニカ国 ドミニカ共和国（オブザーバー） グレナダ ガイアナ ハイチ ジャマイカ メキシコ（オブザーバー） モントセラト オランダ領アンティル（オブザーバー） プエルトリコ（オブザーバー） セントクリストファー・ネイビズ セントルシア セントビンセント・グレナディン諸島 トリニダード・トバゴ タークス・カイコス諸島（準加盟） ベネズエラ（オブザーバー）
ラテンアメリカ統合連合（LAIA）	アルゼンチン ボリビア ブラジル キューバ チリ コロンビア エクアドル メキシコ パラグアイ ペルー ウルグアイ ベネズエラ

しているヨーロッパの国々と、ラテンアメリカにおける多国間提携グループに参加している国々のリストである。

南米共同市場にはラテンアメリカの主要国であるアルゼンチン、ブラジル、パラグアイ、ウルグアイが参加している。

南米共同市場は、1億8,500万人の人口を抱えるラテンアメリカで最も巨大な共同市場である。加盟国とアメリカとの2か国間協定は、南米共同市場の下にあるアメリカン・イニシアティブ・エンタープライズとの交渉で締結されている。また、CACM は、共同市場というコンセプトをより発展させた最初の連合である。この連合は**部門別発展**に取り組んでおり、ここでは連合事務局によって特定製品の生産責任が各国に割り振られている。これによって、連合に加盟している国での生産の重複を避け、CACM 市場全域を各製品に対して保障している。この CACM には、グアテマラ、エルサルバドル、コスタリカ、ニカラグア、ホンジュラスが参加している。

先に私は、多国間提携が最も成功するのは加盟国が異なった生産上の優位性をもつ場合であると述べた。このグループの5か国はとてもよく似た要素をもっている。部門別発展というコンセプトを用いることにより、特定地域における生産と供給業者の集中が可能になったのだ。このグループの総人口はおよそ2,500万人である。

部門別発展は、小売業者にネガティブな影響を与えるかもしれない。自国に分配（生産が許可）されていない全製品を輸入しなければならないために輸送費が増加するが、それらの製品に必要な生産能力が自国に分配されない限り、小売業者は製品生産に必要な自らの資源を発達させることができない。また、競争の減少に伴って価格も上昇する。つまり、部門別発展は異質な生産要素をもたない多国間提携の副産物であるため、成功することは極めて難しい。

政治連合

多国間提携の最も高い水準が**政治連合**である。政治連合には、協同市場までのすべての要素と新たに経済政策の統合が含まれる。アメリカが政治連合の典型であろう。各州間に関税は一切存在しないし、各州は対外的な貿易相手との独立した協定をもたない。もっと正確に言えば、アメリカ連邦政府が統一された政治的なブロック（政治単位）としてこれらの協定について交渉をするということだ。アメリカ国民は、職を求めて自由に各州を移動できる。そして、アメリカは資本主義という経済的イデオロギーの下に統合されている。

イギリス連邦は自発的な政治連合の例で、COMECON（経済相互援助会議）は非自発的な統合の例である。COMECON は、第２次世界大戦後に東欧諸国の再建を目的として設立された。これは、スターリン［Joseph Stalin、1878～1953］指導下のソビエト連邦によって中央集権的にコントロールされた国々のグループである。1989年以降、東欧諸国がソビエト連邦からの独立を宣言したため COMECON にも動揺が広がり、1991年に COMECON は解消された。現在、COMECON の一部であった国々のほとんどが EU に加盟しているか、あるいは加盟のために準備中である。

政治連合は多国間提携の最も進んだ形態であるが、このタイプの協定にはいくつかの重要な問題が存在する。加盟国の経済論理は類似しているが経済水準が異なっているし、加盟国間に言語的な障壁と文化的な障壁とが存在する。さらに、市場に浸透していく困難さを熟慮する傾向もまた存在する。

マーストリヒト条約（訳注１）は、ヨーロッパ社会が政治連合となるのに必要な要件を定めた。この変化に一致する事例として、「ヨーロッパ共同体（EC）」という名称が「ヨーロッパ連合（EU）」に変更された。1993年、コペンハーゲンで開催された欧州理事会は以下に述べる三つの基準を定めた。それは、拡大 EU への加盟を申請する際に各国が達成すべき基準であり、数か国がこの基準を達成する必要があった。

❶民主主義、法の原則、基本的人権、マイノリティへの尊重と保護を確保する機構の確立。

❷連合内における競争圧力と市場の力に対抗する能力と、機能している市場経済が存在していること。

（訳注１） EU 創設の内容を定めた条約であり、ユーロの導入や政治分野の統合などを具体的な内容とする。1992年に調印、1993年に発効。

❸政治同盟、経済同盟、通貨同盟の目的に充実することを含め、加盟国としての義務を果たす能力。

2004年、EU は新たに10か国の加盟を認めた（5回目の拡大)。認められた10か国は、キプロス、チェコ、エストニア、ハンガリー、ラトビア、リトアニア、マルタ、ポーランド、スロヴァキア、スロヴェニアである。多国籍共同のステージの概要は、**図7－1**において示されている。

図7－1　多国間提携の各段階

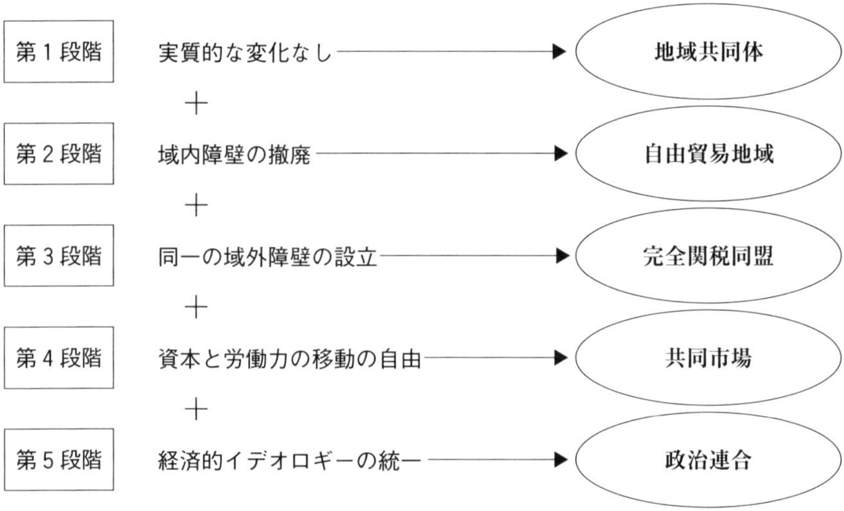

第8章 アメリカにおける小売業

アメリカの小売システムは、他の多くの小売システムと区別するいくつかの特徴をもっている。この章では、これらの特徴を検討し、他の国々の小売環境と比較対照することにする。

この検討に先立って、アメリカの小売業の発展を簡単に概括し、その小売環境の変化をこの国の主な歴史上の出来事と関連させる。そして、この章を締めくくるにあたって、自由市場体制の下での流通に関する理論に焦点を当て、この種の体制の流通に影響を及ぼす三つの問題を探求し、これらの問題に対する小売業の反応を説明していくことにする。

1　国の背景

アメリカでは、工業の発展は1800年代の初頭に始まり、南北戦争まで継続した。戦争以前、企業はまだ小規模で、手労働が生産の単位だったので工業の生産能力は限られたものだった。ほとんどの企業は小さなローカル市場に供給していたが、南北戦争［1861～1865］がアメリカを劇的に変えた。機械が手労働に取って代わった。さらに重要なのは、新たな鉄道の全国的なネットワークによって企業がより広い地域に商品を流通させることができるようになったことである。

発明家が新製品を開発し、企業はその製品を大量に生産した。投資家や銀行家は莫大な量の資本を提供し、様々な天然資源が豊富にあったことも手伝って大企業が成長し、相互に繁栄を支えた。

この工業の成長は、アメリカ人の生活を変えることになった。新たな企業活動は都市に集中し、大量の人々を農村地域から都市地域に引き寄せた。そして、1870年から1916年の間に人口は爆発し、2,500万人以上の移民がアメリカに流入してきた。

移民と人口の自然増で、アメリカの人口は4,000万人から1億人へと倍以上になった。この人口増は製品に巨大な市場を与え、工場に労働者を提供することによってこの国の成長を助けた。

1800年代末、鉄道システムは大陸を貫いた。鉄道は、1850年の約14,500キロメートルから1900年の約32万キロメートルに増加し、都市内にあっては列車が消費者を都心に集めることとなった。

このように発展する都市に、巨大な百貨店が出現した。シカゴのマーシャルフィールド、ニューヨークのR・H・メイシー、フィラデルフィアのジョン・ワナメーカーがインナーシティの百貨店の成長をリードし、モンゴメリー・ウォードとリチャード・シアーズが通信販売会社を起こして、店舗からはるか離れた所に住む人達に商品を供給し始めた。

20世紀初頭、自動車の大量生産がもう一つの重要な変化を起こした。個人で使える輸送手段を得たことによって、多くの家族が郊外に住み始めたのである。小売業は郊外に位置するショッピングモールをつくり始め、この人口移動を追っていくこととなった。現代、個人による自動車の使用でアメリカを上回る国はほとんどない。

アメリカの小売環境にあっては、小売の成長要因としての立地がかつてなく重要性をもつようになった。**表8－1**と**表8－2**に、アメリカにおける国内・海外の主要な小売業者を挙げておく。

表8－1　アメリカ発の主要小売業（2004年）

企業名	総売上高と店舗数				国際的な地位と国外市場への進出			国内市場	
	主要業態	総売上高（単位：百万ドル）	売上高前年度比	総店舗数	世界のトップ200小売業における順位（2004年）	国外市場への進出形態	進出国数	総売上高において国内市場売上が占める割合	総売上店舗数において国内店舗が占める割合
1 ウォルマート	ハイパーマーケット／スーパーセンター	285,222	11.3%	5,309	1	グローバル	11	80%	70%
2 ホーム・デポ	DIY／ホームセンター	73,094	12.8%	1,890	3	リージョナル	3	94%	88%
3 クローガー	スーパーマーケット/食料品店	56,434	4.9%	3,763	7	一国	1	100%	100%
4 コストコ	現金持ち帰り/ウェアハウス・クラブ	47,146	13.1%	417	9	グローバル	7	82%	78%
5 ターゲット	ディスカウント百貨店	45,582	11.5%	1,308	11	一国	1	100%	100%
6 アルバートソン	スーパーマーケット/食料品店	39,897	13.6%	2,503	15	一国	1	100%	100%
7 ウォルグリーン	ドラッグストア	37,508	15.4%	4,579	17	一国	1	100%	100%
8 ロウズ	DIY／ホームセンター	36,464	18.2%	1,087	20	一国	1	100%	100%
9 セーフウェイ	スーパーマーケット/食料品店	35,823	0.3%	1,803	21	リージョナル	3	90%	88%
10 シアーズ・ローバック	百貨店	35,718	−1.8%	2,418	22	リージョナル	2	87%	82%
11 CVS	ドラッグストア	30,594	15.1%	5,375	25	一国	1	100%	100%
12 ベスト・バイ	家電店	27,433	12.0%	832	27	リージョナル	2	90%	83%
13 IGA	スーパーマーケット/食料品店	23,625	12.5%	4,500	30	グローバル	45	30%	N／A
14 K マート	ディスカウント百貨店	19,701	−15.3%	1,480	35	一国	1	100%	100%
15 パブリックス・スーパーマーケット	スーパーマーケット/食料品店	18,554	10.7%	886	37	一国	1	100%	100%

参考：Retail Forward, company annual reports and published reports

表8－2 アメリカにおける主要小売業（2004年）

企業名	本部所在地	小売セクター	主要業態	国際的な地位と国外市場への進出		
				世界の小売業トップ200における順位（2004年）	国外市場への進出形態	進出国数
イオン	日本	非耐久財	GMS	19	グローバル	11
アルディ・グループ	ドイツ	FDM	ディスカウント食料品店	13	グローバル	13
アリメンテーション・クーシュタール	カナダ	FDM	コンビニエンスストア	99	グローバル	7
ベルテルスマン	ドイツ	家庭用品	無店舗	—	グローバル	22
ダイエー	日本	FDM	GMS	52	グローバル	2
デルハイゼ「ル・リオン」	ベルギー	FDM	スーパーマーケット／食料品店	32	グローバル	9
グルポ・ヒガンテ	メキシコ	FDM	スーパーマーケット／食料品店	—	リージョナル	5
IKEA	スウェーデン	家庭用品	家具店	44	グローバル	32
インディテックス・グループ（ザラ）	スペイン	非耐久財	衣料品店	110	グローバル	56
イトーヨーカ堂	日本	FDM	コンビニエンスストア	6	グローバル	17
ジャン・クトゥ・グループ	カナダ	FDM	ドラッグストア	107	リージョナル	2
ラ・センザ	カナダ	非耐久財	衣料品専門店	—	グローバル	18
LVMH	フランス	非耐久財	衣料品専門店	76	グローバル	56
マークス&スペンサー	イギリス	FDM	百貨店	49	グローバル	32
三越	日本	非耐久財	百貨店	98	グローバル	9
ノースウェスト	カナダ	FDM	GMS	—	リージョナル	2
オットー・グループ	ドイツ	家庭用品	無店舗	61	グローバル	19
ピノー・プランタン・ルドゥトゥ	フランス	非耐久財	無店舗	36	グローバル	17
ライェ（カジノ）	フランス	FDM	スーパーマーケット／食料品店	26	グローバル	17
ロイヤル・アホールド	オランダ	FDM	スーパーマーケット／食料品店	10	グローバル	18
高島屋	日本	非耐久財	百貨店	84	グローバル	5
テンゲルマン	ドイツ	FDM	スーパーマーケット／食料品店	23	グローバル	15

参考：Retail Forward, company annual reports and published reports

2 定価と巨大店舗フォーマットの発展

アメリカの小売業の初期の時代には、世界の他の地域と同じように価格は固定されていなかった。人々は、商品に支払う価格に対してしつこいぐらい交渉をしていた。これは、あなたに代わって価格交渉をしてくれる信頼できる人がいればうまくいくわけだ。小さなパパママ・ストアでは、従業員はほとんどの場合家族であり、事業の成功に利害関係をもっていたのだ。

我々は、これを説明するのにエイジェンシー理論を使うことができる。あなたのいない時には安心して親戚に交渉を任せられるが、店が大きくなると家族ではない他人を従業員として雇うことになるだろう。そうなると、価格を決める機構が必要になってくる。

歴史的な出来事によって、最初の大規模店舗である百貨店の発展が可能となった。百貨店の発展にとって産業革命は重要な出来事であった。型番で製品が購入される場合、生産工程が規格化されるまで多くの在庫をもつことは難しかった。一方、製品が手作りされる時は、これをつくる労働者の技能に応じて品質に大きなバラツキがあった。大量生産によって製品が規格化されて同一のものとなり、定価を設定することが可能となったわけだ。

産業革命に伴って、その成果を展示する世界的な大博覧会が開かれるようになった。パリで開催された大博覧会の際、膨大な数の製品が一同に集められるのを見てある起業家が最初の百貨店となるボン・マルシェをパリに開店するというアイデアを得た。

百貨店の出現以前、女性が一人で買い物に行くなどということはなかった。つまり、女性が一人で通りをぶらつくということは不体裁なことと思われていたわけである。そんな中、最初の百貨店は女性達のための避難所として考案され、そこでは、食堂でランチを食べたりして一日を過ごすというライフスタイルが誕生した。そして、このコンセプトと共にショッピング社会という観念が生まれたのだ。そこでは、単に補充しなければならない必需品を買うというだけではなく、憧れの製品を購入することができるのである。

3　ダイナミックな小売業の発展

アメリカの小売業は実に多様である。ほとんどの地域に一連の小売フォーマットがあり、それは消費者に対して多大なる価値や意味をもっている。例えば、ディスカウントストアを例にとってみよう。たいていのアメリカの消費者は、ディスカウントストアにおいて低価格で商品を購入することができると信じている。そして、その商品は、百貨店において定価で売っている商品と同じものだと信じている。この場合、ディスカウントストアは消費者に対して意味と価値をもっているということになる。

ディスカウントストアが初めてある国に出現した時、消費者はこんな店では質の劣る商品しか売っていないだろうと思って、このような小売業者から商品を購入することには慎重となるだろう。消費者がディスカウントストアで買い物することに馴染んで経験を重ねるにつれて、彼らの態度はディスカウントストアでは買い物をしないだろういうものから、ある種の商品についてはディスカウントストア以外では買わないというものに変わるだろう。

あなたが、最後に電気製品を購入した時のことを思い出して下さい。もし、あなたがアメリカの消費者なら、このような製品はおそらく「ベスト・バイ」のようなディスカウントストアで購入するだろうし、価格を比較するのは１店か２店であろう。何故なら、これらの小売業者は自分の店の価格が最低価格だと保証しているからだ。仮に、どこか他の所で同じ製品をもっと安い価格で売っているのを見つけたら、彼らは差額を返金してくれるのだ。このようにして、これらの店は価格がリスク要因になることを排除している。

あなたは、どんな製品をディスカウントストアで買うかという明確な考えをもっているだろう。あなたは、「Ｋマート」のような量販店では衣料品を買おうとは思わないかもしれないが、家庭用品ならそこで買うだろう。そして、ウェディングギフトを買うには百貨店が唯一の場所だと思っているだろう。しかし、もしあなたが同じ製品を自分のために買うとしたら、それをディスカウントストアで買うのではないだろうか。

4 セルフサービス

セルフサービスというコンセプトは、アメリカのスーパーマーケット業界で発生した。セルフサービスを有効なものにするには、いくつかの補足物が必要だった。

まず、第一に包装である。顧客に対面で応対している時は、商品は消費者に手渡しされるので包装の必要がない。しかし、顧客が自分で商品を選ぶようになると、商品を保護するために包装が必要になってくる。中国にあった初期の外資系のスーパーマーケットは収縮包装機をもち込んだので、顧客が触れる前に青果物を包装することができた。

第二の補足物はショッピングカートだ。ショッピングカートが導入される前は、客は針金や籐の籠を持って買い物をしていた。つまり、持てる以上のものは買えなかったわけである。

スーパーマーケットの第三の補足物は自動車である。自動車が普及していない国でもスーパーマーケットはもちろんあるが、近隣のパパママ・ストアからスーパーマーケットへの移行は自動車の普及によってはるかに容易となった。

ウェアハウスクラブの各店では、商品は卸売サイズのコンテナに詰めて販売されている。

セルフサービスは、ある種の小売フォーマットにとってはもう一つの重要な特徴となっている。比較的先進的な国では、セルフサービスはローコスト、安売り戦略の一部と見なされている。しかし、比較的後進的な国では、セルフサービスの導入は安売りイメージとはあまり関係がない。それは、店員に頼ることなく商品を手にとって調べる消費者の自由を反映している。

比較的後進的な国にセルフサービスが初めて導入される場合には、消費者から商品を保護するために包装が必要であった。一方、先進国では、包装は消費者をそそって商品を手に取らせるために使われている。

私は、1990年代、上海の大学であるインタナショナル・ビジネス・スクールの経営学部の学生達と話をする機会があった。まさに、セルフサービスの食料品店が中華人民共和国（PRC）に導入されるという時だった。

私が学生達のグループに「このような店をどう思うか」と尋ねたところ、一人の若い女性が次のように答えてくれた。

「セルフサービス店に入った時、私は鳥のように自由を感じました。消費者として、自由に商品を手にとって最適のものを選ぶことができます」

この若い女性にとって、セルフサービスがこのような感動的な体験であったということに私は大変驚いた。そして、2、3か月後に、今度は母と話す機会があった。どういうわけか私達は、アメリカがセルフサービス店を導入した時の話を始めていた。驚いたことに、1960年代初頭の母の体験も若い中国人学生のものと非常に似たものだった。母も学生と同じ言葉をいくつか使い、遠慮なく商品を比較し、本当の意味で評価できたと語った。

この二つの現象の間には30年が経過している。この期間のほとんどを、中国は国外の影響から閉ざされていた（文化大革命）。そして、中央政府がすべての企業を所有していた期間である。経済改革が導入されるまで、共産主義の中国にセルフサービス店は導入されなかった。計画経済の下では、買い物を効率的にしようとか、楽しいものにしようという努力はなされなかったのである。

アメリカの小売業は、消費者にとって意味や価値をもつ多様なフォーマットを利用している。しかし、これだけでアメリカのダイナミックな小売環境のすべてを説明できるわけではない。他の国々の小売業を研究して、アメリカの小売業を別物にしているいくつかの特徴が分かってきた。世界の他の地域の小売業を研究する前にこれらの特徴を考察することは重要である。

第３章で、私は自己言及基準について述べた。それは、世界のどの地域でも我々と同じようにしている、あるいはすべきだという仮説であった。アメリカの小売業を世界の他の地域の小売業と比較する時には、この仮説を念頭に置いておくことも重要となる。それによって、アメリカの小売業は世界の他の地域の小売業とはまったく異なるといことが分かるだろう。

初めて日本の小売業を研究した時、私は日本の小売業は例外だと思っていた。しかし、他の国々の小売業について知っていくにつれて、たいていの国々はアメリカよりもむしろ日本に近いものだということを確信するようになった。

5　アメリカの小売業を他の国と分けているものは何か

アメリカの小売業を、他の国々の小売業と異なるものにしている特徴は多々ある。しかし、私は、次に挙げるものがアメリカのシステムの決定的にユニークな特徴だろうと考えている。

政府の規制がほとんどない

小売業の規制に対して、アメリカは世界中のどの国よりも寛容な態度をとっている。店の営業時間を政府が規制している国もあれば、ベルギー、フランス、日本のように大規模小売店舗を開業することが非常に難しい国もある。また、不要になった従業員を解雇することはヨーロッパでは実に困難である。しかし、アメリカ政府は、このような分野でいっさい規制を行っていない。

アメリカでは、店舗のオーナーになるために教育上あるいは知識面での要件は何もない。しかし、イタリアでは、すべての店舗運営者は自らが運営する特定タイプの企業の経営方法を学ぶために学校に通わなければならない。また、イタリア政府は小売店舗の立地場所を決めている。例えば、あなたが玩具店を開きたいと思ったら、玩具店としての立地場所が使えるようになるまで待たなければならないだろう。一方、アメリカでは、商業開発が許されている地域であればほとんどのタイプの小売店を開業することができる。これに対する例外は酒屋で、特別な免許が必要になる。

ヨーロッパや日本の小売研究者は、総じてアメリカの小売業について一つの大きな誤解をしている。彼らは、アメリカの価格設定には「ロビンソン・パットマン法(訳注1)」が大きな役割を果たしていると思っている。実際には、小売業者や製造業者の多くはこの法律のことを聞いたこともないし、彼らのビジネスにはほとんど影響していない。

ロビンソン・パットマン法は、違法な価格差別を特定するためのものである。この法律によれば、以下の場合に違法な価格差別が存在することになる。

「同じような等級、品質の商品に対して異なる価格が請求され……このような差別の効果が実質的に競争を緩和し、あるいは何らかの商品ラインについて独占を生み出す傾向を有する場合、あるいはこのような差別の利益を意図的に享受しているもの、ないしはそのいずれかの顧客との競争を破壊し、阻害する傾向を有する場合」

価格差別は、以下の場合には許容される。

❶発注のサイズによってコストが節約される場合（規模の経済性）

❷財が劣化、陳腐化した、あるいは季節はずれになった場合

❸競争を何ら阻害しない場合

経験的に言うと、特定量を発注したすべての顧客に数量割引が適用されれば価格差別にはならない。

チェーンの重要性

アメリカを特徴づけるような広範な小売チェーンのネットワークをもっている国は、ほかにはほとんど存在しない。これらのチェーンには、量販店、コンビニエンスストア、ウェアハウスクラブ、専門店が含まれる。また、百貨店が全国規模で存在感をもっていることはあまりないが、地域では大きな存在感を

もっている。小売業では M&A が激しく行われているので、誰がどこを所有しているのかが分からないほどである。これらの全国チェーンは、アメリカの巨大な大衆市場の結果である。

ショッピングモールはナショナルチェーンを好むわけだが、それは、全国チェーンのほうが小規模チェーンや独立業者よりも失敗の可能性が少ないからである。ショッピングモールは空き店舗を好まないのである。全国チェーンであれば、その購買力によって流通チャネルで巨大な力をもつことができる。それを利用して、多くの全国チェーンはもっぱら自分のプライベート・ブランドを販売している。これでナショナル・ブランドのディスカウンターからの競争にさらされずにすむわけだが、すべての主要なモールでいつも同じ店を見るということで消費者はいささかうんざりしている。

洗練されたロジスティクス

小売業におけるロジスティクスとは、商品を製造業者から店舗まで移動させる行為である。商品は、製造業者から物流センターへ、そして店舗へと移動することもあれば、製造業者から直接小売店舗に届けられることもある。また、商品は製造業者から卸売業者へ行き、そして小売業者へと移動することもある。もし、私が小売店を経営していたとしたら、現金払い持ち帰りの卸売業者から頻繁にジーンズを仕入れるだろう。10本ジーンズを仕入れて、それが売れたらまたさらに10本を仕入れるわけだ。

ディスカウントの量販店が、初めて技術的に洗練されたロジスティクス・システムを導入した。全国チェーンが十分な数の店舗をもつと、常に小売の運営する物流センターが登場する。このような洗練された物流センターによって、チェーン店はより自立性を増すことになる。というのも、店舗が必要とする時に確実に商品を用意しておけるからだ。

例えば、アパレルチェーンの「リミティッド」は、完全にコンピュータ化さ

(訳注１)（The Robinson-Patman Act）同一サービス、同一料金を原則とする法律。

れた物流センターをもっている。人間が商品を取り扱うわけではなく、コンピュータが個々の店舗の発注に応じて商品をピック（選択）するわけだ。商品は、製造業者からハンガーに掛けて送られてくる。コンピュータシステムが商品を選択し、それを輸送用の箱に吊し、発注した店舗ごとに発送伝票を貼り付けて発送するわけだ。

洗練された物流システムは、可能な所ではどこでもクロス・ドッキング方式（CROSS DOKING）を採用している。製造業者から商品がトラックで到着するとそのトラックは倉庫に入り、小さな積込機によって各店舗への配送トラックに搬送するわけだ。こうすることで、商品を積み降ろして倉庫のフロアに収納しておくという手間を省くことができる。

ほとんどすべての全国的・地域的なチェーンは、即時に在庫情報を提供できるコンピュータ化された小売情報システム（RIS、53ページ参照）をもっている。このシステムが導入される以前、各小売業者はどんな商品を仕入れたかについては分かっていたが、決算時に棚卸しをするまではどの商品をどれだけ売ったかは分からなかった。現在では、どれだけ在庫をもっているかは小規模な小売業者でも即座に分かる。

第2次世界大戦中、敵機と味方機を見分けるために無線周波識別装置（RFID: Radio Frequency Indentification）が開発された。この技術には、バーコードよりも優位な点が四つあった。

❶RFIDタグには大量の情報が蓄積できる。
❷商品カテゴリーだけではなく、個別品目まで識別できる。
❸他の商品が混ざっていても、離れた所から読み取ることができる。
❹RFIDタグには情報を付加することができ、小売業者にとっての価値を高めることができるし、いったん家庭に入り込めば消費者にとってもそれは同じである。

2003年のウォルマートの声明によれば、2005年初めには、同社のトップサプライヤー100社がパレットやケースにRFIDタグを使用しなければならないだろうということだ。[(1)]

強力な製造業者―ナショナル・ブランド

ディスカウント小売業者は、強力なナショナル・ブランドがなければ発展しなかっただろう。そのコンセプトを説明しよう。

本当の意味でディスカウント小売業者だと消費者に納得させるためには、消費者は同じ商品において比較ができなければならない。消費者にとっては、ブランドのついた商品だけが比較可能な尺度になる。幸い、アメリカには、ほとんどの商品カテゴリーでよく知られているナショナル・ブランドがある。しかし、製造業者がとても小規模で、全国的もしくは国際的な認知を得ていないような国もある。消費者がディスカウントストアで同じ商品をより安く購入できることを確認して初めてディスカウント小売業者は認知を得ることができるのだ。

日本のディスカウントストアはローコストの店舗を導入したのだが、ナショナル・ブランドに広くアクセスすることができなかったために認知されなかった。ディスカウントストアの商品と伝統のある小売業者で売っている商品との比較ができないのであれば、消費者はディスカウントに価値を認めないだろう。

しっかり確立したディスカウントのフォーマット

先に述べたように、定価販売の小売業者が売っているのと同じ商品をディスカウンターが低価格で売っているのを見るまでは、消費者はディスカウント小売業者に価値を認めないだろう。

強力なプライベート・ブランド

アメリカでは、プライベート・ブランドは全国的に知られたブランドに対するローコストの代替品として始まった。食料品店が経費節約のために初めてジェネリック・ブランドを導入し、すぐにストア・ブランドが続いた。ストア・ブランドのコストは、ジェネリック・ブランドとナショナル・ブランドの中間

キャプ：ギャップのパリ店では、アメリカと同じように100%プライベート・ブランドを販売している。

ぐらいである。イギリスでは、ストア・ブランドの食料品はより高い価格帯で導入された。というのも、よく知られたナショナル・ブランドに対して、品質、価格対比の価値で競争しようとしたのである。

百貨店は、ブランドネームのディスカウントに対するヘッジとしてプライベート・ブランドを導入した。ステータスの高い小売業者は、その店の名前を付した商品で大きなマージンを確保できることが分かったからである。量販店がプライベート・ブランドの分野に進出したのは、商品の品揃えを改善してマージンを高めるためであった。そして、ギャップやリミティッドのような専門店は、プライベート・ブランドのみを販売することによって市場での存在感を確立した。一般的に、消費者はリミティッド派であったりギャップ派であったりする。

小売業者は従業員を解雇できる

小売業は非常に労働集約的であり、その労働は小売業者にとって最も重要なコストとなる。アメリカでは、小売業者は販売上の必要に応じて従業員を採用したり解雇したりできる。しかし、ヨーロッパのほとんどの国ではこういうわけにはいかない。イタリアでは、小売業者は従業員に休暇をとらせるために夏一か月にわたって店を閉めている。これは、小売業者が社会問題に関心があるからではない。彼らは、法律でこうするように要求されているのだ。というのは、休暇で従業員がいない間にパートタイムの従業員を雇うことができないのだ。

小売業者は大学卒を採用する

たいていのアメリカの小売業者は、経営幹部候補者として学位をとった人を採用している。アメリカの主要な小売業者のバイヤーや経営幹部は、世界で最も教育水準が高い。大学を卒業して教育課程を終えると、新規採用者は、副バイヤー、副経営幹部の地位に就く。頑張れば、3～5年後にはバイヤーか部門長になれる。対照的に日本では、新規採用者は10年間にわたって売り場で過ごしたのちに初めて経営幹部になる。その場合でも、垂直的移動（昇進）よりも水平的な移動のほうが一般的である。

ドイツの小売業者は高卒者を採用し、社内の昇進制度の一環として教育プログラムを提供している。この教育プログラムはアメリカの小売業者が行っている6～8週間の訓練プログラムとは異なり、複数年に及ぶものである。

短いチャネル

アメリカの小売業者は、総じて製造業者から直接商品を仕入れている。これは、言うまでもなく最短のチャネルである。大規模な全国チェーンが多数あることも、チャネルの段階数を減らすのに貢献している。しかしながら、チャネルの長さは、効率というよりもどのような商品を扱っているかの問題である。

量が多い ➡ 短いチャネル

鮮度が重要 ➡ 長いチャネル

常設商品マーケットを使えば、小規模な小売業者も直接製造業者から仕入れることができる。しかし、その場合でも、製造業者は1ダース、あるいは5,000ドルという最低発注量を小売業者に要求することになる。しかしこの場合、小売業者は卸売業者に行って少し高い料金でもっと少ない量を仕入れることができる。大量の商品を分割して小ロットで配送するという点で、卸売業者は重要な役割を果たしている。

ヨーロッパや日本のような先進国の消費者と比べると、アメリカの消費者の生鮮品の購入量は少ない。ヨーロッパや日本の多くの地域では、家庭の調理者は料理に使う生鮮品を毎日購入している。

ソフト・グッズ（衣料品などの織物製品）小売業者の特徴

ソフト・グッズの小売業者としては、百貨店、専門店、量販店が優位に立っていると言えるだろう。世界の他の先進国と同様、アメリカでも百貨店の成長はにぶいものとなっている。百貨店は、「どこでも同じ問題」に苦しんでいるわけだ。どの百貨店も同じブランドを陳列しており、他の百貨店と差別化するという点でうまくいっていないし、特に専門店に対してはこの問題は深刻である。

アメリカの専門店は、プライベート・ブランドの製品ラインを開発し、競争業者と差別化するという点で有能であることを実証してきた。一方、百貨店はこの点で動きが遅く、苦しんでいる。百貨店もターゲットとする消費者を再定義し、プライベート・ブランドを提供して品揃えの独自性をアピールすれば好転するのではないだろうか。

百貨店はまた、ディスカウントストアでも手に入るブランド品を販売しなければならないという問題に悩んでいる。まさに、失敗のためのレシピである。しかし、これはディスカウントストアという施設にとっては必要条件でもある。ディスカウントというコンセプトを確立するためには、消費者が定価販売の店に同じ商品があることを確認しなければならないからである。消費者にとっては、このような直接的な価格比較が可能でなければならない。

生産は発注に基づいて行われる

製造業者は製品ラインをもっており、サンプルをつくらせて、これを小売業者のバイヤーに見せて注文をとっている。製造業者は十分な量の注文があった製品だけを生産し、注文量の少ない製品はキャンセルする。一般に、製造業者は余分な製品の在庫をほとんどもたない。だから、商品が店舗に配送されて売れ行きがよくても、通常は再発注ができないのだ。ただ、商品がベーシックなものであればあるほど製造業者は発注量を超えて生産することになり、小売業者が追加注文できる可能性は高くなる。

商品が売れなければ、小売業者は誰かが最終的に買ってくれるまで価格を下げていくことになる。大規模で有力な小売業者は、売れ行きの悪い商品が生み出す損失を分かち合おうと、供給業者に歩戻しを出すように圧力をかける場合がある。しかし、これは最近の傾向で、一般にアメリカでは小売業者が商品リスクをとっている。

アメリカの店舗においても、化粧品や書籍のように委託販売という形で販売されている商品カテゴリーもある。この場合には、商品に対するリスクは製造業者がとることになる。また、いつ値引きをするかの決定を下すのも製造業者である。

健全な独立小売業者

アメリカには、世界のどの国よりも健全な小規模小売業者のセクターがある。これは、政府の補助金や免許制度が小規模小売業者を保護しているわけではない。だから、彼らは自分の力、柔軟性、独自性によって競争力をもたねばならない。アメリカの小売業者の廃業率は高いが、その結果として繁栄する独立小売業者という非常に健全なセグメントが維持されている。小規模小売業者は、モールの外に立地することによって小売業を魅力あるものにする多様性を提供している。「タワーレコード」のように、ティーンエイジャーはモールの人工的な環境にうんざりしていると考えて、モールという立地を避け始めた有力な小売業者もいる。

小売業者は製品ラインのアセンブラーである

それぞれの小売店および小売チェーンには、店舗のために商品を選択するという大きな役割を負った人がいる。これら小売業者のバイヤーは、重要な機能を果たしている。彼らは、顧客の視点に立って何千もの商品のオファーをより分け、顧客にアピールするスタイルで、価格対比で最大の価値をもつと考える商品を選択する。言い換えれば、バイヤーが商品を取り揃え、そこから消費者が選択しているわけだ。

多くの国では、製造業者が小売店舗に置く商品を決定している。製造業者は商品を提供し、販売員を派遣し、売れ残った商品の返品を受け入れている。つまり、製造業者が商品リスクをとっているわけだ。だから、製造業者の利益マージンが一番大きい。

小売業者のバイヤーはプロフィットセンターと見なされている

アメリカでは、小売業者のバイヤーは非常に重要な役割を果たしている。会社は、彼らを成果で、すなわち売上、値入れの維持率、年間から日間ベースの在庫回転率で評価している。会社は、優秀な成績を上げたバイヤーに報償を与え、成績の悪いバイヤーは解雇する。

また、多くの会社で仕入れの役割と販売の役割とが完全に分離されている。バイヤーが販売部門を訪れることがあるが、それは情報を得るためであって商品を販売するためではない。仕入れと販売がこのように分離しているのはアメリカの店舗だけである。他の国の小売業者も専門のバイヤーを置いているが、総じて彼らはアメリカのバイヤーのような自立性はもっていない。

アメリカのバイヤーは、個々の消費者と同じように意思決定をしている。たいていの場合、彼らは一つ一つ商品を選択する。すなわち、供給者の製品ラインの品目を個々に調べ、品目ごとに「イエス」「ノー」の決定を下しているのだ。

他の国々ではたいてい、バイヤーは供給者を選択するが、品目ごとに一つ一つ選択するということはしない。さらに、他の国々では総じて仕入れの意思決定の前に経営者やマネジャーに相談しなければならないが、アメリカでは、このようなチームによる意思決定は生産財の仕入れに類似していると言える。

アメリカでは、中央集権的な仕入れが普通である。この場合、バイヤーは全国に展開する店舗のために選択をすることになる。様々な立地ごとに製品ラインを合わせられないことによる不利益は、規模の経済性によって補なわれる。つまり、量を増やすことによってディスカウント価格で仕入れることができるのだ。

バイヤーとアロケーターという制度をとっている会社もある。バイヤーは様々なタイプの店舗のために商品を選択し、アロケーターは個々の店舗が実際にどれだけの数量を受け入れるかを決めている。この数字は、過去の販売の数字に基づいて決められる。彼らは、ある店舗で売れない商品を別の地域に立地する店舗に移動することもあるが、このプロセスは高くつく。

常設商品マーケット

アメリカの至る所に、小売業者が仕入れに行くことのできる大きな常設商品マーケットがある。このマーケットによって、小規模な小売業者は大規模な小売業者と同じように何百という製造業者にアクセスすることができる。常設商品マーケットによって、小売業者はユニークな商品を見つけることができる。他のたいていの国では、このような常設商品マーケットが存在していない。小売業者は、長期的な関係を結んでいる製造業者から仕入れているのだ。

また、常設商品マーケットは市場のトレンドに関する情報を小売業者に提供している。マーケットには、「マーケット週間」と呼ばれる特別な催事があり、この期間には別の供給者がやって来てその商品を展示し、小売業者に市場のトレンドを教えている。この常設マーケットによって小規模な小売業者でも多くのサプライヤーにアクセスすることができ、もしこれがなかったら、小規模な小売業者はサプライヤーを訪問するために余分に時間や金をかけなければならないだろう。**図8－1**で、常設マーケットを紹介しておく。

図8－1　常設マーケット

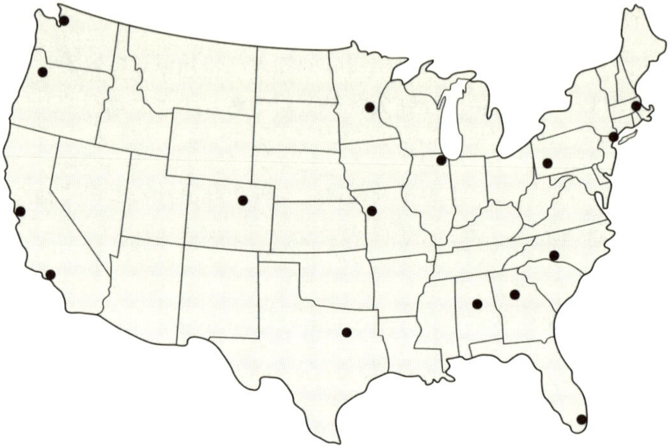

常設商品マーケットはアメリカの至る所に見られる。小売バイヤーはこれらのマーケットに出向いて商品を選択するが、多くの製造者が一カ所に集中しているので、新しい仕入れ先を見つけだすことははるかに容易になる。

6　食品小売業の特徴

食品フォーマット

アメリカで、食品は様々なフォーマットで販売されている。ほとんどの食品はスーパーマーケットで購入されるが、食品を販売するフォーマットは様々である。このようなフォーマットには、ハイパーマーケット、ウェアハウスクラブ、スーパーマーケット、ハード・ディスカウントストア、専門店、コンビニエンスストアなどがある。

ハイパーマーケットは大規模な店舗で、食品と非食品の両方を販売している。そして、彼らはほとんどの商品を店頭に在庫している。「マイヤーズ」や「ウォルマート」のスーパーストアがハイパーマーケットである。

ウェアハウスクラブは、飾り気のないタイプの小売業者である。商品は、通常、パレットに載せたままで陳列しており、中身が見えるように箱の一部が切り取ってある。ウェアハウスクラブで買い物するには、顧客は会員権を購入しなければならない。ウォルマートの「サムズクラブ」、「コストコ」、「ビージェイズ」がウェアハウスクラブであり、2003年、これらの3社で全ウェアハウスクラブの売上の93%を占めている(2)。ちなみに、ウェアハウスクラブはアメリカでは衰退しつつある。販売価格はとても安いが、収入の大半は会員権の販売で得ている。

スーパーマーケットでは様々な種類の食品や非食品を扱っており、アメリカ人が食品を購入する主要な場所である。

ハード・ディスカウントストアはウェアハウスクラブの雰囲気をもっているが、大きさはコンビニエンスストア程度である。彼らは、特に都市部でローコストを提供するのに優れている。

専門店は、ベーカリー製品のような特定の商品とか、アーバンシックのような特定のライフスタイルに焦点を当てている。例としては、「ホール・フーズ」とか「トレイダー・ジョーズ」である。コンビニエンスストアは、すぐに、たやすくアクセスできる立地で商品を提供することに焦点を当てている。価格は他のフォーマットよりも高く、アメリカでは必需品に焦点を当てている。世界の他の地域では、生鮮品やその他のサービスを提供しているコンビニエンスストアもある。

ナショナルチェーンはない

「セーフウェイ」と「クローガー」という地域的なスーパーマーケットのチェーンがあるが、全国的な小売チェーンは存在しない。第三の会社である「アルバートソン」は解体され、売却されつつある。一方、食品業界ではM&Aが広範に行われているが、まだ全国チェーンは誕生していない。ウォルマートがディスカウントストアをスーパーストアに転換し始めたので、食品小売業における最初の全国チェーンになりそうだ。

分断

食品小売業はさほど集中化されていない。上位５位までの小売業者を合わせても、市場シェアは37％に満たない。ウォルマートが最高の市場シェアで12.1％、クローガーが9.6％、アルバートソンとセーフウェイはそれぞれ６％強、コストコが2.1％である(3)。

食品小売業の競争は価格によるものである。ホール・フーズやトレイダー・ジョーズのような専門小売店は価格競争を回避し、ユニークな商品とか買い物の楽しみに焦点を当てている。

私は、サンフランシスコの都心部に立地するホール・フーズの店舗に初めて入った時のことを覚えている。係員つきの駐車場があり、その店の香りは信じられないものだった。パンを焼く、コーヒーを入れる、エキゾティックな花などの香りがしていたのだ。私をそこに連れていってくれた人の話によると、その店は、デートをしたり、単に雰囲気を楽しむための場所として知られているということであった。そこは、楽しみやハプニングのための場所であり、伝統的なスーパーマーケットからするとはるかにかけ離れたものである。

スロッティング・アローワンス

スロッティング・アローワンスとは、ある供給業者が初めて小売店に商品の陳列を依頼した時に、その対価として一回限り支払うものである。歴史的に見ると、新商品を加えるたびに小売業者が自らの倉庫を再調整しなければならないということでスロッティング・アローワンスが始まった。というのも、小売業者は新しく商品を店頭に並べるためにはすべてのコンピュータカードを登録し直さなければならなかったからである。今ではすべてが自動化されているので、この料金はむしろ機会費用と関連している。この場合の機会費用とは、この商品が生み出すであろう収入と、ライバル製品から得られたであろう潜在的な収入との差額を意味する。

典型的なスーパーマーケットは、3,960平方メートルの広さに35,000の単品在庫をもっている。単品（SKU：Stock-Keepin Units）とは、ブランド、サイズ、フレーバー、カラー、包装などで相互に区別される商品の数である［205ページも参照］。

スロッティング・フィーは、製品当たり、小売業者当たり、大都市地域当たりで支払われるため、500店舗を有する会社は100店舗を有する会社よりもはるかに高いスロッティング・フィーを請求することになる。スロッティング・フィーの幅は大きく、ある調査によれば2,313ドルから21,768ドルにまでわたっている。サプライヤーに対する調査によれば、新製品を全国規模で導入するには150万ドルから200万ドルかかるとされている(4)。

サプライヤーがスロッティング・フィーを支払えば、4か月から6か月というリーズナブルな期間で棚を確保することができる。ただし、スロッティング・フィーを払ったからといって商品に特定の棚が確保されるわけではない。単に、棚に置いてもらえるというだけである。スーパーマーケットが新商品を受け入れるということは、それまで在庫していた商品の一つを外すということである。導入される新商品の80〜90％の割合でスロッティング・フィーが支払われている。

小売業者の倉庫システムを介さず直接店舗に配送される商品の場合は、スロッティング・フィーを請求されることが少ない。それは、小売業者が倉庫を再調整する必要がないからである。アイスクリームやホットドッグのような冷凍・冷蔵商品が、品目当たりの平均的なスロッティング・フィーは最も高い。これらの製品は、スペースを拡張するのにコストがかかるためにスロッティング・フィーが高くなる。冷凍食品はなお増え続けているので、それだけスペースをめぐる競争も激しい。

スロッティング・フィーには二つの理論的な説明がある。

一つの説明は、市場効率仮説に基づくものである。この製品は売れるというシグナルを小売業者に与えるために、サプライヤーは高額のスロッティング・フィーを支払うというのがこの説明の基礎にある考えである。もし、その通りなら、スロッティング・フィーはこのシステムの中で積極的な役割を果たしうるということになる。このシグナルだという説明は、小売業者よりも製造業者の方が新製品についてはよく分かっているという意味である。

もう一つの説明は市場支配仮説である。サプライヤーが競争業者を棚から排除しておくためにスロッティング・フィーを支払っているか、あるいは、小売業者が単にもらえるという理由だけで高いスロッティング・フィーを要求しているというのものである。この料金によって、小売業者の利益や収益性は高まるのだ。

カテゴリー・マネジメント

カテゴリー・マネジメントが意味するのは、チャネルのメンバーの誰か（通常は製造業者）が在庫する品目を決定するということである。カテゴリーというのは、例えば、シャンプーといったような同種の製品の品揃えのことをいう。カテゴリー・マネジメントの総体的な目的は、提供する SKU の数を減らし、最小の品揃えを提供することでカテゴリー全体に最大の売上をもたらすということだ。「20%の商品が80%の売上を上げる」という古い格言がある。カテゴリー・マネジメントは、まさにこの格言に当てはまるだろう。しかし、カテゴリー・マネジメントは通常プロクター＆ギャンブルのような製造業者が行っているため、そのカテゴリーを製造業者自身のブランドで構築しがちとなる。売上の数字だけを見ればカテゴリーの収益は上がったと見えるかもしれないが、スーパーマーケットの消費者は非常に多様な SKU を購入しているということを忘れてはならない。

店舗で分からないのは、消費者がどのブランドに執着しているのかということだ。お気に入りのブランドが買えなくなっても、消費者はさして気にすることもなく別のブランドのものを購入するということがあるかもしれない。しかし、消費者がはずされたブランドに非常に愛着をもっているという場合には問題が発生することになる。この場合、消費者は、店舗へのこだわりよりもブランドへのこだわりのほうが重要だと考えて、購入するために店舗を変えるかもしれない。

私は、このような経験をしたことがある。私は、行き着けのローカルなスーパーマーケットで売っているあるタイプのチーズが好きだった。ある日、私のお気に入りのそのチーズが店頭から消えていた。しかし私は、別のチーズは買わなかった。これまでの経験上、他の製品では口に合わないということが分かっていたからだ。

デリカウンターの向かい側の店員は、「今日はたまたま品切れで、来週にはまた入る」と言っていたが、次に、またそのスーパーマーケットに行くと、やはり私のお気に入りのチーズは並んでいなかった。今度は、「今週は配送がなかったんだ」と店員が言った。チーズ以外の食品を購入して店を出たのだが、私はついに、この店ではこのチーズを置くつもりがないということを理解した。その結果、週末にまとめ買いをするスーパーマーケットを他に変えた。つまり私は、店へのロイヤルティよりもそのチーズのほうが大事だと決断したわけである。このことは、スーパーマーケットにとっても重要な問題となる。単にSKU を一つ排除したというだけでなく、顧客のロイヤルティを台無しにしたということだ。

次の節では、自由市場体制の下での小売業の機能について見ていくことにする。

7　自由市場体制の下での流通理論

自由市場とは、生産者は望む物を好きなだけ自由に生産できるということを意味する。消費者もまた、望む物を好きなだけ自由に購入することができる。サプライヤーと消費者のニーズを整合させるには、問題解決と計画が必要となる。自由市場体制の下での消費財の流通にあっては、以下の三つの基礎的な問題が解決されねばならない(5)。

❶特化した生産を、特定の需要に整合させる必要（品揃え形成)。

❷空間的乖離を解決する必要、すなわち生産の行われる場所から消費の行われる場所に製品を輸送すること（空間的架橋)。

❸異なった時点で発生する供給と需要を均等化する必要（時間的架橋)。

品揃え形成

自由市場の下では、生産と需要を整合させることは問題となるのだが、計画的市場の下ではそうではない。計画的市場の下では、政府がそれぞれの製造施設に何をどれだけつくるべきかを命じている。そして、政府が商品をどこに輸送すべきかを指示する。消費者が商品を購入しようとしても、その選択は政府の製造業者が提供するものに限られるわけだ。

計画経済の下の工場には、消費者が本当に欲しがる物を生産しようというインセンティブがない。彼らの唯一の顧客は政府なのである。しかし、自由市場の下では、消費者がある工場の製品が気に入らないなら別の工場の製品を選択することができる。製造業者が消費者の求める物を生産しないなら、その製品は売れず、その製造業者は潰れるであろう。

生産は、しばしば地理的に集中している。家庭用の家具産業の多くはノースカロライナにあるが、オフィス用の家具は主としてミシガンで生産されている。しかし、アメリカの至る所にいる消費者は住んでいる家のために家具を購入するし、アメリカ中にある事務所もオフィス用の家具を購入している。さらに、大規模製造業者は、ある期間だけ特定のタイプの製品を生産し、次の機会にまた別のタイプの製品を生産するという傾向にある。これは、「プロダクション・ラン」と呼ばれている。ある工場が1月に特定のタイプのテーブルを生産するからといって、消費者は1月にそのテーブルを欲しがるというわけではないし、その他の月であっても同じことだ。需要は、時間的にも地理的にも分散しているのだ。

W・オルダーソンは品揃え形成の理論的なコンセプトを開発したが、私はこれを小売の事例に当てはめようと思う。品揃え形成は、①集積、②規格化、③配分、④取揃えを含んでいる。

集積とは、在庫を集める過程で使われるプロセスである。2005年、ハリケーン（カトリーナ）がニューオルリーンズに襲来した時、赤十字はこの都市の住民の救急医療のために全国に献血を呼びかけた。メインからカリフォルニアに至るまでの人々がこの呼びかけに応えるために努力を払った。

規格化は、流通の効果を上げるために同種の製品をグループ化することである。先に必要とされた献血の場合の規格化とは、血液をA、B、Oなど血液型ごとに分類することである。つまり、規格化とは在庫を組織する方法である。パッケージの中の卵を見る時、すべての卵は同じ大きさだと期待しているだろう。卵はサイズによって大、特大などと等級付けされて多くの農場からやって来るが、加工工場ではこれを同等の（標準）グループにまとめることになる。

配分とは、供給品を最終使用者に届ける過程を言う。ハリケーン襲来に際してシェルターがいくつか造られた。どれだけの量の供給品をそれぞれのシェルターに届けるかを誰かが決定しなければならなかった。スタッフに、アロケーターをもつ小売店もある。彼らは、商品を仕入れるのではなく、それぞれの店舗がどれだけの量を受け取るかを決めている。

取り揃えとは、小売業者が在庫するある範囲のオファーである。それは、特定のターゲットの顧客を満足させるためにカスタマイズされた商品の品揃えであることもあるし、ほとんどすべての顧客をに合わせるといった広範囲にわたる商品の品揃えである場合もある。

品揃え形成は、生産の特化が生み出す乖離（かいり）の問題を解決する。発展途上国と高度に工業化された国との違いは、流通のインフラがどの程度洗練された品揃え形成を行えるかにある。品揃え形成の効率性は、先進経済にとって不可欠のものである。

一つの事例が、品揃え形成に含まれる四つのプロセスを説明するのに役立つだろう。大規模なハリケーンがフロリダを襲ったのち、救援配給センターを設立するためにロジスティクスの専門家チームが派遣された。配給センターの努力は、品揃え形成の問題を解決するために集中された。すなわち、供給を需要と整合させるという問題である。

まず、ロジスティクス・チームは医療品と食品について規格をつくる必要があった。滅菌ゴム手袋が必要だったし、血液はA＋、ABなどのグループに分けなければならなかった。また、様々な栄養上の必要に応じてベビーフードを集める必要もあった。

次に、チームは誰がこれらのものを供給するかを決める必要があった。まず、膨大な量となる必要な医療品や食料を集積するために、地域の病院と救急センターに接触した。何をどう供給するかが決まると、いろいろなシェルターに派遣する救援グループが指名された。例えば、あるシェルターは治療を必要とする人々を収容していたし、別のシェルターには幼い子どもを抱えた家族が収容されていた。このように、チームの配分・取り揃えの活動には、それぞれのシェルターが必要なものを決定するということも含まれていた。例えば、オムツやベビーフードが幼い子どもがいないシェルターに届いたりしないようにするためである。

空間的架橋

空間的架橋とは、直接市場、中央市場、あるいは多段階システムによって製品を消費者の所まで輸送することである。中央市場がなければ、購買するためにはそれぞれの潜在的な供給者へわざわざ出向くことになってしまう（**図8－2**）。多段階流通システムの場合にはさらに複雑さが増す。しかし、これは一層先進的な経済の特徴でもある（**図8－3**）。

このシステムの場合、小売バイヤーは消費者のために可能な限り最適の商品を取り揃える専門家として活動することになる。この考えは、「取引最少化の原理」と呼ばれている[(6)]。バイヤーの導入は総取引数を減らすものであり、これによって多段階流通システムを採用することは正当化される。

多くの発展途上国では、女性は食品の買い物のために一日を費やしている。一つの屋根の下に多くの商品が提供されているスーパーマーケットに行くのではなく、彼女は肉屋、パン屋、八百屋などに買い物に行く。このような国々での買い物は時間がかかり、非効率であり、多くの分散した取引を必要とする。発展途上国にスーパーマーケットが導入されれば、料理に必要なすべての食材を１回の取引で購買することが可能となり、５回以上などの多くの取引は必要としなくなる。

効率以外の様々な要因から中間業者が付け加えられることもある。L・P・バックリンは、これらの要因を「サービス・アウトプット（Service Output）」

図８－２　一段階の流通システム

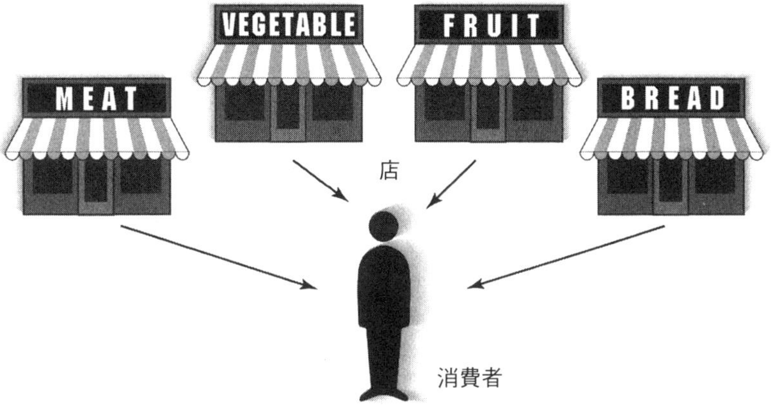

一段階の流通システムでは、消費者は商品を購入するために一店ずつ店に出向かなければならない。このシステム下では、買い物に多くの時間がかかる。

図８－３　多段階の流通システム

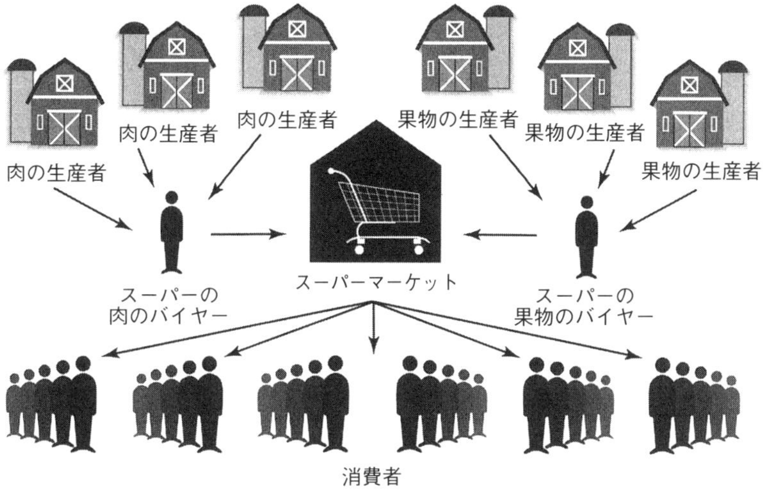

多段階流通システムでは、小売の専門化したバイヤーが多くの仕入れ先に出向き、販売のための広範な商品を選択する。スーパーマーケットのバイヤーは、次々に仕入れ先を回るという仕事を肩代わりしてくれる。このシステムは買い物を大いに能率的にしてくれる。

と呼んでいる[7]が、その中には以下の四つが含まれている。

❶ロット・サイズ、すなわち少量を入手できるようにすること。

❷待機時間、すなわち購買後、実際に財を入手するまでの時間。

❸市場分散化、すなわち財を買い手に近接させること。

❹製品の多様性、すなわち需要に最も整合する財の組み合わせ。

時間的架橋

時間的架橋とは、製造業者が製品を生産した時点と消費者が製品を必要とする時点との時間差を言う。製品は、流通システムを時間を追って流れていかなければならない。ロシアの食品生産の10%から20%は、流通インフラの欠陥のせいでだめになるという話を聞いたことがある。

低開発国にあっては、消費者、さらには小売業者も予備の在庫を保有している。多段階システムにあっては、最小の在庫で需要を充足するように計画している。時間的架橋と在庫の必要量との関係は、「在庫プールの原理」として知られている[8]。このプールによって、消費者の便宜を増しつつ在庫を減らし、これに関連するコストを低く抑えることができるのだ。

アメリカでは、現在のトレンドは「ジャスト・イン・タイム（Just-in-Time）」という流通システムだ。製造業者は、在庫の補充が必要となるまさにその時に小売業者に商品を配送する。こうして、小売業者は在庫を低く抑えることによってコストを減らすことができるが、このようなシステムは、通常、予備の在庫を必要とし、そのコストはチャネルの最も弱いメンバーに押しつけられることになる。その結果、ジャスト・イン・タイムという流通システムを成功裏に導入できるのは、自分の取引条件を押しつけることができるほど強力な小売業者だけである。

第9章 イギリスおよびオランダにおける小売業

本章で取り上げるイギリスとオランダは、イギリス海峡を挟んで向かい合わせに位置し、似通った文化的背景をもつが、用いる言語は異なっている。とはいえ、オランダ人はたいていの場合、第2言語として英語を話している。オランダという国は小国であるゆえに、存続のために世界的な貿易業者となった。オランダの主要小売業者もまた同様に、国内市場の飽和化を背景として国際的に進出している。イギリスもオランダも、小規模な小売業者を保護するために法的規制を行っている。

ここでは、まず産業規模が大きく成熟化し、固定化しているイギリスの小売業の議論から始める。小売業の研究は様々なイギリスの大学で行われており、優れた国際的小売研究のいくつかはそうした大学研究者によってなされてきた。小売業に関する情報があまりにも豊富なため、イギリスの小売業界を特徴づける情報を選択するのは難しい。そこで、イギリスについては議論の焦点を食品および非食品小売業の特徴に絞り、次にオランダの小売業について述べていくことにする。

イギリス（UK）

1　国の歴史

イギリスは、地理的にも心理的にもその他のヨーロッパ諸国とは離れている。この地に紀元前1000年頃にケルト民族がたどり着き、そして紀元前50年にはジュリアス・シーザー［Gaius Julius Caeser、BC100頃～BC44］がローマ軍を率いてやって来た。これがローマ帝国支配期の始まりであり、ゲルマン系アングロ・サクソンがこの島を侵略し、ローマ軍を撤退させるまでの500年ほどその支配は続いた。その後、数世紀はデンマーク・バイキングがアングロ・サクソンの入植地を周期的に襲ってきたりしたが、1066年にはウィリアムⅠ世［William I、1027～1087］のフランス系の部下がヘースティングズの戦いでアングロ・サクソンを打ち破った。現代のイギリスは、この当時のそれぞれの侵略者の末裔によって構成されているといえる。そして、ついに15世紀には、今日我々が「イングランド人」と呼ぶ人々が支配権を握り、イギリスの王位を定めた。

イギリス人は偉大な冒険者であり、イギリスが世界で最も海外領土を拡大した帝国であると主張していた。イギリスはスペインやフランスと戦い、ついには自国の植民地（のちのアメリカ）とも戦った。このアメリカ独立戦争の頃、イギリス本国は第1次産業革命のまっただ中にあった。

1900年代は「イギリスの世紀」であった。当時のイギリスは、世界の中で先進的な製造国、そして貿易国となっていた。加えて、世界の4分の1の地を占めるほどの帝国を築いており、世界的に強大な勢力でもあった。しかし、第2次世界大戦の終わりにはユニオンジャックを翻していたほとんどの国が独立国となった。それにも関わらず、これら独立国のほとんどはイギリス連邦の一員として留まっている(1)。

イギリスは、イングランド、スコットランド、ウェールズ、北アイルランドから構成されており、ロンドンが首都そしてビジネスの中心地となっている。

主要な小売の中心地は、中部に位置するバーミンガム、北西部にあるマンチェスター、そして北東部にあるニューキャッスルである。スコットランドの主要な小売地はグラスゴー、北アイルランドではベルファーストとなる。イギリス南東部には多くの人口と富が集中しているため、ほとんどの小売業者が店舗の多くをその地域において展開している(2)。

世界的に経済が悪化した時期も、イギリスではインフレ上昇率は低く雇用率は高いままで、消費者の信頼を得ていた。そして、経済成長も年率平均で５～６％と強いままであった。イギリスの問題点の一つは、消費者債務のレベルが高く、不動産を担保に借りるケースが多いことである。ここ数年のインフレ上昇率は３％以下に留まっている(3)。

ここでは、食品小売業から議論を始めたい。イギリスの食品小売業は、もしかすると世界で最も優れたものかもしれない。彼らは流通システムに対して力をもち、その中ではプライベート・ブランドが重要な役割を果たしている。

2　食品小売業

イギリスの小売業界は競争が非常に厳しく、小売業者は価格の引き下げ、プロモーション、安売りという環境の中で事業を行っている。業界では大規模な整理統合が進行しており、これはより少数の企業がより大きな市場影響力をもつことを意味する。過去10年間で最も重要な市場の動きは「テスコ」の優勢であり、2001年から2003年にかけて売上では91％、利益では87％も伸ばしている(4)。

同社はスーパーマーケット業者として事業を開始したが、最近ではコンビニエンスストア部門の発展と非食品部門への移行に力を入れている。テスコは、コンビニエンスストア・チェーンである「T&S」を2002年に買収し、その内850店舗を「T&S ワンストップ」に変更する計画を立てている。

T&S ワンストップは、もともとキャンディーや新聞、タバコ、その他衝動的に買う商品を売る最寄り店であるが、取扱商品をビデオレンタル、グリーティングカードやギフトなどに拡大する予定である。そして、既存の T&S ワンストップの4分の1は「メトロ・エクスプレス」に変更される予定である。メトロ・エクスプレスは、基本的に小規模型の食品店で、生鮮食品や肉など食料雑貨品を取り揃えている。

テスコは、商品全体の価格引き下げ、主に食品価格の引き下げによって市場シェアを拡大してきた。同時に、非食品分野にも力を入れ始めている。同社の衣料品ラインである「チェロキー」や「フローレンス・フレッド」は、イギリスで最も急速に売上を伸ばしている企業の一つである。

テスコは売上の80%をイギリスから上げており、イギリスの食品小売市場の4分の1をコントロールしている(5)。テスコは、バンガロール（インド）、バンコク（タイ）、香港を拠点とした世界的な供給システムを発展させているが、これらの拠点は技術的につながっており、テスコが世界のどこからでも商品を調達して、その進行状況が追跡できるようになっている。

同社は、イギリスのコンビニエンスストア市場においてのみならず、国際的にも急速に拡大するという成長戦略を採用しており、2003年には、ヨーロッパ、その中でも主にアイルランドと中欧、東欧に22のハイパーマーケットを開店し、ハイパーマーケット部門における地域別の出店数は中欧・東欧が最も多いという構成になった(6)。

「テスコ・エクストラ」は、同社の食品・非食品ハイパーマーケット・コンセプトの業態である。イギリスでは、テスコは一般的にスーパーマーケットとして知られているが、同社の国際的拡大の大部分はハイパーマーケットによるものである。そして、現在、イギリスに導入されているのがこの方法である。

テスコは1998年からハイパーマーケットのテスコ・エクストラを開店し始め、その数は現在119店舗までになった。この数は、新規出店と既存スーパーストアの増築という組み合わせによって達成された。というのも、既存スーパーストアの増築や改築の建設計画許可を取得することは比較的容易だったからである。

イギリスにおけるテスコの優勢は、ウォルマートを含む一部の小売業者が、政府に同社の成長に歯止めをかけるために訴えるまでに至った。もし、テスコ

イギリスのテスコ・エクストラ

が他の小売業者を買収しようとしても、その選択は認められない可能性が高い。しかし、現在の同社の成長方式は、海外で完成させたハイパーマーケット・コンセプトに合わせて既存店を改築するというものである。テスコはタイ、韓国、そしてハンガリーなどの国際市場で多様な店舗フォーマットを採用してきたわけだが、これら国際市場へ、テスコは４段階の進出プロセスをとっている。

ステージ１：小規模な進出手段の獲得。言い換えれば既存企業の買収。
ステージ２：新しい「戦艦」グリーン・フィールドによってハイパーマーケットを開発するプログラム。これはたいていの場合、高品質の戦略的立地である。グリーン・フィールドの開発とは、テスコが独自店舗を展開することを意味する。
ステージ３：一定数以上のハイパーマーケットが出店されると、入念なサプライチェーンと流通インフラの構築がなされる。
ステージ４：より規模の小さいハイパーマーケット、スーパーマーケットと（または）コンビニエンスストア（例えば、エクスプレス）など複数の店舗フォーマットと隙間を埋める（in-fill）店舗の拡大。この段階で、より小さな町へ出店先を移していく[(7)]。

また、テスコは、以下のような特徴をもつ新市場を探している。
- 長期的な成長の展望がのぞめる安定的で消費者中心の市場。
- 若い層を含むか、人口全体もしくは中間所得者層が増加中の大規模市場。

- 小規模の進出手段として買収が可能かジョイントベンチャーのパートナーがおり、市場参入を容易にし、複数言語、労働市場、法的競争と計画問題においてテスコを導いてくれる。
- 組織化された現代的な小売競争が比較的欠如している。(8)

アズダは酪農場として始まり、牛乳および乳製品の卸と小売に事業を移した。アズダという名称は「The Associated Dairies and Farm Stores」の一部を略したもので、少数の店舗から始まってイギリスで２番目に大きい食品小売業へと成長した。

1991年、アズダに新しい CEO が着任した時、彼は意識的にウォルマートを模倣し、(アイデアを）拝借することで有名となった再生物語を生み出した。彼は、ウォルマートのエブリデーロープライス（EDLP・毎日が安売り）や価格の引き下げ、協議（huddles)、挨拶担当者、笑顔担当者などを模倣した。(9) そして、1999年にウォルマートに買収され、イギリスで13％のシェアをもつ(10)ウォルマートの中では最も大きい国際市場となった。

「ジョージ（George)」はアズダのプライベート・ブランドで、これに絞った独立店舗をオープンし始めている。その意図は、ジョージを H&M やザラ、マンゴのように競争力のある安価でシックなファッション店にすることである。アパレル・ラインであるジョージは、かつてネクストを立ち上げ、現在はマークス＆スペンサーのブランドである「ウナ（Una)」の刷新に取り組んでいるジョージ・デービス［Jorge Davis］氏によって生み出された。

2004年、アズダはジョージを世界規模で展開するために「ジョージ・グローバル」の立ち上げを発表した。つい最近、イギリス政府はスーパーマーケットが医薬品まで販売事業を拡大することを認めており、アズダもこの分野に投資をする予定である。都市計画法が小売業者の拡大を難しくしたため、一部の企業は追加店舗のためのスペースを得るために中二階を加えるなどしている。(11)

ウォルマートは、より一層の効率化を図るために、同社の情報技術システムをアズダに導入した。また、業者評価プロセスも導入し、アズダのサプライヤーが価格を引き下げるよう相当な圧力をかけている。

アズダは同社のプライベート商品を「アズダ」、「アズダ・エクストラスペシャル（ASDA Extra Special）」、「アズダ・スマートプライス（ASDA Smart Price）」という三つのレベルに分け、差別化した小売ブランド戦略をとっている。アパレル・ラインのジョージでさえ、イギリスでは多様な価格帯を反映して「ジョージ」、「ジョージ・コレクション（George Collection）」、「ジョージ・エッセンシャルズ（George Essentials）」に分けられている。

アズダに対するウォルマートの真の功績は、非食品部門、とりわけ医薬品やフィルム加工、衣料品にあるとバート＆スパークスは分析している。これらに加えて美容健康セグメントは、価格の引き下げと**レンジ・エクステンション**（Range Extensions）、すなわち取扱商品ラインの拡大、例えば食料品店がトイレタリー商品（シャンプーや石鹸などの製品）の取り扱いを加えるといった試みによって強化されてきた。

1999年のウォルマートによるアズダ買収からイギリスの物価は下がってきている。アズダ・ウォルマートは、ウォルマートがアメリカでそうしたのと同じように**市場悪化**（**Market Spoiler**）効果を生み出している[(12)]。これは、ある企業が価格競争を通じて他の競争業者を追随させ、本質的にはすべての市場プレイヤーの収益率を低減させるというものである。第１章では、寡占市場構造について触れ、このような市場で価格競争が行われた時に熾烈な値引き合戦になると述べたが、ここで起こったのはまさにそれであった。

かつて、セインズベリーはイギリスで第１位の小売業であったが、今ではテスコ、アズダに次ぐ第３位の地位に甘んじている。2004年、同社は保有するショーズ・チェーンをアルバートソンに売却し、その資金をイギリスでの運営展開のために投入している。現在、同社が取り組んでいる事業分野の一つが「ローカル」という名称のコンビニエンスストアで、ガソリンスタンドのシェルと共同で展開している。

また、セインズベリーは、ベルズ（54店舗）とジャクソンズ（114店舗）という二つのコンビニエンスストア・チェーンを買収し、Wm. モリソンズからも14店舗を取得している。セインズベリーはプライベート・ブランド・ラインである「Jeff&Co」を[(訳注１)]「Tu」というラインに置き換えている[(13)]。

Wm. モリソン・スーパーマーケットは2004年にセーフウェイを買収し、イギリスで4番目に大きなスーパーマーケット・グループとなった。セーフウェイの店舗数は約480軒であるが、これは買収元である Wm. モリソンの3倍の規模に上る。同社は、価格の引き下げによってセインズベリーの業界3位の地位を奪おうと賭に出ているのである。

以上の小売業者が、寡占的な市場状況を生み出している。各社による競争は非常に激しいものの、ウォルマートによってアズダが買収されるまでは価格中心の競争は行っていなかった。業界にウォルマートが参入した時に各社は価格競争を始め、その結果、値引き合戦が繰り広げられた。本書の第1章では、寡占的な市場状況における特異な点について触れたが、一般的に、価格は結果として値引き合戦しかもたらさないために競争的要因とはならない。

もし、価格が競争的な手段として用いられるならば、それは上位の企業によって開始される。しかし、イギリスでは興味深い状況を示している。というのも、テスコはイギリスでは上位の企業であるが、世界一のウォルマートの後ろ盾を得た下位のアズダのほうが世界的には最も大きな売上をもっている。アズダは、価格競争を維持する財政的な資本があることを理解した上で価格競争を始めている。これは、その地域で上位シェアをもたない企業が他地域での競争力を武器として有効な価格リーダーになりうるかということを示す興味深い事例である。

イギリスの有力石油企業の一つである「BP」は、コネクトという同社が所有するガソリンスタンドに接したコンビニエンスストアを90店オープンさせた。同社は、テスコやセインズベリーからシェアを奪うために300店舗を追加する予定である。セーフウェイもまた新しく「シティストア」というコンビニエンス業態を始めており、街の中心部やビジネス拠点に狙いをつけているし、ブーツは都市部の労働者を対象として新しく「ワーク・コンビニエンスストア」というコンビニエンス業態を始めている。そして、スーパーマーケット・チェーンであるサマフィールドは約100店舗の路面小売店を買収しており、もともと新聞販売店であったマーティンズと組んで複合的な品揃えを展開している。[(14)]

イギリスでは、僅かながらであるがハード・ディスカウント業態の存在感もあり、価格への競争的な圧力を増やしてゆくであろう。アルディも、リドルも、単品（stock-keeping units：以下 SKU、189ページも参照）の数を限定して集中しているために大きな購買力をもっている。両社は、ウォルマートが28,000から125,000の SKU をもつのに対して、700から1,200の SKU しかもたない。つまり、SKU 当たりのディスカウンターの購買力はウォルマートの数倍であることを意味する。ウォルマートのように、アルディもリドルもサプライヤーとの取引価格を引き下げるためにこの方法を用いるべきである。[(15)]

マークス＆スペンサーは、大通りに面して「シンプリーフード」という食品専門店をオープンしており、すでに国内に30店ほどが存在する。マークス＆スペンサーは、食品分野で非常に高い評価を得ている。

イギリスへ旅行した際、私と息子はマークス＆スペンサーの店の近くに滞在した。調査で忙しかった私は、我々の食料購入のため、息子にマークス＆スペンサーまで行ってもらったが、息子は様々な調理済みの惣菜とデザート用のティラミスを持って帰ってきた。すべてが非常に美味しかったが、特にティラミスは秀逸（しゅういつ）であった。

数日後、我々は同じことをしたわけだが、息子は不満な面持ちで戻ってきた。ティラミスが売り切れていたのだ。彼は「次に行く時は、確実にティラミスを手に入れるためにもっと早い時間に店に行かなければならない」と言っている。

これは、マークス＆スペンサーが食品販売を展開するうえでとっている戦略例の一つであろう。同社の意図は、その日の内に新鮮なアイテムを売り切ることである。息子の反応こそ、まさに同社が生み出そうとしていたもので、一番良いものがなくなる前に店に行かなければという顧客感情なのである。

ファーマーズ・マーケットもイギリスでは拡大してきており、その背景には遺伝子組み換え食品に対する消費者の不安がある。マーケットでは、消費者が生産者から直接、果物、野菜、乳製品、肉、パンなどが購入できる。ほとんどのマーケットでは、出店する農家は地元（半径50マイル圏内）にあることと、その販売者によってすべて育てられていることが必須となっている。[(16)]

（訳注１）　フランス語、イタリア語、スペイン語で「あなた」を意味する。

イギリスの小売業者は、自社の所有するプライベート・ブランドの範囲を「伝統的な低価格」、「低品質のものから高品質」、「値段相応の価値」、つまりナショナル・ブランドよりもわずかに安い価格設定をすることで拡げてきた。このようなポジショニング変更は、プライベート・ブランドそれ自体を一つのブランドとして見なす結果となった。小売業者は、新たに取り扱う商品、パッケージ、ラベル付けなどの作業のために大きな投資を強いられた。この変更によって、プライベート・ブランドに対する消費者の見方は、単なる代替的な商品の選択というものから一つのブランド選択というものに変わった。[(17)]

3　プライベート・ブランド――小売ブランディング

イギリスは、ヨーロッパにおける最大のプライベート・ブランド市場であり、ヨーロッパ市場におけるプライベート・ブランド売上の4割を占めている。プライベート・ブランド市場では高級化への移行が見られ、主要な小売業者は、高級でオーガニックなプライベート・ブランドを展開している。例えば、テスコの「ファイネスト（Finest）」やセインズベリーの「テイスト・ザ・ディファレンス（Taste the Difference）」などは、イギリスの多くのトップブランドと並ぶものとして認められるようになった。

メーカー・ブランドと小売ブランドの区別が曖昧になりつつある。より多くのメーカーが、特定のスーパーマーケットとの提携に価値を見いだし始めている。例えば、P&Gは「フィジーク（Physique）」というブランドをテスコに独占的に流通させている。テスコがこのブランドを店内および消費者向けの小冊子を通じて宣伝してくれたために、P&Gは広告費やスーパー販促費などにかかる数百万ポンドをこの提携を通じて節約することができた。その後、ユニリーバも同様の取り組みをセインズベリーと行った。これら二つのケースは、イギリスのスーパーマーケットがどれほど力をもっているかを示している。[(18)]

バート＆スパークスは、イギリスの食品小売業において小売業者がブランドとなったという確固たる議論を行っている。つまり、小売業者は消費者の目に

「価値が付加された」と映る様々な活動に投資することによって、企業文化や外部へのイメージと戦略的ビジョンを一致させるというのである[19]。要するに、**コーポレート・ブランディング**とは、ヴィジョン（企業に対するトップマネジメントの強い願望）、企業文化（組織の価値観、行動や態度－組織に属する従業員が自分の会社に対する感じ方）、そしてイメージ（企業に対する外部の世界全般がもつ印象。ここには、顧客、株主、メディア、一般社会が含まれる）を一致させたものである[20]。

表9－1は小売ブランドの発展を類型化したものであるが、コーポレート・ブランドはブランド発展においては第5世代に当たる。

テスコは、コーポレート・ブランドの良い例である。数年前、テスコはメーカーの商品を並べている単なるスーパーマーケットにすぎなかった。しかし、現在では、独自ブランドをもつことで企業の外部や内部に意味づけと価値を与え、それ自体で大きな力をもち、明確な地位を確立している。テスコの狙いは、「事業を成長させ、顧客の生涯ロイヤルティを獲得するために価値を創造すること」である。つまり、小売ブランドの製品戦略を転換したのである[21]。

イギリスは食品小売業が非常に力をもっているという点で特異な状況にあり、小売業者とサプライヤーの興味深い関係を生み出している。次節では、これが流通チャネルにどのように影響するかについて述べよう。

4　イギリスの食品業界におけるパワーと競争

イギリスにおける小売業の上位4社は、食品小売の販売額の80％を占めている。また、イギリスの流通システムにおけるパワーも食品ブランドをもつメーカーから小売業者へと移ってきた。小売業者が、単なる取引業者としてではなく一つのブランドとして競争し始めると、様々な重要な情報や力を得るようになる。イギリスの食料品チャネルは、**管理型垂直マーケティング・システム**（以下、管理型VMS）の特徴をもっている。管理型VMSとは、サプライチェーンにおいて調整が行われている状態を指す。小売業者は、従来のような関係、

表9－1　小売ブランドの技術

	第1世代	第2世代	第3世代	第4世代	第5世代
ブランド形態	ジェネリック；ブランドなし	独自レーベル；自社ブランドとしてのサポートなし	自社ブランドとしてのサポートあり	拡張された小売ブランド　例：特定セグメント向け小売ブランド	企業ブランド
戦略	ジェネリック型；ブランドなし	低価格コピー型	主要ブランドの摸倣型	付加価値型	企業ポジショニング型
目的	マージンの増加、価格設定の選択肢	マージンの増加；参入価格を設定することによってメーカーの力を弱める。より良い価値（品質／価格）の商品の提供	カテゴリーマージンの強化；品揃えの拡大　例：カスタマーチョイス；消費者に小売業者のイメージを確立	顧客ベースの拡大と維持；カテゴリーマージンの強化；いっそうのイメージ向上、差別化	強力でポジティブなアイデンティティと業務を確立、消費者にとって第1選択肢となる。ステークホルダーを満足させる。
商品	基本的で機能的商品、コモディティー商品	定番もしくは基本的な商品ラインを大量に	大きいカテゴリーの商品；主要販売アイテム	イメージ形成商品グループ；量をおさえた幅広い商品（ニッチ）	企業そのものと、その有形無形要素
技術	単純な生産プロセスと基本技術	市場リーダーに比べると遅れた技術	ブランドリーダーに近い	革新的技術とプロセス	ステークホルダー・リレーションシップ・マネジメント
品質／イメージ	メーカーブランドと比べると低い品質と劣ったイメージ	中程度の品質だが、主要メーカーブランドに比べると低く、二番手ブランドと知覚される	ブランドリーダーと比較可能	ブランドリーダーと同程度もしくはそれ以上で、ブランドリーダーより革新的で差別化された商品	組織全体を通じた品質と一貫性
価格ポジション	トップブランドより20％以上安い	10～20％安い	5～10％安い	知名度のあるブランドと同じもしくは高い	価値の提供に焦点
消費者の購買動機	価格が購買の主要ポイント	価格がいまだ重要	品質と価格の両方（例：お買い得価格）	上質で特徴ある商品	信頼
サプライヤー	国内、非特化	国内、一部は自社ブランド商品の製造に特化	国内、大半が自社ブランド商品の製造に特化	国内外、大半が自社ブランドを製造	革新的パートナーシップ

参考：第1から第4世代については、Laaksonen and Reynolds (1994), Dawson (2001) より引用。

すなわちチャネル・メンバーが漠然と次のチャネル・メンバーとの**二者間関係**に焦点を当てている関係から脱却している。

二者間関係とは、小売業者とそのサプライヤー、小売業者と消費者といった一対の関係を指す。従来の関係では、多様なチャネル・メンバーによって異なる機能や活動が反復されるため、チャネル機能および活動に非効率性をもたらしていた。この従来のシステムにおける関係は、短期的インタラクションとして特徴づけられる。

単発取引と継続取引について先述したことを思い出してもらいたい。単発取引とは市場であり、継続取引とはヒエラルキーであると述べた。それに対して、管理型 VMS ではすべてのチャネル・メンバーが一直線になっている。このようなチャネルでは情報共有が基盤となっており、チャネルは協調的で長期的になる傾向がある。また、管理型 VMS はパワー関係を含んでいるが、パワーの用い方は修正されている。[22]

イギリスの食品小売業界のように寡占的な市場の場合、一つないし二つのチェーンが他の下位企業を犠牲にして市場地位を維持するマーケット・パワーをもてば、市場は独占もしくは複占の様相を呈することになる。

規模の拡大が効率化と適切な運営、投資に用いられれば、消費者に恩恵をもたらすことになる。効率性が上がれば組織内のコストを削減することが可能であるし、より多くの投資資金が得られる。バート＆スパークスは、これを「**成長の輪**」と呼んでいる。成長の輪は、規模、投資、そして効率的な資産運用によって動かされており、販路と組織の両方のレベルで発展する。

いくつかの企業は、他社よりも早いペースで売上を伸ばしている。そのため、成長の輪は**成長スパイラル**となる。成長スパイラルが早くなるにつれて**参入障壁**は高まり、競争力の低い企業がこのスパイラルに留まるのを難しくさせる。[23] 多くの場合、参入コストが高くなりすぎて他の企業が市場に参入することは難しくなる。

バート＆スパークスは、イギリスの食品小売業がいかにこの現象を経験したかについても説明している。郊外に立地する大規模店は、より大きな売上を上げることによって建物占有費や運営費、そして流通費を広く分散できるために低コストという恩恵を受ける。こうした優位性は、より多くの顧客ベネフィット、例えば、より幅広い品揃えやアクセスの良さ、そして駐車場の使いやすさとより長い営業時間の確保を可能とするため、売上の増加につながる。売上の増加、売上密度（１平方メートル当たりの売上）の上昇、単位当たりコストの削減によって、企業は既存店および新規店における投資額を増やすことができるようになる。[24]

5　有力チェーンの市場動向

有力チェーンは、自社のパワーを利用して二つの方向において競争を管理することができる。一つは垂直的な競争においてで、これはサプライチェーンのマネジメントによって管理できる。もう一つは水平的な競争においてで、これは競争業者のコストを上昇させ、参入障壁の創出によって管理される。

垂直統合というコンセプトのように、垂直的な競争というコンセプトは、サプライチェーンの川上か消費者のいる川下に拡大することによって行われる。一方、水平的な競争は同じレベルの流通チャネルをもつ企業群、すなわち小売業者間において展開される。

バート＆スパークスは、イギリスのような市場構造のケースでは、この二つのコンセプトを調和させて捉えなければならないとしている。有力企業が進化するための一つの方法は、競争業者のコスト・ベースに迫る一方で、自社のマーケット・パワーを消費者に対する小売サービスの魅力向上のために用いることである。その一例は、物理的な施設の強化であろう。有力企業であれば、市場支配による長期的な利益を期待して、短期的には小売マージンを減らして運営コストにまわそうとするであろうし、またそれが可能だろう。また、このような行動が業界標準となると、有力企業の１社ないし２社が他社の競争的な行動を左右するほど強大になり、業界の競争的な課題とコスト構造を確立するようになる。[25]

垂直的な競争

仕入原価は小売業者にとって最も大きな支出であり、イギリス食品ビジネスの売上の75～80％を占めている。小売価格維持制度（RPM:Retail Price Maintenance）の撤廃以降、小売業者は仕入取引において自由に交渉し、価格と小売マージンをコントロールするようになった。また、集中仕入によって小売業者は仕入量をベースとして取引交渉をより広範に行うことができるようになっている。

情報管理は、垂直管理型システムのもう一つの重要な特徴である。情報技術（IT）への投資によって、サプライチェーンにおける商品の流れをより精緻にモニターすることができるようになった。これは、集中流通や優れたロジスティックス・システムと相まって効率性をより一層高めた。テスコとウォルマートの集中ロジスティックス・システムは、このような戦略的なツールを大いに活用している。[26]

チャネルを一つのシステムとして見てみると、コストは、**サード・パーティ・ロジスティクス（3 PL）**といった最も低いコストで実現できる業者に移っていく。これは、顧客にロジスティクス・サポートを提供する専門企業である。

大企業では、十分な価値を付加できない業者を**指定解除**することによってサプライヤーの数を削減しており、サプライヤーリストをごく限られた数の献身的な業者に絞り込んでいる。指定解除するということは、サプライヤーリストからある企業を削除することを意味する。このような動きは、リストに残ったサプライヤーの依存度を上昇させる一方で、リストから外れたサプライヤーは有力取引企業から規模の経済性の恩恵を受けることがなくなり、コストの上昇に見舞われるため供給サイドの市場構造に影響を与える。[27]

品揃えの強化は、垂直管理型システムにおいて可能な方法である。何故なら、小売業者が高品質と革新的な製品によって特徴づけられる、本当に差異性のある小売ブランドを提供するためにサプライヤーと密接に協力して取り組むからである。このような品揃えの強化は、イギリスの小売ブランドの特徴であった。

インスタント食品といった新しい製品分野は、メーカー・ブランドではなく小売ブランドを通じてイギリスの消費者に提供されてきている(28)。

水平的な競争

水平的な関係において有力企業は、消費者ニーズへの働きかけを通じて売上を伸ばし、販売密度を高める活動にマーケット・パワーを用いて投資することが可能であり、これがブランドの構築につながる。そのため、次に挙げる方法によって小売業者はこれを行うであろう。

❶平均以上の資本投資プログラム
❷サービスの追加
❸労働コストの割増
❹ブランド構築のための販売促進費増加
❺ロイヤルティ・カードによる顧客維持

これらの活動を説明するために、再びバート＆スパークスの文献に触れてみよう。

❶平均以上の資本投資プログラム――寡占的な市場状況の発展とは、主要な小売業者が似通った戦略を追求し、郊外にスーパーストアをオープンさせ、すべての企業がコストを増加させるということを意味する。各社は、同じような好立地の取得を競い合うことになるが、有力チェーンは資金的な余裕があるため、財務力をもってこのような立地費用を競り勝つことができる(29)。
❷サービスの追加――デリカテッセンやパン屋、薬局、郵便局、そしてクリーニングといったサービスの追加によって、消費者に対して店舗の魅力度をより高めることができる。しかし、これらのサービスは、コスト高となり他分野の販売効率を高めないかもしれない。このようなサービスに慣れ、また期待する消費者を囲い込むことは小売業者にプラスに働く。営業時間の延長、または24時間営業といったものは確実に小売業者のコストを上昇させるが、有力企業は

こうした費用をより容易にオペレーション全体に散らすことができる。小規模な競争業者は、組織がコストを負担する能力がないにもかかわらず、サービスの追加を強いられるように感じるかもしれない[30]。

❸労働コストの割増——小売業界は、低賃金と高い離職率に特徴づけられる業界であった。サービスニーズに応えようとする企業は、離職率を下げるために研修や従業員へのインセンティブを改善した。規模の経済性によって、有力企業は組織の規模が大きいためにこれにかかるコストを分散し、市場全体の労働コストを上昇させる傾向にある。イギリスにおけるその一例は、大規模小売業者の昨今の最低賃金の上昇を受け入れられる能力であり、一方で小規模な業者はそれが非常に困難であることを証明している[31]。

❹ブランド構築のための販売促進費の増加——小売業者は、自社のストア・ブランド促進の費用を、製造業者のレベルには及ばないにせよ増加させている。販売促進費の一部は、直接的あるいは間接的に製造業者によって供給されている。しかし、有力な小売企業は、小規模企業に比べてより多くの資金をもっている。この投資は、有力な小売企業のストア・ブランドが他の競争業者より優れていると消費者に期待させるのに役立っている[32]。

❺ロイヤルティ・カードによる顧客維持——優良顧客から得られる収入は、行き当たりばったりの買い物客から得られるそれよりはるかに大きい。ロイヤルティ・カードによって、店は顧客の理解と維持に役立つ顧客に関連する情報をより多く得られるようになった。しかし、ロイヤルティ・カードの管理は高くつく。報償もしくはインセンティブにかかる費用の一部はサプライヤーによって提供されているが、サプライヤー側は十分な規模をもった小売業者のロイヤルティ・プログラムにより投資したいと考えている。何故なら、運営規模の点で、小規模チェーンに比べて有力小売業者はプログラムにかかる費用を相殺するにおいて有利な立場にあるからである。ちなみに、アズダとセイフウェイは、管理コストがかかるためにロイヤルティ・プログラムを廃止している[33]。

地元マーケットの取引反応

有力小売チェーンは、国家的あるいは組織的な要素に影響を与える規模であるが、競争業者のコスト構造に圧力をかけるために地元の競争にも影響をもっている。その例として、営業時間の延長や平均を上回る労働賃金の支払い、サービス拡張の導入、そして価格先導や価格適合など地元の競争的な価格設定といったものが挙げられる。有力企業は、その規模ゆえにこれらのコストを吸収可能な能力を有しているが、小企業は一般にそうした能力をもちあわせていない[(34)]。

イギリスの有力小売企業の一つとして、テスコは成長スパイラルをコントロールしてきた。一部の企業（例えば、セインズベリーやセーフウェイ［現在はWm. モリソンが所有］）は、自社の市場地位を維持することがますます難しいことに気づき、その他の企業（サマフィールド、アイスランド）は成長スパイラルに留まれるよう奮闘している。また、アズダは、ウォルマートからの資金導入という強みがある。

最終的に市場状況は、テスコとアズダ／ウォルマートの複占状態となり、競争的な環境となるかもしれない。集中化した市場状況と新店舗建設に対する計画規制によって、イギリスの小売システムへの新規参入は、事実上、買収以外の手段では不可能となっている[(35)]。

イギリスの食品小売分野は、小売業者のパワーがシステムを変容させる古典的なケースである。次に、多数の企業が優勢であるイギリスの非食品小売分野について考察しよう。

6　非食品小売業者

百貨店

百貨店は、全体の小売販売額の５％を占めており、多くの場合目抜き通りに立地している。目抜き通りとは、商業地域の中心にあり、1本の通りというより地域のことを指す。これは、アメリカの大通りに似ている。イギリスの街では、ロンドンやリバプールのような大都市でも治安の良い商業地域の中心にショッピングエリアがある。

イギリスの衣料品市場の24%を百貨店が占め、専門店は35%を占めている。また、百貨店は DIY（Do It Yourself・日曜大工）市場の18%を占め、それより上位に来るのは36%を占める DIY 専門店のみである。(36)

大規模複合小売分野は、1990年代から2000年代にかけて非常に激しい変化があった。合併、**会社分割**、合併に向けての協議、そして失敗した負の投資といったすべてが市場を変えた。フェンウィックス百貨店はベントールズ百貨店を2001年に買収し、これは非常に成功を収めた。そして、アルゴスは GUS グループの傘下に入った。

会社分割は、ある企業がグループから離脱することで起こる。セルフリッジ百貨店は1998年に小売コングロマリットであるシアーズから会社分割された。同年、デベンハムズ百貨店はバートン（現在、アルカディア）グループから分割された。そして、BHS 百貨店は2000年にストアハウスグループから会社分割され、2001年にはウールワースがキングフィッシャーから分割された。これらの結果として、多くの複合小売業がロンドン証券取引所に名前を連ねることになった。デベンハムズ、ウールワース、ハウス・オブ・フレイザー、そしてセルフリッジは、いまや独立して上場会社となっている。(37)

伝統的な雰囲気と高品質で知られるジョン・ルイス百貨店はイギリス全土に26店舗しかないが、国内では最大規模の百貨店グループである。同社は2012年までに10店舗を追加する計画で、この中には北アイルランドへの初出店舗も含まれている。40,000人もの正社員とパート従業員を抱えるジョン・ルイスは、国内最大の従業員共同経営会社である。(38)

セルフリッジと高級百貨店であるハーベイ・ニコルスも成功を収めている。顧客の財布の奪い合いでは、マス・マーチャンダイザーによる価格引き下げとも相まって百貨店の一層の高級化戦略が功を奏した。

プライベート・ブランドが、複合小売業者にとってはますます重要な役割を果たすようになってきている。マークス&スペンサーの商品は、常にすべてがプライベート・ブランドである。アルゴスとハウス・オブ・フレイザーは、ブランド商品のマーチャンダイジングに力を入れており、ウールワースやデベンハムズなど他の百貨店は、ブランド商品とプライベート・ブランドの組み合わせで販売している。また、マークス&スペンサーは、女性向けデザイナーウェアとして「ペル・ウナ（Per Una）」や男性向けに「パーフェクト・アンド・ブルーハーバー（Perfect and Blue Harbour）」といった重点的プライベート・ブランドに力を入れている。同社はまた、「エンハンス（Enhance）」という独自の化粧品ラインをもっている。これ以外にも、デベンハムズは70%がプライベート・ブランドで、2004年には税引き前の利益が123%増加した。同社は新たに4店舗を開店させ、2%だった市場シェアを16%にまで拡大している[(39)]。

2005年、ハウス・オブ・フレイザーはジェナーズとビーティーズという二つの百貨店を買収した。ジェナーズは4店舗あり、プリンセス・ストリートのつきあたりにある11,700平方メートルの百貨店がその最初のもので、その通りのもう一方のつきあたりにはハウス・オブ・フレイザーの1,524平方メートルの店舗があった。

ジェナーズはイギリスで最も古い独立系の百貨店で、1938年から営業している。一方、ビーティーズは12店舗をもち、ハウス・オブ・フレイザーは67店舗を所有している。これら三つの異なる百貨店を組み合わせることによって、いくつかの経済性が発揮される。

ビーティーズは各店舗を独立した単位として運営しており、店舗レベルにバイヤーがいた。ハウス・オブ・フレイザーは集中仕入を行い、各店舗の空いたオフィススペースを販売スペースに変換する予定である。またビーティーズは、ハウス・オブ・フレイザーと比較すると営業権スペースの比率が高い。

営業権スペースとは、百貨店内の売り場でサプライヤーにリースされる区域のことを指し、そこでサプライヤーはどのような商品を置くか決定していく。営業権スペースでの販売は、メーカーが商品を店舗に並べ、小売側が実際に売れた商品分だけを支払う**委託販売システム**に似ている。小売店は物的スペースを提供し、メーカーのショールームとなるのである。

ハロッズ百貨店の食品売場。博物館のようである

ここで覚えておいてほしい重要なことは、小売業者のもともとの機能は商品ラインの組み立て役を果たすことであり、多様な商品をふるいにかけ、顧客のためにその一部を選択することであったということである。小売業者は、商品に対するゲートキーパーであったのだ。小売業者がメーカーにどの商品を店頭に置くかを決定させるようになったことで、百貨店は最も重要な機能を引き渡してしまったのである。そして、チャネル・メンバーは、顧客に対してどれほど付加価値を提供できたかを基本として利益を受け取っている。サプライヤーが商品の組み立て役となった時、彼らは利益からより多くの取り分を得るようになった。サプライヤーは、リスクを取ることでより多くの利益を得たのである。

ビーティーズにおける営業権スペースの販売額は全体の42％を占め、それに対してハウス・オブ・フレイザーでは32％であった。そして、営業権スペースにおける粗利益は直接仕入より15％も少なかった。しかし、このような売り場スペースを直接仕入へ変換することで粗利益を大きく改善することができた。ハウス・オブ・フレイザーのプライベート・ブランドの売上が10％であるのに対して、ビーティーズのそれは５％であった。これもまた、商品をプライベート・ブランドに置き換えることによって大幅に売上増を図ることができた。[40]

イギリスの小売業を一つしか知らない人がいるとすれば、その店はおそらくハロッズ百貨店であろう。同店の、半期に一度のセールスは伝説的に有名である。ハロッズを訪れる人は、そこでエリザベス女王やチャールズ皇太子に出くわすことを想像するかもしれない。

私も、最初にハロッズを訪れた時は、店内の雰囲気に驚かされた。店は百貨店というよりは博物館のようであった。ここを訪れるアメリカ人は、この有名百貨店でも食品を販売していることにしばしば驚かされる。また、ほかにも驚かされたことがある。私が同店を訪れた際、バグパイプ奏者の一団が演奏しながらハロッズの店内を行進していったのである。

その他の小売業者

マークス&スペンサーは、金融サービス事業を売却し、コンセプトストアであるライフストアを閉店させ、単独型の食品小売業態のシンプリーフードの展開をストップしなければならなかった。イギリスのサプライヤー達への貢献という点でマークス&スペンサーは有名であるが、同社はコスト削減のためにその仕入先をインドへと移しつつある。また、仕入ベースも減らし、価格引き下げ交渉をも可能にしている。そして、マークス&スペンサーは海外市場からも撤退している。

マタランは、イギリスで最も成功したファッション小売業者である。同社の商品には、かなりの安価で仕入れて販売される有名ブランドも含まれており、アメリカのディスカウントストアに似ている。マタランは、有名ブランドやプライベート・ブランドの衣料品やインテリアを混合して提供している。同社のモットーは、「高級品質を半額で」である。

専門店チェーン

イギリスの専門店は、その海外への積極的な事業拡大が世界的に評価を得ている。例えば、ボディショップやタイ・ラックは、ほとんどのアメリカ人がイギリス企業であることを知って驚くほどアメリカの小売風景の一部となっている。イギリスの専門店は、非食品品目において他のどの小売業態より大きい市場シェアをもち、非常に特定された顧客ターゲット市場に焦点を当てている。

こうした小売業者は、たいていの場合グローバル拡大戦略をとっており、成功した小売業態をどこに進出する場合も複製している。

ネクストは、イギリスで３番目に大きい衣料品小売業者である。同社は急速に成長しており、その店舗規模をも拡大させている。ネクストは国際的に展開してきており、コペンハーゲンにオープンしたあと、アイスランドではフランチャイズ店もオープンさせた(41)。マークス＆スペンサーにとって最大の競合企業であるネクストは、ここ数年間にわたって二桁成長を続けている。同社は、ファッション性の高い衣料品を「お買い得価格」で提供することに焦点を絞っている。

アルカディア・グループはマークス＆スペンサーの乗っ取りを企てたが、失敗に終わった。同グループの現在の戦略は、マークス＆スペンサーから市場シェアを奪うことである。アルカディア・グループは多様な小売店の看板を抱えており、この中には「ドロシー・パーキンス」、「ミス・セルフリッジ」、「ウォリス」、「トップショップ」、「エバンス」、「バートン」、そして「トップマン」が含まれる。

ポンドランドは、イギリス版の１ドルストアである。取扱商品には、スナック、菓子、パーソナルケア・アイテム、生活用品、ガーデニング用品、ペットフード、ノベルティ品などがある。ポンドランドは、当初、この業態と取引することによってブランドに傷がつくかもしれないというサプライヤーの恐れを払拭しなければならなかった。こうした不安を打破し、現在ではメーカーから直接仕入れることができている。同社は、大量注文を行っているため、サプライヤーと良好な関係を構築している。スーパーとは異なり、ポンドランドのバイヤーは即決可能で、上場契約や棚割表に縛られていない(42)。

スウェーデンのアパレル小売業であるヘネス＆モーリッツが展開する H&M は、イギリスに79店舗をもち、100店舗を抱えるドイツに次いで２番目に大きな市場となっている。2005年、H&M はファッションデザイナーのステラ・マッカートニー［Stella Nina McCartney、1971～］と組んで女性向けコレクションをデザインした。H&M は、24か国に1,000を超える店舗を展開している(43)。

ディクソンはイギリスの主要家電小売業であり、「カリーズ」、「PC ワールド」、「ザ・リンク」の名で店舗を展開している。また、GUS のホームセンターであるホームベースは B&Q の主要ライバルであるが、その売上は B&Q の半分以下である。そして、IKEA（イケア）はイギリスに11店舗を展開し、ドイツに次いで第2に大きい市場となっている。業績改善のためにイギリス IKEA（イケア）の最高経営責任者は運営の分権化を図り、店舗レベルでより多くの意思決定が可能になるようにしている。

家庭用品小売業者

キングフィッシャーは、イギリスの主要な家庭用品小売業者である。最近では、家電販売部門であったケサ（Kesa）をスピン・オフさせた。同社の売上の60％近くはイギリスで展開する B&Q のものであり、25％は2003年にキングフィッシャーが経営権を取得したフランスの「カストラマ」や「ブリコ・デポ」のものである。キングフィッシャーは中国とロシアにも進出している。

同社は、既存の小規模店舗より商品ラインを3割増やした倉庫型の小規模店舗を展開しており、従来の B&Q 店より60％少ない品揃えとなっている。この新店舗で、同社は B&Q 店の規模ではサポートできない50の新市場をターゲットにすえている[(44)]。

ケサは、7か国に六つの異なる看板の下に約800店舗を展開しており、それぞれの看板は展開国における主要プレイヤーとして認められている。コメットはイギリスではディクソンズに続いて2番手につき、郊外店を運営している。フランスには家電量販店であるダーティと家具店のバットがあり、合わせて400店以上を展開し、同社の最高売上の市場を形成している。

ホームショッピング

ホームショッピングの運営においても、実店舗をもつ小売業者が優勢である。イギリスのホームショッピングの先発者の一つであるリトルウッズでさえ、百貨店規模の実店舗を所有している。

また、主要企業はすべてネット販売も行っている。これら小売業者は、成長のための資金をより多く入手できるため、新たなホームショッピング事業者の登場によってではなく、従来の小売業者が実店舗運営に追加的なチャネルを創造することによってネット販売の規模を拡大している。既存のビジネスにカタログを加えることは、特にクレジット管理や在庫管理といった小売技術の発展があることを考えると非常に魅力的に映る。多くの店舗小売業者は、売上の10%以上をこの代替的チャネルから得ている。カタログの多くは**スペシャログ（SPECIAROGS）**であり、カタログ商品に焦点を絞っている。

ホームショッピング業界では多数の合併があった。個人投資家がリトルウッズのカタログ事業とGUSホームショッピング事業（これには、創業初期からのカタログ事業であるケイズやグレートユニバーサルが含まれる）を買収し、名称も「GUSグループ」から「ショップ・ダイレクト・グループ」に変更された。ラ・ルドゥートのように、この分野では新しい事業者に比べてリトルウッズのカタログは古くさくてありきたりなものであった。しかし、与信基準が甘いために多くの低所得世帯がこのカタログを利用していた。GUSとリトルウッズを組み合わせた通販事業は、一番近いライバル企業と比較しても3倍の規模を誇っている。また、同社は、法人から消費者への荷物配達事業においても半分以上を占めている[(45)]。

純粋なカタログ事業は専門化した事業に焦点を絞っているが、これは職人もしくは手工業ベースのものである。ソファ・ワークショップ・ダイレクトやファーニチャー・アンド・ソファ・メーカーズは、より安い価格で家具を提供している。

消費者がパソコン操作に慣れてくるにつれ、我々は実店舗に背を向けることになるだろう（クリック・アンド・モルタルは、電子商取引におけるビジネス・モデルである）。売上に占めるインターネット販売額は急激に増加しており、イギリスは、いまやアメリカに次いで2番目に進化した電子マーケットである。

インターネット小売業

イギリスにおいてインターネット・チャネルの発展は、供給サイドによる研究と投資が相当量行われた結果と言える。インターネット小売は、主要な小売チェーンがその存在感を増すことによって成長を果たしてきた。WH スミス、アルゴス、そしてネクストといった大規模小売チェーンのネット上での存在感は大きく、よく知られた実店舗名と商品の受注から入金管理までを一連の作業で行う高度なロジスティックス・システムがインターネット小売に信頼感を与えている。テレビ・ホームショッピング・ネットワークの QVC は、消費者が在庫切れのものを注文できないようにリアルタイムで在庫が更新できるようにウェブサイトの強化に努めている[(46)]。

インターネット小売の多くは、テスコなどのスーパーマーケットによって開始された。主要なスーパーマーケット・チェーンは、インターネット市場の供給サイドの発展のため多大な投資を行ってきている。豊富な資金力を背景に、彼らは市場を思うままに運営してきた。テスコ、セインズベリー、そしてアイスランドがインターネット小売業者の上位3社であり、独自の配達サービスをもって流通をコントロールしている。当初は店舗から商品を取っていたが、市場の成長と共にネット向けの専用倉庫を設けた。現在は、流通のため店舗と専用倉庫の両方を用いている[(47)]。

テスコはインターネット小売業の首位企業であるが、それでも同社の2004年の販売額に占めるインターネットの売上はわずか2％にすぎなかった。とはいえ、世界的にも依然ネット上の食品小売業としては最大規模を誇っている。また、グレート・ユニバーサル・ストアの一部であるアルゴスは、イギリスで2番目に大きいインターネット小売業である。そして、セインズベリーのインターネット小売事業であるセインズベリーズ・トゥ・ユーは2000年からその営業を行っており、二つの専用倉庫と国内の53店舗を用いている。最後に、アマゾン UK はネット専門小売業としてイギリスで首位に立ち、250万もの商品を提供している[(48)]。

ここ数年は大規模店舗の新規出店を抑制する法律が強化されており、新規出店の許可を計画当局から得るのは難しい。

政府の規制

新しい労働党が政権をとった1997年から、政府と地域の計画当局によって都心郊外での新規小売開発の計画は制限されるようになった。郊外におけるショッピングセンター開発は、この厳しい計画条件の結果行き詰まってしまった。現在、都心での小売開発は新規開発全体の90%を占めている。各社は、社会的、経済的、そして環境的問題への対応としてこれを行っている。

一方、都心郊外への拡大を制限されている小売業者は、既存店の再開発やより小規模店の建設に取り組んでいる。1999年、アズダ（ウォルマート）は小型スーパーセンター（900～2,250平方メートル）を始めた。他の小売業者は、前述したようにコンビニエンスストアや小型の近隣店に取り組んでいる。

計画規制によって、巨大スーパーマーケット企業は事業拡大に際して、新たに社会的に対応したアプローチをとるようになった。スーパーマーケット・チェーンの一部はサッカークラブと組むことによって新規出店を可能にし、かつ社会的な機能を果たしているように捉えられている。その一例がミルトンキーンズ（Milton Keynes）にあるウィンブルドン FC の新しいホームスタジアムで、３万席のサッカースタジアムに9,000平方メートルのアズダ・ウォルマートが隣接している。

郊外におけるショッピングセンターの急激な増加は、都心部に悪影響を及ぼした。消費者は大規模店とワンストップ・ショッピングを好んだため、これらのセンターの人気は高まった。加えて郊外店は、一般的に営業時間が長く、日曜も開店している。

イギリスにおいて店の営業時間は地域によって異なるが、都心ではほとんどの店が、月曜から土曜の午前９時から午後５時半あるいは６時半まで営業し、場合によっては週に２日（木曜か金曜のことが多い）だけ営業時間を延長している。ただし、多くの都心店は日曜も午前11時から午後５時まで営業している。これに対して、郊外センターは毎晩８時まで営業を行っている。そして、ハイパーマーケットやスーパーマーケットの一部は、法律で6時間しか営業できない日曜を除けば毎日24時間営業を行っている。[(49)]

イギリスのほとんどの小売業者は、新しく施行された詐欺責任法によってPOS スマートカード（IC カード）の読み取り機を設置している。イギリスの食品小売業者間に広く行きわたったロイヤルティ・カードがこの IC カードに取って代わられている。

新しい詐欺法では、小売業者がクレジットカード詐欺に対して責任をとらされるようになっている。IC カードは暗証番号を必要とするため、詐欺に対してかなりの防備となる。イギリスはこうした法律を通過させた最初の国で、アイルランドやフランスもこれに追従している。無線 IC タグ技術ではアズダが進んでおり、自社のサプライヤー上位100社にもこのタグ使用を求めている。[(50)]

本章で取り扱う次の国はオランダである。小さな国であるため、オランダの小売業者は新市場を開拓して成長を遂げるために国際化しなければならなかった。

オランダ

オランダは、中小規模の小売業に対する強力な支援システムをもっている。のちの議論で明らかになるが、オランダは複数の大手小売業者を抱えている。オランダで大規模小売業者が成長した背景には、早い段階での積極的な国際化への取り組みがある。

7　歴史（バックグラウンド）

オランダは、1558年にスペインから独立した。新しい国が建設されるまでには、それから80年もの間にわたって苦い奮闘を必要とした。国家建設以降の時期は、オランダの「黄金時代」と呼ばれている。

18世紀には、世界史の中でこの小国が大きな役割を果たした。海に通じた国であることが商業大国となることを可能にしたわけである。オランダは、海外市場や植民地においてイギリスやフランスと上手く競争し、極東での貿易で栄え、ヨーロッパでは唯一長期にわたって日本への接触を許可された国であった。

オランダはナポレオン戦争中［1803～1815］にフランスに奪われたが、1813年に再び独立を取り戻し、1815年から1830年の間はベルギーがオランダ王国の一部として加えられた。オランダは欧州経済共同体(EC)の創設メンバーであり、ヨーロッパ諸国の中では密接な経済、政治統合の強力な支持国の一つであった。[(51)]

オランダは、ヨーロッパで最も人口密度の高い国である。長い間にわたってオランダ政府は、本業の成長を妨げる新しい建設地の使用を抑制してきた。つまり、店舗の拡大や拡張は広範囲に及ぶ計画制限と規制によって制限されてきたわけである。

一般的には、オランダの小売業者はいまだ国内において突出した地位を維持している。これらの企業が急速に他国へと進出していったためである。本国の市場があまりにも限られているがゆえに、成長するために国際化をしなければならなかったのだ。アルディやリドルなどのハード・ディスカウント業態が、海外の主要競合企業である。

8　食品小売業者

1887年、アホールドは小さな食料品店から始まり、いまやオランダ最大の食品小売業者へと成長した。アホールドは、世界の小売上位250社のリストの中で９位にランクしている。また同社は、「アルバート・ハイン」という名で店舗運営し、フランチャイズ化もしている。

アホールドはアメリカでも大きな投資を行っており、BI-LO、ジャイアント・フードストア、ファースト・ナショナル・スーパーマーケットを展開している。

そして、2005年にメキシコとアルゼンチンから撤退したあとは、チェコ共和国、エストニア、ラトビア、リトアニア、ポーランド、スロバキアで店舗運営を行っている。

CEO であるハイン［Albert Heijn］は、オランダでのセルフサービスを発展させたとして評価されている。セルフサービス店の開店以前に、彼はオランダの包装業界を最新化しなければならなかった。セルフサービスを導入すると、包装は消費者から商品を保護する役割を果たすために重要であった。

1990年代後半から2000年初めにかけて、同社は買収という方法で国際市場に積極的に進出した（これについては、所有形態について議論している第2章を参照されたい）。経営状態の良い小売業を買収した際に投資を行い、基本的には現マネジメントに経営を継続させたのだ。経営良好な店を購入するのであるから、これは費用のかかる進出である。最終的には、アホールドがこのアプローチを継続することは難しいように思われる。というのは、南アフリカやアジアで所有する大半が負の資産であるためだ。しかし、ヨーロッパ、特に東欧ではいまだに存在感を示している。

アホールドは、オランダでは四つの小売グループをもっている。一つはアルバート・ハインで、オランダで首位を誇る食品小売業である。また、アルバート・ハインの売上の3割はプライベート・ブランドによって占められている。

1988年、アホールドは、「C1000」という大規模スーパーマーケット・チェーンを運営する食品卸のトップであるシュイテマの株式を大量に取得した。それ以外にもアホールドは、酒類販売店チェーンの上位に位置するゲイル&ゲイルとドラッグストア・チェーン上位のエトスを所有している。また、AH XL は同社の新しいハイパーマーケット・チェーンだが、オランダではハイパーマーケットのコンセプトはいまだに初期の段階に留まっている[(52)]。

2003年10月20日、アホールドのオランダにおける子会社であるアルバート・ハインはオランダで価格戦争を開始し、1,000アイテム以上の価格を引き下げた。同社の市場シェアが2002年には27.9%であったのが2003年に26.7%に縮小したため、顧客を呼び戻そうと価格戦争を開始したのであった。

こうした値引きはすぐさま他の食品小売業者、例えばスーパー・デボア、コンマール、エダ・バナーズなどを展開する業界２位のドイツ系小売業であるラウルスによって摸倣された。ハインと同様にラウルスも市場シェアを奪い、これら上位の小売業２社がオランダの食品小売市場の44％を占めることになった。

これらスーパーマーケットは、ハイ・ロー・プライシング（高低のある価格付け）を採用していたが、ディスカウント店が市場に参入して来た際に価格の差別化が問題となった。オランダ経済が好調であった1990年代は顧客は価格にとらわれていなかったが、2000年初めの経済停滞と共に消費者支出にもプレッシャーがかかるようになった。そして、アルバート・ハイン、スーパー・デボア、コンマールとディスカウント店との価格差は８～10％から15％へと広がった。ちなみに、アルバート・ハインは、同社のサプライヤーに対して価格引き下げ分の一部を吸収するように強いている。

オランダは、付加価値型小売業者が高品質高価格商品の販売をやめ、長期に焦点を置いた価格設定を強いられたドイツや最近のイギリスのモデルに近づいてきている[(53)]。

アルディとリドルという二つのドイツ系のハード・ディスカウント業態は、オランダでの価格戦争の火付け役となった。オランダの国内企業で、これらディスカウンターとの競争に成功している所はない。そして、計画規制が一般により大きな形態の店舗に狙いを定めているために、これら２社は店舗を思うままに開店することができる。

9　非食品小売業者

ヴェンデックスはオランダの主要な非食品小売業であり、ベルギー、フランス、ドイツ、デンマーク、ルクセンブルグ、そしてスペインでも事業を展開している。ヴェンデックスの売上の４分の３はオランダから上がってきている。

同社は15の小売業態をもち、1,766店舗を展開している。これら多様な業態は、大きくは六つの部門、すなわちヘマ、ヴルーム＆ドレスマン（V&D）、ベインクフォルフ（Bijenkforf）、ドゥ・イット・ユアセルフ、アパレル、そしてコンシューマー・エレクトロニクスにグループ分けされている。

2004年、ヴェンデックスは、従業員の1,800人の削減、百貨店12店舗の閉鎖などの減量経営を実施した。また、V&D とベインクフォルフは損失を出している。V&D は、コスト削減と取扱商品やブランドの完全なリニューアルを行おうとしているし、新店舗のコンセプトも発表している[(54)]。

オランダでは小売業による土地開発は厳しく規制されており、郊外の小売店は次善の策として都心に出店している。オランダのショッピングセンターの開発数は、フランスもしくはイギリスと比べると半分程度である。

10　政府の規制

オランダは、世界で最も法的規制が厳しい国である。膨大な数の法律と規制が、商業活動のあらゆる側面と関わりをもっている。1996年に通過した法律は、小売店が午後6時以降と日曜日に営業することを認めた。また、各都市が独自の法令制定の権利を有している。

小売業者にとって、営業時間の延長は高賃金ゆえに追加コストの発生につながる。オランダではパート労働は認められているとはいえ、従業員の増加は明らかに人件費の上昇を招くことになる。

大規模小売業と小規模小売業は非常に良好な関係にある。その理由は、中小企業のための研究機関に政府が資金援助を行っているからだろう。この研究機関は、一般には大企業しか得られないようなタイプの情報を小企業に提供している。

オランダは、環境計画に基盤を築いている国の一つで、その動きは1901年に制定された住宅関連法から始まっている。これらの法律は住宅事情の改善を目的に策定されたのだが、これは同時に都市開発が国の法令の対象となったことをも意味した。当初、小売業は計画の対象外であったが、1930年代に初めて店舗もその対象に含まれるようになった[(55)]。

1930年代の経済危機の間、失業者となった者の多くはその解決策として小売業を始めた。そのため、消費者の購買力は低下したにも関わらず店舗数は大幅に増加した。これを契機として小売業界に初めて政府介入が行われ、1937年の法律制定となった。この法律によって小売業は免許取得が義務づけられ、この免許は店舗の運営能力を証明することができた店だけに与えられた。同法の目的は小売取引の改善であったが、実際の結果は店舗数の減少となった。

第2次世界大戦後には店舗施設の再建が必要となった。オランダ政府は計画的な店舗順位を定めた。そして、店舗の立地を決める法的枠組みが区画（用途地域）計画によって構築された。その結果、小売業は区画計画が許可する場所でのみ営業することが可能となった。また、既存の1937年の法律は1954年の事業立地計画法に置き換えられた。新法の最も大きな変更点は、小売免許が特定の店舗と結び付けられたことである。これによって小売業は、消費者ニーズの変化に対して店舗の多様化を通じて対応し続けることになった。

オランダ人は合意に達するという点で有名で、主要な小売団体もまた常に一致協力している。小売セクターでは、NWR（Nationale Winkerlraad、小規模小売業者の団体）と RND（Road Nederlance Detailhandel、大規模小売業者の団体）という二つの主要小売団体によって専門のロビー集団が結成されている。このロビー集団は「プラットフォーム・ディテイルハンデル（Platform Detailhandel)」という名称で、小売業者の代理として以下の点についてロビー活動を行っている。

- **アクセスのしやすさ**——小売店舗への、そして店内でのアクセスのしやすさの向上に関して。
- **空間開発**——小売空間の拡大可能性とその質的向上に関して。
- **税金**——小売業者に課される地方税の条件改善と種類減少の交渉に関して。
- **犯罪被害**——万引き、強盗、破壊行為など、小売ビジネスに被害を与える犯罪行為に関して。
- **支払システム**——小売業のための支払い制度や金融制度に対する料金、インフラ、規制に関して。

非必需品に対する付加価値税は19％で、これにはアルコール飲料やほとんどの非食品が含まれている。しかし、必需品（これには食品とアルコール以外の飲料が含まれる）に対する付加価値税は6％に留まっている。

オランダの小売業者のすべてが二つの主要な雇用法のいずれかを順守しなければならない。最も一般的な雇用協定は労働協約（CAO：collectieve albeidsovereenkomst）で、これは従業員の権利と資格に関わるあらゆる側面についての規則、規制、手当について詳細に記されたものである。この中には、従業員の権利と責任に関わる給与スケジュール、規則、そして手当についての記述などがある。もう一つ重要な協定は、経済停滞に対応して2003年に結ばれたものである。ここでは、小売業者と従業員双方にとって有益な雇用問題について明記してある[(56)]。これは、小売業の労使関係において敵対的な性格が見られるアメリカと大きく異なる点である。

11　インターネット小売業

オランダは、パソコン普及率とインターネットの利用率が高いため、世界で最も技術的に進歩した国の一つと見なされている。2005年には580万人以上のインターネット利用者が個人目的でウェブを閲覧しており、その内38％が何かをネット上で購入している。オランダの人口統計的な特徴がインターネット小売業の状況を独自のものにしている。オランダは世界で最も人口密度の高い国の一つで、ほとんどの人が都会に住んでおり、3世帯の内1世帯はコンピュータを所有している。

オランダの通販業者は、伝統的な通販とオンライン販売の間にシナジー効果があるためにオンライン事業の開発に力を入れている。第1位の通販業者であるヴェーカンプは、自社売上の15％をネット販売から得ている。また、競合企業であるネッカーマンもネット販売額の増加に積極的に取り組んでいる。

Bol.com は、インターネット小売**専業**、つまり実店舗をもたずにウェブ上にのみ存在していることを意味する。それとは対照的にアマゾンはオランダには存在しておらず、オランダ語のサイトさえもっていない。オランダでは、国内で出版されるすべての書籍が再販売価格維持制度の下にあり、価格競争が排除されている。ただし、国外で出版された書籍には適用されていない。

12 現金持ち帰りの会員制大型ディスカウント店

スリグロ食品グループ、ヴェン・グルーサンデルセントラム、メトロ・キャッシュ&キャリー、ハノス国際ホレカ・グルーサンデルがこの分野での競合企業である。オランダの現金持ち帰りの会員制ディスカウントストアは純粋な卸業者として運営しなければならず、厳しい建設計画法のためにこの国に進出する余地はほとんどない。

13 プライベート・ブランド

オランダのプライベート・ブランドは、品質テストで主要ブランドに勝るほど品質重視に移行しつつある。ほとんどの大規模食料品店において、棚スペースを占める割合は一級ブランドが70%、プライベート・ブランドが20%で、その他のブランドが10%である。多くの小売業者は、三つのレベルのプライベート・ブランド、すなわち高級、標準、低価格を展開している。低価格の百貨店であるヘマは、自社のプライベート・ブランドから売上の80%を得ている。[(57)]

第10章

ドイツとフランスにおける小売業

第９章では、イギリス・オランダという地理的にも文化的にも類似点が見られる諸国の小売業について述べた。本章ではドイツとフランスの小売業を取り上げるが、これらの両国には文化的な視点から見て類似性は見られない。しかし、本章でこの二つの国を議論しようとしているのは、この両国の小売発展のプロセスが類似しているという理由からである。

ドイツとフランスでは、百貨店、食料品店、専門店という消費者にとって価値のある業態が生まれて発展してきた。この両国は、常に小売業の革新者であったのである。さらに、この両国の小売業は国際的に事業を展開し、次々と新しい市場に参入しており、進出した現地の競争環境における脅威となっている。

本章では、ドイツとフランスにおける小売業の発展のプロセスや、各業態の特徴、また政府規制の中での行動を見てみたい。

ドイツ

1　国家の背景

ドイツ帝国の成立〜東西ドイツの分断

1871年、ドイツ帝国が成立すると経済や社会は急速に発展し、産業面ではイギリスやフランスを凌ぐほどにまでになった。ドイツ帝国は1914年に黄金期を迎えるが、当時の首脳陣は野心的になりすぎたがためにヨーロッパの列強諸国と対立することとなり、それは第1次世界大戦へとつながっていった。1918年のドイツ帝国の敗北とその崩壊は、国家を弱体化させ、第1次世界大戦後の経済的な問題は過激主義の台頭を招き、1933年にはアドルフ・ヒトラー［Adolf Hitler、1889〜1945］のナチス政権を生み出した。そして、ナチス政権下でのドイツの軍事的な拡大は第2次世界大戦へと発展していった。

東西ドイツを分断していたベルリンの壁（提供：AP/wide world photos）

第2次世界大戦に敗北したドイツは4地域に分割占領される。それぞれの占領地は、第2次世界大戦における連合国であったアメリカ、イギリス、フランス、ソビエト連邦の管理下に置かれ、それぞれ単独の経済・行政単位として扱われた。そして1948年には、東欧への勢力拡大を狙うソビエト連邦によってベルリンの閉鎖が行われ、ドイツは東ドイツと西ドイツに分裂した。

ドイツ統一と小売業

1989年11月にベルリンの壁が崩壊して1990年10月に東西ドイツが統一され、二つのドイツは一つの国家として再スタートをする[(1)]。この東西ドイツの統一は、小売業界にも大きな衝撃をもたらした。統一前、東ドイツの国民は国営の小売店からしか消費財を買うことができなかった。これらの店舗は主に必需品しか取り扱っておらず、贅沢品は資源の浪費として見なされていた。購買できる品物が少なかったために東ドイツの国民は収入から不釣り合いなほど多額のお金を蓄えていたが、ベルリンの壁崩壊後にこれらが一気に放出されることになった。

東西ドイツが統一する直前の1990年の前半、東ドイツの国民は「コンシューマー・ツーリズム」を標榜し、西ドイツまで買い物のために旅行をしに出掛けたほどであった。西ベルリンの小売業の売上は1991年の上半期で24％増を記録したが、同年の下半期には10％も落ち込んだ[(2)]。また当時、通信販売の企業も統一によってメリットを受けている。

さらに、こうした需要に対応すべく旧西ドイツの小売業者は、旧東ドイツの領域に店舗が開設できるまで、商品を詰め込んだトラックを東ドイツの主要な都市の路上に駐車して移動式の小売店として営業したのである。こうした東ドイツにおける高水準の需要の高まりは統合ドイツの好景気をもたらしたが、それは短期的なものであったし、1992年、1993年と景気は後退していった。統合による好景気の終焉や公債による投資、旧東ドイツ再建のための税負担など、新しい国家への統合は痛みの伴うものであった[(3)]。

今日のドイツと小売業

今日のドイツは、いまだ社会的変動のまっただ中であると言える。東西の経済格差は埋まらず、また経済がグローバル化され、高い賃金がかかるドイツ人の仕事は国外に移転されている。その結果、中流階級は衰退して低所得者も増加している。この傾向は、消費者の店舗選択におけるディスカウント業態への選好を強める一要因となろう。

さらに、今日のドイツは、人口に比して小売店が多すぎるというオーバー・ストア状態になりつつある。競争が激化し、小売業は生き残りのためにより過酷な状況に巻き込まれているのである。1970年代末、都市における小売業の75％が中小の独立小売業者であったのに対し、現在その割合は25％以下にまで減少しており、都市にある多くの店舗が高い賃料を払い、付加価値の高い場所を借りることができる資本力の豊かな巨大小売チェーンに属しているのである。(4)

2　政府による制度・規制

ドイツは西欧で最も人口の大きい国であり、その経済規模も世界で第３位の国家であるものの経済成長は停滞している。その原因の一つとして、厳しい規制の存在が挙げられる。また、ドイツにおける小売業は、ヨーロッパの中で最も小売業に対する厳しい制度や規制が存在する国家の一つと言われる環境の中で事業を展開している。

ユーロの導入と低価格構造の成立

近年において、ドイツの小売業が制度的に大きく影響を受けたのがユーロへの通貨移行である。2002年にドイツ・マルクからユーロへと通貨が移行し、その時「ユーロ・ショック」と呼ばれた消費支出の減少が起こった。消費者は、マルク建てよりもユーロ建てのほうが製品の価格が高くなっていると感じ、また実際、いくつかの小売業者はユーロへの移行に乗じて値上げを行ったのである。

しかし、アルディなどのハード・ディスカウント業態は低価格戦略をとり、ドイツの食品雑貨の小売分野の構造に大きな影響を与えた。これによって成立した低価格構造によってドイツの小売業者は、ヨーロッパの中でも最も低い利益率の下でビジネスを行わねばならなくなった。また、いくつかの小売業はユーロ導入を値上げの材料として用いたが、ユーロ・ショックによりその戦略は裏目に出てしまったのである[5]。

労働者に関する制度

低価格構造の中で生き抜くために、小売業者はパートタイム労働者に過度に依存するようになった。しかし、その状況は政府の規制によって変わりつつある。

2000年までは、週15時間以下の就労で１か月当たり630ドイツマルク以下の収入しか得られなければ、雇用主・被雇用者とも国民保険料を負担しなくてもよかった。しかし、現在の法律では、雇用主に１か月一律10％の健康保険と12％の年金保険料を負担することが義務づけられ[6]（400ユーロ以下の収入である労働者を除く）、パート労働者の雇用にも高いコストがかかるようになったのである。また、ドイツでは、パートタイム労働者は雇用者の意向にかかわらず、自分が何時間、そしていつ働くかということを自由に決定できる権利を有している。

さらに、ドイツの小売業者にとって最も大きな障害となっていると思われるのが労働組合の影響力である。国は、労働組合の代表者が取締役会に加わることを義務づけている。また、共同決定制[訳注１]では、大企業の監査役会の半分は労働者と組合代表者が占めることを求めている。このことは、企業の経営を弱体化させることになり、企業の経営者は自らの地位を維持しようと思うと過度なまでに労働者に影響されるという結果をもたらしている。また、この法律は、投資市場としてのドイツの魅力を弱くしているという側面ももっている[7]。

閉店法

ドイツでは、1956年に制定された閉店法（Ladenschlussgestz）という法律

（訳注１）（mitbestimmung）労働者の代表を企業経営の意思決定に参加させる制度。

が存在する。2003年に緩和されるまで小売店舗は、平日は午後6時30分まで(木曜日のみ午後8時30分まで)、土曜日は午後4時まで（第1土曜日のみ営業時間を延長できる）という規制が存在していた。そして、2003年の緩和によって、これまで土曜日の営業は午後4時までであったのが午後8時まで延長された。しかし、日曜日の営業は認められず、平日の営業時間は午前6時から午後8時までである。これによって従業員は、土曜日の営業時間延長による就労で、最高50%までの追加手当を受け取ることができるようになった。(8)

不正競争防止法

不正競争防止法には、多くの価格に関する規制が含まれている。例えば、客観的に正当化できる理由があれば大手のスーパーマーケットは特売は認められているが、恒常的に中小の小売業者の仕入れ原価を下回る価格での販売は禁止されている。この法律は、マーケット・シェアを得るためにプロモーションを行ってきたウォルマートにとっては大きな問題となった。

また、2001年に規制を撤廃するまでドイツは顧客カードの発行することを禁止してたため、2003年の初頭、住民一人当たりのカードの所有枚数は他のヨーロッパ諸国のおよそ半分程度であった。しかし、ここに来て急速に顧客カードは普及している。

そして2004年には、小売業のセールは半期に一度、季節の終わりの週末に2回しか行えないという規制も撤廃された。これにより、電器製品や家具など、季節を問わない製品の値引き期間が延長できるようになった。しかし、法律が撤廃されたにもかかわらず、3分の2の小売業者が従来のセール期に値下げを行っている。(9)

またドイツでは、これまで出版社と書店との間で価格を維持する協定が存在していたが、EU はこれらの協定の存在に抵抗を示し、公正な取引が制限されていると指摘してきた。(10)そこで2002年にドイツは、すべての出版社に対して、新しく出版された本や楽譜、写真集の価格を維持するということを法律で義務づけたのである。

包装法

ドイツでは、使い捨て飲料の缶、ガラスビン、プラスチックボトルなどの容器に預託金を課すことが要求されている。そして、飲料水のサプライチェーンは連携して容器の回収システムを確立する責任を負っているのである。

具体的には、ドイツでは、自動販売機で販売される飲料水には個別の認識コードを付与せねばならない。そして小売業者は、自動販売機で販売した飲料水の容器を回収して、消費者に預託金を払い戻すための機械を用意せねばならないのである。仮にそれが不可能な場合は、周辺の小売業者と協力して空の容器を集めて返金できるようにすることが求められている[(11)]。さらにこのことは、国外からの輸出業者にまで求められ、EU はこのシステムについてドイツで飲料水を販売する外国の企業に対して不利に働いていると考えている。

ドイツにおける包装法は、一部の企業がドイツの市場への進出を見合わせるほど極端なものと言える。メトロやレーヴェのような食品雑貨の小売業者は使い捨て容器の使用を廃止しており、またアルディは、回収から最終処分にかかる費用の少ない独自の容器を導入している。多くの小売業者が、この法律を変えるべく議会へ働きかけている。

また、ドイツの小売業者は、電器製品を販売する際に預託金を課して不要になった電器製品を処分するための費用を消費者に課すことを義務づけた法律の廃止も求めている。この法律は、大規模小売業者よりも中小の小売業者にとって大きな負担になっていると主張しており、その撤廃を求めているのである[(12)]。

土地の利用に対する制限

ドイツでは土地利用に対する制限も厳しく、多くの市街地の利用を制限している。特定の種類の小売店の規模を制限する法律が存在し、小売業者に700平方メートルまでの店舗面積しか認めていない。ドイツの食品小売業協会は、現在の法体制ではスーパーマーケットと対抗するハード・ディスカウンターに不公平なアドバンテージを与えていると主張し[(13)]、政府に対して働きかけを行っている。また、巨大な小売店舗やショッピングセンターを建設するには認可が必要となり、その認可までに10年もかかることは周知の事実である。

株式会社運営に対する制限

ドイツでは、多数派が95％以上の株式を有していなければ、少数派の株主が多数派の主張する事柄を阻止できるという権利が与えてられている。そのため、スパーの主要な株主である ITM のような企業は、少数派の株主の束縛から逃れるために95％以上の株式保有を目指している。というのも、ITM は事業の再構築のためにスパーを手放したいと考えているからであるが、そのためにはどうしても95％以上の株式を保有する必要があるのだ。

物流に対する制限

2005年、ドイツに新しい道路の通行料金制度が導入された。このことは、小売業者やその供給業者の物流面において大きな負担を強いることとなった。地域にもよるが、小売業者は３～18％の輸送コストの増加となった[(14)]。

3　ドイツの主要小売業者

表10－１と**表10－２**において、ドイツにおける主要な小売業者を示した（国外の小売業も含む）。表を見ると、2004年度において、世界の上位100社の小売業者の内９社がドイツの企業であることが分かる。

メトロは世界第４位の小売業者であり、29か国において様々な業態を用いて事業を展開しているし、アルディは12か国においてハード・ディスカウントやスーパーマーケット業態を展開し、世界第10位の小売業者となっている。

世界第11位はシュヴァルツ・グループ（リドル）であり、19か国でスーパーセンターやスーパーマーケット、そしてハード・ディスカウント業態を展開し

表10－1　ドイツ発の主要小売業

企業名	総売上高と店舗数				国際的な地位と国外市場への進出			国内市場	
	主要業態	総売上高（単位：百万ドル）	売上高前年度比	総店舗数	世界のトップ200小売業における順位（2004年）	国外市場への進出形態	進出国数	総売上高において国内市場売上が占める割合	総売上店舗数において国内店舗が占める割合
1　メトロ	キャッシュ&キャリー／会員制ウェアハウス	70,162	5.3%	2,446	4	グローバル	29	51%	71%
2　シュヴァルツ・グループ	ディスカウント食料品店	44,777	11.0%	6,080	12	リージョナル	19	50%	46%
3　アルディ・グループ	ディスカウント食料品店	42,506	−5.6%	7,517	13	グローバル	13	64%	55%
4　レヴェ・グループ	スーパーマーケット/食料品店	40,635	1.5%	11,665	14	リージョナル	14	72%	74%
5　エデカ・グループ	スーパーマーケット/食料品店	38,993	1.0%	14,000	16	リージョナル	5	95%	90%
6　テンゲルマン	スーパーマーケット/食料品店	35,203	5.6%	7,362	23	グローバル	15	48%	72%
7　カールシュタット・クヴェレ	無店舗（通信販売）	16,385	−6.9%	220	42	リージョナル	19	85%	100%
8　オットー・グループ	無店舗（通信販売）	11,847	−3.0%	361	61	グローバル	19	56%	38%
9　アントン・シュレッカー	ドラッグストア	8,209	0.8%	13,750	95	リージョナル	19	85%	100%
10　グローブス・ホールディング	ハイパー・マーケット／スーパーセンター	5,320	4.3%	111	128	リージョナル	2	86%	86%
11　バウハウス	DIY／ホームセンター／ドラッグストア	4,884	7.8%	180	139	リージョナル	10	68%	67%
12　dm ドロゲリー・マルクト	ドラッグストア	3,828	7.5%	1,498	166	リージョナル	9	72%	47%
13　ノーマ	ディスカウント食料品店	3,506	8.0%	1,297	174	リージョナル	3	94%	90%
14　ドーレ	ハイパー・マーケット／スーパーセンター	2,995	14.9%	223	—	単一国	1	100%	100%
15　ホルンバッハ	DIY／ホームセンター	2,757	8.0%	135	—	リージョナル	8	69%	79%
16　ベルテルスマン	無店舗（通信販売）	2,705	−4.9%	600	—	グローバル	22	16%	50%

参考：Retail Forward, company annual reports and published reports

表10－2　ドイツにおける主要小売業（2004年）

企業名	本部所在地	小売セクター	主要業態	国際的な地位と国外市場への進出		
				世界の小売業トップ200における順位（2004年）	国外市場への進出形態	進出国数
Amazon.com	アメリカ合衆国	家庭用品	無店舗（通信販売）	111	グローバル	7
C&A	ベルギー	非耐久財	衣料品店	105	グローバル	15
ダンスク	デンマーク	FDM	ディスカウントストア	100	リージョナル	5
ディフェンス・カミサリー・エージェンシー（DeCA）	アメリカ合衆国	FDM	スーパーマーケット／食料品店	130	グローバル	13
デレーズ・ル・リオン・グループ	ベルギー	FDM	スーパーマーケット／食料品店	32	グローバル	9
エスプリ・ホールディングス	香港	非耐久財	衣料品店	—	グローバル	40
ギャラリー・ラファイエット・グループ	フランス	非耐久財	百貨店	138	リージョナル	2
HSN（インタラクティブ）	アメリカ合衆国	家庭用品	無店舗（通信販売）	—	グローバル	4
ハチソン・ワンポア	香港	FDM	ドラッグストア	77	グローバル	18
イケア	スウェーデン	家庭用品	家具・インテリア	44	グローバル	32
インディテックス（ザラなど）	スペイン	非耐久財	衣料品店	110	グローバル	56
ITM	フランス	FDM	スーパーマーケット／食料品店	8	リージョナル	9
リバティ・メディア（QVC）	アメリカ合衆国	家庭用品	無店舗（通信販売）	121	グローバル	4
マンゴ	スペイン	非耐久財	衣料品店	—	グローバル	76
ミグロ	スイス	FDM	スーパーマーケット／食料品店	53	リージョナル	3
三越	日本	非耐久財	百貨店	98	グローバル	9
ロイヤル・ベンデックス KBB	オランダ	非耐久財	DIY／ホームセンター	134	リージョナル	7
ステープルズ	アメリカ合衆国	家庭用品	オフィス用品	47	グローバル	18
トイザらス	アメリカ合衆国	家庭用品	玩具	68	グローバル	30
ウォルマート	アメリカ合衆国	FDM	ハイパー・マーケット／スーパーセンター	1	グローバル	11

参考：Retail Forward, company annual reports and published reports

ている。また、レーヴェ・ゼントラルは世界14か国でほぼすべての小売業態を展開しているし、エデカ・セントラルもまた5か国においてレーヴェと同様の事業展開を試みている。

世界25位のテンゲルマンもまた、16か国でほとんどすべての小売業態でビジネスを展開している。また、カールシュタット・クヴェレ・グループは23か国において百貨店、専門店、通信販売事業を展開しており、世界第37位に位置している。そして、オットーは第52位に位置しており、21か国で通信販売や専門店と会員制のウェアハウスクラブを展開している。(15)

4 非食品小売業

過去20年にわたって、ドイツの小売業は極めて厳しい時代を経験してきた。百貨店は1980年が最も輝かしい時代であり、当時は7.2%の小売シェアを有していたが、その頃からシェアは低下し、1994年には百貨店の小売シェアは4%にまで低下した。この理由の一つとして、ファッション製品に対する国内需要の低下と、それに伴って現れた低価格志向とファスト・ファッション（Fast Fashion）(訳注2)業態の成長が挙げられる。

百貨店は、新しく登場したハード・ディスカウンターに対抗するために、より低価格の商品展開を行うか、より高価格な方向へとシフトするようになった。また、消費者の支出も2極分化し、日常的な商品はより安い価格で購入することを求めるようになり、製品の品質の違いを確かに認識する時や製品が高い魅力をもつ時にのみ高価な専門店で買い物を行うようになった。こうしたことを背景として、アルディのようにセルフサービスによって低価格を追求する小売業者か、ダグラスのように幅広い製品を高いサービスと高価格で販売するというタイプの小売業者が現在は成功を収めている。そして、その二つのタイプの

(訳注2)　流行を素早く取り入れ、手頃な価格のファッションアイテムを販売する業態。ザラが代表的。

中間にある百貨店はシェアを失ったのだ。[16]

ドイツにおける百貨店業界は、集中度という点から見ると非常に特徴的な構造をもっている。長年にわたって、カールシュタット、カウフホーフ、ヘルティ、ホルテンという4社がドイツの百貨店業界の90%を支配してきた。この市場占有率は世界で最も高いものである。そして、これらの百貨店は、食品の小売に関してもかなりの売上を上げているのである。

のちに、カールシュタットはヘルティを、カウフホーフはホルテンをそれぞれ買収した。カールシュタットがヘルティを買収して以来、彼らのグループの旗艦店はベルリンにある有名なカーデーヴェーである。この店舗は1907年に設立され、1927年にヘルティグループの一部となっていた。設立当初の店舗は1943年に破壊されたが、その後1956年に再建され、1990年からは修復作業も行われている。カーデーヴェーの顧客は約3,000万人おり、その20%が外国人となっている。[17]

さらに、この二つの百貨店チェーンは他業態の大型小売チェーンと合併もしている。カールシュタットは大きな通信販売会社であるクヴェレと合併し、カウフホーフはキャッシュ&キャリー（現金持ち帰り式）の巨大小売業として世界に名を轟かすメトロに買収された。

長年にわたってドイツで百貨店業界をリードしてきたカールシュタット・クヴェレは、生き残りを賭けた必死の努力をしているところである。先に述べたように、カールシュタットとクヴェレは1999年に合併し、それ以来、業績は下り坂を辿っている。自らのコア・コンピタンス（中核能力）を超えた多角化が、現在の苦況の原因となってしまったのである。また、彼らの売上高の90%は国内での取引に依存しているため、近年のドイツ経済の停滞原因の一つともなっている。

2004年、カールシュタットは180の店舗の内の半分を閉鎖し、300の専門店チェーンや不動産業、そしてフィットネスセンターといった中核ではない資産を売却することにした。また、クヴェレとネッカーマンの通信販売部門における相乗効果を引き出すために、残り90店舗の百貨店の規模縮小を行っている。さらに、カールシュタットは、「ヨーンカサ」というデザイン性の高い雑貨やインテリアを取り扱うショップ・イン・ショップも展開している。[18]

香港を拠点とするもののドイツにおいてビジネスを展開しているエスプリは、百貨店事業そのものを縮小させ、依存度を減らしている。エスプリは主要な百貨グループを譲渡し、ドイツをはじめとするヨーロッパ各国で専門店を営業している。また、事業の軸足を卸売業から小売業へと転換している。エスプリの総売上の内半分はドイツにおけるものであり、2004年には売上高を39％も伸ばした。またエスプリは、40か国において1,000以上の自社店舗とフランチャイズ店を展開しており、その中で、H&M のようなファッション性の高い小売業者として自らを位置づけようとしており、H&M と同じく1年に12ものコレクションを生産している。

H&M は世界最大級のファスト・ファッションの小売業者であり、ドイツは彼らにとって最も大きな市場である。彼らはドイツ国内に約300の店舗を有し、ドイツでの売上高は総売上高の4分の1を占めている。また H&M は、アメリカのギャップブランドのドイツ国内における経営権を2004年に取得している。

カウフホーフは2004年にメトロに買収された。メトロはカウフホーフを立て直そうとしたものの失敗に終わっている。現在は、長年にわたって実施してきた販促活動によって売り上げ向上を図るという方針を180度転換し、高級市場に進出しようとしている。店舗の80％をギャラリア・カウフホーフコンセプトに転換し[19]、店舗を売り場で分けるのではなく、店舗の中にテナントを配置するという構成に変更した。これによって、平均以上の高品質なブランドを取り扱う専門店に似た雰囲気を醸し出すことに成功したのである。

また、ロー・コスト経営に比べてこの戦略は彼らに優位性をもたらした。カウフホーフは、このコンセプトを考案したホルテンを買収した時にそのノウハウを獲得したのである。また、そのホルテンも、戦後になってから百貨店を始めたために最適な立地を確保できなかったことが切っ掛けとなってギャラリー・コンセプトを生み出すことができたのである。

C&A は、ベルギーに本部を置くものの事業の大部分をドイツで行っており、店舗の約半分がドイツにある。C&A は11種類のプライベート・ブランドをもっており、生活衣類においては売上の100％がプライベート・ブランド商品である。

今後 C&A は、中欧、特にハンガリーとオーストリアへの拡大に焦点を当てている。また C&A は、３次元ボディ・スキャナー技術[訳注３]を活用したオーダーメードや、夜間に反射して目立つ繊維を用いた衣服の製品開発なども行っている。[20]

スペインのファスト・リテイラーのマンゴも、近年、ドイツにおいて45店舗まで拡大しており、同社にとって最重要市場の一つとなっている。

5　食品小売業

ドイツの消費者にとって、ブランド名が付加価値をもつのは稀なケースとなりつつある。このことは、ドイツの消費者にとって購買時の価格が重要な指標となっており、またノーブランドの製品にも市場が開放されるようになったということを意味している。[21]

ドイツにおいては食品小売業界の集中率が高い。ドイツ国内の食品総売上の60％以上は、わずか0.3％の食品小売業者によるものなのである。[22]ドイツでは、食品小売業者は大きな購買力と販売力を有しており、後発の食品製造業者を苦しめている。食品製造業者は非常に小規模であり、ドイツで最も集中率の低い業界の一つでもある。このことは、流通におけるパワーのアンバランスを生じさせており、大手の食品小売業者は売り手としても買い手としても寡占（Oligopsony）状態にある。[23]

買い手寡占とは、多くの供給者に対して少数の買い手しか存在しない状態のことを意味する。食品メーカーにとっては商品を売ることのできる企業が限られた数しかないため、食品小売業者に巨大な力を与えてしまっているのである。

エデカグループはドイツにおいて最も多くの店舗をもつ最大の小売業者であり、その売上高の95％は国内市場によるものである。同グループは、4,000以上の小売業者からなる14の協同組合から成り立っており、そのネットワークは9,000店舗を有している。[24]

アルディはドイツ第2の食品小売業であり、またハード・ディスカウント業態を確立した企業でもある。アルディとリドル（シュヴァルツ・グループ）との価格競争はアルディのマーケット・シェアを分かつ結果となり、こうした国内市場の激化によってアルディは国外市場にも焦点を当てている。2005年にはデビット・カードの取り扱いを始め、アルディは長らく続けてきた現金払いのみの販売方法を取りやめた。

ドイツで3番目に大きな食品小売業者はレーヴェであり、エデカのように協同組合の形式を取っている。彼らはスーパーマーケットを主要な業態とするが、ハード・ディスカウント業態や DIY、電器製品や衣服を取り扱う専門店も展開している。

シュヴァルツ・グループは、ハード・ディスカウント業態のリドルとハイパー・マーケット業態のカウフラントという二つの巨大ディスカウンターを有する企業である。ドイツではアルディを追随するという位置にあるが、他のヨーロッパ諸国ではリーダーとなっており、25ある EU 諸国の内18か国で事業を展開している。[25]

6　テレビショッピング

ドイツは、テレビショッピングが成長している地域である。最大手のテレショッピング企業は HSE と QVC である。しかし、メトロやカールシュタット・クヴェレのような主要小売業もまたテレビショッピング事業を行っている。HSE の70％近く、また QVC の75％以上が50歳を超える人が顧客となっている。テレビショッピングでは、宝石、家電製品、そして美容・健康製品が人気の高い商品となっている。[26]

（訳注3）　服を着たまま体系が測定できる技術。

7 小売業と情報技術

インターネットと小売業

ドイツは、小売テクノロジーの進んだ国の一つでもある。すべての主要な小売業者はウェブサイトをもっており、オットーやカールシュタット・クヴェレのようないくつかの企業は30～40に上るサイトを運営している。

オットー社のメインのウェブサイト（otto.de）は1995年にスタートし、現在では100,000種類に上る商品を取り扱っている。また、30か国で製品を販売しているオンライン・ショッピングセンターである Shopping 24は、1997年からドイツで事業を始めている。[27]

トレーサビリティ・システム

エデカは、2003年に牛肉のトレーサビリティ・システムを開発した。消費者は、肉牛が農場で誕生してから店舗までの経路を知ることができる。その情報を確かなものとするために DNA 鑑定も用いられており、こうしたシステムは消費者の信頼を大きく高め、高い付加価値をもたらしている。[28]

RFID 技術と小売業

メトロは、高度な技術と RFID タグの技術を盛り込んだ「フューチャー・ストア」と呼ばれる次世代型の店舗を開発した。RFID（無線 IC タグ：Radio Frequency Identification）タグは小さな部品に膨大な量の情報を記憶させることができ、個々の商品に取り付けておくことで様々な情報を記憶させておくことができる媒体である。それを活用することで顧客は商品の流通経路を知ることができるし、店舗にとっては、在庫補充の必要性や賞味期限の超過なども自動的に知ることができる装置である。また、デジタルカメラと RFID タグを活用することで、量り売り商品の価格計算も自動化できるシステムも用意されている。

実際のフューチャー・ストアはドイツのラインベルク（Rheinberg）にあり、このハイテク装備のスーパーマーケットをさらに推進するかどうかは５年間の実験を経たのちに決められるであろう。

RFID 技術の他の優れた点として、記憶されたデータを更新できるという点やバーコード・リーダーのような装置が必要ないという点が挙げられる。後者については、スーパーマーケットなどにおいて、カートに入った商品のバーコードを一つ一つレジで読み取る必要がなく、一度に約60種類のタグを読み取らせることが可能である。

他にも、例えばワインに付けた RFID タグに、原材料のブドウが生産された地域に関する百科事典的な情報やブドウ栽培の歴史、そしてグラス１杯分のカロリー情報などを記憶させて消費者に詳細な商品情報を提供することができるなど、この技術には、顧客満足を向上させ、さらに消費者ニーズの一歩先を行くという可能性が存在する。

電子調達システム

メトロとカールシュタット・クヴェレは、電子調達システムを導入している。カールシュタット・クヴェレは調達のために競売制度を導入し、これによって10％の経費節減を実現したという。

2002年には、主に電器製品の分野で1,000以上の競売を実行した。競売制度の長所は、価格に関する透明度の高さ、素早い取引、特定の買い手の専門知識や専門技術に依存しなくて済むという利点がある。また、カールシュタット・クヴェレは、グローバル・ネット・エクスチェンジ（訳注４）を通じてサプライチェーン内の情報を共有化しており、在庫予測や仕入計画の共同プロセスを円滑に進めるという努力をしている。

（訳注４）（Global Net Xchange: GNX)。世界規模の流通業者向けのＥマーケットプレイス。

8　プライベート・ブランド

プライベート・ブランドは、現在、ドイツの小売業のあらゆる領域で成長している。その発端となったのがハード・ディスカウントストアの登場であろう。アルディは、ドイツにおけるプライベート・ブランド競争で最も信用を得たと言っても過言ではない小売業者である。30年にもわたる努力の結果、彼らは素晴らしいプライベート・ブランド商品を販売しているという評判を高め、さらに、プライベート・ブランドは低品質という汚名を払いのけることに成功したのである。

現在、ほとんどの小売業者がプライベート・ブランドを導入しており、テンゲルマンは1,000以上ものプライベート・ブランド商品を販売している。当初、食品雑貨店のプライベート・ブランドはナショナル・ブランドのものよりも劣っていると考えられていた。しかし、小売業者は自社のプライベート・ブランド商品の品質向上を続けた結果、現在では大部分のドイツの消費者が、ほとんどのプライベート・ブランド製品がナショナル・ブランドよりも上であると感じている。また、多くの小売業者は、プライベート・ブランドを細分化し、品質の差によっていくつかのラインを用意したり、オーガニック製品のような特別なラインを設けたりしている。

フランス

9　国家の背景

フランスは、常にヨーロッパにおける交差点であった。フランスは、ルイ14世［Louis XIV、1638～1715］が支配していた時代、ヨーロッパにおいて最も力を有していた。しかし、ルイ14世の野望が大きすぎた理由で18世紀のフランスは財政難に直面した。そして、悪化する経済と富裕層に対する怒りは1789年から1794年までのフランス革命へとつながったのである。

第2次世界大戦後、1959年にシャルル・ドゴール［Charles André Joseph Pierre-Marie de Gaulle、1890～1970］が第5代大統領に就任するまでに26回もの政権交代があり、不安定な政治が国家を導いていた[(29)]。このような状況のフランスにおいて、古くから多様な小売ネットワークが発達し[(30)]、また百貨店とハイパー・マーケットといった業態を生み出した。

フランスとイギリスの人口はほぼ同じであるが、消費者の購買量はイギリスの1.5倍と多い。また、フランスは素晴らしいアイデアを創造し、世界中の至る所にその考えを普及させている。

フランスにおける小売業の現状

表10－3と**表10－4**は、フランスにおける国内外の主要な小売業者をまとめたものである。世界トップ100社の内、七つの小売業者がフランスに存在している[(31)]。特に、フランスのハイパー・マーケット業態は世界中に拡がっている。カルフールは世界で2番目に大きな小売業者であり、3か国において、ハイパー・マーケット、ハード・ディスカウントストア、コンビニエンスストア、専門店といった多様な業態を展開している。

カルフールは、1999年、当時世界第16位のフランスの小売業であるプロモデスと合併した。そのプロモデスは、ハイパー・マーケット、スーパーマーケット、キャッシュ＆キャリー、コンビニエンスストアを7か国で展開する小売業者であった。また、世界第17位にはオーシャンがおり、12か国でハイパー・マーケット業態を展開している。そして、PPR グループ(以前は Pinault-Pritemo-Redoute と呼ばれていた。) は第39位であり、通信販売、百貨店、スーパーマーケットと専門店を29か国で展開している[(32)]。このようにフランスは、世界でも小売業の国際化の進んだ国の一つであるが、その理由の多くが、フランス政府の小売業に対する厳しい規制の存在にある。

表10－3　フランス発の主要小売業（2004年）

企業名	総売上高と店舗数				国際的な地位と国外市場への進出			国内市場	
	主要業態	総売上高（単位：百万ドル）	売上高前年度比	総店舗数	世界のトップ200小売業における順位（2004年）	国外市場への進出形態	進出国数	総売上高において国内市場売上が占める割合	総売上店舗数において国内店舗が占める割合
1　カルフール・グループ	ハイパー・マーケット／スーパーセンター	101,235	3.2%	11,080	2	グローバル	31	49%	33%
2　ITM	スーパーマーケット/食料品店	47,264	13.8%	7,247	8	リージョナル	9	71%	47%
3　オーシャン・グループ	ハイパー・マーケット／スーパーセンター	37,371	4.7%	2,560	18	グローバル	12	61%	21%
4　ルクレール	スーパーマーケット/食料品店	34,969	4.3%	1,538	24	リージョナル	6	95%	97%
5　ラリー	スーパーマーケット/食料品店	29,630	0.9%	9,417	26	グローバル	17	81%	78%
6　PPR	無店舗（通信販売）	19,662	8.4%	962	36	グローバル	17	49%	83%
7　システム U	スーパーマーケット/食料品店	18,266	6.5%	849	39	単一国	1	100%	100%
8　コラ・グループ	スーパーマーケット/食料品店	11,316	5.3%	775	65	グローバル	7	71%	37%
9　LVMH	アパレル専門店	9,627	7.7%	1,693	76	グローバル	56	17%	16%
10　ルロワ・メルラン	DIY／ホーム・センター	6,841	14.6%	791	112	グローバル	8	57%	79%
11　ギャラリー・ラファイエット・グループ	百貨店	4,931	1.0%	520	138	リージョナル	2	N/A	100%

参考：Retail Forward, company annual reports and published reports

表10－4 フランスにおける主要小売業（2004年）

企業名	本部所在地	小売セクター	主要業態	国際的な地位と国外市場への進出 世界の小売業トップ200における順位（2004年）	国外市場への進出形態	進出国数
アルディ	ドイツ	ＦＤＭ	ディスカウント食料品店	13	グローバル	13
Amazon.com	アメリカ合衆国	家庭用品	無店舗（通信販売）	111	グローバル	7
アントン・シュレッカー	ドイツ	ＦＤＭ	ドラッグ・ストア	95	リージョナル	9
ベルテルスマン	ドイツ	家庭用品	無店舗（通信販売）	—	グローバル	22
C&A	ベルギー	非耐久財	衣料品店	105	グローバル	15
ディクソン・グループ	イギリス	家庭用品	家電製品	5	リージョナル	14
コルロイト・グループ	ベルギー	ＦＤＭ	スーパーマーケット／食料品店	125	リージョナル	2
エロスキー・グループ	スペイン	ＦＤＭ	スーパーマーケット／食料品店	113	リージョナル	2
イケア	スウェーデン	家庭用品	家具・インテリア	44	グローバル	32
インディテックス（ザラなど）	スペイン	非耐久財	衣料品店	110	グローバル	56
カールシュタット・グヴェレ	ドイツ	非耐久財	無店舗（通信販売）	42	リージョナル	19
ケサ・エレクトリカルズ	イギリス	家庭用品	家電製品	106	リージョナル	6
キングフィッシャー	イギリス	家庭用品	DIY／ホームセンター	50	グローバル	9
マンゴ	スペイン	非耐久財	衣料品店	—	グローバル	76
松坂屋	日本	非耐久財	百貨店	—	グローバル	2
メトロ	ドイツ	FDM	キャッシュ&キャリー／会員制ウェアハウス	4	グローバル	29
ミグロ	スイス	FDM	スーパーマーケット／食料品店	53	リージョナル	3
三越	日本	非耐久財	百貨店	98	グローバル	9
ノーマ	ドイツ	FDM	ディスカウント食料品店	174	リージョナル	2
オフィス・デポ	アメリカ合衆国	で１	オフィス用品	54	グローバル	23
オットー・グループ	ドイツ	非耐久財	無店舗（通信販売）	61	グローバル	19
レヴェ・グループ	ドイツ	FDM	スーパーマーケット／食料品店	14	リージョナル	14
ロイヤル・ベンデックス KBB	オランダ	非耐久財	DIY／ホームセンター	134	リージョナル	7
シュヴァルツ・グループ	ドイツ	FDM	ディスカウント食料品店	12	リージョナル	19
ステープルズ	アメリカ合衆国	家庭用品	オフィス用品	47	グローバル	18
髙島屋	日本	非耐久財	百貨店	84	グローバル	5
トイザらス	アメリカ合衆国	家庭用品	玩具	68	グローバル	30

参考：Retail Forward, company annual reports and published reports

10 非食品小売業

フランスは、地域ごとに強い独自性が残っている国でもある。かつて、フランスにおける小売チェーンは地域ごとに発展していた。しかし、現在では、こうした地域のチェーンは全国的なチェーンに取って代わられている。とはいえ、現在ではフランスの75％の人々が都市部に住んでおり（パリだけでも930万人が住んでいる）、すでに市場は飽和していると考えられているため、フランスの小売業者の方針は、自国で新たに店舗を開かず、またさらに儲からない自国店舗は閉鎖し、店舗を立ち上げるコストが低く、競争の厳しくない外国市場へ進出するという方向に変化している[(33)]。

また、1997年にフランス政府は二つの規制をすることによって国内での拡大をほぼ不可能にし、フランス国内で営業している小売業者の利益を制限した。こうした状況が、フランスの小売業の国際市場への進出をさらに促したのである。

こうしたフランスの小売業の海外進出に関しては、成功ばかりではなく失敗した事例も存在する。ギャラリー・ラファイエットはニューヨークへ進出したものの結局閉店に追い込まれたし、カルフールも初めはアメリカ市場に進出したが成功せず、撤退を余儀なくされた。その後は、中欧やラテンアメリカなど、小売業の発展が遅れている地域において自社の事業展開が成功することを学んだ。

フランスでは、世界初の百貨店であるボン・マルシェがパリに誕生し、それから130年間にわたってフランスは百貨店分野のリーダーであり続けた。しかし、現在フランスでは、伝統的な百貨店は困難な時期を迎えている。百貨店はハイパー・マーケットのように自らの物流システムを効率化してこなかったということに加えて、ポジショニングという面でも苦境に立たされているのである。というのも、ハード・ディスカウンターが市場に参入し、同じ商品をより低価格で提供し始めたのである。

高級な百貨店は、ハード・ディスカウンターと価格競争をしないという戦略を選択したわけだがそうでないと百貨店は高級な市場へと両ポジショニングせねば生き残ることができないということである。

ギャラリー・ラファイエットや PPR と LVMH（モエ・ヘネシー・ルイヴィトン）は、フランスにおける繊維製品の主要な小売業者である。ギャラリー・ラファイエットは、モノプリ・チェーンを発展させるためにカジノと合弁事業を起こしている。また、その事業は、ザラや H&M といったファスト・ファッションと競争することのできる数少ないフランスの小売業者となっている。

モノプリはより高級志向のディスカウント業態であり、その売上はギャラリー・ラファイエットの売上の３分の１を占めている。ギャラリー・ラファイエットは、ランジェリー分野や、メゾン・ラファイエットのように家庭用品、デザイン家具などを取り扱うなどコンセプトの拡大も行っている。

PPR は、ヨーロッパ最大手の非食品の小売業者である。PPR の売上の半分はフランスにおけるものであり、プランタンという名前の百貨店と、シタディウムとメイド・イン・スポートというスポーツ用品店、そしてマデリオスという紳士服の店舗を展開している。また PPR は、グッチグループに属する七つの高級ブランドも有している[(34)]。

一方、LVMH は、自社ブティックを通じて高級なブランド品を販売する世界有数の企業の一つである。このグループは免税店である DFS も所有しており、化粧品のセフォラやボン・マルシェ、そしてサマリテーヌ百貨店［2009年現在、休業中］も LVMH グループの一員である。

ギャラリー・ラファイエットの店内（提供：Condé Nast）

フランスでは、専門店

チェーンが伝統的な百貨店から市場シェアを奪っており、フランスに進出している外国の小売業者はほぼすべて専門店チェーンと言ってよい。この理由の一つとして、後述するロワイエ法が小型の小売業者には適用されないと言うことがある。また、専門店はフランス独特のライフスタイルにも対応できているようであり、マンゴやザラ、そしてエスプリや H&M はフランスのアパレル業界の８％のシェアを占めている。

これらの企業すべてがフランス国内で50以上の店舗を展開しており、フランスを拡大のための主要市場としてとらえている。そのような中で、エタムはフランスの企業としてファスト・ファッション領域で健闘している。

11　食品小売業者

インターマルシェやルクレール、そしてグループ企業であるカルフール・プロモデスやカジノといったフランスの主要な食品小売業者は、フランスにおけるスーパーマーケットとハイパー・マーケットの総売場面積の64％を占めている。カルフールはハイパー・マーケット業態を用いた初めての小売業者であり、その１号店は1963年に開店している。そして、1973年にはスペインに、1975年にはブラジルに進出している。

顧客に膨大な品揃えを提供するカルフールの化粧品売場
（提供：Condé Nast）

カルフールは、近代的な小売業が確立されていない国々に集中して進出しており、これらの国々ではハイパー・マーケットは新しいコンセプトとして受け入れられるのである。現在36か国に10,000店舗以上をもつカルフールだが、この海外への事業拡大の集中は、残念なことに自国フランスでの活動に深刻な影響を及ぼしてしまった。カルフールは、国内市場から売上高の半分とその利益の３分の２を引き出しているが、弱体化するフランスの経済状況とハード・ディスカウントストアとの競争、そして政府の価格規制に苦しんできたのである。

そこで、カルフールはハード・ディスカウント業態の増加に伴い、ウーデーやディアといったチェーンを導入することによって競争に対応し、カルフールのハード・ディスカウント業態とスーパーマーケット業態の売上は二桁の成長率を見せた。しかし、ハイパー・マーケット業態の売上は停滞したままであり、そこでカルフールは「ナンバーワン（Number One）」と呼ぶプライベート・ブランドを導入して、ディスカウントストアよりも７～10%安い価格で商品を提供するという戦略をとったのである。[(35)]

また、カルフールは、多国籍の事業展開という面でも特徴的である。カルフールは、当初、経営を分権化システムによって国際的に事業を拡大していたが、1994年以降この戦略を翻し、中央集権型の運営に転換している。この転換によってより大規模な共通の品揃えができ、カルフールにとってより有利な条件で仕入れを行うことが可能となったのである。さらに、ロジスティクスも中央集権型の経営によってより効率化され、コスト削減を実現している。

ルクレールは、フランスではカルフールに次ぐ第２の小売業者であり、協同組合形式をとる事業体である。彼らの本業はスーパーマーケット・チェーンの運営であるが、ハイパー・マーケット業態や専門店も展開している。また、「Eco＋」と呼ばれるプライベート・ブランドを展開しており、850種類の製品がある。

オーシャンは、ハイパー・マーケット業態と「アタック」という名称でスーパーマーケットを運営している。2004年、オーシャンは「クロノドライブ」いう名称で、顧客がドライブ・スルーで4,000種類以上の商品を選ぶことのできる店舗も開設している。クロノドライブは、顧客がドライブインの電子端末を通じて注文するか、事前にオンラインで注文しておいた商品をドライブ・スルーで受け取るという形式の店舗である。また、オーシャンは、「レ・アール・

デュ・オーシャン」と呼ばれている食品ディスカウント業態も有している。巨大な4,500平方メートルの倉庫スタイルの店舗に、野菜やプライベート・ブランドを並べて売っている。また、そうした大規模業態は既存店の転換によって実現している。(36)

ITM は、「マスケティアーズ（musketeers）」と呼ばれた小規模な商人の協同組合である。フランス国内では、「インターマルシェ」、「エコマルシェ」、「ルレ・デ・マスケティアーズ・グロサリー・ストアー」という店舗名として知られている。同社は「ネット」というハード・ディスカウントストアを300店以上有しており、さらにドイツのスパー・ハンデルス社の主要株主（97%の株を保有）でもある。また ITM は、300種類の製品ラインをもつ「トップ・バジェット（Top Budget）」ブランドを導入している。(37)

カジノは、スーパーマーケット、ハイパー・マーケット、ディスカウントストアやコンビニエンスストアを19か国で展開している。このグループは、フランスで6,700店舗を所有しており、その内1,000種類がハード・ディスカウント業態で、「フランプリ」や「リーダープライス」という店舗名で営業している。

システムUは農村地域と小規模都市で事業を展開する協同組合であり、ハイパー・マーケット、スーパーマーケットとコンビニエンスストアを展開している。

アルディは、フランスにハード・ディスカウント業態をもち込んだ小売業者である。そして他社は、アルディに対抗するか、もしくは模倣しようとした。アルディは600店舗をフランスにおいて展開している。一方、ドイツのハード・ディスカウントストアであるリドルもアルディよりも遅れてハード・ディスカウント市場に参入したが、現在では1,000店舗以上を展開しており、アルディを追い抜いている。この両社は小規模店舗によって事業を展開しているため、300平方メートル以上の店舗の開設を規制する法律に引っかからなかったことが幸いして多店舗展開を成し遂げたのである。

12 政府の規制

フランスには、大部分のヨーロッパ諸国と同じく大規模な小売業者を制限する法律がある。これらの法律がフランスでの小売業の拡大を困難にしており、最も新しい法律では、巨大店舗によって国内で拡大することはほぼ不可能となっている。また、1973年以降、フランスではロワイエ法が施行されており、現在では政府の小売業に対する法律はさらに厳しいものとなっている。現在、すべての小売業者は認可を得ることが求められており、この法律は20年間にわたって運用されてきた。ヨーロッパでは、小売店が存在しないと都市の中心地が衰退していくということが共通の問題となっている。

フランスの規制は最近改正され、認可が必要な店舗面積の条件が引き下げられた。この法律は、ハイパー・マーケットと競争する小規模小売業者の経営者にアピールするためのものとして見られている。しかし、この法律は、ハイパー・マーケットに対して競争的脅威をもたらす外国のディスカウントストアやカテゴリー・キラーにも大きな影響を及ぼしている。外国のディスカウントストアは、その店舗面積を300平方メートル制限に適応した状態で拡大せねばならないため、フランスのハイパー・マーケットは、この法律をディスカウントストアからの保護政策として喜んでいるのかも知れない。(38)

ハイパー・マーケットとスーパーマーケットの展開を制限する法律がフランスにあったにもかかわらず、大規模食品小売業が過去20年の間に急速に成長した。この成長の代償として、パパママ・ストアや百貨店、雑貨店のような伝統的な小売業の衰退をもたらした。フランスではハイパー・マーケットとスーパーマーケットが食品小売の58%を占めており、専門店の31%を上回っている。(39)また、現在ある規制が既存のフランスの大規模小売業を助けてもいる。さらに、フランスにおけるハイパー・マーケットはかなり巨大であり、これは初期投資がかなり大きくなるということも意味している。これだけ大きいと投資分の回収までに６～８年かかり、新規参入者にとって障壁となるであろう。

ヨーロッパでは、先に述べたような大規模小売業の開設を制限する法律が多く存在するのと同様に、小売価格設定と小売価格の値引きを制限する法律も存在する。

フランスでは、小売業者に対して、年間の販売実績などの条件に基づく値引きや販売協力費などを減算した正味の仕入価格ではなく、サプライヤーの表示価格から購買条件による割引を差し引いた仕入価格以上で商品を販売せねばならないということが「ガラン法（Loi Galland）」と呼ばれる法律によって定められている。

これによって、従来は取引条件によって大きな値引きを得たり、多額の販売協力費を受け取ることによって正味の仕入価格が安くなるため低価格で商品を販売してきたハイパー・マーケットは、商品の販売価格を引き上げざるを得なくなった。そのため、ハイパー・マーケットとスーパーマーケットの価格差がなくなり、スーパーマーケットの魅力が高められたとも言える。しかし、その一方で、消費者に対しては損害を与えたという見方もできる。

第11章 スペインとイタリアの小売業

スペイン

1 国家的背景

スペインの歴史は度重なる侵略の歴史である。ケルト族は北部からやって来たし、フェニキア人とギリシャ人は南部からやって来た。そして、ローマ人は「イスパニア」をローマ帝国に併合した。彼らは、ローマの言語や法律、文化、そしてのちにはキリスト教を伝えた。

紀元5世紀にローマ帝国が崩壊するとゲルマン民族がスペイン全土を荒らし、そののち、北アフリカのムーア人がスペインを席巻して国土のほぼ全域を征服した。ムーア人達はイスラム文化を伝え、彼らの支配の下で豊かな文明が興り諸都市は繁栄を極めた。このような環境は聡明な作家や優れた哲学者を魅了しただけでなく、ユダヤ教やキリスト教、そしてイスラム教の信者のおかげでスペインは三つの文化の芸術や学問の中心地となった。このことは、中世ヨーロッパの他の地域との大きな差異をもたらした。

力をつけつつあった北部のキリスト教王国の圧迫で、イスラム教徒達はスペインから徐々に後退していった。キリスト教徒達は、1492年、スペイン南端にあるグラナダを最終的に陥落させた。この年は、スペイン君主の財政的な支援を受けたクリストファー・コロンブス［Christopher Columbs、1451頃～1506］の航海によって、スペインの新世界への拡大の端緒となったことでも有名である。

次の世紀はスペインの黄金時代で、アメリカ大陸におけるスペインの保有財産が多大な富を生み出した。しかし、同世紀末までにスペインは、戦争と新世界へ人ならびに資源が流出したことによって疲弊してしまった。スペインの絶対的な優位は終焉を告げたのである。

1936年に内戦を経験したスペインは、第２次世界大戦中、枢軸国に援助を行っていたが、どちら側に立つのかは明確にしていなかった。また、スペインの政治体制は1970年代に大きな変化を遂げ、国民投票と国王による是認を経てスペイン新憲法が成立している(1)。

フランコ将軍［Francisco Franco y Bahmonde、1892～1975］の統治下のスペインは、文化と経済の両面で閉鎖的な社会であった。経済の自由化が行われたのは1975年以降であり、現在、上位６位の小売業者が全小売業売上の23.5％を占めている。最も優勢であるエル・コルテ・イングレスでさえ、全売上のたった7.6％しか占めていない。つまり、市場は極めて分散的であるわけだ(2)。

今日、スペインは青年層によって支えられている。スペインは、25歳以下の人口が全人口に占める割合がヨーロッパの中で最も大きい。世界中から多くの人々がスペインを訪れているのは、今に残るユニークな文化を経験するためである。スペインの GDP 成長はここ数年平均３％であり、この成長が、比較的低い失業率とインフレとが組み合わさって非常に良好な経済的条件を生み出した。

スペインにおける小売店は、北部ヨーロッパとは違ったパターンをとっている。大半の店は、午後２時から５時までは、昼食とシエスタ（スペインの昼休みの習慣）のために閉まっている。また、小売店は、午前10時か10時半までは店をオープンしないが、夜は午後８時か10時まで開けている。

小売業者の全売上の40％近くは週末に生み出されている。また、日曜日は土曜日と同じくらい重要なショッピングデーである。ショッピングが最も好まれる時間帯は午後６時以降であり、その時間帯での売上が50%となっている。レストランは午後８時半まではオープンしないし、午後10時になっても客でいっぱいになることはない。何故なら、プライムタイムの TV 番組が午後10時半に始まるからである。

私の息子は、私と一緒にスペインに来たことが数回ある。初めての旅行では、彼は、いつもお腹をすかしている典型的な15歳であった。我々は、結局、マクドナルドのようなファストフード店でディナーをすませたことが何回かあった。というのも、午後８時半にレストランが開くまで彼は待てなかったのである。息子がスペインのフォーマルな夕食時間まで待てたのは数回でしかなかったが、その時、小さい子どもをつれた家族が（真夜中になることが多かったのだが）一緒に外食するのを見て驚いた。

スペインは、ヨーロッパの中で最も成熟化していない市場の一つである。消費者の潜在的な需要があるために、スペインはヨーロッパの中で最も魅力的な小売市場の一つとして見られている。スペインの小売業者は、1970年代以降に急速に変化してきた。また、スペインの小売市場は、数段階の予測しうる発展段階を飛ばして時代遅れの小売形式から超モダンな形式へと進化を遂げている。このことが意味するのは、家族経営の食料品店がスーパーマーケットやバラエティストアという過渡期の段階を経ることなく、巨大なハイパーマーケットに取って代わられたということである。

フェデレイテッド、ウールワース、シアーズといったアメリカの会社がスペイン市場に参入を試みたが、彼らは失敗して撤退を余儀なくされた。2004年には、マークス＆スペンサーがスペインでの事業展開をあきらめてスペインの自社店舗をエル・コルテ・イングレスに売却している。

現時点での最も大きなサクセスストーリーは、フランスのハイパーマーケットによるスペイン市場への参入である。フランスのハイパーマーケットは、スペイン郊外の至る所で見られる。1960年代にはスペイン人の100人の内たった１人しか車を所有していなかったが、いまや３人に１人が所有している。このことが、大型スーパーの成長に貢献したわけである。大型スーパーに来る買い物客は、自動車なしでは運ぶことのできない量の商品を購入をして帰るのである。

エル・コルテ・イングレスはスペイン最大の小売業者である。この店舗はメキシコシティにある店舗の一つである。店舗はフルスケールの百貨店であり、全範囲にわたってハードとソフトの商品を提供している。（著者の好意による）

スペインの小売市場は依然として非常に分散的であるが、急速に発展することが予想されている。来る数年間の三つの大きなトレンドは、次のような内容になる可能性が高い。つまり、小売の集中化と国際化、近代化と拡大、値段より質、である。

スペインの上位28社の小売業者の内訳は、非専門的な業種が19（その内18が食品関係）、アパレル専門業者が３、レジャー商品の専門業者が２、家具業者が２、電気機器業者が２、である。このデータを見ると、スペインでは大手小売業者の浸透度が低いと考えられるだろう。

スペインは、これまで西ヨーロッパと比較して貧しいという状態が続いてきたが、この状況は変化しつつある。スペインの GDP は、1970年代半ばの EU 平均の76％から現在では88％に上昇している。また、スペインの EU 加盟が激しい貿易改革の時代に刺激を与えたし、彼らはインフラ向上に向けられた意義ある EU 開発基金からも援助を得ている。金融政策は経済が徐々に開放されるにつれて一連の変革を遂げ、その焦点を価格の安定性へとシフトしていった。ちなみに、スペインはユーロを導入した最初の国の一つである[(3)]。

私が初めてスペインを訪れた時、フランスのボルドーからスペインのバルセロナまで電車で向かった。ピレネー山脈沿いの国境を越える時、私は不毛のアメリカ南西部を思い出した。建物や道、そして草木が、ちょうどゼイン・グレイ［Zane Grey、1872～1939］の小説に出てくる光景のように思われたのだ。しかし、バルセロナに到着すると現代へと引き戻された。バルセロナは、他のヨーロッパの大都市と同じように洗練されている。1992年に夏のオリンピックを開催したバルセロナは、その準備の過程で海岸沿いの土地を清掃し、公共空間を美化した。市内の至る所で、それぞれの広い並木道が素晴らしい公園へとつながっている。

表11－1と**表11－2**は、スペインの主な国内と海外の小売業者をまとめたものである。

2　非食品小売業者

百貨店

エル・コルテ・イングレスは、スペイン最大の小売業者である。小さな衣料品店として1940年に設立されたその会社は、いまや50店舗以上の百貨店と32店舗のハイパーマーケット(イペルコル)を主な人口集中地に展開している。1994年まで、エル・コルテ・イングレスにはガレリアス・プレシアドスという31店舗の百貨店をもつ競争相手がおり、彼らは長きにわたってライバルであった。

ガレリアス・プレシアドスは1960年代まで市場のリーダーであったが、1960年代に入ってから会社が売却されることが数回あり、その度に混乱してさらなる衰退へと向かった。そして、1994年の後半に、エル・コルテ・イングレスはガレリアス・プレシアドスを買収した。

エル・コルテ・イングレスは、ガレリアス・プレシアドスを買収したのち、13の新たな都市に参入を果たしている。専門店業態の開発に関心があったエル・コルテ・イングレスは、トイザらスと競争すべく玩具店を戦略的に展開した。エル・コルテ・イングレスは株式を公開していない企業グループであるが、高度に垂直統合されており、小売業者の分野ではトップを走っている(4)。

スペインで唯一の既存百貨店チェーンとして、エル・コルテ・イングレスは百貨店業界においても89％を占めている。彼らはまたインターネットにおいても最も成功しており、スペインの全インターネット取引の12％の売上を記録し

表11－1　スペインにおける主要な国内小売業者（2004年）

	売上と店舗				国際的な地位と国外市場への進出			国内市場	
企　業　名	主要業態	総売上高（$US 百万）	売上高前年比（%）	総店舗数	世界の小売業トップ200における順位（2004年）	国外市場への進出	進出国数	総売上高における国内市場売上の割合	総売上店舗数における国内店舗の割合
1　エル・コンテ・イングレス（El Corte Ingles）	百貨店	17,413	7.70%	390	40	特定地域限定	2	98%	99%
2　メルカドーナ（Mercadona）	スーパーマーケット／食料品店	10,908	21.50%	862	71	国内限定	1	100%	100%
3　インディテックス（Inditex）	衣料品店	7053	23.60%	2244	110	グローバル	56	46%	59%
4　エロスキ（Eroski）	スーパーマーケット／食料品店	6641	6.10%	1582	113	特定地域限定	2	N/A	98%
5　カプラーボ（Caprabo）	スーパーマーケット／食料品店	3490	20.20%	622	176	国内限定	1	100%	100%
6　マンゴ（MANGO）	衣料品店	1,313	5.30%	768	－	グローバル	76	27%	30%
7　コルテフィエル（Cortefiel,）	衣料品店	1,139	5.50%	1,100	－	グローバル	37	76%	56%
8　ミケル・アリメンタシオ（Miquel Alimentacio）	スーパーマーケット／食料品店	1,024	6.90%	477	－	国内限定	1	100%	100%
9　ムンド・ガディーサ（Mundo Gadisa）	スーパーマーケット／食料品店	1,016	7%	422	－	特定地域限定	2	N/A	N/A

表11－2　スペインにおける主要な国外小売業者（2004年）

企業名	本部所在国	小売セクター	主要業態	国際的な地位と国外市場への進出		
				世界の小売業トップ200における順位（2004年）	国外市場への進出	進出国数
アルディ・グループ（Aldi group）	ドイツ	FDM	ディスカウント食料品店	13	グローバル	13
アントン・シュレッカー（Anton schlecker）	ドイツ	FDM	ドラック・ストア	95	特定地域限定	9
オーシャン・グループ（Auchan groups）	フランス	FDM	ハイパーマーケット	18	グローバル	12
バウハウス（Bauhaus）	ドイツ	家庭用品	DIY/ホームセンター	139	特定地域限定	10
バーテルスマン（Bertelsmann AG）	ドイツ	家庭用品	無店舗	215	グローバル	22
C&A	ベルギー	非耐久財	衣料品店	105	グローバル	15
カルフール・グループ（Carrefour Group）	フランス	FDM	ハイパーマーケット	2	グローバル	31
ルクレール（Centres E. Leclerc）	フランス	FDM	スーパーマーケット/食料品店	24	特定地域限定	6
ディフェンス・コミッサリー・エージェンシー（defense commissary Agency）	アメリカ合衆国	FDM	スーパーマーケット/食料品店	130	グローバル	13
ディックソンズ・グループ（Dixons Group）	英国	家庭用品	家電量販店	56	特定地域限定	14
イケア（IKEA AB）	スウェーデン	家庭用品	家具店	44	グローバル	32
ITM（ITM Enterprises SA）	フランス	FDM	スーパーマーケット/食料品店	8	特定地域限定	9
カールシュタット・ケール AG（Karstadt Quelle AG）	ドイツ	非耐久財	無店舗	42	特定地域限定	19
キングフィシャー（Kingfisher PLC）	英国	家庭用品	DIY/ホームセンター	50	グローバル	9
ルロワ・メルラン（Leroy Merlin）	フランス	家庭用品	DIY/ホームセンター	112	グローバル	8
LVMH	フランス	非耐久財	アパレル・スペシャリティー・ストア	76	グローバル	56
メトロ（Metro AG）	ドイツ	FDM	現金取引店/ウェアハウスクラブ	4	グローバル	29
三越（Mitsukoshi LTD）	日本	非耐久財	百貨店	98	グローバル	9
オフィス・デポー（Office Depot,Inc.）	アメリカ合衆国	家庭用品	オフィス用品店	54	グローバル	23
オット・グループ（Otto group）	ドイツ	非耐久財	無店舗	61	グローバル	19
ピノー・プランタン・ルドー SA（Pinault-Printemps-Redoute SA）	フランス	家庭用品	無店舗	36	グローバル	17
ロイヤル・ヴェンデックス（Royal Vendex KBB N.V.）	オランダ	非耐久財	DIY/ホームセンター	134	特定地域限定	7
シュヴァルツ・グループ（Schwarz group）	ドイツ	FDM	ディスカウント食料品店	12	特定地域限定	19
ステイプルス（Staples Inc.）	アメリカ合衆国	家庭用品	オフィス用品店	47	グローバル	18
テンゲルマン（Tengelmann Warenhandelsgesellschaft）	ドイツ	FDM	スーパーマーケット/食料品店	23	グローバル	15
トイザラス（Toy"R"Us, Inc.）	アメリカ合衆国	家庭用品	玩具店	68	グローバル	30

ている。

エル・コルテ・イングレスは、スペインの顧客から非常に高い評価を受けている。彼らの戦略はシンプルなもので、社会全体にわたってすべてのものをすべての人に提供するというものである。例えば、彼らはコンピュータを政府に供給し、家庭用のガス機器を住宅所有者に売ってガスの消費を増やしているのである。

スペシャリティストアおよびバラエティストア

スペインでは､いくつかのチェーンが成功を収めている｡インディテックス・グループは、スペインの小売業の中において在庫回転率では10位にランクされている。衣服と履物を専門的に取り扱っている。そのチェーンには、ザラ、マッシモ・ヂュッティ、プール・アンド・ベア、ベルシュカ、ストラディヴァリウス、オイショが含まれる。

インディテックス・グループの顔とも言えるザラは、国際市場で急速に拡大してきている。ザラは、本国の市場での浸透より前に国際的に事業拡張を始めた、生まれつきのグローバルな（born global）国際的な小売業者の一つだと考えてよいだろう。ザラはファストファッション、すなわち流行の変化の早いアイテムを販売する小売業者であり、高い在庫回転率によって消費者の反応を引き出している。もし、消費者が今製品を買わなければ、のちに同じ製品を手に入れることはおそらくないであろう。ザラは、専用の製品工場も所有している。

コルテフィエルは、スペイン第２位の衣料品の製造小売業者である。この会社は1950年に設立され、コルテフィエル、スプリングフィールド、ウィミンズシークレット、ミラノ、ドン・アルゴドン、ダグラス、ペドロ・デル・イエロと言った七つのチェーンを展開している。主要なヨーロッパ市場で拡大しているコルテフィエルは、物流と仕入れにおける規模の経済を発揮するために、自社のすべてのブランドを使って国際的に拡張している。

3 食品小売業者

スペインの小売業者における最も重要なトレンドは、小規模の食品専門店からハイパーマーケット、スーパーマーケット、ハードディスカウントストアといった食品関連の非専門店へとシフトしている点である。より多くの女性が労働市場へ参入（38％が働いている）したこともあり、一般の生活ペースがスピードアップし、スペインにおいてワン・ストップ・ショッピングを魅力的なものにした。消費者は、肉屋、八百屋、魚屋、パン屋といった様々な専門店にそれぞれ足を運ぶよりも、スーパーマーケットやハイパーマーケットで買い物をすませる傾向が高くなったのである。

スペインには、四つの主要なハイパーマーケットグループが存在している。四つの内二つはフランスの会社と関連がある。

2001年、カルフール（現地法人名・プリカ）はプロモデス（現地法人名・コンティネンテ）と合併し、有限会社（SA:Sociedad Anomina）カルフール商業センターを創設することで食料や雑貨の取引を高度に集中させた。合併の結果、政府はカルフール商業センターに12のハイパーマーケットを含む様々な店舗を売却するように強要した。カルフールはハイパーマーケット部門で43.7％のシェアを占めている一方で、「ディア」という名のハード・ディスカウントストアをスペインで展開している。

2005年、カルフールはスペインで新しいスーパーマーケットのコンセプトであるカルフール・エクスプレスを開始し、カルフール既存のシャンピオンというスーパーマーケットのブランドと取り替えた。カルフールのスペインの現地子会社であるディアもまた、近年、スーパーマーケットのマキシ・ディアの展開を開始しているが、それもまた消費財を売るというものである[(5)]。

もう一方のフランスの小売業者はオーシャンで、「アルカンポ」というハイパーマーケットを展開している。そして、三つ目のグループである「イペルコル」は、エル・コルテ・イングレスが所有するスペインのハイパーマーケットである。

最後のグループである「エロスキ」は、1969年にバスク地方の労働者の協同組合として始まり、店舗数としては第2位、回転率では第4位である。エロスキは、65店舗のハイパーマーケットと1,650店舗のスーパーマーケットを展開している(6)。これらの会社のマーケットシェアは、カルフール・エクスプレスが18.4%、イペルコルが17.3%、エロスキが13.7%である。

有限会社メルカドナはスペイン第3位の小売業者だが、スペインで最も急速に成長している企業である。この会社は、全国規模で750店舗のスーパーマーケットを展開している。また、アホールド（オランダ）とリドル（ドイツ）もスペインの食料品市場で活動している。アホールドはスーパーマーケットを、リドルはハード・ディスカウントストアをそれぞれ展開している。

4　インターネット上の小売

インターネット販売においては、価格が重要な要因となる。スペインのインターネット小売業者の大半は、オンラインで購入する製品に対してかなりの値引きをしている。なぜそれができるかと言うと、注文受注、注文処理、注文実行といったオペレーションの自動化によって生み出されたコスト減のためである。そして、家庭用品や電化製品の売上が2位につけているが、これには大型の白物家電（冷蔵庫、掃除機器、調理機器）が含まれている。

インターネット販売がこのような製品に向いているのは、強力な製造業者におけるブランド価値があるからである。よって消費者は、製品を実際に見なくとも、その製品の品質に疑いをもっていないのである。その代わり彼らは、製品のスペック（仕様書）と価格に注目して製品を購入しているのである。

これらは高額のアイテムなので、いかなる価格削減も重要性をもつことになる。ブリック&モルタル型（いわゆるオンライン）の店舗と比較した場合のインターネット販売の利点は、品揃えの中ですべてのサイズとモデルが提供できる点であり、これはこだわりのある一般大衆向けの小売業者と対照的である。また、インターネット小売業者は、総合的な返品政策も提供している。実際の店舗をもたないインターネット専業の小売業者は、スペインでは稀である[7]。

エル・コルテ・イングレスは、トップのインターネット小売業者である。彼らは自社のデパート、食品店、大型スーパーの製品すべてをインターネットで提供している。また、CCカルフールはスペイン第2位のインターネット小売業者であり、食品ビジネスと電化製品、レジャー製品（carrefourocio.com）という二つのサイトを運営している。

外国の小売業者がスペインに拡大してきたのは、大規模小売業者の成長に対する法律的な制限がほとんどないためである。しかし、最近数年間で環境が少し変化し、政府による規制が重要な懸案事項になりつつある。

5　政府による規制

1999年、スペインの議会は、店舗が営業時間を延長し、ハイパーマーケットが1週間当たりの開店時間を72時間から90時間にまで延ばすことができるという法律を通過させた。日曜通商法（The Sunday Trading Act）により、市ごとに臨時日曜日を1年に1日設定し、ハイパーマーケットが日曜日の営業日数を徐々に増やすことが認められるようになった[8]。ちなみに、地方自治体によっては日曜・祝日の営業が一切認められていない州もある[9]。これは、各州に自治が認められているからである。

一方で、政府は小規模の伝統的な小売業者の近代化を促進するために、大規模小売業者に対する税金を提案した。小規模店の経営者に、55歳で退職することを促すのがその計画の一部である。この法律では、所有する店舗を転売するのではなく、廃業した時にのみ年金が彼らに支払われることになっている。この年金を支払う財政は、2,500平方メートル以上の売場面積をもつすべての小売部門から賄われることとなっている[10]。

イタリア

6 国家的背景

伝説によれば、ローマの都市は紀元前753年にロムルス［Augustulus Romulus、460～511頃］によって建てられた。キリスト教が誕生するまでにローマ帝国は世界の大半を支配し、その領土はライン川とドナウ川以南のヨーロッパ、グレートブリテン島、ルーマニア、アフリカ北部沿岸、中東にまで拡がっていた。5世紀後、この帝国は衰退し始めたわけだが、スペインと同様、この国の歴史も度重なる侵略の歴史である。個々の都市国家は繁栄したが、地方都市は1861年まで統一された国家体制を形成していなかった。イタリアという国家の形成が比較的最近のことであるのが理由だろうが、自分がイタリア人であると言う前に、「自分はシチリア人だ」とか「サルディニア人だ」とか「ロンバルディア人だ」などと言って、自分のアイデンティティを名乗ることが現在のイタリア人の間でも普通である。多くの人々は、家の外ではイタリア語を使うが、家族同士ではいまだに地方の方言で話しかけている。

ムッソリーニ［Benito Amilcare Andrea Mussolini、1883～1945］とファシスト党の下、イタリアは第2次世界大戦の間ドイツと同盟を結んでいた。イタリアの最後の王であるウンベルト2世［Umberto II、1904～1983］は、君主制をとるべきか民主制をとるべきかを問う国民投票の結果に従って1946年に王位を放棄した。イタリアは、政府が度々交代してきたにもかかわらず、近代では非常に優れた成長を享受してきた。また、1957年には EC に加盟している[(11)]。

小売産業では、例えばライセンスの規制緩和などのような変化がこれまでにあった。小売部門は小規模の独立した小売業者が多くを占め、非常に分散的と言える。一方、スーパーマーケットのチェーンはそのシェアを伸ばしている。**表11－3**と**表11－4**は、イタリアにおける主な国内と海外の小売業者をまとめたものである。

表11－3 イタリアにおける主要な国内小売業者（2004年）

	売上と店舗				国際的な地位と国外市場への進出			国内市場	
企業名	主要業態	総売上高($US 百万)	売上高前年比(%)	総店舗数	世界の小売業トップ200における順位（2004年）	国外市場への進出	進出国数	総売上高における国内市場売上の割合	総売上店舗数における国内店舗の割合
1 コープ・イタリア(COOP Italia)	スーパーマーケット／食料品店	10,014	2.70%	1,276	51	特定地域限定	2	100%	100%
2 コナッド(DONAD)	スーパーマーケット／食料品店	8,814	10.90%	3,144	86	国内限定	1	100%	100%
3 エッセルンガ・グループ(Esselunga S.p.A.)	スーパーマーケット／食料品店	5.197	3.60%	125	132	国内限定	1	100%	100%
4 パム・グループ(Gruppo PAM S.p.A.)	スーパーマーケット／食料品店	3.176	7.50%	521	191	国内限定	1	100%	100%
5 ロンバルディーニ・グループ(Guppo Lombardini)	スーパーマーケット／食料品店	2.009	6.20%	667	－	国内限定	1	100%	100%
6 フィニペール(Finiper)	ハイパーマーケット	1,990	5.00%	24	－	国内限定	1	100%	100%
7 ベネトン・グループ(Benettonn Group S.p.A).	衣料品店	1,952	−3.00%	5,060	－	グローバル	120	51%	43%
8 コイン・グループ(Gruppo Coin)	衣料品店	1,334	−14.60%	371	－	特定地域限定	2	98%	92%

表11－4　イタリアにおける主要な国外小売業者（2004年）

				国際的な地位と国外市場への進出		
企業名	本部所在国	小売セクター	主要業態	世界の小売業トップ200における順位（2004年）	国外市場への進出	進出国数
アントン・シュレッカー（Anton schlecker）	ドイツ	FDM	ドラッグ・ストア	95	特定地域限定	9
オーシャン・グループ（Auchan groups）	フランス	FDM	ハイパーマーケット	18	グローバル	12
カルフール・グループ（Carrefour Group）	フランス	FDM	ハイパーマーケット	2	グローバル	31
ルクレール（Centres E. Leclerc）	フランス	FDM	スーパーマーケット/食料品店	24	特定地域限定	6
ディフェンス・コミッサリー・エージェンシー（defense commissary Agency）	アメリカ合衆国	FDM	スーパーマーケット/食料品店	130	グローバル	13
ディックソンズ・グループ（Dixons Group）	英国	家庭用品	家電量販店	56	特定地域限定	14
（dm-drogerie markt GmbH & Co.KG）	ドイツ	FDM	ドラッグ・ストア	166	特定地域限定	9
イケア（IKEA　AB）	スウェーデン	家庭用品	家具店	44	グローバル	32
インディテックス・グループ（INDITEX Group）	スペイン	非耐久財	衣料品店	110	グローバル	56
カールシュタット・ケール（Karstadt Quelle AG）	ドイツ	非耐久財	無店舗	42	特定地域限定	19
キングフィシャー（Kingfisher PLC）	英国	家庭用品	DIY/ホームセンター	50	グローバル	9
ルロワ・メルラン（Leroy Merlin）	フランス	家庭用品	DIY/ホームセンター	112	グローバル	8
LVMH	フランス	非耐久財	アパレル・スペシャリティー・ストア	76	グローバル	56
マンゴ（Mango）	スペイン	非耐久財	衣料品店	－	グローバル	76
メトロ（Metro MG）	ドイツ	FDM	現金取引店/ウェアハウスクラブ	4	グローバル	29
三越（Mitsukoshi LTD）	日本	非耐久財	百貨店	98	グローバル	9
オット・グループ（Otto group）	ドイツ	非耐久財	無店舗	61	グローバル	19
ピノー・プランタン・ルドゥー（Pinault-Printemps-Redoute SA）	フランス	家庭用品	無店舗	36	グローバル	17
（Rewe-Gruppe）	ドイツ	FDM	スーパーマーケット/食料品店	14	特定地域限定	14
シュヴァルツ・グループ（Schwarz group）	ドイツ	FDM	ディスカウント食料品店	12	特定地域限定	19
SPAR（SPAR Austria Group）	オーストリア	FDM	スーパーマーケット/食料品店	88	特定地域限定	5
ステイプルズ（Staples Inc.）	アメリカ合衆国	家庭用品	オフィス用品店	47	グローバル	18
テンゲルマン（Tengelmann Warenhandelsgesellschaft）	ドイツ	家庭用品	スーパーマーケット/食料品店	23	グローバル	15

7 非食品小売業者

イタリアには様々な非食品業者があるが、百貨店、雑貨店が地方では力をもっている。特に、北イタリアはヨーロッパで最も発展している裕福な地域の一つである。北部と南部のイタリアは驚くほど対照的であるが、近代的なショッピングセンターと全国規模の複合商業施設が現れ始めたのは1980年代の後半になってからのことである。

ビザンチン様式の建築物のように複雑なイタリアの流通システムによって、外国の小売業者が市場になかなか参入できずにいた。しかし、1990年以来、最大手のイタリアのグループが、主に郊外の開発を目的として展開するハイパーマーケットやスーパーマーケット、そしてショッピングモールについて外国の小売業者の参加を模索してきている。イタリアの会社に小売の規制についての知識があったおかげで、これらの新規参入者に対するリスクが軽減された。[(12)]

イタリアは出生率の低下と高齢化の様相を呈しており、その結果、衣料品およびレジャー関連の製品に対する需要が減ってきている。結果として、ベネトンやステファネルといったイタリアのアパレルチェーンは国外に拡大せざるを得なかった。彼らはまた、潜在的な市場としてより年齢層の高いグループを探し求めている。

百貨店

イタリアには、「ラ・リナシェンテ」と「コイン」という二つのデパートチェーンしか存在しない。ラ・リナシェンテは1865年にミラノで設立され、現在数種類の形態で店舗展開を行っている。高級品市場向けとしてはラ・リナシェンテを展開し、中級品市場向けには「ウーピム・デパート」と「スーペルメルカーティ」、スーパーマーケットとして「シティパー」、そしてハイパーマーケットには「オーシャン・アンド・チッタ・メルカート」と「プント・コンビニエンスストア」がある。スペインのエル・コルテ・イングレスと同様、ラ・リナシェンテも各地で展開している。

デパート産業は衰退期にある、とアナリスト達が言うことが多い。しかし、ラ・リナシェンテの営業利益率は5.5%である[13]。これは、フランスのプランタンやギャラリー・ラファイエット、ドイツのカールシュタットやカウフホーフチェーンよりもはるかに優れた数字である。ラ・リナシェンテは、高品質低価格商品の販売業者として市場を切り開いてきた。

ラ・リナシェンテは、イタリア最大の、最も多様化された小売業者である。ミランのドゥオモ広場にある最大店舗は、会社の総売上の９％を占めている。その総売上の43%が食品で、57%は非食品である。Ｊ・Ｃ・ペニーは、イタリアから撤退する際、その店舗群をラ・リナシェンテに売却したのである。

グレリアはイタリア・ミラノにあるドームで覆われたショッピングセンターである。このセンターはミラノの中心地にあり、広場を有名な聖堂と分けあっている。(WWDの好意による)

ラ・リナシェンテの売上の13%は独自ブランドである。独自ブランドの総利益は25%で、ナショナル・ブランドの15%やプレミア・ブランドの17%と比較しても高い。しかし、市場に参入して来るハード・ディスカウントストアがプレミア・ブランドの成長を促進しているため、ラ・リナシェンテが競争力を維持するためには追随を余儀なくされるかもしれない。ラ・リナシェンテは、国内ブランドについては低価格をアピールしているが、独自ブランドやプレミア・ブランドについては価格のアピールを行うのは効果的でないとしている。というのも、これらのブランドには比較対象がないからである[14]。

ラ・リナシェンテが使った買収戦略は、

以下に挙げる四つのことを理由として会社に利益をもたらしている。

❶市場のキャパシティを増すことなく、より成熟した市場におけるマーケットシェアを瞬時に高めた。

❷事業拡張に関する妨害を回避した。

❸店舗網を全国に拡大した。

❹会社の購買力を高めた。(15)

この会社は、営業利益の90%と売上の68%を食品から生み出している。

もう一方のデパート小売業者はコインである。コインはイタリア全土にあり、「オビエッセ」のような衣料品チェーンや衣料品の工場をも所有している。コインは1916年に創業し、イタリアで最も大きな非食品小売業者の一つであり、非常に広範囲の製品を提供している。「オビエッセ」や「ビンブス」、「スタンダ」を買収することで広範な店舗網が構築されたわけだが、2003年にはビンブスをプレカ・ブランメルに売却している。

全国チェーン

言うまでもなく、ベネトンは最も有名なイタリアのチェーンであり、100か国以上で展開をしている。その売上は、主としてフランチャイズ店におけるものである。ベネトンは、まずターゲットとなる国で現地生産を行い、現地の事業者に試験的な店舗の運営権を与えて国際的な拡張を開始している。もし、その結果が満足できるものであれば、ベネトンはライセンシーと50対50の合弁事業を起こし、能力を拡充して生産パターンを確立している。

ベネトンの戦略は、所有する固定資産を限定し、裁断、染色、品質管理といった重要な製造工程を企業内の統制下で維持することである。ベネトンの事業拡大は下請けに基づいており、かつて、製造工程の70%が労働コストの低いイタリアの家内工業で行われていた。しかし、2005年、彼らは業務委託の多くをインドにシフトすると発表した。

ベネトンはフランチャイズ・フィーを課さない。会社の利益は製品の売上のみからとっている。ベネトンは毎年2回の新作発表会を開いており、40色の約1,500の新しいスタイルを創り出している。カラーはベネトンの成功にとって極めて重要で、ファッションのトレンドに大きく左右される。ベネトンがコストを下げるためにこれまで使ってきた戦略の一つが特殊な染色システムである。布地ではなく完成品を染めることにより、国別にカスタマイズできるようにしている。

ハイパーマーケット

イタリアは、ヨーロッパの中で最も分散的な小売部門の一つを有している。このことによって、無比の成長の機会が既存のスーパーマーケットの能力を強化し、ハイパーマーケットと DIY（日曜大工）部門を開発させられる小売業者に供給されている。人口当たりのハイパーマーケットの点から見ると、イタリアはあらゆる主要なヨーロッパの国からは立ち遅れていると言える。たとえ、今日、ハイパーマーケットの数がイタリアで2倍になったとしても、住民100万人当たりの密集度はスペインと同じくらいにしかならない。ラ・リナシェンテが、ハイパーマーケットと DIY 店において最大のマーケットシェアを誇っている。

イタリア市場には、スペイン市場と非常に似ているものもある。ラ・リナシェンテと最も接戦を演じている競争相手はスペインのハイパーマーケットであるプリカと、そのフランスの親会社であるカルフールである。未成熟な小売市場というのが、スペインとイタリアの双方の市場に見られる特徴である。事業拡大の機会は、ハイパーマーケットと商業施設、供給業者による信用取引における支払期日の延期、そして負の運転資本による資金調達（詳しくは後述）を通して得ることができる。

8　食品小売業者

イタリア人は収入の多くを食費に費やし、その割合は大半のヨーロッパ人よりも大きい。また彼らは、高品質の食品に対して高い期待を抱いている。新鮮な食品というものが彼らには極めて重要であるため、彼らは他のヨーロッパ人よりも頻繁に買い物をしている。そんな食事文化が理由であろうか、スーパーマーケットやハイパーマーケットに対する抵抗感と専門店に対する好感が多少ある。

プライベートブランドの導入はイタリアでは極めてゆっくりと始まったが、今では他のヨーロッパ諸国同様、急速に拡大してきている。最も重要とされる考慮事項は、プライベートブランドを「価格に最も見合う」ものとするイギリス式の位置づけを使うことである。というのは、イタリア人は食品の質に非常に関心が高いからである。

イタリアの食品小売は、生協（Coop)、コナッド、カルフールという三つのスーパーマーケットチェーンが優勢である。しかし、優勢とは言っても比較的という意味合いでしかない。というのも、これら三つの売上合計は総売上の８％しか占めないからである。生協とコナッドは協同組合である。オーシャン・リナシェンテは、イタリアにおけるショッピングセンター開発で提携を結んでいる。

中部および南部イタリアにおける食品市場はまだ飽和状態とはなっていない。ハイパーマーケット、大型スーパー、ディスカウントストアの数は極めて少なく、この地域にはウェアハウスクラブ業態もない。

「負の運転資本(訳注１)」とは、成長するために小売業者が供給業者に対して負債を負うということである。この「資本」が、実際に運転資金となるのは会社が成長する時のみである。イタリアでは、信用取引において発生した供給業者からの請求額を支払うのに100日の猶予が与えられているので、この負の運転資本を

（訳注１）　小売業が客からは現金で支払を受け、供給業者には一定期間をおいて代金を支払うことによって発生する運転資本のこと。

どう活用するのかが極めて重要な経営手法となってくる。この仕組みは在庫を増大させることになるが、一方で供給者に支払うべき現金の絶対額が少なくなり、負の運転資本という強みをも減少させることになる。この状況は、小規模の拡大しすぎた小売業者においては買収資金や日々の運転資金の一部を銀行からの融資によって調達する要因ともなっている。

スペインの CC カルフールのような大規模小売業者も、この消極的な運用資金を利用している。とはいえ、これらの会社は急速に拡大してきており、彼らの積極的な出店計画が売上を増大させている。これらの会社はまた最新式の情報伝達システムをもっており、これによって在庫の削減や回転の悪い商品ラインへの効率的な対応が可能になっている。(17)

スペインとフランスの小売業者は、情報技術とより厳格なロジスティクスチェーンへの投資によって供給業者をコントロールして最大の利益が得られることを証明してきた。これらの投資は、高い金利の時に供給業者に対して債務を負うことで金融上の収益を手に入れたり、あるいは逆の低金利時にリベートを粗利益の補填に用いたり、運転資金を金融上の損失の穴埋めに用いたりすることで行われてきた。スペインの小売業者は、手に入れたキャッシュフローをビジネスに再投資することで最大のリターンが得られることを発見したわけである。

ラ・リナシェンテは、供給業者の現金をビジネス拡大のために投資することについては慎重かつ拒否の姿勢を貫いている。この会社は、キャッシュフローを事業の拡大にではなく資金の拡充にあてているのだ。

イタリアでの拡大は、スペインにおいてよりもはるかに困難であるということは事実である。たとえ、ラ・リナシェンテが消極的な資産によって調達された資金でもって積極的な事業拡大を行おうとしてもそれは不可能であろう。ラ・リナシェンテ・グループは非食品部門では総資本回転率の低い資産を有しているが、トレードキャピタルに賭けることで食品事業の有機的な拡大を行って資本の回転を高めている。また、食品事業の占める割合は、売上では全体の68％であるのに対して収益では全体の90％となっている。(18)

バイイング・グループ(訳注２)が、イタリアの小売業界で人気を得ている。それによ

表11－5　主なバイイング・グループ

●インターメディア（Intermedia）	●リナシェンテ（Rinascente）
●パム（Pam）	●コナッド（Conad）
●ロー（Rewe）、(2802店舗)	
●メカデス（Mecades：インテルディス（Interdis）	
●シサ（Sisa）	●デスパール（Despar）、(2322店舗)
●コープ・イタリア(Coop Italia：生協)	●シグマ（Sigma）、(1159店舗)
●Esd イタリア（エッセルンガ（Esselunga））	
●セレックス（Selex）	●アゴラ（Agora）、(968店舗)
●カルフールイタリア（カルフール、フリニペール（FIniper））	
●イル・ギアンテ（Il Giante）、(722店舗)	

って、小売業者は自社の購買力をアップさせることができるのである。小売チェーンは、バイイング・グループの拡大のために協力している。それはちょうど、独立業者達がより大きな購買力のために自社の資源をプールしているのとよく似ている。主要なバイイング・グループは**表11－5**の通りである[(19)]。

イタリアにおけるフランチャイズ化のゆっくりした進展は、政府の介入によって阻害されてきた。フランチャイズ化は、イタリアにとっては効率的な経営形態である。というのは、フランチャイズ経営の大半が比較的小規模な小売業者だからである。イタリアのフランチャイズの大半がマスター・フランチャイズ型であるが、このマスター・フランチャイズ店が政府機関への対処という任を負っている。

ハード・ディスカウントストアは、イタリアで最も急速に成長している小売業態である。伝統的な店舗経営者は、価格競争に巻き込まれると安売りを代替案として見なして、既存店をディスカウントストアへと再構成する傾向がある。しかし、この戦略は失敗する運命にある。何故なら、ディスカウントストアが成功するための公式は、利益率の低さを穴埋めするために量と規模の経済性に基づいて定められているからである[(20)]。

（訳注２）（Buying group）中小規模の小売業者たちが購買力を強化、またはプライベート・ブランド商品を共同開発する目的で結成している共同仕入れグループ。

9　インターネットによる小売

イタリア家庭の約３分の１、そして会社では約５分の１がインターネットに接続している。ヨーロッパの標準からすると、イタリアにおけるインターネットの普及度はむしろ低い。多くのイタリア人のネットユーザーは、家庭でのダイアルアップ方式でインターネットにアクセスしている。ブロードバンドはまだ発達の初期段階にあり、いかなる種類であれ、電子ショッピングはネットへのアクセスがより広がらない限り成功の見込みはない。

インターネット上の小売売上は、毎年、約13％の割合で伸びてきているが、インターネット小売業者の上位８社の売上は全売上の４％でしかない。インターネット小売業者の上位６社は、**クリック・アンド・モルタル（Clicks and Mortar）**（訳注３）が占めている。これは、インターネット専業の小売業者ではなく、実際の店舗も数件もっているということである。

10　政府による規制

イタリアの小売業に関する法律が、新しい店舗の出店プロセスを困難なものにしている。1971年、政府は小規模小売業者の利益を保護するために商業基本法（第426号）を立案した。この法の下、自治体がコミュニティ内における小売展開に関する計画を立て、各製品カテゴリーごとに消費者が必要とする量を提供するために必要な販売エリアの量を決定している。

この法律は、例えば百貨店やスペシャリティストアといった特定の業態を規制しているわけではない。しかし、その代わり、その規制は彼らが販売する製品に向けられることになる。製品リストには、魚屋、本屋、土産物店など14の製品カテゴリーが含まれている。新しい店舗は、その地域の小売に関する全体計画に従って店舗に利用できるスペースがある時のみにオープンさせることができる。この全体計画を変更することは可能であるが、それには多くのロビー活動が必要となる。[21]

とはいえ、状況はやや好転した。その法律は三度にわたって改善・修正され（法律1987年第121号、法律1990年第241号、法律1993年第537号）、直近の法律は最も重要な自由化を導入しており、それは「ベルサーニ立法改革（Bersani legislative reforms）」と呼ばれている。１万人規模のコミュニティで面積250平方メートル以下の店舗、または１万人以下の市で面積150平方メートル以下の店舗がビジネスを開始したり、移転したり、規模を拡大するためには、その小売業者は町の役所にその計画を持って行きさえすればよいこととなった。ただ、これより大きい店舗にはいまだに認可が必要とされており、その認可は郊外のニーズや環境に与えるインパクトへの考慮に基づいて行われるため、認可を得るのはかなり困難であろう。

いまや、小売業者は午前７時から午後８時までの間で１日13時間まで営業することができるようになった。店舗は12月の休日を除き、１年につき８回は日曜日でも開店が可能である。しかし、芸術都市や観光都市では、市が小売店舗の営業の是非を決定している。[22]

イタリアはまた、薬局部門のチェーンは許可していない。つまり、各事業主は一店舗しか所有することができないのだ。イタリアにおける薬局の数は「オーガニック・プラント（Organic Plant：法律1991年第362号、第１条）」によって規制されている。それは、12,500人以上の町では住民4,000人につき１店舗、12,500人未満の町では住民5,000人につき１店舗という割合を定めている。[23]何故、イタリア政府が薬局をこのように扱わねばならぬほどに脅威的なものとして考えているかは私にはよく分からない。

小売店のオーナーは、ビジネスの仕方や自社が販売する製品についても学ばなければならない。フィレンツェのある土産物店のオーナーが、その制度がどのように機能するかについて説明してくれた。彼女が私に説明してくれたところによると、小売店を開店したい人はトレーニングプログラムと資格試験を受けなければならないということであった。その試験は、ビジネス展開に関する

（訳注３）　オフラインとオンラインの両方の店を展開するという意味。

セクションと、その小売業者が販売するつもりの製品に関する詳細な知識にまで及んでいるという。

この土産物店のオーナーは、宙吹きのガラス、銀製品、そして水晶を売っている。彼女の資格試験は、これらの製品分野について、お客に対して説明できるほどの製品に対する知識を彼女が有しているかどうかを確認するものであったという。アメリカではビジネスを始めることを自分で決められたり、日によって売る製品を変えられるということを知って彼女は驚いていた。

彼女の店は、以前に店がなかった場所に開店したので認可を得ることはそれほど困難ではなかった。その地域に他の唯一の土産物店は約５ブロック先にあり、従業員に夏季休暇を取らせるために、当時、数週間にわたって休業をしていた。そして、この競争相手が夏季休暇から戻ってくると、彼女は自分の店を休業とし、従業員と一緒に休暇に出てしまった。

アメリカでは、フランチャイズを与えられた店はフランチャイザーに対して加盟料を支払い、売上の一定率をフランチャイズ・フィーとして営業している間支払っている。このようなビジネス慣習は、イタリアでは一般的に用いられていない。フランチャイザーは、フランチャイズ店での製品販売からのみ収入を得ている。[(24)] これは、先のベネトンに関する箇所で記述したシステムである。

第12章

香港と台湾の小売業

香港

1　国家的背景

チャールズ・エリオット船長［Sir Charles Norton Edgecumbe Eliot、1862～1931］は、1841年にあった中国（清朝）とのアヘン戦争のあと、香港島をイギリス領として確保した。当時、香港は不毛の岩場だったが、完璧な自然の港に囲まれていた。20年後、香港はインドからアヘンを輸入することで貿易国として繁栄した。

アヘンは、西洋から中国への主要な輸出品であった。事実、アヘン戦争は、中国へのアヘンの販売権をめぐって始まったものである。中国の統治者達は、イギリス人が中国で薬物を販売することを許可したくなかったが、この戦争によってイギリスが勝利すると共にアヘン貿易を拡大する権利を勝ち取った。イギリスはまず昂船洲（Stonecutters' Island、香港島）を、続いて香港島の反対側のコミュニティである九龍半島（Kowloon）を1860年に併合した。今日、これらの二つの島は、地下鉄、橋、スターフェリーで結ばれている。

1898年、中国の統治者は、香港、九龍および新界をイギリスに99年間にわたってリースすることを余儀なくされた。イギリスはこのリースを贈り物として見なして、賃貸料を払わなかった。しかし、4000年の歴史をもつ中国人にとっては、99年という期間は決して長いものではなかった。

1997年、中国人達は香港に対する権利を訴え、香港は中国の統制の下に返還された。中国政府は、返還後50年間は香港の現行制度を維持継続するとたびたび発言してきたが、多くの人々はこれが本当なのかということに疑いを抱いている。

第２次世界大戦の間、香港は日本から攻撃を受けた。植民地政府は1941年のクリスマスに降伏をし、1945年まで日本人がこの地域を占領した。多くの香港人家庭が破滅し、彼らのお金は円へと換えられた。戦後、日本の負債は降伏条約によって免責となった。

共産党が1949年に中国本土を制圧した時、何百万人もの避難民が香港に押し寄せた。彼らは裕福になりたい、または裕福のままでいたいという願いで香港にやって来たのだ。そして、1980年代までに、香港およびその周辺地域は世界で最も裕福な商業中心地となっていた。香港以上に、人口当たりのロールス・ロイスの数が多い所は地球上にない。

私は、世界のどの都市よりも香港で多くの時間を過ごしてきた。ここ香港には独特の興奮がある。都市部の香港とツィム・シャ・ツァイ（尖沙咀：Tsim Tsui）は港を挟んで別々の側にあるが、この両側が香港となっている。文化センター、ブロードウォーク、リージェントホテル（Regent Hotel）、ゴールデンマイル（Holiday Inn Golden Mile）、ペニンシュラホテル（Peninsula Hotel）はすべてツィム・シャ・ツァイ側にある。そして、マンダリンホテル（Madarin Hotel）、パフィックパレス（Pacific Place）、ビクトリアピーク（Victoria Peak）、香港競馬場は香港側にある。向かい側に行くのには地下鉄で約１分、スターフェリーだと５分ほどである。

買い物はどこででもできる。あらゆるブロックが店で埋め尽くされており、きらびやかなホテルやデパートが林立している。小さい店では客が値切るために交渉しているが、百貨店、デザイナーブティック、そしてチェーンストアでは決められた価格で販売されている。

香港は、世界を主導するビジネス・金融のメッカの一つであるため、多くの企業がアジア本部をここに置いている。香港はまた、主要な観光地でもある。日本や台湾だけでなく、他のアジア地域からの団体の観光客が買い物のために香港にやって来ている。平均的な香港の観光客は、1日に219ドルを使っており、日本人の観光客は1日に345ドル使っている。この出費の50%以上が買い物に充てられており[1]、電化製品、衣服、宝石などが豊富な品揃えの中で底値で売られている。

香港においては、自由経済体制が50年間は継続することを認めるという中国政府の保証にもかかわらず、将来には不安が残っている。1989年6月、天安門広場における学生の抗議活動に対する弾圧が行われたあと、多くの香港住民にとっては心配の種が増えた。しかし、1997年、ファンファーレが鳴り響くお祭りと共に返還が行われた時、多くの香港住民がイギリス支配の終焉を祝っているかのようであった。

以上が、香港の歴史的な背景である。香港での小売業の発展には、このような歴史が極めて重要な役割を果たしている。それはまた、未来に起こりうることにも影響を与えるだろう。

ウェット市場は、新鮮な果物と野菜が売られている非公式の商業地区である。露天商が集まって中心地を形成している。ここでの値段は、スーパーや百貨店よりも安い。商品は冷蔵保管されていない。(著者の好意による)

香港は、買い物をするにはごちゃごちゃしていて分かりにくいけれども、興奮を覚える場所である。目抜き通りから一歩はずれると、店の天井から垂れ下げられた蛇の皮や、生きたままの海の生物が水槽からのぞいている光景に出くわすだろう。この光景は、香港に出店しているグローバルな小売業者とはまったく対照をなしている。ほとんどすべての主要なデザイナーブランドがここに店を構えており、トイザらス、IKEA（イケア）、フットロッカー、ベネトンは香港の至る所に店舗をもっている。

2　独立小売業者

青空市場は様々な商品分野に関して存在している。これらの市場は、西洋の買い物客にとっては目を見開くような経験になるだろう。ある時、私は息子を連れて香港を訪れた。それまで翡翠市場のことをたびたび耳にしたことがあったが、実際にそこへ行ったことはない。息子にとっても興味深い冒険のように思われたので、私達はタクシーに乗って青空市場へと向かった。翡翠市場が開く少し前に到着したので我々はその付近を散策し、生きた鳥達が籠の中でガーガーと鳴き、生きた蛇が野外の穴から我々に向かってシュルシュルと音を立ててくるといった光景を目の当たりにした。その地域にいた白人は我々だけで、誰も英語を話さなかった。もちろん、我々のほうも中国語はできなかった。

翡翠市場への扉が開いた。この地域は屋根で覆われていたが、露店の周りには金属の籠しかなかった。我々は、ちょうど準備し終わった露店へと近づいた。その店で、客は我々だけであった。

私は翡翠のネックレスを取って値段を尋ねてみた。相手は英語ができなかったが、我々は世界共通のショッピング言語でコミュニケーションをとった。彼は電卓を取り出して、最初は香港ドルで、続いて米ドルでの値段を言ってきたが、それは約100ドルぐらいであった。私は首を横に振って立ち去ったが、すぐにその男は追いかけてきて、電卓に別の値段をパチパチと打ったのでのぞいてみると75ドルであった。私はまたもや首を横に振って立ち去った。すると、彼はまた私の後をつけてきて、今度は50ドルという値段を打った。

私はあまりそのネックレスに興味がもてなかったので、値段が問題ではないという姿勢を示めせば彼があきらめるだろうと思った。それに、この時すでに私の息子は機嫌が悪くなりつつあった。10歳にすぎない彼は、母親を困らせるこの男が嫌いになったようだ。しかし、その男はあきらめなかった。今度は私の腕をつかんで、自分の店のほうに私を連れ戻し始めた。彼は、そのネックレスを再び差し出して「調べろ！」と言った。そして、20ドルという破格の値段を打ち出した。彼が、何故ここまで安い値段にしたのかは分からなかったが、とりあえず私はそのネックレスを買うことにした。

何故その露店商がそんな値段を出したのかは、あとで友人の中国人に会った時に分かった。中国人の露店商の中には、非常に迷信深い者達がいるということである。彼らは、１日の最初のお客がその日の売上の成否を決めると信じているため、最初のお客を失うことは悪い前兆と言うのだ。彼が損をしてまで私にそのネックレスを売ろうとしたのは、この最初の売上を確保するためであったのだ。同じように、最後の売上が次の日の売上を決めると多くの露店商が信じている。したがって、買い物客への私のアドバイスは、青空市場で買い物する時は一番早く行くか一番遅く行くかである。

これよりも、もっとエキゾチックな市場があるし、中国系か日本系の本格的な百貨店があるショッピングセンターやショッピング街もある。これらの場所にはデザイナーブランドやナショナル・ブランド、そしてプライベート・ブランドの商品があり、これらはすべて固定価格で販売されている。

3　香港における組織化された小売業

アジアで最も競争の激しい小売市場であるがゆえに、香港は大陸で最大の小売業者の本拠地となっている。デイリーファーム（牛奶）とハッチンソン・ホアンポア（和記黃浦）が食品部門を支配している。アパレルでは、バレーノ、エスプリ、ジョルダーノが際立っており、これらの小売業者はすべてアジア全域に拡大している。また、デイリーファームはこの地域全域にコンビニエンスストアを展開していることで特に有名であるし、香港での海外小売業者には総合商品のジャスコが含まれている。

多くの小売業者、特に日本の業者は、中国人にうまく売る方法を学ぶことのできる実験所として香港を見ている。彼らの戦略は、市場に規制がないこの地でスタートし、次いで世界で最も大きなビジネスチャンスが存在する中国本土へ移行しようというものである。一時期、香港における日系の百貨店は市場の50％以上をコントロールしていたため、日系の百貨店間の競争が産業の競争力をより一層高めていた。しかし、過去数年の間に多少の変化があった。伊勢丹は、重点を中国本土へと移して香港から撤退した。また、西武百貨店は1990年に香港島のパシフィックパレス（Pacific Place：太古広場）に壮観な店舗をオープンしていまだに「西武」の名前を対外的には用いているが、今ではディクソン・コンセプツという、香港で多くの高級品の専門店を経営する小売グループにライセンスが与えられている。

1990年代、多くの店舗が賃料の急上昇のために閉鎖した。三越は、地主が賃料を３倍に上げようとしていたツィム・シャ・ツァイにある店舗を2006年に閉鎖し、25年にわたる香港の事業展開に終止符を打った。一方、日本の西友とイトーヨーカドーは香港で量販店を展開している。1999年までに賃料は10.1％下がり、それまでコントロール不能であった賃料の上昇が収まった。

2000年代初頭、スーパーマーケットやハイパーマーケット、そしてコンビニエンスストアの数がかなり増加した。しかし、先施（シンシア）、永安（ウィンオン）百貨、CRC（華潤超市）やイェ・ホア（裕華国貨）といった中国式の地元の百貨店の店舗の中には同時期に閉鎖された所もある。ちなみに、香港の百貨店数は減り続けると予想されている。現に、ハイパーマーケットを展開する唯一の存在であったカルフールはも2000年に市場から撤退した。また、2003年の SARS 流行によって多くの小売業者が撤退を余儀なくされた。人々が、感染を避けるために家に籠もってしまったのである。

インターネットにおける小売業は、これまで香港ではあまり人気がなかった。インターネットによる販売は SARS 発生の間一時的にピークを迎えたが、ネットユーザーの４％だけがオンラインで購入しているのみである。アドマートは香港のインターネット市場に入ろうとしたが、2000年には閉鎖をした。このことによって、多くの小売業者がインターネット販売は決して成功するものではないと信じるようになった。この事実に対する一つの説明としては、消費者に利用可能なショッピング空間が市内中に豊富にあるということが挙げられる(3)。

香港におけるトップの小売業者は、香港最大の小売グループであるハッチソン・ワンポアが所有するワトソン（屈臣氏）グループである。ワトソングループは、スーパーマーケットチェーン、ドラッグストアの「ワトソンズ」、そして電化製品チェーンの「フォートレス」を展開しているが、それぞれトップの座に就いている。

ジャーディン・マセソン・ホールディングス（怡和洋行）が所有する「デイリーファーム」は、第2位の小売グループである。このグループは香港首位のコンビニエンスストア・チェーンであるセブン・イレブンを展開し、ドラッグストア・チェーンの「ウェルカム（恵康）」をも手がけている。また、香港における四店舗の IKEA（イケア）のフランチャイズにもなっている。

ジャスコは香港第3位の小売業者である。これは、日系の中低価格の百貨店、量販店である。そして、CRE（中華資源企業）は香港第4位の小売業者で、中国本土の国営企業である。CRE は、主要なスーパーマーケットチェーンの CRC ショップ（華潤スーパーマーケット）、漢方のチェーンである CR ケア（華潤堂）と百貨店チェーン、およびチャイニーズ・アート・アンド・クラフト（中芸）を展開している(4)。

スーパーマーケット界の二つの巨人と言われる「パークンショップ」と「ウェルカム」は、香港でスーパーマーケットを積極的にオープンし始め、それぞれ2,000平方メートルの面積をもっている。

香港の百貨店は、ヨーロッパやアメリカの趣をもっている。その反対が台湾で、台湾の中国人所有の百貨店は日本式の商品やレイアウトに関心を向けている。香港の店舗は委託販売制度を用いずに、アメリカのようにプロのバイヤーを使っている。対照的に台湾の百貨店は委託販売制度を用い、未熟なバイヤーを使うか、バイヤーをまったく使わないで店舗を運営している。

台湾(5)

4　国家的背景

台湾のもともとの居住者は、非中国系の先住民であった。台湾は、1206年に中国（元朝、1206～1368）の保護領となった。もっとも、本土からの移住が始まったのは17世紀になってからである。初期の移民は広東省や福建省からで、その理由は迫害を逃れるためであった。1400年度の初め、多くの中国人が福建省から台湾に移住してきたが、その時台湾は中国の福建省の一行政区であった。

ヨーロッパ人が初めて台湾に来たのは1500年代である。ポルトガル人は、1590年に台湾付近を探査し、台湾を「イスラ・フォルモサ（Ilha Rormosa、美しい島)」と呼んだ。そして、1624年に台湾に来たオランダ人は島に基地を建設している。続いて1641年にスペイン人が台湾の北部に上陸したが、オランダ人は自分達以外の外国人を島から追い出し、その後20年間にわたってこの島を支配した。この頃までに明朝（1368～1644）が清朝（1644～1911）に征服され、敗れた明の人々が台湾に逃げてきた。明朝の移民達はすぐにオランダ人を台湾から追い出して島を自分達のものとしたが、その支配はごく短い期間であった。

清朝は、1683年に台湾を支配下に収めて1895年まで支配したが、その年に日清戦争（1894～1895）における敗北の結果として台湾は日本に割譲された。日本は、台湾を発展させると同時に搾取も行い、台湾人は第２次世界大戦中に日本兵として兵役に就くことを余儀なくされた。そして終戦後、台湾は当時の中華民国（Republic of China）に返還された。

終戦から1949年までに、内戦が中国本土に拡がっていた。この内戦は蔣介石［Jiang Jieshi、1887～1975］率いる国民党と毛沢東［Mao Zedong、1893～1976］が率いる共産党の間で行われたものである。国民党が敗退すると、蔣介石と彼の支持者である150万人以上が船に乗って台湾海峡を渡って台湾へ逃げた。しかし、共産党は、アメリカ軍の船団のために国民党を追い詰めることができなかった。

台湾では KMT として知られる国民党は、地方組織をつぶし、反対勢力を鎮圧し、1986年まで戒厳令を敷いてこの島を統治した。そして、蒋介石は、1975年に死去するまで台湾（Republic of Taiwan）の総統であった。

彼は常に、必ず中国本土に帰ると主張した。彼の希望は、二つの中国、つまり中華人民共和国（本土）と中華民国（台湾）を統一することであった。蒋介石の死去後、彼の息子、つまり蒋経国［Jiang Jingguo、1910～1988］が後を引き継ぎ、より自由な国へとその一歩を踏み出し始めた。戒厳令は1987年に廃止され、1991年末には新しい国の代表議会が選挙で選ばれた。(6)

5　非公式な市場

以前、私の研究室にいた大学院生の一人が、私の初めての台湾旅行でガイドを務めてくれた。彼は私を夜市に案内してくれたのだが、それはびっくりするような経験であった。あるクラブではバーにゴリラが座っていたし、あるオークションでは、殺したばかりの蛇の血の競(せ)りが行われているのを見た。そのオークションに興味があるのは男性だけで、彼らは蛇の血を、性生活を高める精力剤として見なしていたのである。落札できた男性は、うれしそうに蛇の血を飲み干していた。

私は案内してくれた大学院生に、お土産にする偽ブランドの時計を買いたいと伝えてあった。彼は、どこに行けばそれが手に入るかを正確に知っていた。私達は露店に近づき、何が欲しいかを告げた。露天商の女性は、暗い路地を通って薄暗い明かりの灯された階段を上るようにとほのめかした。彼女は時計でいっぱいになっている部屋のドアを開けたが、その一つのテーブルにはロレックスが、別のテーブルにはカルティエがあった。

彼女は私の生徒に何かを言い、彼がそれを翻訳してくれた。

「時計の裏に Waterproof（防水）と書いてある時計がよい品なので、それを探すように」

その時、私は次のように言い返した。
「一体全体、我々は偽ブランドの時計を買おうとしているのに、どうして時計の裏にある刻印が正当なものだと言えるの？」

私は、帰国時に税関でその時計を申告したが、税関の担当者はその時計が偽物であることがあまりにも明らかなために私がそれを持ち込むことに関しては気にも留めなかった。実際、それは非常にいい時計であった。おそらく、タイメックスシステムを採用しているのだろう。ちなみに、私は長い間その時計を手にはめていた。

6　台湾における小売業者

私が初めて台湾に行った時、台湾一と言われるホテルであるインペリアル・ホテル（Imperial Hotel；帝国酒店）に泊まった。その晩、自分達の将来の研究について話し合うために日本人の同僚に電話をしたが、私が少し台湾に関する否定的な発言をすると電話が切れてしまった。私は再び電話をして会話を始めたのだが、また台湾を非難する発言をすると電話は切れてしまった。私はとうとうフロントに連絡をして、「いったいどういうことか」と尋ねた。フロントの人は私をオペレータにつないだのだが、そのオペレータは「あなたは５分間話をしたし、それで十分だと思われる」と言った。その時、彼らが私の電話の内容を聞いていたことに気づいた。

台湾は、中国に優秀なマネージャーを奪われてきたという背景がある。私が話した小売業者の数人は、購買担当のマネージャーは台湾出身者だと言っていた。

台湾政府は、台湾経済を改革するために、６年にわたる総合計画である「チャレンジ2008国家重点発展計画」を実行した。この計画の狙いは、経済成長と環境保護を促進することによって台湾を新たな成長の中心地にすることである。

2001年、台湾は新しいショッピングセンターに打ちのめされた。２年の間にこの小さな島は新しいショッピング地域でいっぱいになり、今は小売過剰の状態となっている。とはいえ、チェーンに関係しない独立した小売店がいまだに全小売売上の72%を占めている(7)。

統一企業は、台湾第1位の小売企業グループである。この企業は、台湾最大のコンビニエンスストア・チェーンであるセブン・イレブン（統一超商）に対して45%を出資し、最も大きいハイパーマーケット・チェーンであるカルフールに対して40%を出資している。2番目に大きい小売業者は、最も重要な百貨店であり、かつ最も営業利益を出している新光三越百貨店である。また、遠東グループは、太平洋流通を買収してそごうの株主になった。

私が1987年に初めて台湾を訪れた時、ちょうど台北にそごう百貨店がオープンした。主要な百貨店グループは、彼らが知っている唯一のプロの小売業者である日本人からのアドバイスを求め始めていた。私は台湾のそごう百貨店で、閉店の時に従業員がエスカレータの所に立ってお客様にお辞儀をしながら挨拶する日本の風景を見たのである。しかし、他の百貨店も後を追うようにこの百貨店の日本式のやり方を模倣したのである。遠東グループには、遠東百貨、亜東百貨、遠百企業、そして太平洋崇光百貨がある(8)。

マスクをした買い物客がタイペイのそごう百貨店の前を通りすぎている（2003年5月10日）。台湾百貨店首位のそごうは、店内消毒のために3日間休業すると発表した。SARS 流行のさ中、レジ係の1人がこの命にかかわるウィルスに感染したことが強く疑われたのである。AFP 写真／サム　イエ（サム　イエ、AFP、Getty Images らの好意による）

香港とは対照的に、台湾はインターネットショッピングやホームショッピングが活発である。ホームショッピングは2番目に規模が大きく、増加率でも第2位となっている。ホームショッピングは、1999年から2003年の間に20％以上成長しているし、インターネットショッピングは毎年平均160％の割合で成長を繰り返している。これは見事としか言いようのない成長率である。

ホームショッピングの成功は、台湾における小売の方法を変えた。多くの企業が、既存の店舗でカタログによる通信販売を行い始めた。また、これらカタログの多くは台湾で最も早いスピードで成長している小売業態であるコンビニエンスストアを通して配られており、日本と同様、客はコンビニエンスストアで注文をして代金を支払って、品物を受け取っている[9]。

1986年の小売産業に対する外国資本による投資の自由化以来、産業の近代化はますます進んできた。ワールドクラスの小売業者との競り合いは、現地の小売業者には常に良い影響を与えている。外資による投資の最初の波はそごうのような百貨店に限られたが、1996年以降に起こった投資の第２波はより広範囲にわたった。そして、ハイパーマーケットは、萬客隆、家楽福、愛買吉安、特力翠豊（B&Q）らによって導入された。海外の小売業者が台湾に進出したにもかかわらず、外国企業との協力を通じてではあるが、現地の有力企業は現在でも市場で強い影響力をもっている[10]。

小規模の独立した小売店はどこにでもあったが、これらの専門店はいまだに小売総売上の87％を占めている。街はどこも混雑しており、場所の移動にはかなりの時間を必要とする。マクドナルドが最も人気のある飲食店の一つである。

小規模の店は高くて低品質の商品を売っているが、百貨店では日本式の衣料品が傷つけられないように丁寧にラッピングされて売られている。そして、百貨店の店員は商品にもたれかかったままでお客を無視する。この時点では中国本土に行ったことがない私だが、のちに台湾の百貨店での経験が、中国本土の店舗からすれば一段階進んだものとして思い起こすことになる。仮に、連続的に図を描くとすれば下記のようになるだろう。

香港……………………台湾……………………中国本土

百貨店は、いまだに総合小売業者の最も重要な販売チャネルである。百貨店は全小売売上の約９％、総合小売業者の全売上の26％を占めている。２番目と３番目に重要な販売チャネルは、コンビニエンスストアとハイパーマーケットである。どちらの小売形態においても２大チェーンが優勢で、その一つが台湾最大の「統一超商」である。彼らは、コンビニエンスストア市場の50％を占めるチェーンのセブン・イレブンをもっている。また、パートナーのカルフールを伴う台湾カルフールの「家楽福」が小売業界の第２位で、ハイパーマーケットビジネスの36％を占めている。新光三越百貨は小売業界の第３位で、最も収益性のよい百貨店業者である。

日本の百貨店との合弁企業は、日本のトレンドを追う商品をもつ日本式の百貨店チェーンを提供している。三越は、台湾の富裕層と中間層の市場にアピールすることで急速に拡大してきた。太平洋崇光百貨は台湾第２位の百貨店であると同時に、第４位の小売業者である。新光三越百貨が台湾市場に参入する前は、彼らが台湾で優勢を誇る百貨店チェーンであった。そごうは1986年に台湾市場に参入したが、三越との激しい競争で負債が資産の81％に達してしまった。その結果、そごうは遠東グループに売却されることを余儀なくされ、そのグループが現在その企業を経営している。[(11)]

7　政府による規制

2003年１月、台湾政府は、各店が無料でレジ袋をお客に配布することを禁じた。これは政府の環境政策の第２ステージであって、公営店舗での無料のレジ袋の配布禁止が第１ステージであった。さらに、レジ袋の全面禁止を要求することが第３ステージになるだろう。しかし、この政策にはこれまでに強い反対があった。

一方、労働に関する審議会では、労働条件を向上させる多くの規制を実行してきた。2003年には８週フレックスタイム政策を実施し、基本的な労働時間は１日８時間、週６日であると定めている。そして、被雇用者は日に４時間を超える有給残業をしなくてもよい、また被雇用者は8週間における労働時間を加算し、休日と組み合わせて週末を延ばしたり休暇をとることができるというオプションが与えられている(12)。

8 香港と台湾の未来

香港と台湾は、中国本土における小売の展開に大きなインパクトをもっている。それぞれの地域では、海外の小売業者、主に日本の小売業者がこれまで自分達の小売業態をテストし、自分達のビジネス戦略を調節してきた。これは、より大きな市場である中国で必要とされるものと共にこれらを持ち込むためである。

数年間にわたって、私は香港の小売業者らと中国との関係について話し合ってきた。1980年代初頭の大半のビジネスマンは、「1997年に香港が中国の統治へと返還された時に起こる変化についてはあまり心配しない」と述べていたが、1989年の天安門事件以降、見方ががらりと変わった。主要な小売業者の多くは、会社の拠点国を香港からバミューダのような他国へと移した。もし、機会があれば、自分の持つ香港のパスポートを外国のパスポートに変えるという人もいた。

しかし、天安門事件以降これまでの間にこのような見方は和らいだ。1950年代に自分達の店を没収されたあと、中国本土の市場には決して参入するまいと誓った主要な小売業者の中には中国政府に歓待された者もいる。中国の巨大な人口が提供するビジネスの機会が、競争が比較的弱いことと相まって、主要な香港の小売業者にとって非常に魅力的なものにしている。

私は、香港が中国に返還される1997年7月1日のちょうど4か月前にここを訪れ、上海と北京に行く前の1週間香港に滞在した。私は、香港よりも上海と北京でより大きな変化があるだろうと予想していたが、その予想は正しかった。やや冴えをなくしていた香港に比べて上海は生き生きとしていた。上海が新しい香港になろうとしている。私が香港で初めて遭遇した、興味深い、エキゾチックなショッピング環境は、いまや上海にあるのだ。

第13章

中国の小売業

この章では、まず改革開放以前の中国の流通システムの概況を紹介し、それから現在の小売システムを分析する。多くの外資系小売業者は巨大な中国市場への参入に関心をもっているが、政府による関与を懸念している。外資系の小売業者にとっては、それが大きな心配の種である。そして最後に、中国の合弁企業に関する規制および外資系の小売業者への適用状況に焦点を当てる。

1 歴史

中国は、昔から商業活動が活発な国である。マルコ・ポーロ［Marco Polo、1254～1324］がこの国を訪れて以来、欧米諸国は中国との貿易を求めてきた。中国は豊かな天然資源と文化に恵まれており、魅力的な市場をもつ国である。

明朝（1368～1644）中期の経済システムは、農業と手工業で構成される資本主義経済であった。南東部では製糸業と綿工業が盛んになり、安い労働力を利用した多数の紡績工場で綿織物が栄え、社会階級が現れた。しかし、清朝（1644～1911）になってからはこうした資本主義的な企業を奨励せず、工場規模を制限しただけでなく商人には高い税金を課した。清朝は、基本的に鎖国政策を掲げて、商人が海外市場へ進出することを奨励しなかった。対外的に開放されていた港は広州だけで、そこでお茶、シルク、漢方薬、陶磁器が輸出され、毛織物、綿織物、香辛調味料が輸入された。貿易収支は不均衡で、全体的に清朝にとって有利なものとなっていた。

のちに、イギリスの植民地主義者は、清朝にもっとイギリス製品を買うように要求し始めた。その製品とはアヘンであった。アヘン戦争（1840年）後の南京条約により、清朝は上海および他の四つの港を開放することを余儀なくされ、アロー戦争（1857年）後、清朝はさらに弱体化していった。特に、上海では、欧米の投資家達がこぞって投資をするようになった。同時に、中国人の中にも支配的な商人階級が生まれ出した。

19世紀末から20世紀にかけては、中国全土で200種類ほどの外資系新聞と雑誌が発行されていた。このような近代的なメディアを利用した広告によって外国製品が受け入れられていったのである。

中国系の大手出版社である商務出版社は、1903年から1937年の間に16種類の雑誌を発行していた。また、最初のラジオ放送は1922年に始まり、1927年には上海の新新百貨（Sun Sun）が独自のラジオ局を開設し、ニュース、中国音楽などの放送を行っていた。そして、1936年までに上海の中国語ラジオ局は36局に増え、上海の主な商店街である南京路には、先施(Sincere)、永安(Wing On)、大新（Shui Hing）などの大規模な百貨店が誕生した。これらの高級百貨店は、当時のニューヨークにあるメイシーズ、ギンベル、ロンドンにあるハロッズなどの百貨店と肩を並べるほどであった。

南京路にあった当時の永安百貨（Wing On）

第２次世界大戦と内戦を経て、1949年に現在の中国が建国された。政府は個人企業の「全人民所有」への移行期限を1956年1月と設定し、第1次5か年計画中にすべての主要産業を国有化したのである。それにより、先施、永安、大新などの高級百貨店は政府に接収され、店名を「第一百貨」や「第二百貨」などのような名称に変えた。そして、中国政府は欧米諸国に対して門戸を閉じたのである。

1976年、文化大革命（Cultural Revolution）の終焉によって現代中国へと変化していくわけだが、1989年に起こった天安門事件の影響による短期間の停滞を除いて中国は急速に近代化を進めてきた。1990年代から2000年代にかけて海外からの投資が安定的に増加してきたわけだが、この間の変遷を理解することが重要であるため、まず改革開放以前の中国の流通システムを見ていくことにする。

2　改革開放以前

中国における小売改革は「経済特区」と呼ばれる沿岸部などの大都市で先行し、徐々に他の地域へ拡大する形で行われていった。今日においても多くの地域に古い小売システムが存在していることからしても、ごく一部の経済的に発展した地域においてのみ小売の近代化が進められてきたことが分かる。

1950年代初頭、流通全体が以前の商業部を中心とした政府の管理下に置かれ、その流通システムは旧ソ連をモデルにしてつくられていた。製品は、大きく三つのカテゴリーに分類されていた。第1分類には、国の経済全体および国民の暮らしに関わる重要物資として米、綿花、石炭、燃料などが含まれており、その流通は指定された国有企業に独占されていた(1)。第2分類には自転車、腕時計、ミシン、ラジオなどが含まれ、それぞれの所管部門の管理下に置かれた。その他の製品が第3分類に属しており、各地方政府の管轄となっていた。

このような厳格な配給システムが「分配（Fenpei）」と呼ばれたものである。このシステムの下で製品は流通し、国家計画委員会が各工場の生産目標を決めていた。工場には原材料が割り当てられ、必要な製品が生産され、そのすべてが商業部が所轄する中央物流センターに集荷された。このような生産志向に加え、３段階からなる卸売システムが採用されていた。天津、上海、そして広州に設置された三つの主要な物流センターが、地方にある第２段階および第３段階の物流センターに製品を供給していた。卸売および小売機構は政府が所有しており、それらは、市場活動というより商品の貯蔵施設として配分機能を担っているにすぎなかった。

一方、価格統制（Price Controls）が各地方レベルで行われていた。例えば、北京と上海はそれぞれの経済状況と商品の保有量に基づいて異なる価格システムをもっていた。もともと政府による価格統制の対象となっていた商品数は146品目であった。さらに69種類の商品に統制粗利（Regulated Gross Margin）が適用されたが、このことは商品の粗利率が政府によって決められたことを意味する。現在、品不足の場合を除いて統制価格あるいは統制粗利は存在せず、市場そのものは昔に比べれば自由化されており、今後もこの流れは続くと考えられる。

政府主導の計画体制と価格統制は商品が供給不足の時代には存在意義があったわけだが、供給不足が解消されるにつれてその存在意義がなくなったのである。1980年代を通じて、製造業においては外資との合弁企業の設立が認められた。こうした合弁企業が生産性と品質を飛躍的に向上させて供給不足が解消され、品質向上と物流の効率化における競争は卸売および小売システムに大きな変化をもたらした。

地方政府には、卸売の設立と運営する権限が与えられた。そして、大規模な百貨店は製造業者から直接商品を仕入れることも認められた。また、価格統制は緩和され、仕入数量などに基づいた価格交渉も可能となった。

1980年代の終わり頃には、流通システムにおける卸売と小売の所有形態は多様なものとなった。1992年までには、国有企業（State-Owned Stores）が全小売売上に占める割合は41.3％へ減少し、集団企業[訳注１]と個人企業の売上はそれぞれ27.9％と20％を占めるようになった[2]。さらに1995年末までには、この比率がそれぞれ30％、19％、30％へと変化し、1995年に合弁小売業が占める全小売業者売上の割合は１％未満であった[3]。10年前に比べると国有企業の重要性は低下したものの、依然として存在していることは事実である。

3 小売業の所有形態

他の計画経済の国と同じように、中国政府も流通を非生産的で寄生的な活動と見なしてきたので、資源を販売に投入するよりも生産に集中させてきた。このことは、結果的に中国に非効率的な流通システムをもたらした。しかし、近年、一部の主要都市では流通の近代化が急速に進められている。

ロシアと中国の市場経済化のアプローチは対照的なものである。ロシアでは、まず政治システムの変化があった。そして、経済システムの転換は共産党を権力から排除することから始まった。その結果、消費財の不足や高いインフレなどを原因として社会混乱が起きた。これに対して中国は、政治システムを改革する前に、まず市場自由化に向けた経済システムの転換を図った。そのため、ロシアと異なって中国においては豊富な商品が供給され、インフレを比較的に低い水準に抑えることができた。

かつて中国は、他の計画経済の国でも一般的に見られた２段階の通貨システム（Two-Tiered Monetary System）を採用していた。1994年まで、中国を訪れる度にドルを外貨兌換券という紙幣に両替する必要があった。外貨兌換券の額面価値は人民元と同じであったが、外国人向けのホテル、タクシー、友誼商店など、使用できる場所が限られていた。また、一部の国有百貨店の贅沢品の売り場では外貨兌換券でしか支払ができず、実質的に外貨兌換券による支払が優先されていた。なお、この制度は1995年に廃止されている。

（訳注１）（Collectives）国有企業と同様に国の投資でつくられ、支配権も収益権も最終的には政府が所有する。ただ、実体として、私有企業と同様に個人の投資によってつくられ、個人が支配権も収益権ももっている集団企業も存在するため、むしろ、いくつかの異なる類型の企業の総称として理解したほうが適切である。

4　人口統計および地理的な視点

人口規模および改革開放以降の急速な経済成長が、中国を魅力的な市場に変えていったことは言うまでもない。2005年に中国における消費財の小売販売額が前年より13%増えたことを見ても[4]、この14億人規模の市場が世界最大の「金の卵」になることは容易に想像できる。

中国では、人口100万人を超える都市が30以上あり、50万人を超える都市は40以上ある。都市人口の年齢は若く、その3分の2が40歳以下である。過去数年間にわたって住宅改革が行われ、都市人口の約60%が個人所有の住宅をもつようになった。しかし、こうした住宅は狭く、平均的な面積は50～80平方メートルである[5]。

1994年以降、中国の年平均の GDP 成長率は8.6%を維持しており、2004年の GDP は1994年の2倍以上となった。過去10年間において、この経済成長が年平均12.7%のペースで消費財の小売販売額の成長を牽引してきた。2006年の消費財の小売販売額は15～16%の成長が見込まれている。ただし、所得および消費の成長において都市部と農村部の格差は拡大している。

2004年、都市部における住民一人当たり所得の伸び率は農村部の3.2倍であった。消費全体に占める割合は、都市部が1994年の59%から2004年の66%へ拡大したのに対して、農村部は41%から34%へと減少した。しかし、この数字の推移は都市部への人口移動としてとらえることもできる。

過去10年間の人口の自然成長率は0.8%であるが、都市人口の年平均増加率は4.7%となっており、その主因は農村部からの人口流入である。主に、低い購買力とインフラの未整備が高い流通コストをもたらすために、農村部の小売成長率は引き続き低い水準で推移すると考えられる。これは、小売業者が農村部での事業展開を控える原因にもなっている[6]。

5　金融問題

政府は銀行システムの改革も進めており、これは小売業への投資に大きな影響を与えることになる。中国の貯蓄率は約40％であり、世界においても最高水準である。しかし、全国的な銀行システム、クレジットカード認証システム、決済ネットワークが存在しないため、多くのクレジットカードはローカル的なものである。全国レベルの金融ネットワークを整備するためのプロジェクトとして、1993年にゴールデン・カード(訳注2)が立ち上げられた。なお、このシステムの採用はまだ始まったばかりである。

中国では、多くの買い物においてデビットカードが利用されている。デビットカードは現金の預け入れと引き出しの際に利用されるだけでなく買い物の際の支払いにも利用でき、すでにキャッシュカードに取って代わったものとなっている。その一方で、クレジットカードも徐々に普及し始めている。ちなみに、2003年のクレジットカードの発行枚数は70％も増加している。

グレート・ウォール・カードは1985年に中国銀行が発行した最初のクレジットカードであり、1987年には VISA カードに加盟して、1988年に国内で発行される唯一の国際カードとなった。しかしながら、ごく限られた小売店しか加盟していないので、クレジットカードの急速な普及には至っていない。それに、消費者は依然として現金を好む傾向にある(7)。

6　外資系の小売業者(8)

中国は、製造業ではかなり以前から外資との合弁事業に門戸を開いていた。しかし、すでに述べたように計画経済において小売業は非生産的な分野と見なされていたために、1991年までは外資系の小売業者との合弁が禁止されていた。

(訳注2)　中国政府が、クレジットカードも含む電子マネーの普及を目標に立ち上げられたプロジェクトのこと。

小売分野での初期の合弁事業は、地域を限定して実験的に行われた。外資系の小売業者に開放する地域として選ばれたのは、上海、北京、広州、天津、青島、大連の大都市と、深圳、珠海、汕頭、厦門、そして海南の五つの経済特区であった。ただ、国務院は選定された各地域に１～２社しか認可しなかったために、合計22社の合弁小売業者しか生まれていない。また、初期の合弁小売業者には以下に示す規制が課せられた。

❶外資主導の合弁は認められない。

❷卸売の合弁は認められない。

❸商品の輸入は認めるが、その輸入額が年間売上の30％を超えてはならない。

❹合弁企業が商品を輸入する際には、割当料とライセンス料を支払うこと。

当時は２段階の通貨システムがまだ存在していたので、合弁企業は商品を輸入するのに必要な外貨を獲得するために、まず輸出のための商品を生産し、それを輸出することで外貨を獲得しなければならなかった。

国務院に承認された最初の22社の合弁企業は対等な合弁であり、外資系企業と地元企業の双方がリスクを負うということが特徴的であった。北京燕莎友誼商城（Luthansa）と新東安（Dong'an）は、国務院によって承認された合弁小売業者である。また、上海は直轄市である上に経済特区でもあるので、国務院は４社に対して認可を出していた。

他のタイプの合弁事業として、各地方政府によって認可される合弁小売業者もあった。例えば、北京、上海、広州では３社が認可された。このような合弁事業においては、外資系の小売業者は投資の全額とマネジメント手法を提供し、地元企業は立地および現地のノウハウを提供することとなった。

中国は WTO 加盟の際に小売市場の開放を約束しており、小売の合弁事業に関する規制が徐々にだが撤廃されている。

7 新しい政策

これまでの小売分野での規制の歴史を振り返ったあとに最近の小売規制の変化を見ることにするが、特に現在の規制が今後の小売動向に与える影響という点に注目していこう。

WTO 加盟に伴う公約を果たすために、中国政府は外資系の小売業者に対する規制を大幅に緩和した。2004年には、300を超える外資系の小売業者が中国に進出しており、自由化が進むにつれてこの数字はさらに急速に伸びると予想される。対外貿易経済合作部（訳注3）および国家発展和改革委員会（訳注4）は今後引き続き外資系の小売業者の管理に当たるわけだが、各地方政府は税収とインフラ整備のために外資系の企業を歓迎している。

2004年12月１日に、小売分野に関連する新しい法令が施行された。地方政府は、外資系の小売業者の事業計画申請書を１か月以内に商務部へ提出することが義務づけられた。商務部は受理した案件を審査し、３か月以内に結果を通知することになる。これは、以前と比べて飛躍的に効率化されたシステムとなった。また、地方政府には、以下のような投資案件について独自に認可する権限が与えられている。

❶3,000平方メートル以下の店舗が３店舗以下で、しかも中国全土では30店舗以下の外国投資。

❷300平方メートル以下の店を30店舗以下で、しかも中国全土では300店舗以下の外国投資。(8)

（訳注3）　現在の商務部の前身であり、国務院に属する行政部門である。経済と貿易を管轄し、2003年に元国家経済貿易委員会の貿易部門と元対外経済貿易合作部とが合併して設立され、日本の経済産業省に当たる。中国の対外貿易、経済交流、外資の誘致などに関わる政策や、中長期的な輸出・輸入に関する戦略などを策定する機能をもつ。

（訳注4）　経済・社会の発展に関する政策研究、立案、構造調整および経済体制改革の指導に責任を担う中央省庁である。同委員会の前身は、1952年に発足した国家計画委員会であったが、国家計画委員会は1998年に国家発展和計画委員会と名称変更し、さらに2003年に国務院体制改革弁公室と国家経済貿易委員会の一部を取り込み、現在に至っている。

近年、中国政府は過剰に展開されたハイパーマーケットを制限する意向を示している。政府方針の一つとして、新規の小売投資を市場評価に基づいて認可するということが挙げられる。これは、ハイパーマーケットを展開しようとするすべての小売業者が警戒すべきことである。言い換えると、中国市場は一般的に予想されるほど自由で開放的なものではないということである。

現行の法律では、外資系の小売業者によるフランチャイズ展開が認められている。しかし、フランチャイズ展開する前に、あらかじめ二つの店舗で１年間の運営実績を積まなければならない。また、マスター・フランチャイズ契約を結ぼうとする企業は、政府による特別認可が必要となる。さらに、フランチャイズ展開するために、本部は確立された事業モデルをもつことが必要とされている。この条件は、アメリカではフランチャイズ展開するための最も重要なものとされている。もう一つ興味深いことに、かつての法律はロイヤルティの国外送金（Expatriated）を禁止していた。ただしこれは、2004年に成立した新しいフランチャイズ法によって修正されている。

地元の小売業者は、立地確保や情報入手などにおいて政府から優遇を受けており、事業展開を進める上において有利となっている。ある現地調査によれば、地元の小売業者の売場１平方メートル当たりの売上は外資系の小売業者より70％も高いという結果が出ている。[(10)]

しかしながら、中国経済の中には計画的な要素が依然として多く存在している。例えば、第９次５か年計画では、小売業態の近代化や所有権の規制などに焦点が当てられた。また、第10次５か年計画では、小売業者におけるチェーンオペレーション開発が盛り込まれている。その内容を具体的に挙げれば以下のようなものである。

❶買収、合弁、フランチャイジング、合併などの手段を通じて西部での小売チェーンへの投資を促し、資源の整理統合と内陸部の発展を図る。

❷従来の計画では重視されてこなかった他の小売業態の見直す。これには、以下のものが含まれる。

⑴　医薬品販売、タバコ販売、通信、出版などの業界。

⑵　不動産、観光、教育訓練、自動車などのリース業、ソフトウェア開発

などの新しいサービス業界。

⑶　メーカーによる独自の小売チェーンと流通チャネルの構築。

⑷　ファストフード業界におけるチェーン展開の加速化。

❸生鮮商品スーパーマーケットの開発を加速化することで、小売業態の多様化を促進する。多地域で展開されているそれぞれのコンビニエンスストア業態の違いを把握する。合理的な大型店舗、専門店を開発する。伝統的な百貨店の再開発と同時に、店舗数および出店地域を厳しく制限することで、ハイパーマーケットと倉庫型店舗の拡大に歯止めを掛ける。

❹合併、再開発、投資を通じて、外資系小売業者に対抗できるような地元ブランドの小売チェーンを５～10社育成する。各地方政府は、地域間の壁を取り除いてこの方針を支持しなければならない。

❺多様な所有形態と小売業態を活用し、小売業者におけるチェーン展開を加速させる。

❻サード・パーティ・ロジスティクス（3PL）および物流センターの開発を加速させる。

❼POS、MIS、その他の先端的なマネジメント技術を導入し、小売オペレーションの効率およびマネジメント品質を向上させる。

❽外資系の小売業者から最新のマネジメントとオペレーション手法を習得する。

このような政策の背景には、以下に挙げる四つを基本方針とする公約がある。

❶WTO 加盟に伴う規制緩和。

❷保護主義の打破。

❸政府と小売業者のコミュニケーションを強化するよう、訓練センターの開発。

❹個人的な関係重視から市場重視へのシフト[(11)]。

しかし、中国では政策がよく変更されることを念頭に置く必要がある。ちなみに、**表13－１**と**表13－２**は「中国発の主要小売業」および「中国における主要な外資系小売業」を、**表13－３**は「外資系小売業の拡大計画」をまとめたものである。

表13－1 中国発の主要小売業（2004年）

	総売上高と店舗数				国際的な地位と国外市場への進出			国内市場	
企業名	主要業態	総売上高（$US 百万ドル）	売上高前年比	総店舗数	世界の小売業トップ200における順位（2004年）	国外市場への進出形態	進出国数	総売上高における国内市場売上の割合	総売上店舗数における国内店舗の割合
1 百聯	スーパーマーケット／グローサリー・ストア	8,131	22.0%	5,493	96	単一国	1	100%	100%
2 北京国美電器	家電量販店	2,885	34.0%	227	－	単一国	1	100%	100%
3 大連大商	スーパーマーケット／グローサリー・ストア	2,791	27.0%	120	－	単一国	1	100%	100%
4 蘇寧電器	家電量販店	2,671	80.0%	193	－	単一国	1	100%	100%
5 北京華聯	スーパーマーケット／グローサリー・ストア	1,933	18.0%	70	－	単一国	1	100%	100%
6 上海永楽家用電器	家電量販店	1,915	62.0%	108	－	単一国	1	100%	100%
7 上海農工商	スーパーマーケット／グローサリー・ストア	1,656	10.7%	1,232	－	単一国	1	100%	100%
8 北京物美	ハイパーマーケット／スーパーセンター	1,604	56.2%	608	－	単一国	1	100%	100%
9 天津家世界	ハイパーマーケット／スーパーセンター	873	44.5%	69	－	単一国	1	100%	100%

出所：Retail Forward, company annual reports and published reports

表13－2　中国における主要な外資系小売業（2004年）

企業名	本部所在地	小売セクター	主要業態	国際的な地位と国外市場への進出		
				世界の小売業トップ200における順位（2004年）	国外市場への進出形態	進出国数
1　イオン	日本	FDM	ゼネラル・マーチャンダイジング・ストア	19	グローバル	11
2　Alimentation Couche-Tard	カナダ	FDM	コンビニエンス・ストア	99	グローバル	7
3　Alticor/Amway	アメリカ	FDM	無店舗	119	グローバル	80
4　アマゾン	アメリカ	家庭用品	無店舗	111	グローバル	7
5　オーシャン・グループ（Auchan Groupe）	フランス	FDM	ハイパーマーケット/スーパーセンター	18	グローバル	12
6　ベルテルスマン（Bertelsmann）	ドイツ	家庭用品	無店舗	－	グローバル	22
7　カルフール	フランス	FDM	ハイパーマーケット/スーパーセンター	2	グローバル	31
8　華潤創業（China Resource Enterprises）	香港	FDM	スーパーマーケット/グローサリー・ストア	－	リージョナル	2
9　ディリー・ファーム（Dairy Farm）	香港	FDM	コンビニエンス・ストア	162	リージョナル	8
10　ファミリーマート	日本	FDM	コンビニエンス・ストア	83	リージョナル	5
11　ファーストリテイリング（Fast Retailing）	日本	衣料品	アパレル	194	グローバル	3
12　パチソン・ワンポア（Hutchison Whampoa）	香港	FDM	ドラッグストア	77	グローバル	18
13　イケア（IKEA）	スウェーデン	家庭用品	家具店	44	グローバル	32
14　伊勢丹	日本	非耐久財	百貨店	120	リージョナル	6
15　イトーヨーカドー	日本	FDM	ゼネラル・マーチャンダイジング・ストア	6	グローバル	17
16　キングフィッシャー（Kingfisher）	イギリス	家庭用品	DIY/ホームセンター	50	グローバル	9
17　La Senza Corp.	カナダ	衣料品	アパレル他専門店	－	グローバル	18
18　ローソン	日本	FDM	コンビニエンス・ストア	59	リージョナル	2
19　ルロワ・メルラン（Leroy Merlin）	フランス	家庭用品	DIY/ホームセンター	112	グローバル	8
20　ロッテ・グループ	韓国	FDM	百貨店	58	リージョナル	2
21　ルイ　ヴィトン（LVMH）	フランス	非耐久財	アパレル他専門店	76	グローバル	56
22　マンゴ（Mango）	スペイン	非耐久財	アパレル店	－	グローバル	76
23　メトロ	ドイツ	FDM	キャッシュ&キャリー/ウェアハウス・クラブ	4	グローバル	29
24　オットー・グループ（Otto Group）	ドイツ	非耐久財	無店舗	61	グローバル	19
25　統一超商（7-11）	台湾	FDM	コンビニエンス・ストア	－	グローバル	4
26　新世界（Shinsegae）	韓国	FDM	ディスカウント・ストア	122	リージョナル	2
27　マクロ	オランダ	FDM	キャッシュ&キャリー/ウェアハウス・クラブ	163	グローバル	9
28　高島屋	日本	非耐久財	百貨店	84	グローバル	5
29　テンゲルマン（Tengelamnn）	ドイツ	FDM	スーパーマーケット/グローサリー・ストア	23	グローバル	15
30　ウォルマート	アメリカ	FDM	ハイパーマーケット/スーパーセンター	1	グローバル	11

出所：Retail Forward, company annual reports and published reports

表13－3　外資系小売業の拡大計画

企　業　名	店舗数(2004年)	拡大計画
1　カルフール(中国)	62	北京に8店舗をもち、2008年までに40～50店舗体制に(約毎年15店舗を新設)。 生鮮食品に重点を置く。
2　好又多管理諮詢服務（上海）（Trust Mart)	88	2006年に深圳で4店舗を新設。 今後3年間において、毎年、広州で2～3店舗を、湖北で3～4店舗を新設。
3　ウォルマート(中国)	43	香港で重点的に展開し、2006年には100店舗体制に。 現在中国に52店舗をもち、2005年までには6店舗以上を新設。 2006年に13店舗を新設。 2級都市をターゲットに設定。
4　百盛（Parkson)	30	今後の4年間に、買収および内部成長で50～60店舗を新設。 2級都市をターゲットに設定。
5　ロータス(Lotus)	41	今後の2～3年間で100店舗体制に。
6　楽購（Hymall)	31	2006年までに10店舗を新設。
7　錦江メトロ	23	今後の3～5年間で40店舗を新設。
8　マグドナルド	600	毎年100店舗を新設。
9　イトーヨーカドー	5	2007年までに北京で10店舗を新設。 2008年までに総合店を12店体制に(内4店舗は成都に)。 2009年までにハイパーマーケットを20店舗体制に。
10　百佳超市(PARKnSHOP)	31	買収および内部成長で17店舗を新設。
11　百安居（B&Q)	21	2008年までに40店舗を、2009年までに80店舗を新設。
12　イケア（IKEA)	2	毎年2店舗ずつ新設し、2010年までに10店舗体制に。
13　セブン・イレブン	198	2008年北京オリンピックまでに、北京において350店舗体制に。
14　ベスト・バイ(Best Buy)	–	中国に進出し、来年度に上海で初の出店。
15　メディシン・ショップ(Medicine Shoppe)	–	2008年までに中国おいて500店舗体制に。
16　特力屋（HOLA)	–	2008年までに中国において80店舗体制に。

出所：各種公開資料より作成。

次に、ヴァンシ（個人的なつながり）という概念に焦点を当ててみよう。中国事業に関する既存の文献の大半はこの概念の重要性を強調しているが、多くの小売業の経営者とバイヤーはヴァンシによる取引の時代はすでに終わったと認識している。多くの企業は、バイヤーと供給業者とのヴァンシを禁止し、供給業者からワイロを受け取ったバイヤーを解雇するという企業もある。小売業者の陳列棚を獲得できるかどうかを決めるのはヴァンシではなく、あくまでも供給業者の商品の供給能力である。

8　ヴァンシ（GUANXI）とは

中国ビジネスにおけるヴァンシは、「個人的なつながりを通じて問題解決を図ろうとするプロセスである」と定義される(8)。ヴァンシが仕入にどれだけの影響を与えているのかを解明するために、98人のバイヤーの協力を得て調査を行った。調査対象となったバイヤーの半数が食品関連であり、残りは非食品分野である。そして、25%の人がバイヤーとしての在職期間が１年以下であり、54%は２年以下である。また、80%強のバイヤーが小売業での経験年数が10年以下であり、70%のバイヤーは現在の会社での勤続年数は５年以下である。男女比率は、３分の２が男性であり、３分の１は女性であった。

この調査に参加した企業の所有形態は大きく三つに分けられる。すなわち、国有企業が49.5%で民営化された元国有企業が11.1%で、そして合弁企業と地元企業が34.3%である。有効回答の70%以上は、上海、武漢、北京、そして広州からのものである。残り18%の有効回答は沿岸部の汕頭から内陸部の新建県（江西省南昌市）という広範囲にわたっている。

調査対象となった44%の小売業者は、「自社の仕入れは100%本部で行っている」と回答している。75%以上の企業は「売上に占める輸入品の割合は５%以下であり、利益も同じである」と回答し、20%のバイヤーは「仕入れた商品の100%が供給業者へ返品可能である」と回答している。また、残りの多くのバイヤーも「仕入れた商品の85%～100%が供給業者へ返品可能である」と回答

図13−1　グァンシの六つの側面

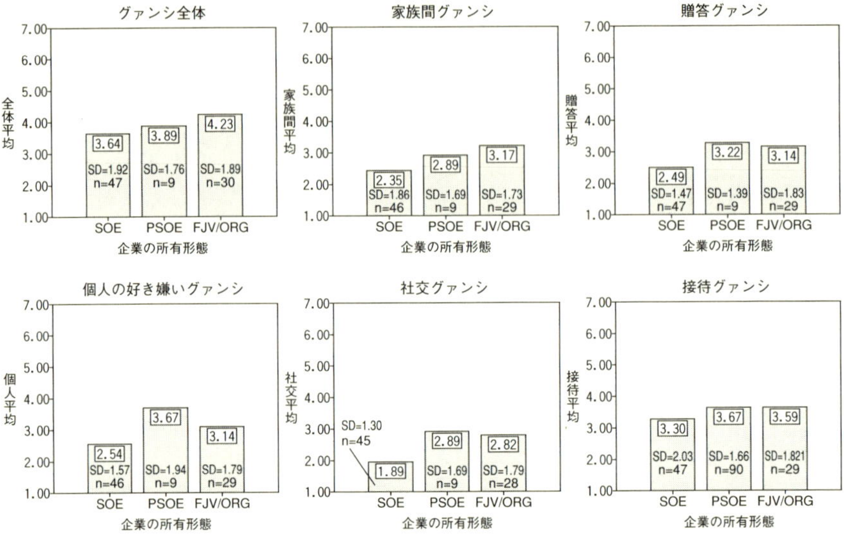

(注：SOE＝国有企業　PSOE＝民営化された企業　FJV/ORG＝合弁企業および地元企業)

している。そして、約半数の小売業者が仕入れ委員会を組織しているということである。

図13−1は、国有企業（SOE)、民営化された企業（PSOE)、合弁企業および地元企業（FJV/ORG）という三つの所有形態の企業を対象に、それぞれ六つの側面からグァンシの重要度を測定した結果を示している。なお、その側面とは、「グァンシ全体」、「家族間グァンシ」、「贈答グァンシ」、「個人の好き嫌いグァンシ」、「社交グァンシ」、「接待グァンシ」であり、測定尺度としては1から7までの7段階尺度を採用し、1は「重要な側面ではない」、7は「非常に重要な側面である」としている。

グァンシの各側面がバイヤーにとってどれくらい重要かを比較したところ、企業の所有形態間では有意な差は見られなかった。そのうえ、各側面に対するバイヤーの評価の平均値が、「グァンシ全体」を除けば全体的に3.5以下となっている。そして、合弁企業および地元企業のバイヤーは、「グァンシ全体」に対する評価の平均値が3.5よりやや高い水準となっている。

上記以外に、供給業者とのグァンシではなく全体的な業績に影響をもたらす要因をバイヤーに評価してもらった。同じように、7を最重要とする7段階の測定尺度を用いて、要因の重要度を6もしくは7と評価したバイヤーの割合をまとめてみた。言い換えれば、これは取引においてどの要因が本当に重要かを調査したということである。

1	商品の品質	89%	5	ブランドの知名度	62%
2	合理的なマージン	66%	6	広告費の負担	48%
3	特徴のある商品	65%	7	棚割代	33%
4	商品の配送	63%	8	年間のリベート	39%

この調査を通じて、中国では供給業者から提供される棚割代や年間リベート、そして販売促進の支援費用などという財務的な支援はそれほど重要視されていないことが分かる。

バイヤーは、自社の仕入れシステム、新商品と供給業者の評価プロセス、そして取引満足度の決定要因について主に次のようなことを挙げている。

❶調査対象となる企業の多くは集中仕入を採用している。
❷売れ残った商品の多くは供給業者への返品が可能である。
❸バイヤーは現在の職務に関する経験がほとんどない。
❹バイヤーは評価すべき供給業者のことをほとんど知らない。
❺供給業者の選定において、商品の品質、合理的なマージン、特徴のある商品、迅速な配達、高いブランド知名度は重要である。
❻広告費の負担、棚割代、そして年間リベートを重視していない。
❼信頼、バイヤーと供給業者の相互依存、長期的な取引志向は企業の所有形態による相違が見られていない。
❽合弁企業および地元企業が「グァンシ全体」の側面をやや高めに評価しているが、基本的にはグァンシが重要視されていない。
❾供給業者の供給能力を重視する点においては、所有形態による差異が見られない。

この調査において企業の所有形態に注目して分析を行ったが、特別新しい発見はなかった。したがって、バイヤーと供給業者との関係性の相違は、企業の所有形態ではなく、別の要因に依存していると結論づけることができるだろう。従来の説では、グァンシに基づく取引が国有企業の弱点であると主張されていたが、もしこの調査結果が小売業全体の状況を示すものであれば、国有企業も迅速に市場志向のシステムを採用してきたことになる。しかしながら、市場志向の組織を採用しただけでは必ずしも成功に結び付くわけではない。今回の調査データに対するさらなる分析は、企業の市場行動の結果を解明するのに役立つと考えられる。

中国では、ナショナル・チェーンが少なく、多くの小売業者は展開地域を限定したものとなっている。二重課税が他の地域への事業拡大を妨げる障壁となっているわけだが、政府は小売業者が他の地域へ事業展開できるような政策を打ち出している。また、外資系の小売業者に対抗できるように、政府は元国有企業の吸収合併を通じた大規模化も進めている。そして、政府は５～10社のナショナル・チェーンの育成に努めているわけだが、経営そのものへの関与は低下させたい意向を示している。ただ今後も、都市計画の面においても、ハイパーマーケットや倉庫型店舗の出店制限などによって小売分野に関与し続けるとしている。

2006年に施行された第11次５か年計画は、２級都市（地方中核都市）および３級都市（地方都市）の経済開発に重点を置いている。こうした都市での事業展開にあたっては、その市場の分断性と分散性を考慮すれば大都市とは異なるマネジメント手法が必要となってくるため、少なくとも短期的には地元企業にとって有利となる[(12)]。

表13－４は、2004年の「中国における主要な小売業者」のランキングである。以下では、業態別に中国の小売業の現状を見ていくことにする。

表13－4　中国における主要な外資系小売業（2004年）

企業名	売上高（万元）	成長率（%）	店舗数	成長率（%）	売上高ランキング 2004年	売上高ランキング 2003年	主要業態	所有形態
1 百聯	67,627	22	5,493	25	1	1	百貨店/ハイパーマーケット/スーパーマーケット/コンビニエンス・ストア	国有
2 北京国美電器	23,879	34	227	63	2	4	家電量販店	個人
3 大連大商	23,085	27	120	25	3	2	百貨店/スーパーマーケット	国有
4 蘇寧電器	22,108	80	193	30	4	8	家電量販店	個人
5 カルフール（中国）	16,241	21	62	51	5	6	ハイパーマーケット	合弁
6 北京華聯	16,000	18	70	13	6	5	百貨店/ハイパーマーケット/スーパーマーケット	国有
7 上海永楽家用電器	15,849	62	108	71	7	12	家電量販店	合弁
8 江蘇蘇果	13,880	45	1,345	16	8	11	ハイパーマーケット/スーパーマーケット/コンビニエンス・ストア	合弁
9 上海農工商	13,703	11	1,232	2	9	7	ハイパーマーケット/スーパーマーケット/コンビニエンス・ストア/ディスカウント・ストア	国有
10 北京物美	13,277	56	608	17	10	13	ハイパーマーケット/スーパーマーケット/コンビニエンス・ストア	個人
11 三聯商社	13,256	24	254	26	11	9	家電量販店	個人
12 重慶商社	13,113	18	153	16	12	16	百貨店/ハイパーマーケット/スーパーマーケット/コンビニエンス・ストア	国有
13 好又多管理諮詢服務（上海）	12,000	155	88	226	13	24	ハイパーマーケット	合弁
14 中国百勝餐飲	11,869	26	1,400	27	14	—	ファーストフード	合弁
15 華潤万家	11,014	7	476	2	15	10	ハイパーマーケット/スーパーマーケット	合弁
16 江蘇五星電器	9,379	84	120	25	16	23	家電量販店	個人
17 新一佳	8,500	44	58	26	17	17	ハイパーマーケット	個人
18 武商	7,859	12	39	26	18	14	百貨店/ハイパーマーケット/家電量販店	国有
19 江蘇文峰大世界	7,643	34	506	55	19	19	ハイパーマーケット/家電量販店	国有
20 ウォルマート（中国）	7,635	30	43	30	20	18	ハイパーマーケット	合弁
21 易初蓮花（中国）	7,394	40	41	86	21	—	ハイパーマーケット	合弁
22 合肥百貨大楼	7,300	26	49	32	22	36	ハイパーマーケット/スーパーマーケット/コンビニエンス・ストア/家電量販店	国有
23 天津家世界	7,225	37	69	41	23	21	ハイパーマーケット	個人
24 錦江メトロ	6,459	15	23	28	24	20	ハイパーマーケット	合弁
25 深圳人人楽	6,200	93	32	113	25	32	ハイパーマーケット/スーパーマーケット	個人
26 武漢中百	6,088	35	330	15	26	26	百貨店/ハイパーマーケット/コンビニエンス・ストア/家電量販店	国有
27 北京王府井百貨	5,871	23	15	36	27	25	百貨店	国有
28 北京京客隆	5,238	13	140	20	28	22	ハイパーマーケット/スーパーマーケット/コンビニエンス・ストア	国有
29 東方家園	5,233	55	22	57	29	—	家具店	個人
30 青島利群	5,105	49	512	61	30	30	ハイパーマーケット/コンビニエンス・ストア	国有

出所：中国連鎖経営協会

9　食品小売業者

2005年の中国における GDP の成長率は13.3%であった。最も高いとされる広州市の一人当たりの平均年収は10,990元（1,390ドル）で、上海市は広州市よりやや少なかった[13]。一般的に、特定の小売業態が成立するためには一定水準の一人当たりの GDP が必要とされている。例えば、スーパーマーケットに必要とされる一人当たりの GDP は800ドルで、コンビニエンスストアは3,000ドルである[14]。中国の場合、2001年にスーパーマーケットに必要な GDP 水準に達したものの、コンビニエンスストアに必要な GDP 水準にはまだ達していなかった。

実際、消費者の多くが両業態の価格差を受け入れておらず、その価格が同一水準であることを望んでいる。対照的に先進国では、消費者はコンビニエンスストアの便利さを理解しており、必要な商品を簡単に入手できる代わりにその割高な価格設定を受け入れている。

1999年、中国におけるハイパーマーケットの数は100店舗以下であったが、それ以降は爆発的に増加した。多くの地元企業もハイパーマーケットを展開したが、ウォルマートやカルフールなどのような外資系の小売業者には対抗できなかった。結果的に、その多くが閉鎖に追い込まれ、ハイパーマーケットの分野では外資系の企業同士の戦いとなった。

スーパーマーケットは、年平均16.7%のペースで成長を遂げてきた。2003年、食品小売業の大手である聯華（Lianhua）と華聯（Hualian）が国有企業である百聯（Bailian）に吸収されている。百聯の年商は80億ドルで、中国では最大の小売グループである。実際、政府は規模の経済性を追求するためにこの合併をすすめ、外資系の小売業者と競争させる方針であった。

百聯は聯華を展開する友誼（Friendship）、華聯（Hualian）、上海一百（Shanghai Yibai）、そして上海物質（Shanghai Material）が合併して誕生した巨大企業であり、全国で35か所のショッピングセンターを開発する計画を打ち出している。

合併当時において、聯華はスーパーマーケット、コンビニエンスストア、そしてハイパーマーケットも含めると2,000以上の店舗をもつ中国最大の小売業者であったし、競合の華聯も合併当時は1,200店舗を展開していた。(15) また、農工商（Nonggongshang）は上海に本拠をもち、他の地域へ事業展開を進めている食品小売業である。この企業は、農村との連携を志向して高品質な農産品を維持している。

2004年末に小売分野での規制が撤廃され、外資による100％の投資が可能となった。その結果、スーパーマーケット、ハイパーマーケット、そしてコンビニエンスストア業界での競争が激しくなって地元企業はしばしば不利な立場に立たされた。

小売消費財の売上は、過去５年間にわたる年平均で約10％の成長率を記録した。そして、同時期に、近代的な小売業は年平均50％の成長率を誇った。それだけに、地元のスーパーマーケットは、強力な外資系の小売業者と競争するためにより効率的な経営が求められることとなったわけである。ちなみに、小売分野の発展においては、北京は上海より３年間ほど遅れているとされる。(16)

一方で、地方政府は、外資系の小売業者を誘致するために税金の優遇や良い立地の提供などという政策を打ち出している。外資系の小売業者が２級都市へと事業拡大を進めることを考えると、この傾向は当面続くと予想される。しかしながら、地元企業は相乗効果の大きい M&A 案件や成長性の高い立地などの地元事情に詳しいので、M&A に関しては優位に立つだろう。また、新たな店舗を開発するよりも M&A のほうが比較的に安く済むことから、M&A による事業拡大は一定の利点があると見られている。

物流センターへの先行投資ができるため、外資系の小売業者はハイパーマーケット業態に焦点を置いてきた。現在、ウォルマートは中国で二つの巨大な物流センターをもっている。カルフールとウォルマートは1990年代の半ばに中国に進出したわけだが、採算が取れるようになったのは2003年から2004年にかけてである。現在の売上高を見ると、外資系の小売業者のカルフール、ウォルマート、メトロの３社が上位10社にランキングされている。

2004年末、小売分野が原則的に自由化され、外資系の小売業者による100％

投資が可能となったことは先に述べたが、それによってメトロは所有権を従来の40%から90%に引き上げた。そして、ウォルマートが65%に引き上げたのに続いて、カルフールも50～60%の所有権を握るようになった。[17]

ウォルマートとカルフールは、中国における主な外資系の小売業者である。売上高ではカルフールの78億元に対してウォルマートのそれは37億元と約半分であるが、店舗数ではカルフールの61店に対してウォルマートは48店をもっている。[18] しかし、2003～2004年における売上の成長率は、カルフールの19%に対してウォルマートは35.7%であった。

表13－5は、両社の中国での展開状況をまとめたものである。ウォルマートの価格訴求に重点を置く郊外型の出店に対して、カルフールは生鮮食品を重視して都市部に出店している。興味深いことに、地元企業である物美（Wumart）はウォルマートに追随しているが、聯華は生鮮重視のカルフールに類似した戦略を採用している。

小売業の成長過程において、回転差資金の利用は重要な手法とされている。小売業はこの手法をもって供給業者への支払い期間を引き延ばして、そこでプールされる資金を利用して事業拡大を図ることができる。地元の大手３社の中では、聯華の支払勘定回転日数が最も長く31日であり、物美の支払回転日数と在庫回転日数の比率が最も高い水準となっている（**表13－6**を参照）。

北京カルフール

回転差資金とは、在庫回転日数と支払勘定回転日数の差から生まれる資金のことである。この場

表13－5　ウォルマートとカルフールの展開状況（2004年8月）

地　域	店　舗　数		展開する都市の数	都市当たりの平均店舗数	
	ウォルマート	カルフール		ウォルマート	カルフール
1　北京市	1	6	1	1.0	6.0
2　重慶市	0	2	1	－	2.0
3　福建省	5	0	2	2.5	－
4　広東省	13	6	5	2.6	1.2
5　広西省	1	0	1	1.0	－
6　貴州省	1	0	1	1.0	－
7　黒竜江省	1	1	1	1.0	1.0
8　湖北省	0	3	1	－	3.0
9　湖南省	1	1	1	1.0	1.0
10　江蘇省	1	3	3	0.3	1.0
11　江西省	1	0	1	1.0	－
12　吉林省	3	0	1	3.0	0
13　遼寧省	4	5	2	2.0	2.5
14　山東省	2	3	2	1.0	1.5
15　上海市	0	7	1	－	7.0
16　四川省	0	3	1	－	3.0
17　天津市	2	5	1	2.0	5.0
18　新疆ウイグル自治区	0	1	1	－	1.0
19　雲南省	3	2	1	3.0	2.0
20　浙江省	0	2	2	－	1.0
全体	39	50	30	1.3	1.7

出所：JPMorgan

表13－6　在庫回転日数と支払回転日数（2003年）

企　業　名	①在庫回転日数	②支払回転日数	②/①
1　聯華	35	66	1.86
2　物美	28	55	1.98
3　華聯	32	44	1.4

出所：JPMorgan

合は、前述したように聯華の回転差日数が最も長く31日となっており、平均在庫日数で支払勘定回転日数を割れば両者の比率が得られるわけである。

表13－7は、聯華と物美の回転差資金をより綿密に分析している。この両社ともにフランチャイズ展開をしているが、2社はその運営についてやや違った

表13－7　回転差資金分析

企　業　名	2001 百万元	2002 百万元	2003 百万元	2004 百万元
聯華				
総資産	687	1,064	1,957	1,680
総負債	1,146	1,934	2,479	2,156
正味運転資本および現金	−416	−843	−506	−562
正味運転資本	−461	−979	−1,056	−1,088
%売上－正味運転資本および現金（%）	−8.8%	−13.7%	−5.1%	−10.7%
%売上－正味運転資本（%）	−9.8%	−15.9%	−10.7%	−20.8%
物美				
総資産	362	196	831	1,182
総負債	387	229	327	419
正味運転資本および現金	37	39	632	1,157
正味運転資本	10	−75	60	−25
%売上－正味運転資本および現金（%）	5.3%	3.6%	40.1%	94.1%
%売上－正味運転資本（%）	1.5%	−6.9%	3.8%	−2.0%

出所：JPMorgan

戦略を採用している。聯華は、フランチャイズ店舗に対して商品を供給する際に現金払いを要求しているが、物美は掛売を採用している。聯華のフランチャイズ店舗に対する販売量の増加は、回転差資金に負の影響を与えずに仕入量を増加させるために仕入れにおいてはより大きな割引が期待できる。他方、掛売をベースとする物美にとっては、フランチャイズ店舗に対する販売量の増加は回転差資金に負の影響を与えることになる。競争がますます激しくなる中国市場において、回転差資金を利用した戦略は企業の収益を大きく左右することになる[(19)]。

プライスマートは中国でライセンシング展開を行っていたが、本社の経営陣が帰国した後、回転差資金をうまく利用することができずに倒産に追い込まれたのである。ここで注意すべきことは、回転差資金は売上が上昇する場合に限って有利に働くということである。

収益率や在庫回転などの財務指標を見ると、聯華と物美は外資系の小売業者を大きくリードしているのが分かる（**図13－2**を参照）。聯華、物美、華聯の

図13－2　在庫回転日数（2003年）

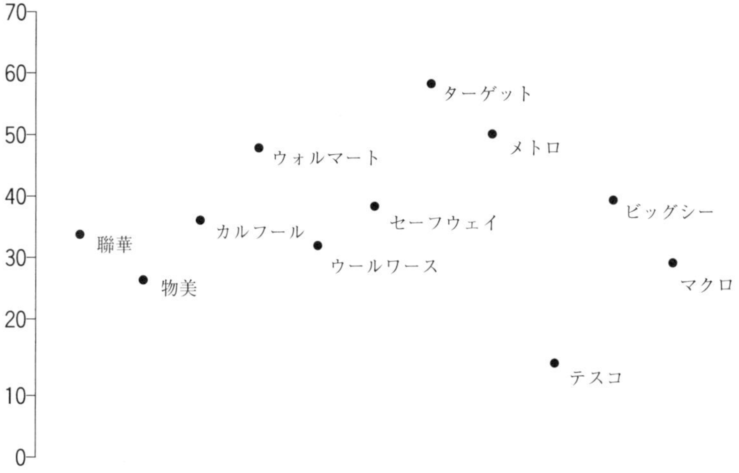

出所：JPMorgan

３社の中で、物美の在庫回転日数は最も短く28日で、外資系の小売業者の中ではテスコが唯一の短い在庫回転日数をもつ企業である[20]。在庫回転日数は効率の指標であると同時に、負の結果を招くこともある。16章では、「品揃えの一貫性」という概念を検討した。すなわち、小売業者は消費者のニーズを満たすように在庫を維持する責任があるという意味である。品切れは企業に損失をもたらすだけでなく顧客の不満を招き、最終的に企業が淘汰されることになるのである。

不動産の賃貸料も収益を大きく左右する要因である。実際、賃借料は著しく高騰している。以前は多くの国有企業は極めて低い賃借料で有利な立地を占めていたが、こうした物件の多くも、契約更新を契機としてその賃借料が現在の料金水準に引き上げられた。これによって、企業の収益に大きな打撃を与えている。

通常、新店の賃借料は既存店より20%高くなるとされているが、既存店が契約を更新する場合は賃借料がそれまでの倍に引き上げられる。このような状況だと、利益を予測することが非常に難しくなる。短期的には、新規店の出店は賃借料の高騰を相殺する効果がある。何故なら、新規に出店する際に供給業者から棚割費や商品陳列費のほかに販売促進費が提供されるからである。ただ、このような費用提供は毎年ではなく一度限りであることが一般的である。したがって、こうした費用提供は初年度においてのみ店舗の業績を押し上げることになるが、長期的には収益を上げるものではない。例えば、百盛（Parkson）の場合は長期的な賃貸契約を結び、売り場の賃借料を高く設定することで長期的に収益を確保している。これは、本質的に一種の裁定取引（Arbitraging）として見ることができる。裁定取引とは、価格差を利用して市場で資産の売買を行って利益を得るということである。

かつて小売業者は、最小限の投資で急速な拡大を図るために土地を賃借するのが一般的であった。すなわち、戦略の焦点は買収よりも成長に置いていたわけである。しかしながら、良い立地が少なくなって賃借料も急騰するにつれて、小売業者が土地を購入するようになったわけだが、これは興味深いサイクルをつくり出した。つまり、土地を購入することで企業の収益性が低下し、そのうえ熾烈な競争と粗利の減少が加わって体力の限界に達した小売チェーンが競争力のある企業の買収標的となったわけである。

物美（Wumart）

物美は北京最大のスーパーマーケットであり、ハイパーマーケット、スーパーマーケット、コンビニエンスストアを展開し、北京と天津において9～10%の市場シェアを占めている[(22)]。ウォルマートを手本とする物美は、業績のよくない国有企業の工場や倉庫などを長期賃貸し、非常に低いコストで店舗を展開して事業拡大を進めてきた。2004年、物美におけるハイパーマーケット業態の売上は全社の年商の25％を占め、スーパーマーケット業態は60％を占めていた。物美は天津にあった12店舗のスーパーマーケットを日系のダイエーから買収し、その内の10店舗は物美の店舗としてリニューアルし、採算の取れない2店舗を閉鎖した。

また、物美は、北京と上海にコンビニエンスストアを展開している。上海市政府はコンビニエンスストア業態を推奨小売業態（Encouraged Retail Format）と位置づけ、コンビニエンスストアの営業許可を優先的に認可するように努めているが、これは、政府が引き続き小売業へ関与しているということである。ちなみに、物美は、北京市においても積極的に国有企業などの大手スーパーマーケットの買収を繰り返してきた[(23)]。

中国のコンビニエンスストア業界は激しく変化している。各社とも、消費者に対してコンビニエンスストアにおいて価格が割高となっていることの妥当性を懸命に訴えているが、採算が取れている店舗はその5分の1にしかすぎないとされている。また、この分野では、日系のファミリーマートが最も成功をしているが、2006年よりセブン・イレブンも事業拡大に乗り出し、2008年までには350店舗を展開させる予定である[(訳注5)]。セブン・イレブンの動向は、コンビニエンスストア業界の再編に影響を与えると予想されている[(24)]。

上海は依然として魅力的な市場に見えるが、飽和状態になりつつある。ウォルマートは、上海で三つのスーパーストアを展開している。中国におけるウォルマートの標準的な店舗は2階建てとなっており、1階では生鮮品が豊富に揃えられて選択幅が広く、2階は非食品を中心とした品揃えとなっており、現地に適応した品揃えをしている。

中国政府はウォルマートを歓迎しているが、それは、この企業が現地重視という伝統的な戦略を採用しているからであろう。すでに第3章でも述べたように、これは他の国へ進出する際に必要とされる戦略である。この戦略を実行す

(訳注5)　2008年9月現在、中国全土で1,462店を展開。

るには、現地での商品調達および現地出身者の起用が求められる。2005年、ウォルマートは中国製品の調達に220億ドルを投じたが、その額は前年より20%増であった。[26] 中国政府がウォルマートを歓迎する理由は、単に巨大な小売業者であるからではなく、大量な中国製品を購入するからでもある。

一部の企業は買収による拡大を図っている。テスコは楽購（Hymall）の株を50%取得して25店舗のハイパーマーケットを展開しているが、その内10店舗は上海に立地している。他方、一部の企業は出店地域を地方都市へシフトしている。例えば、錦江メトロは12店舗を展開しているが、その60〜70%が地方都市に立地している。また、ウォルマートは、茂名市（広東省の西南部）という小さい都市に大きな店舗を展開するだけでなく、太原市（山西省の北西部）にも新しい店舗を構えている。

10　百貨店

中国で百貨店が誕生したのは19世紀末で、最も伝統的な小売業態である。百貨店は華僑によって始められ、現在最も成功しているのもやはり華僑系の百貨店である。

百盛は、マレーシア系の企業として中国における最大の百貨店であり、現在、26の都市で39店舗を展開している。[27] 百盛は、トレンド商品を求める中高所得層をターゲットにしている。政府による規制があったため、百盛は30を超える合弁企業を設立してきた。規制が緩和されたこともあり、百盛は所有構造の簡素化を図って合弁先から株を買い戻すと予想されている。また、太平洋百貨は台湾系の遠東グループの傘下企業であり、最も早い時期に中国に進出した百貨店の一つである。

第一百貨は百聯の傘下にある代表的な地元の百貨店であり、上海市の伝統的な商店街である南京路の中心に、現代風の２階建ての店舗を構えている。過去の何年間において百盛と太平洋百貨に売上の一部をもっていかれたが、第一百貨は国有企業の百聯の一員であるため、その成功を望んでいる政府からの援助を受けている。

日系の百貨店としては、高島屋、伊勢丹などの代表的な企業が中国に進出したが、その大半が撤退しており、現在、伊勢丹のみが事業を展開している。初期において、伊勢丹は日本と同じように高所得層向けの店舗を展開したが、顧客の購買能力に合わせて所得層をやや下方へ調整した。また、永安、先施などの香港系の百貨店も進出したものの、その後間もなく撤退している。

王府井百貨

王府井百貨は北京における地元の大手百貨店であり、その傘下には16社の完全子会社をもち、その中には北京市百貨大楼、東安市場、長安商場、双安商場、広州王府井、武漢王府井、成都王府井、そして王府井大厦などが含まれる。2006年、王府井百貨は北京セブン・イレブンの株25%を購入した。北京セブン・イレブンはセブン・イレブン・ジャパンと北京首聯商業グループなどとの合弁企業であり、約30店舗を展開している。

中国は、2008年のオリンピックに向けた準備に追われている。その一環として、世界一流のショッピング環境を提供する必要がある。2006年、三越の台湾系の合弁企業である新光三越百貨が北京で初めての店舗を構えた。ハロッズとギャラリー・ラファイエットも、オリンピックが開催される前に上海での店舗展開の交渉に入っている。ギャラリー・ラファイエットは2000年に北京で１店舗を展開したが、１年以内に撤退した経緯をもつ。これらの企業は明らかに、もう一度進出する時期は今であると判断している。(28)

11 専門店

いくつかの香港系の専門店が大々的に事業を展開している。テキスウィンカは2,000を超えるバレーノと S&K ブランドの店舗を展開し、中国本土での売上がすでに自社売上の３分２を占めている。また、ジョルダーノは最も早い時期に中国進出を果たし、600店以上のジョルダーノと50店のブルースター・エクスチェンジを展開している。この他にも、エスプリが100ほどの単独店と500以上の百貨店に売り場を構えている。

一方、マンゴは別の企業に先に商標登録されたこともあって、中国では「MNG」というブランド名で30店舗ほどを展開している。実際、店舗の名称に関して、外資系の企業は一つの共通の悩みを抱えている。それは、政府に提出する事業計画書に、漢字で表記した企業名称を使用しなければならないということである。例えばカルフールは、当初、社名の発音に近い漢字を用いて社名としていた。そしてのちに、店舗の看板にローマ字を使おうとしたが中国政府は認めなかった。しばらくしてローマ字の使用が許可されたが、それまでにかなりの時間を要した。

12 家庭用品

個人による住居所有が飛躍的に増えるにつれ、DIY（日曜大工）関連商品の売上も急速に拡大している。キングフィッシャーはその先発者として、中国全土に百安居（B&Q）ブランドの店舗を展開している。キングフィッシャーは、上海、北京、深圳と広州などの大都市には16万平方フィート（14,400平方メートル）の店舗を、200万以上の人口をもつ中核都市には10万平方フィート（9,000平方メートル）の店舗をという二つの形態で店舗を展開している[(28)]。

DIY チェーンとして第２位の規模を誇る好美家（Home Mart）は、国有企業である友誼の一員である。また、友誼は百聯の一員でもあるので、好美家はこの巨大な企業連合から恩恵を受けている。好美家は、100万以上の人口をもつ２級都市と３級都市をターゲットにしている[(30)]。一方、北京と上海に１店舗ずつを展開している IKEA（イケア）は、お洒落な家具をリーズナブルな価格で提供することで人気を博しており、特に若い消費者を捉えている。

13 家電量販店

中国は、他のアジア諸国と比べると家電製品の普及率がまだ低い。例えば、台湾のエアコンとパソコンの普及率がそれぞれ85％と59％なのに対して、中国ではそれぞれ70％と34％でしかない。住宅改革によって都市部における住居環境が改善され、家電製品の購入は増加している。中国における一人当たりの住宅面積の平均は、都市部では24平方メートルで、農村部では75平方メートルである。住宅面積は現在拡大を続けており、家電製品にとっての大きな市場が生まれると予想されている。**図13－３**は、「中国の都市部における家電製品の普及率」を表している。

大手百貨店は家電分野からの撤退を始めているが、これはある程度予想できることである。国美電器（Gome）に代表されるディスカウント業態が家電分野へ参入してきたが、百貨店はそれに対抗できなかったのである。実際、このことは、ほとんどの先進国でも同じく見られた現象である。つまり、ディスカウント業態が市場シェアを取るにつれて既存の業態が撤退するという現象である。例えば、上海市の第六百貨は、かつて家電分野において第２位の市場シェアを誇っていたが、2005年には家電販売から撤退している。この分野での吸収合併が急速に進展しているにもかかわらず、上位７社の市場占有率の合計は約20％でしかない状況となっている[(31)]。

家電分野は、スーパーマーケットやハイパーマーケット業界とは異なって外資系の競争相手が存在しない。地元の大手企業が広範囲の店舗と物流センター網を構築してきたので、外資系の小売業にとっては参入障壁が非常に高い業界となったのである。また、地元企業は、サプライチェーンの改善と国内家電メ

図13－3　中国の都市部における家電製品の普及率

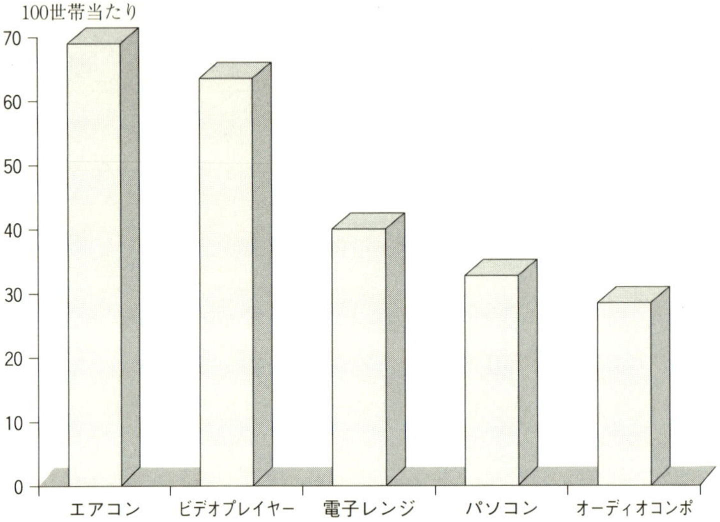

出所：State Statistics Bureau, Smish Barney

ーカーとの関係強化を通じて家電市場を支配している。国美電器が全国的な物流システムをもっているのに対して、蘇寧電器（Suning）と永楽電器（Yongle）はそれぞれの地域において優位に立っている。(32)

最後に、中国の「一人っ子政策」について簡単に触れておこう。14億人と言われる人口をもつ中国市場が、魅力的な市場であることは間違いない。そのうえ、「一人っ子政策」がこの市場をより興味深いものにしている。実際、1979年以降生まれの世代が一人っ子であり、彼らは「小さな皇帝」と呼ばれている。「一人っ子政策」の下で、いわゆる「4－2－1症候群」という現象が生じている。つまり、祖父母と父母の合計6人が1人の子どもにすべてを注ぐということである。しかし、親達の期待を一身に背負う子ども達は大きなプレッシャーを感じているようである。最近の若者7,000人に対する調査によると、その60%が「子ども時代は不幸に感じた」と答えている。このようなわがままな「小さな皇帝」がもたらす消費に、小売業は戦略の焦点を置くようになってきている。

第14章 韓国の小売業

1 国の背景

韓国は7世紀に一つの国として統一され、単一言語（ハングル）、単一民族（韓（ハン））で構成されている。韓国は35年間にわたって日本の支配下に置かれ、日本が第2次世界大戦に敗戦した1945年に独立した。そして、朝鮮戦争（1950～1953）後、朝鮮民主主義人民共和国（DPRK）である北側と南側の大韓民国（ROK）に分断された。

韓国は、過去40年間にわたって目まぐるしい経済成長を遂げてきた。外国との交流を避けて「隠者王国」を維持した時代から、今日は世界で11番目の経済大国にまで成長している。国土面積や人口では日本の3分の1にしか満たない国が、「4頭の東アジアの虎（韓国、香港、台湾、シンガポール）」という呼称を手にしたのである。この成功は、主として朴正熙（パク・チョンヒ）［1917～1979］大統領の政権（1963～1979）によって導かれた経済開発5か年計画に負っている。

今日の韓国は、携帯電話やデジタル電子、電気通信の部門で世界をリードし、三星電子、LG 電子、大宇電子、現代自動車、起亜自動車などのグローバル企業の本拠地でもある。

2　韓国小売業の特徴

財閥（Chaebol）グループ

家族経営で支配される巨大企業集団、いわゆる財閥の役割を語らずに韓国経済を理解することは難しい。財閥の形成は1960年代の初期に始まり、政府の特別な支援を受けて成長してきた。1960年代の韓国政府は「国の近代化」を第一の課題として掲げ、少数の大企業に支援を集中することを決めた[(1)]。つまり政府は、経済発展計画を実行するために財閥を利用したのである。政府が産業拡大の青写真を描いて、財閥がその計画を実現させる。韓国の経済成長を支えてきた財閥の役割は大きいと言える。

財閥は日本の系列に似ているものの、日本が専門的な経営者によって経営が継続されるのに対して、韓国の財閥は創立者の家族によって引き継がれている。2002年の上位10財閥は、現代、三星、LG、SK、韓進、ロッテ、大宇、錦湖(現クムホ・アシアナグループ)、韓化、雙龍である[(2)]。

もう一つの韓国財閥の重要な特徴としては、傘下に種々の産業にまたがる子会社をもっていることが挙げられる。まず、三星は携帯電話やカメラメーカーとして名高いが、三星生命や三星重工業、そして三星建設などの企業を傘下にもっており、小売業を含むほとんどすべての産業において「三星」の名を目にすることができる。小売業では、テスコ（イギリスの小売業者）と合弁事業の契約を結んで「ホーム・プラス」というディスカウントストアを経営している。また、自動車部門で有名な現代は、建設や重工業、生命保険の部門で子会社をもち、百貨店とホーム・ショッピングの流通チャンネルを所有する大手の小売業者である。

ロッテ・グループは特に小売業に強く、ロッテ百貨店、ロッテ・マート（ディスカウントストア）など、韓国におけるほとんどすべての小売業態に参入している。さらに、LG は、コンビニエンスストアの LG25や LG スーパーマーケット、LG ホーム・ショッピングの流通業態を展開している。財閥が韓国の重工業や製造部門に大きな役割を果たしてきたことと同様に、この国の小売業を理解する上で財閥が重要な概念となる。

輸出型経済と製造業者のパワー

韓国は、他の国々に売るべき商品を生産することを中心とする、いわゆる輸出型経済を目指しており、長い間、輸出を目的とする製品の生産に必要とされる商品に限定して輸入を認めてきた。こうした状況は変化してきたものの、輸出市場の開拓は依然課題として残されている。

第３章で私は、産業戦略を展開する際に政府や州がいかなる役割を果たすかについて説明したが、韓国の場合も同様のことが言える。政府は、輸出品にとって重要な産業を優先にしたわけだが、これを機として韓国の財閥は、発展途上の段階から国の経済をリードし始めて強力なグループとして育成されてきた。

韓国の面積はフロリダ半島の半分くらいで、自然資源をほとんど保有しない国である。韓国政府はこの弱点を痛感し、輸出が競争力を高める唯一の方法であると認識した。1960年代から韓国政府はすべての輸出部門を支援し、その結果として、世界でも強力と言われる製造業者を生み出した。一方、小売部門は、過剰消費や不動産投機をあおるものと見なされて国の支援を受けることはできなかった。製造部門に比べると、小売業は弱くて非効率的なものであった。

韓国政府は自国の小売産業を国際競争から保護していたが、1988年から始まる４段階の開放政策を経て、1996年に小売市場を完全自由化した。「４頭の東アジアの虎」の内韓国は、外国資本に小売業を開放した最後の国である。

韓国における製造業者の強力な支配は、委託販売システムや製造業者直営の販売代理店への集中など、独特と言われる小売業の特徴を生み出した。百貨店における委託販売システムは、日本のそれと同様の概念である。小売業者の本質的な機能は、消費者が必要とする商品を企画、購買、展示し、売れ残りの商品を処理することである。従来の韓国の小売業者は、小売業の本質的機能に対する学習ができていなかった。したがって、小売業者ではなく製造業者が、品揃えの決定、販売員の派遣、委託システム下での商品展示、売れ残り商品の処分など、小売業者に代わってその機能を果していた。委託販売システム下の小売業者の機能は、アメリカのモール・マネージャーのようにテナントの製造業者を決定し、製造業者に棚スペースを提供することに留まっている。

韓国の製造業者が排他的な流通経路を組織できるまで成長したことと比べると、小売業者ははるかに後れをとったことになる。製造業者は、卸売業者と小売業者に依存する代わりに、自社のフランチャイズ販売店を通じて消費者に自社の商品を直販した。このやり方は、アメリカの自動車産業における排他的な販売権に類似している。

製造業者は、製品を提供し、プレゼンテーションやプロモーションなどの機能を支援するが、その一方小売業者の店主は、見返りとしてその製造業者の製品のみを取り扱うことになる。こうしたフランチャイズ店は、韓国の自動車（100％)、電子機器（90％)、アパレル（80％)、食品・飲料産業（70％）において多く見られるが、このシステムは物流コストを増加させて品揃えを制限するものである(3)。

製造業者のパワーが優勢であった時期に、委託販売システムとフランチャイズ店は構築されたが、皮肉なことに、韓国の百貨店やディスカウントストアが製造業者よりも支配力をもつようになった今日でもこのシステムは支配的である。

高集中度の小売市場

表14－1および**表14－2**には、韓国市場における主な国内および海外の小売業者を示している。韓国の小売市場は、有力企業による集中度が高く、そのほとんどが財閥グループである（**表14－3**)。韓国の百貨店業界の上位3社は、ロッテ百貨店（ロッテ・グループ)、新世界百貨店、現代百貨店（現代グループ）であり、これら3社の市場占有率は、1999年が68％、2002年には75％に達している。

集中度と財閥による所有という点では、ディスカウントストアやホーム・ショッピング業界における状況も同じである。ディスカウントストアの最大手は、

表14－1　韓国国内の主要小売業（2004年）

	総売上高と店舗数				国際的な地位と国外市場への進出			国内市場	
企業名	主要業態	総売上高（単位：百万ドル）	売上高前年度比	総店舗数	世界のトップ200小売業における順位（2004年）	国外市場への進出形態	進出国数	総売上高において国内市場売上が占める割合	総売上店舗数において国内店舗が占める割合
1 ロッテ・グループ	百貨店	12,490	18.2%	2,171	58	リージョナル	2	N/A	N/A
2 新世界	ディスカウントストア	5,686	12.2%	86	122	リージョナル	2	98%	97%
3 GS ホルディングス	スーパーマーケット／食料品店	2,973	N/A	2,103	—	リージョナル	2	N/A	100%
4 現代百貨店	百貨店	1,462	−9.2%	11	—	韓国のみ	1	100%	100%

出所：Retail Forward, company annual reports and published reports
GS ホールディングスは、LG グループ小売部門が2005年３月に名称変更したもの。

表14－2 韓国に進出した海外小売業者（2004年）

企業名	本部所在地	小売セクター	主要業態	国際的な地位と国外市場への進出		
				世界の小売業トップ200における順位（2004年）	国外市場への進出形態	進出国数
イオン	日本	FDM	GMS	19	グローバル	11
Alticor/Amway	アメリカ合衆国	FDM	無店舗	119	グローバル	80
カルフール	フランス	FDM	ハイパー・マーケット/スーパーセンター	2	グローバル	31＊
コストコ	アメリカ合衆国	FDM	現金持ち帰り卸（C&C）/会員制倉庫型	9	グローバル	7
デイリーファーム	香港	FDM	コンビニエンスストア	162	リージョナル	8
DeCA	アメリカ合衆国	FDM	スーパーマーケット／食料品店	130	グローバル	13
ファミリーマート	日本	FDM	コンビニエンスストア	83	リージョナル	5
HWL 社	香港	FDM	ドラグストア	77	グローバル	18
イトヨーカドー	日本	FDM	コンビニエンスストア	6	グローバル	17
LVMH	フランス	繊維	アパレル専門店	76	グローバル	56
Marks & Spencer	イギリス	繊維	百貨店	49	グローバル	32
Otto	ドイツ	繊維	無店舗	61	グローバル	19
テスコ	イギリス	FDM	スーパーマーケット／食料品店	5	グローバル	13
ウォルマート	アメリカ合衆国	FDM	ハイパー・マーケット/スーパーセンター	1	グローバル	11＊

出所：Retail Forward, company annual reports and published reports
＊2006年撤退

表14－3　百貨店上位3社の売上高と市場シェア

	単位：百万ドル			
	1999	2000	2001	2002
ロッテ	3,192	4,229	4,824	5,765
現代	2,279	2,665	2,911	3,157
新世界	1,168	1,394	1,808	1,883
合計	6,639	8,289	9,543	10,805
上位3社の市場シェア	66	72	74	75

付加価値税別の売上
出所：Hyundai Research Institute of Distribution. (Kim et al. [2003], p.45)

表14－4　小売業態別市場シェア（1992－2001年）

	単位：％			
	1992	1995	1998	2001
百貨店	7.2	10.7	11.5	12.7
ディスカウントストア	—	0.9	5.8	8.5
スーパーマーケット	4.6	3.8	3.9	3.0
無店舗小売	1.0	1.5	2.0	4.7
パパママ・ストア	87.2	82.2	75.8	69.8

出所：Korea National Statistical Office and Industry Sources (Kim et al. [2003], p.10)

イー・マート（新世界、三星の子会社）、ホーム・プラス（三星とイギリスのテスコによる合弁事業）、ロッテ・マート（ロッテ・グループ）であり、上位3社の集中度は、2001年が50％、2002年には55％まで増加した。

コンビニエンスストアの大手3社は、ファミリーマート（普光ファミリーマート社）、セブン・イレブン（同和産業、今はロッテ・グループが引き継ぐ）、LG25（LG グループ）であり、2002年の時点で市場占有率の70％を占めている。また、ホーム・ショッピングでは、CJ ホーム・ショッピング（CJ グループ）、LG ホーム・ショッピング（LG グループ）、現代ホーム・ショッピング（現代グループ）の大手3社が主導権を握っている。

百貨店、ディスカウントストア、ホーム・ショッピングで韓国小売業（**表14**

－４）の30%弱を占めているが、毎年見られる集中度の増加率は興味深いものである。

多数の小売店舗

表14－２で示すように、パパママ・ストアが小売市場シェアの３分の２以上を占めている。これは、何故店舗当たりの従業員数がたったの2.2人なのかを説明することにもなる。

2000年度の小売店舗数は694,000店にも上っている。これは、人口1,000人当たり15.1軒の小売店があることを示している。この数字は、他国、例えば日本(13.2)、アメリカ（6.1)、イギリス（1.9)、ドイツ（1.9）などに比べても非常に高く、特に首都ソウルの住宅街においては数多くの小規模小売店が集中している[4]。また、オフィス街には、パン屋、ビデオショップ、レストラン、美容院、ドラッグストア、食料雑貨店、クリーニング屋、文具用品店など、様々なものを販売する小規模な店舗を見つけることができる。私がソウルで過ごした時、バス停から私の家までの約800メートルほどの間に、同じ製品を販売する店舗が２、３軒あるということは珍しいことではなかった。

ソウル南大門市場

これらの店舗のほとんどは家族経営であり、そのサービス水準と価格競争力は容易に想像することができる。消費者にとっては便利であるものの、小売店舗の密度に比べて小売生産性はそれほど高くない。実際、部分的ではあるが、何故韓

表14－5　韓国の経営慣行における儒教の影響

儒教の価値	人　間　関　係	組織での価値	人的資源管理（HRM）
義（Eui）	君臣、雇用者と使用人	忠誠；博愛	終身雇用
孝（Hyo）	親子	尊敬、調和	年功制
別（Byul）	夫婦、男女	仕事重視の倫理観	温情主義的管理
序（Suh）	年上と年下	服従	権威の集中化
信（Suhin）	対等	団結	ヨンゴに基づく管理

Lee, H. C. [1998–1999]. "Transformation of Employment Practices in Korean Business." International Studies of Management and Organization, 28(4), p.29.

国の流通産業（小売業を含む）における労働生産性が OECD 国の中で最下位なのかが分かるというものだ。韓国の流通産業の労働生産性は、およそ日本の34％、アメリカの29％、フランスの34％でしかない(5)。

ビジネスにおける儒教の影響とヨンゴ（コネ）

儒教は５世紀に中国から韓国に伝わった。**表14－５**は、儒教が韓国の経営慣行に及ぼす影響を示したものである。儒教の価値観は、消費者に限らずビジネスの世界を含むすべての韓国社会に大いに影響を与えている。儒教は、目上の人、親、配偶者、年長者、友達という人間関係を支配する五つの倫理規定を明確に表している(6)。中国から伝わった儒教であるが、中国での影響力は共産主義によって縮小された。

男尊女卑の考え方が根強い韓国では、男性は女性の仕事をしない。現に、韓国の小売業界で女性マネージャーに会うことは滅多にない。近年、こうした男女の区別は減少する傾向にあるが、まだ完全に消滅しているわけではない。

多くの儒教の影響の中でも、家族の絆（血縁）、学校（学縁）、出生地（地縁）に基づいた特別な社会的関係を意味するヨンゴは、韓国の企業風土を理解する要となる(7)。また、儒教が普及している国々で同様の社会関係を見ることができるだろう。

韓国のヨンゴは中国のグァンシ（Guanxi）に似ている。しかし、ヨンゴは、家族、学校、出生地などのより特定的な絆を基にしており、人の努力によって変えられない点でグァンシとは異なる。グァンシのほうは、努力次第では取得することも蓄積することも可能という、より広い関係を意味している（313ページ参照）。

例えば、韓国人は、ある集いで同じ大学の出身者に会った場合、他のことを共有してなくても親密感を感じるようだ。また、韓国の人々には、より親密になるために相手の家系図と出生地に関する家族の原点を知りたがるという特徴もある。この種の関係はアメリカにも存在するが、こうした絆のゆえに特別の好意を抱くということはない。他の条件が同じである場合、韓国人はヨンゴをもつ相手に好意を示すことになる。これは、小売産業においても同じで、あるバイヤーがサプライヤーの担当者が自分と同じ学校の出身であった場合は、契約の締結や大量注文の成立が少し容易となるかもしれないのだ。

しかしながら、韓国の政府および小売業では、その弊害が公正な競争を妨げることを懸念して、ヨンゴによる特別な便宜供与を防止する政策を立案した。政府の高位官僚がヨンゴ関係の人に特別な便宜を図るということはかなり恥ずべき行動であり、社会的な話題にまでなる。

要求水準が高く、ファッションに敏感な消費者

韓国の消費者の要求水準が高いことは有名である。韓国で操業中のマルチナショナル企業のマネージャーが、次のように私に言っていた。

「韓国の消費者を満足させることができれば、他のいかなる国においても成功すると確信します」

化粧品産業の場合は、より厳しい状況となっている。韓国の化粧品市場は世界で７番目のシェアをもち、好みがうるさく満足させにくいという消費者特性を有することから、マルチナショナルの化粧品企業のテスト市場として活用されている。特に、フランスの化粧品会社として有名なランコムは、新製品に対する韓国女性の反応を先に確かめてから日本市場での販売を始めている。ラン

コムの研究所で働くある研究者が次のように言っていた。

「私達は、韓国女性がアジア女性の嗜好をリードし、世界の嗜好をコントロールすると考えています。それに、近年、禅のようなアジアの影響は欧米市場をリードしています[8]」

要求水準が高く洗練された消費者は、M・E・ポーターが提示した四つの国の競争要因の一つである需要の状態を創出している。この要因は、ある産業の製品やサービスに対する国内需要の性質を指すものである[9]。

ポーターは、世界で最も洗練され要求水準の高い購買者（産業財にせよ消費財にせよ）が存在する国の企業は、高い基準を満たすべく改良を重ね、新たな挑戦を続ける中で自ずと世界をリードする、と指摘している[10]。したがって、洗練されかつ要求水準の高い消費者をもつことは、小売産業を営むうえで一つの幸運でもある。韓国の消費者は、韓国の小売業者が挑戦し続け、世界のトップ企業に上る牽引役を果たしていることになる。

また、韓国の消費者は流行を非常に気にしている。彼らが外観に敏感な理由の一つとして、先に挙げた儒教の影響が考えられる。例えば、TPO に合わない着こなしは面子をなくすことになると考えている。面子に対する概念は、中国と日本においても共通したものである。面子を保つために、特に公の場所では服装に気を配り、なおファッション感覚やブランド・ロイヤルティをアピールすることになる[11]。

また、この傾向はファッション商品に限られるものではない。4,500万人もの人口を有する韓国の流行は目まぐるしく変化している。ソウルは、全国民の３分の１が住むという人口密度の高い都市である。そのため、韓国の消費者の新しい革新は、低密度の他都市と比較してソウルで容易に観察される。なお、韓国の消費者が他人を模倣する傾向の理由として、やはり儒教の影響が考えられる。それは、仲間集団の調和を壊さないことが美徳であると信じているからである。

小売業の概観

韓国の小売業は、GDP の９％、そして雇用の18％を占めている。小売業のGDP シェアは、輸出指向の政策のために製造業のわずか27％に留まっている。[(12)] ところが、雇用の面では製造業と同水準である。[(13)] 製造部門における雇用は、海外生産の増加に伴って漸進的に縮小している一方、小売部門の雇用は過去10年間連続して成長している。

韓国の小売市場ではパパママ・ストア（69.8％）のシェアが一番大きく、百貨店（12. 7％）、ディスカウントストア（8.5％）、無店舗小売（4.7％）、スーパーマーケット（３％）がその後に続いている。[(14)]

3　百貨店

韓国の百貨店の歴史および現在の地位

韓国初の百貨店は、日本の支配下に置かれた1916年に、日本人によって経営された三越であった。そして、韓国人が経営する最初の百貨店は、今は存在しないが、1931年にできた和信百貨店である。三越は、日本が韓国から撤退したあとに東和によって引き継がれ、1963年、再び三星に引き継がれて「新世界」と名付けられた。

1960年代から1970年代にかけて、韓国では多くの百貨店が出現している。1979年にはロッテ百貨店がオープンし、同時期にミドパ、コスモス、シンシンなどの百貨店がビジネスを始めている。これらの百貨店は、すべて市庁から近い明洞（ソウルの中心街）に密集している。

1980年代に韓国の百貨店は繁栄し、売上高、店舗数、サービス、経営手法の面で大きな成長を遂げた。国の経済成長、都市人口の急増、巨大都市の住宅建設ブーム、そして1988年に開催されたソウル五輪がこの成長を支える原動力となった。現代グループは、狎鴎亭洞（アックジョンドン）（1985年、ソウルに開発された新富裕層の

図14－1　年度別百貨店数

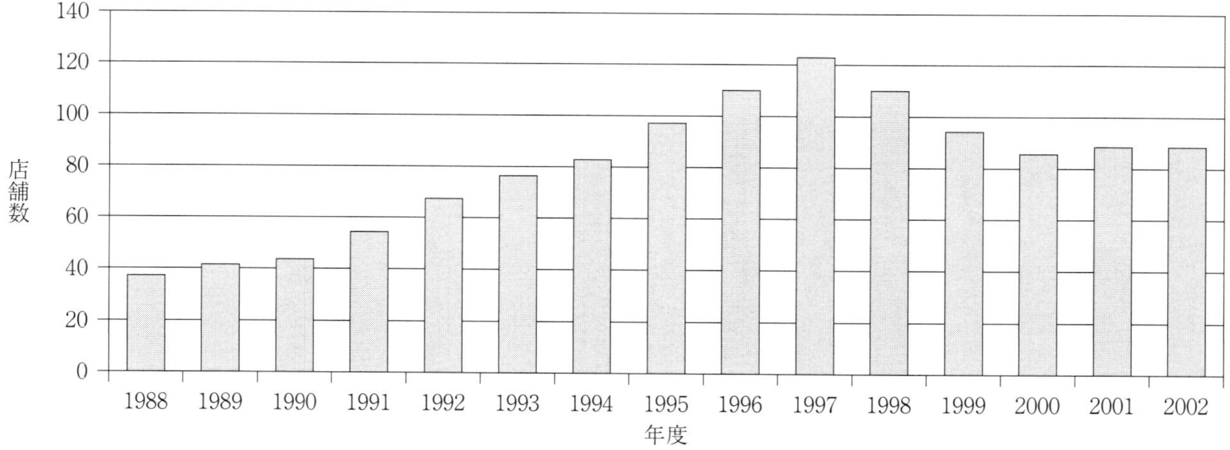

出所：大韓商工会議所 Hyundai Reseach Institute of Distribution（Kim et al. [2003]. p.51 参照）

ソウルにある新世界百貨店

町）に最初の百貨店をオープンすることで小売業界に参入している。

1980年代の韓国の百貨店業界は、韓国の現代小売業の始まりでもある。1990年代半ばまで、韓国には概ね二つの小売業態のみしか存在していなかった。一つは現代型の百貨店で、もう一つは従来型のパパママ・ストアである。1983年から1993年までの年間売上高の成長率は26.1%で、平均の小売成長率である12.3%をはるかに超えている[(15)]。しかし、1996年に韓国の小売市場が外資に完全開放された時にこの成長は止まった。

韓国の地元小売業者とマルチナショナル小売業者が経営するディスカウントストアは、新たな小売業態として現れ始めた。しかし、韓国での1997年後半の金融危機がさらなる変化をもたらした。1998年４月、15軒もの中堅百貨店が倒産した[(16)]。そして、これらの百貨店はロッテと現代百貨店によって合併・買収された。この時期から、韓国の百貨店はロッテ、現代、新世界による大手３社による競争の構図が形成され始め、売り手寡占が強化された。上記の通り、これら大手３社は韓国財閥グループの系列で、韓国の百貨店（**表14－３**）の75%を占めている。2002年時点で、韓国で営業している百貨店は90店舗にも上り、すべて韓国人（**図14－１**参照）によって所有および経営されている。

韓国の百貨店の特徴

韓国の百貨店では、野菜以外のほとんどのアイテムが委託販売システムにお

表14－6 韓国百貨店の商品構成

カテゴリ	単位：%	
	1997	2002
衣類	44.4	55.3
食品・飲料	22.3	15.1
食器	3.5	2.6
生活用品	6.1	4.9
家具･インテリア	4.1	3.4
シューズ･アクセサリー	15.7	15.4
その他	3.9	3.3
合計	100	100

出所：大韓商工会議所、1998, 2003。Kim et al. [2003], p.72.に修正・加筆。

いて販売されている。この委託販売システムは日本と同じであるので、他の特有の特徴のみ以下に示しておこう。

特徴①　取扱商品の多様性――韓国の百貨店は、文字通り「多種多様な商品を取り扱う店舗」を意味している。日本の百貨店と同様に、韓国の百貨店は食品・飲料、家具、家電など（**表14－6**）を取り扱っている。空間的な制約から、韓国の百貨店は6、7階で構成されるというのが典型的である。一般的に、1階は化粧品、高額輸入品、靴、2、3階は婦人服、4階は紳士服売り場に割り当てられ、スポーツウェアや運動靴は5階、家電と家具は6階、そして最上階には通常はフードコートもしくは文化センターが売場を構えている。

大多数の百貨店の売上高はアパレル販売に依存している。そのシェアは、1997年が44.4％であったが、2002年には55.3％を占めるに至っている。シェアの増加は、1990年代の中頃に新規参入したディスカウントストアやコンビニエンスストアとの競争が理由である。つまり、食品と飲料はディスカウントストアを中心に安価で販売されることになり、韓国の百貨店はファッション・アイテムにより集中したのである。その代わり、食品と飲料のほうは2002年に縮小傾向を見せている。

アメリカの百貨店が食品を取り扱わないのは、利益率が十分ではないという単純な理由からである。こうした事情は韓国の場合も同様であるが、韓国の消費者の中で百貨店は「多種多様な商品を取り扱う店舗」というイメージが根強く、これらのアイテムが百貨店の売り場から消えることは想像しがたい。

韓国の百貨店は、品揃えの豊富さのみならず、ありとあらゆるサービスをも提供している。百貨店の最上階に位置するフードコートでは、韓国料理、和食、中華、イタリアン、アメリカのピザなどを含む世界各国の料理を味わうことができるし、銀行、プレゼント用の包装コーナーに加えて芸術、書道、インテリアなどの生涯教育を教える文化センターまで設けられている。最近では、さらなる集客のために、最上階にスイミングプールやフィットネスセンター、美容院、カフェ、美術展示ホールまで設けている所もある。

このような設備は、アメリカではショッピングモールで見かけることが多い。しかしながら、ショッピングモールという概念は韓国では定着しておらず、一つか二つのショッピングモールが存在するのみである。韓国では、いくつかの小売店が集積しているとそれをショッピングモールと呼んでいるが、それはアメリカのように複数の百貨店やディスカウントストアで構成されているわけではない。

韓国人にとって、百貨店は買い物だけをする場所ではない。百貨店は、友達に会い、新しいトレンドや情報に触れ、運動し、それ自体を楽しむための場所である。私にとっても百貨店は、友達と共に買い物をしたり、食事をしたり、おしゃべりをしたり、髪の手入れをしたりする上で非常に便利な場所であった（通常、地下鉄の駅から直接つながっている）。

特徴②　豪華なブランド品の取り扱い——韓国の消費者は、百貨店について独特の感覚を有している。消費者が特定の百貨店に入店しているブランドとして認知した場合、その店舗は当該製造業者のブランドイメージを促進するための重要な媒体となる。よって、韓国の製造業者は、自社ブランドを促進するためには一流百貨店に入店することが不可欠であると確信しているため[(17)]、百貨店への入店を希望する製造業者の競争が激しい。

近年、百貨店の高級品志向のイメージは強化される一方である。そして、ディスカウントストアとの競争は、取扱商品や価格帯において重複を避けるために百貨店の高級品志向に一層拍車をかけている。それゆえ、大手３社の百貨店間の競争は高級品志向のブランドを取り入れることに向かっている。大概、百貨店の1階にはカルティエ、フェラガモ、プラダ、グッチ、アテストーニ、クリスチャン・ディオール、ルイ・ヴィトン、セリーヌなどのブランドショップが並んでおり、店舗の入り口近くに高価なブランドを配置させることで、豪華な百貨店のイメージをつくり上げている。

このことに起因して、総合スーパー（GMS）が韓国の消費者の心をつかむことは難しい。韓国人は、高品質の商品は百貨店で、日常の食料品や必需品はディスカウントストアで購買する傾向が強いのである。

4　ディスカウントストア

韓国のディスカウントストアの歴史および現在の地位

1993年、韓国初のディスカウントストアが新世界百貨店によって紹介されて以来、韓国のディスカウントストアは急速に拡大した。

ディスカウントストアは、1997年の金融危機を切っ掛けとして、安価な商品を求める消費者のニーズに合致して普及した[(18)]。ディスカウントストア部門は、2001年基準で全小売市場の8.5％を占めている。百貨店の平均成長率が7～8％である反面、ディスカウントストアは、今後数年間にわたって毎年平均30％ずつ成長すると予測されている[(19)]。

韓国のディスカウントストアには、メンバーシップ・ホールセール・クラブ(MWC)、ハイパーマーケット、大型ショッピング・センターなどの様々な業態が含まれる。韓国で最も成功したディスカウントストアの業態は、食品と共に家庭用の消費財のまとめ買いができる「ハイパーマーケット」あるいは「大型ショッピング・センター」である。メンバーシップ・ホールセール・クラブが、多頻度で少量購買を好む韓国の消費者に訴えることは難しい。大量購買と共に得られる大幅の割引は、彼らにとってはさほど魅力的なものではない。そのうえ、狭い住宅事情が買い溜めに適していないと言える。

図14－2　年度別ディスカウントストア数

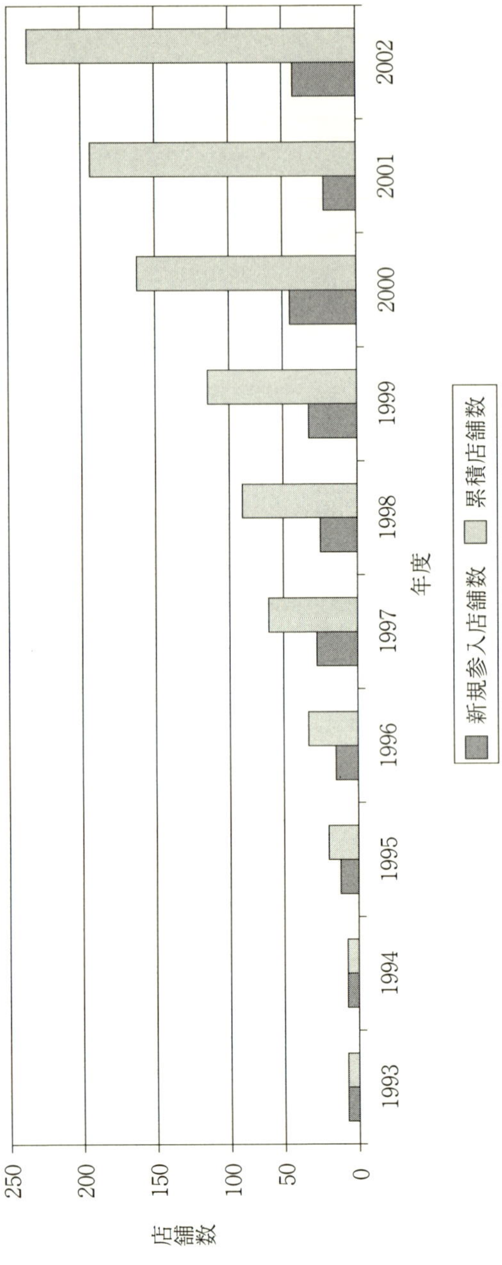

出所：韓国チェーン・ストア協会（Kim et al. [2003] p.89 参照）

表14－7　上位5位のディスカウントストアを展開する韓国企業

企業名	店舗名	店舗数	販売収入（百万ドル）		成長率（%）	市場シェア
			2001	2002		
新世界	イー・マート	32	4,734.80	6,082.80	28.5	30
ロッテ・ショッピング	ロッテ・マート	51	4,372.40	5,444.30	24.5	14
カルフール	カルフール	25	957.50	1,145.50	19.6	10
三星・テスコ	ホーム・プラス	21	1,059.20	1,789.00	68.9	13
ウォルマート	ウォルマート・スーパセンター	15	474.80	622.90	31.2	5

出所：Kim et al. [2003], p. 10.に修正・加筆。

2002年、外資系を含めて、韓国で営業しているディスカウントストアは230店にも上っている（**図14－2**参照）。マルチナショナルなディスカウントストアとしては、コストコ(1994年に参入)、カルフール(1996年に参入)、ホーム・プラス（1999年、三星とテスコの合弁事業)、ウォルマート（マクロを買収し1998年に参入）があり、国内のディスカウントストアとしては、イー・マート(1993年に参入)、ロッテ・マート（1999年に参入、旧名はマグネット）がある。しかし、ウォルマートとカルフールは2006年に撤退している。

韓国は、国内ディスカウントストアがマルチナショナルのディスカウントストアより良い成果を上げている数少ない国の一つである(20)。1996年の小売自由化によってマルチナショナルの小売業者が国内市場を急激に浸食するのではないかと懸念されたが、国内のディスカウントストアであるイー・マートは数年間にわたってトップの座を維持し続けている。外国企業が完全所有する三つのディスカウントストアのカルフール、ウォルマート、コストコの総売上は、2001年時点で全体の25.8%にしか及んでいない。残りの74.2%は、国内のディスカウントストアのイー・マート、ロッテ・マート、ホーム・プラスが占めている。イー・マートは51店舗をも所有し、韓国のディスカウントストア市場シェアの30%を占め、第2位のロッテ・マートは14%の市場シェアを有している(21)。**表14－7**では、上位5社のディスカウントストアの売上高および純利益を示している。

韓国のディスカウントストアの特徴

マルチナショナルのディスカウントストアとの競争でイー・マートとロッテ・マートが成功を収めたことには、多くの理由がある。主たる理由は、国内のディスカウントストアが韓国の消費者の嗜好と購買習慣をよく把握していることである[(22)]。

一例としてイー・マートは、陳列棚の高さとショッピングカートのサイズを韓国人の身体特性に合わせて、快適に買い物ができる環境を創出した[(23)]。そして、もう一つの例は、野菜や果物、惣菜コーナーの品々が遅い時間になると値引きして販売されるということである。韓国の消費者は新鮮さを重視するがゆえに、生鮮品は毎日買う傾向がある。イー・マートはこのニーズを正確に把握し、野菜と果物は収穫された数時間後に店に配達されるシステムを構築している。私は、アメリカのディスカウントストアやスーパーマーケットに萎れた野菜が並んでいるのを見る度に韓国の新鮮さを懐かしく思っている。

ディスカウントストアにある即席料理のコーナーに立ち寄って調理を頼むと10分以内ででき上がってくる。注文された料理の品々はお客の目の前で調理され、その場で持ち帰ることができる[(24)]。新鮮さを保つために、毎日の売れ残りは廃棄されるか、もしくは大幅に値引されて販売される。節約志向の韓国主婦は、百貨店の閉店時間にあわせ買い物に行く場合が多い。韓国人は冷凍食品を好まないので、韓国の主婦は、材料を切ったりすることから料理を始めるのが一般的である。こうした傾向は、しばしば主婦の負担を強いるものであったが、百貨店の即席料理コーナーがこの問題をすべて解決した。

私は、これらの即席料理を楽しむために、マルチナショナルのディスカウントストアではなく国内のディスカウントストアでの買い物をよくしたという記憶がある。それに、日本、中国、シンガポール、台湾、フィリピン、ベトナムなどの近隣諸国の小売業者と政府関係者が彼らの成功要因を学びに訪れるほどの盛況ぶりである。最近、アメリカ国防総省の長官も地方のイー・マートを訪れて、即席料理コーナーに特別な関心を示した。1999年以来、日本の小売関連のグループによるイー・マートへの公式訪問は70回以上に上り、非公式な訪問

を含めるとその数は計り知れない。[(25)(26)]

高サービスで消費者を満足させる

ディスカウントストアも、満足させにくい韓国の消費者のために優れたサービスを提供している。この国では、安値で高品質のものを提供することだけでは不十分である。いかなる業態であれ、楽しく買い物ができる環境と親しみのあるサービスが、長い間にわたって百貨店に慣れている好みのうるさい韓国の消費者を満足させるためには不可欠となる。[(27)] 消費者の要求に応じ、なおかつ激しい競争社会で生き残るために、多くの国内のディスカウントストアが百貨店のようなサービスを提供し始めた。フードコートに加え、無料の子どもラウンジ、クリーニング屋、ATM、花屋、ドラッグストア、銀行、ネイルケア店などを揃えている。ディスカウントストアは、豪華なインテリアを施し、エブリデー・ロー・プライス（EDLP）のみならずより質の高い顧客サービスを提供しているのだ。

さらなるイメージアップのために韓国のディスカウントストアは、有名なファッション・ブランドの入店も推進している。1999年、韓国のディスカウント販売の９％をアパレル部門が占め、[(28)] 三星テスコ（ホーム・プラス）のアパレル販売は、2001年に総売上高の20％を占めると予想されている。[(29)]

これらのサービスが標準になったこともあり、マルチナショナルのディスカウントストアは国内の業者に追いつくべく現地化を進めている。カルフールは、国内のディスカウントストアの競争的なサービスを知覚し、「ワールドカップ2002」の競技場の中に大型店舗を開いて、フードコート、美容院、映画館などのワン・ストップ・サービスを提供した。さらに、最近オープンした店舗では、コミュニティセンターや無料の料理教室、そして英会話教室のサービスを提供している。[(30)]

買い物だけではなく家族が楽しむ

ディスカウントストアでの買い物は、基本的に実利主義的な目的、つまり製品の購買のためであると考えられてきた。しかし、最近の研究は、韓国の消費者がディスカウントストアを訪れる理由として、「金額に見合う価値（実利主義など）」における製品の購買を求めるだけでなく、日常生活からの逸脱（気晴らしなど）を求め、また大勢の人の中で楽しむ（社会化など）ためであるということを明らかにしている[(31)]。

ディスカウントストアが導入される前は、買い物は基本的に女性の仕事であった。しかし現在は、家族単位で、特に子ども連れの若い夫婦が一緒に買い物を楽しむ姿をよく目にする。つまり、ディスカウントストアで買い物をすることは、もはや家族のための面倒な仕事ではなく、家族全員で楽しめるイベントに変化してきたのだ。様々な食べ物を備えた清潔で広々とした空間は、家族が週末の半日を過ごすにおいては申し分のない所である。

韓国の消費者にとって現代的なディスカウントストアで買い物ができるということは、中間所得層（韓国での主なターゲット市場）であるということの確認であると共に、ある種の達成感を与えるのかもしれない。というのは、現在は低所得層もディスカウントストアで買い物をしているが、一昔前の低所得層は、近所のお店や在来市場で必需食料品を購入するというイメージがあったからである。

ディスカウントストアにおいてプライベート・ブランドは一般的

韓国の百貨店が最初に紹介したプライベート・ブランドは大した成果を上げることができなかったが、ディスカウントストアが展開するプライベート・ブランドは大成功を収めた。韓国のディスカウントストアが展開するプライベート・ブランド製品は、総売上高のおよそ８～10％を占めている[(32)]。プライベート・ブランドの開拓者と言えばイー・マートである。さらに、ホーム・プラスはアパレルにプライベート・ブランドを導入して全国的に拡大させることに成功した。そして、ホーム・プラスとカルフールは、加工食品と家電製品に数多くのプライベート・ブランドをもっている[(33)]。

消費者がさほど知名度の高くないブランドを購入する初のケースという意味で、プライベート・ブランドの成功は韓国の小売業者にとっても重要なものである。

5 コンビニエンスストア

歴史

韓国初の三つのコンビニエンスストアは、グローバルなコンビニエンス業者との合弁事業、もしくはライセンス契約を通じて1989年に始まっている。代表的なコンビニエンスストアは、セブン・イレブン（セブンイレブン・ジャパンとドンファ産業、1994年にロッテが引き継ぐ）、ローソン（アメリカのデイリー・マートとテイン流通、1995年にコーロン・グループがテインを買収し、1999年セブン・イレブンによって合併される）、サークルK（アメリカのサークルKとハンヤン・グループ、1998年にライセンス契約の終了後、Cスペースと名称変更）である。そして1990年には、ファミリーマート（ファミリーマート日本と普光グループ）とミニ・ストップ（ミニ・ストップ日本とデサン・グループ）が加わって、同年、LG25（LG グループ）が外国企業の介入のない韓国初のコンビニエンスストアとして開店した。

少数の大手による支配は、百貨店とディスカウントストアよりコンビニエンスストア部門においてさらに目立ったものとなっている。コンビニエンスストアにおける大手３社は、ファミリーマート(25.1%)、セブン・イレブン(24.7%)、LG25（19.9%）であり、市場占有率（**表14－８**）の約４分の３を占めている。[(34)]

2002年時点で、韓国には5,680店を超えるコンビニエンスストアが存在している。ここ15年の間、市場は飽和状態に達している。とりわけ、ソウルにおける飽和水準を表す人口対店舗数の指標はアメリカや日本と同じ水準で、コンビニエンスストア１店舗当たりおよそ5,000人である。[(35)]

飽和状態を招いた最大の理由は、多くのコンビニエンスストア事業がフランチャイズ契約によって営まれるところにある。意外に簡単に開業して運営することができ、高度な管理技術がなくても世間並みの安定した利益を上げられるというのが理由で、現在の不安定な雇用状態も追い風になった。韓国では解雇という概念は珍しく、雇用というのは生涯にわたって続くと考えられてきた。

表14－8　主要スーパーマーケットの店舗数（1995～2002年）

店舗名	設立年度	単位（100万ドル）								シェア（%）
		1995	1996	1997	1998	1999	2000	2001	2002	
ファミリーマート	1990.10	320	362	473	493	529	646	903	1,429	25.1
セブン・イレブン	1989.5	114	129	165	171	252	672	1,001	1,403	24.7
LG25	1990.12	290	361	476	496	546	622	780	1,128	19.9
ミニ・ストップ	1990.11	193	189	175	180	189	255	406	677	11.9

出所：Kim et al. [2003], p.160.に修正・加筆。

しかしながら、最近の大多数の韓国企業は従業員を成果に基づいて評価しており、それに伴って転職や人材管理企業によるスカウトが日常茶飯事となった。その結果、会社を早期退職した人々が、しばしば退職金をコンビニエンスストアの開業資金にしているのである。

韓国コンビニエンスストアの特徴

アメリカと異なって韓国のコンビニエンスストアは、住宅街（41%）、ビジネス・オフィス街(36%)、地下鉄駅(15%)、高校・大学（8%）の近隣に位置している(36)。韓国でコンビニエンスストアを営む12社の内、オッケー・マートとジョイ・マートの2社のみがアメリカの典型的なコンビニエンスストアのようにガソリンスタンドに店舗を構えている。日本と同様に韓国のコンビニエンスストアは、

ソウル市内のコンビニエンスストア

お盆（チュソック）とお正月（ソルナル）の時も休まず、24時間、年中無休で営業をしている。韓国人にとって、コンビニエンスストアは常に買い物ができる場所を意味する。典型的な品揃えに加えて、テレフォン・カードや宝くじの販売、写真の現像まで受付、基本的に ATM も利用可能となっている。韓国で携帯電話のバッテリーが切れた時は、コンビニエンスストアに行けば安い料金で充電ができるし、朝食を食べていない時も、会社の近くにあるコンビニエンスストアで簡単な食事を買うことができる。昼食をとる時間がない時は、弁当、サンドイッチ、キンパ（韓国ののり巻き）のようなインスタント食品を選ぶことができ、銀行の営業時間外でもコンビニエンスストアで電話料金と保険料を支払うことができる。

究極のコンビニエンスストアのサービスは、顧客がインターネットで注文した品物を保管してくれることである。このサービスは、消費者、運送会社、コンビニエンスストアのすべての関係者にとってメリットがある。消費者は注文した品物を受け取るために自宅にいる必要がないし、運送会社のほうもコストを削減でき、コンビニエンスストアは顧客満足を向上させて来客頻度を高めることができる。多くのコンビニエンスストアが顧客の近所に位置することを考えると、実現する可能性が高い。

6　スーパーマーケット

韓国のスーパーマーケットは、およそ80％が食品で、残り20％が非食品で構成されている。多くの韓国のスーパーマーケットは、全国（あるいは地方）チェーン展開をしていない。1970年代に遡ると、スーパーマーケットとは、伝統的な在来市場に対立するものとして現代的な食料雑貨店を意味するものであった。それゆえに韓国の人々は、いまだに近所にあるパパママ・ストアを「スーパーマーケット」と呼んでいる。したがって、韓国でのスーパーマーケットは、食料品を取り扱う近隣の独立した小規模小売店、もしくは大企業（ディスカウントストアに比べるとはるか小規模であるが）が主導する全国チェーンストアのどちらかを意味する。ここでは、全国チェーンのスーパーマーケットに注目していくことにする。

韓国初のスーパーマーケットであるニュー・ソウル・スーパーマーケットは、1968年に開店した。そして、1971年には最初のスーパーマーケット・チェーンであるセマウル（新しい村の意味）スーパー・チェーンが８店舗でビジネスを始めた。[(37)]

1980年代と1990年代、スーパーマーケットはソウルに団地が増加すると共に在来市場に取って代わった。しかし、1990年代の終盤、漢南スーパー・チェーン、ヘテ流通などの大手スーパーマーケット・チェーンが金融危機とディスカウントストアとの強烈な競争のために破産した。[(38)] 2002年における大手３社のチェーンは、LG スーパーマーケット（全国的に66店を所有）、トップ・マート（主にプサンで39店を所有）、ハンファ・マート（26店を所有）である。[(39)]

魅力的な商品と最高のサービスでワン・ストップ・ショッピングを推進するディスカウントストアの積極的な拡大（現在、約230店に達する）が影響し、韓国でのスーパーマーケットの店舗開発はどちらかと言うと遅れている。そして、ディスカウントストアの成長と共にこの競争は一層激しくなっている。ディスカウントストアが飽和状態に達して新たに大型店舗を建設することが困難になったため、ロッテ・マートはソウルの大都市圏の住宅地区に「ロッテ・レモン」と呼ばれる小規模のディスカウントストア（もしくはスーパー・スーパーマーケット）を開店し始め、2002年時点で９店舗展開している。このスーパー・スーパーマーケットが対象としているのは、徒歩５分以内の距離に住む消費者である。

また、追い風に乗ったイー・マートは、同様のスーパー・スーパーマーケットを「イー・マート・エブリデー」という名前で開店した。ディスカウントストアの買物客は、大量の品物を持ち帰るために車で店舗を訪れることが多い。その反面、スーパーマーケットの買物客は徒歩で店に訪れ、少量の買い物を頻繁に繰り返している。

スーパーマーケット企業は、ディスカウントストアと競争する新しい方法を発見した。その一つが、注文された品物を配達することである。購買客がスーパーマーケットを訪れて必要な品物を購入すると、店はその品物を２～３時間以内に無料で配達をしているのだ。スーパーマーケット側は、消費者が自宅に品物を運ぶ手間が省けると購買意欲が一層高まると確信している。

7　ホーム・ショッピング

ホーム・ショッピングは韓国の消費者から人気を集めている。最初のテレビ・ホーム・ショッピングは1991年に始まった「39ショッピング」で、その後「CJ ホーム・ショッピング」と名前を変更した。続いて、1999年に「LG ホーム・ショッピング」がスタートする。LG と CJ は韓国のテレビ・ホーム・ショッピングの主要企業であり、2001年にはそれぞれ第１位と第２位にランクされている。両社共に、カタログとインターネットを用いるマルチチャネルを構築している。

8　インターネット・ショッピング

韓国におけるインターネット市場の潜在力は高い。インターネット使用では、アメリカとカナダに続いて世界３位である[(40)]。韓国人の100人中20人以上が、自宅でブロードバンド・インターネット（ADSL または VDSL のような高速のネットワーク）に接続することができる[(41)]。2002年末時点で、韓国のインターネット・ショッピング・モールは2,896軒もある。この内、専門のモールは約2,496軒で、一般的なモールは402軒である（大韓商工会議所、2003年[(42)]）。

インターネット・ショッピング・モールも、韓国の主要な小売グループによって運営されている。ロッテ百貨店と現代百貨店は、1996年と1997年にインターネットストアを開始した。そして同年、二つの純粋なドット・コム小売業者であるハンソル CSN（ハンソル・グループ）とインターパーク（デーコム株式会社）がインターネット販売を始めた。この後、新世界と LG もインターネット事業に参加している。

ハンソル CSN とインターパークを除く他の主要企業は､カタログ､テレビ・ホーム・ショッピング、百貨店などの複数の流通チャンネルを所有しており、相乗効果を発揮している。

韓国には、小規模の独立したインターネット小売業者が多く存在している。たいていの韓国人はインターネットに詳しいし、部品からコンピュータを組み立てることのできる若者も多く、インターネット上で品物を売買することは彼らにとっては大した仕事ではない。多くの独立したインターネット小売業者は、自宅や事務所を使って少人数で事業を営んでいる。

第15章

インドの小売業

1　歴史

ヨーロッパ人がインドを発見したのは約５万年前と言われている。インド人は自分達の歴史は数百万年であると信じているが、西欧の科学者や考古学者は、インドの最古の文明は5,000年前であると考えている。簡潔に、ヨーロッパ人がインドに到着してからの歴史を辿っておこう。

1519年９月22日、イギリスで101人の出資者が東インド会社を設立した。1600年12月31日、エリザベス女王Ｉ世［Queen Elizabeth I、1558～1603］は、東インド会社にマゼラン海峡と喜望峰経由の貿易独占権の特許状（charter）を15年にわたって与えた。東インド会社の初航海は1601年で、３度目の航海でスーラト（Surat、グジャラートの主要都市）の港に到着したのがインドへの初上陸である。1629年にインドの最初の管区（presidency、州）が誕生し、1687年にその管区はボンベイ（現、ムンバイ）に移った。その間、マドラス（現、チェンナイ）の管区が1651年に誕生し、またベンガル管区が1700年に誕生した。東インド会社の活動は1764年までは貿易のみに制限されていたわけだが、その当時のベンガル管区はムガール皇帝の支配下にあった。

1770年代に経営危機に陥った際、東インド会社はイギリス政府に金融援助を求めた。そして、1773年の規制法によって、ボンベイとマドラスに対する管轄権がカルカッタ（現、コルカタ）の総督に託された。のちに、ピットのインド法[訳注1]の施行によって、1784年からはイギリス政府のインド庁が東インド会社を監督するようになった。そして、1793年には東インド会社のインドとの貿易独占権が放棄され、1813年までにインド貿易は完全に開放された。

1818年まで、東インド会社はインド内で拡大を続けた。その後、アラビア海を越えてアフガニスタンへ、そしてベンガル湾を超えてビルマ（ミャンマー）へと侵攻していった。1824年に交わされたロンドン条約（英蘭条約[訳注2]）によって、インドにおけるオランダの領地はすべてイギリスに委譲された。

1833年の特許法の更新によって東インド会社は中国貿易の独占権を失い、すべての取引を停止することになった。この特許法は、株主のため財産と所有権をすべて売却することを定めていた。そして、1874年６月１日、この特許法は廃止された。

事実上、三つの管区はまったく異なる法律を有する３州であったので、1833年、イギリスは植民地の統合に向けた第一段階に着手した。ベンガル総督は「インド統括者」と改名され、ベンガル管区を分割してアーグラ（Agra）に北西地区の管区本部が創設された。

1857年の反乱[訳注3]の後1858年に、イギリス政府はインドを直轄植民地として統治するようになった。これにより、インド総督はインドにおけるイギリス国王の名代（viceroy）になり、ロンドンにおけるインド庁長官はインド相となっている。そして、1935年にはアデン（Aden）とビルマがインドから分離された。

イギリスは、英領インドをインドとパキスタンに分離独立させて1947年に撤退している。数百に上る藩王国はインドへの帰属に同意し、1950年にインド共和国が成立した。インドは、1954年にフランス領を、そして1961年にポルトガル領を取得し、1972年には東パキスタンがバングラデシュとなった。[1]

初めてインドを訪問するまで私は、特にこの国に対して興味を抱いていなかったが、それは完全な誤りであった。２週間にわたって私は小売業者の幹部と話しながら過ごしたわけだが、そこで私が見つけたものは興味深いものであった。それは、インドの小売システムは極めてユニークなものであるということだ。

インドは小売業への外国からの直接投資を完全に禁止しているため、外部からの影響で小売システムが近代化することはない。しかし、2006年１月、インド政府は国内で生産した製品を販売するための小売店を開設してもよいという発表をした。これは、ナイキのような製造業者は小売店を開設することができるが、ウォルマートのような流通業者にはそれができないということを意味する。とはいえ、2004年にウォルマートはインドから15億ドル相当以上の商品を調達しているのだから、遠からず店舗の開設が認可されると思われる。

インドの小売市場規模は世界第８位であるものの、販売額の95％を一般に「非組織化小売」と呼ばれているパパママ・ストアが占めている(2)。

私のインド訪問の目的の一つに同僚の結婚式に出席することがあった。そこで私は、興味深い文化的なイベントに遭遇した。野外のロック・ガーデンで開催されたレセプションには何千人ものゲストが参加していた。３組のバンド演奏があり、多数のレストランのシェフがゲストに食事を提供していた。

私は、あらゆる所に武装した警備員がいることに気づいたので、仲間の１人に「何か結婚式でトラブルがあったの？」と尋ねた。彼は笑いながら、「いいえ、警備員は宝石を保護するために保険会社に雇われているんだ」と答えた。この言葉を聞いた私は、このイベントに参加している女性達が豪華なダイヤモンドやエメラルド、そしてルビーの宝石を身に着けていることに気づいた。貧困とはまったく対照的に、これもインドの標準的な光景である。

私がインドに滞在している間、同僚の家族は白のベンツと運転手を提供してくれた。まるで同僚は、ハリウッドスターのアントニオ・バンデラス［Antonio Bandereas，1960～］のようである。運転手が一時停止の標識でブレーキをかけるたびに、骨と皮の多数の女性達が金銭を乞うために車窓を軽く叩いてくる。そして時には、彼女達は今にも死にそうな子どもを連れていた。運転手は、あらゆる所にいる物乞いに恵むためにコインを容器いっぱい入れている。私はと

（訳注１）（Pitt's India Act）イギリスによるインド商業以外の事柄に関する議会の監督権を強化する法律。
（訳注２）　イギリスがマレー半島側、オランダがスマトラ島側を領有することが決められた条約。
（訳注３）　北インド一帯で起きたイギリス支配に対するセポイの乱のこと。

言えば、行方を阻む物乞いの標的になるために通りを歩くことはほとんど不可能であった。

2 インドの小売業とその特徴の概観

表15－1と**表15－2**は、インドの主要な国内資本および外国資本の小売業者を要約したものである。インドの小売業は2,500億ドルに上ると推測されている。[3]

インドにはおよそ1,200万件の小売店があるが、それらの３分の２が農村に位置している。1991年の経済の自由化以来ビジネスに著しい変化があったわけだが、ライセンス・ラジ（Licence Raj、政府の規制・介入）の影響は完全に取り除かれなかった。例えば、テレコミュニケーション企業に対する外国資本の出資比率の上限は49％であり、グローバル企業がインドの電気通信産業に投資するのを控えさせている。[4] この規制は、チャネル・パートナー間の行動に影響を与えている。

組織化小売業者と非組織化小売業者の共存、そして異なる税制および高い関税が、灰色市場（gray market）を増殖させている。灰色市場とは、品物は偽造ではないが、一般的に帳簿に記載されず不法に取引されることを意味している。

小売産業のユニークな特徴の一つとして、**非組織化小売業者**（UOR:unorganized retailer）と**組織化小売業者**（OR：organized retailer）の共存が挙げられる。本章における「組織化」という概念は、購買力、平均規模、単品（SKU、189ページも参照）の数、在庫回転率および総利益という点から記述した際の、程度の違いと理解しておいて欲しい（**表15－3**を参照）。

組織化小売業者の平均規模、収入、収益性および地理的拡大は、非組織小売業者のそれよりも相当高い。結果として組織化小売業者は、規模と購買力を背景として多数のサプライヤーから商品を調達している。

非組織化小売業者は小さな購買力しかないため、組織化小売業者のように多

表15－1　インド発の主要小売業者（2004年）

	総売上高と店舗数				国際的な地位と国外市場への進出			国内市場	
企　業　名	主要業態	総売上高（$US 百万ドル）	売上高前年比	総店舗数	世界の小売業トップ200における順位（2004年）	国外市場への進出形態	進出国数	総売上高における国内市場売上の割合	総売上店舗数における国内店舗の割合
1　パンタルーン・リテイル	ハイパー・マーケット/スーパーセンター	240	64.7%	68	－	単一国	1	0 %	0 %
2　RPG グループ	スーパー・マーケット/グローサリー・ストア	166	36.4%	327	－	単一国	1	0 %	0 %
3　ショッパーズ・ストップ	百貨店	118	28.8%	38	－	単一国	1	0 %	0 %
4　ヴィベックス	家電量販店	73	N/A	52	－	単一国	1	0 %	0 %
5　レイモンド	衣料品店	64	9.5%	352	－	グローバル	9	7 %	12%
6　シュービックシャ・トレーディング・サービス	ディスカウント食料品店	62	18.3%	183	－	単一国	1	0 %	0 %
7　トレント	百貨店	50	54.7%	19	－	単一国	1	0 %	0 %
8　マドゥラ・ガーメント	衣料品店	45	10.1%	309	－	グローバル	3	N/A	1 %
9　エボニー・リテイリング・ホールディングス	百貨店	21	17.1%	8	－	単一国	1	0 %	0 %

参考：Retail Forward, company annual reports and published reports

表15－2　インドにおける主要小売業（2004年）

				国際的な地位と国外市場への進出		
企　業　名	本部所在地	小　売セクター	主要業態	世界の小売業トップ200における順位（2004年）	国外市場への進出形態	進出国数
アルディコア/アムウェイ	アメリカ	FDM	無店舗	119	グローバル	80
デイリー・ファーム・インターナショナル・ホールディングス	香港	FDM	コンビニエンスストア	162	リージョナル	8
ランドマーク・グループ	ドバイ	非耐久財	百貨店	－	グローバル	N/A
マークス・アンド・スペンサー	イギリス	非耐久財	百貨店	49	グローバル	32
メトロ	ドイツ	FDM	キャッシュ&キャリー／会員制ウェアハウス	4	グローバル	29

参考：Retail Forward, company annual reports and published reports

表15－3　インドにおける非組織化小売業者と組織化小売業者の特徴

項　　　目	非組織化小売業者	組織化小売業者
平均規模（平方メートル）	約28	約372
在庫管理単位数（SKU）	1,200	5,000
サービス方式	カウンター越し	セルフ・サービス
雰囲気	合理的	約1,301
平方メートル当たり単位売上（推定値）	約372	14,000
在庫回転	12～18	20～25
粗利益率（%）	7～10	18～20
純利益率（%）	6～7	4～5

出所：Kurt Salmon Associates Dec, 2000.

表15−4　インドの小売業のユニークな特徴

ユニークな特徴	組織化小売業者	非組織化小売業者
組織化小売業者と非組織化小売業者の共存	売り手市場の創造	買い手市場の創造
税制度の違い	買い手市場の創造	売り手市場の創造
灰色市場の存在	買い手市場の創造	売り手市場の創造

くのサプライヤーからの商品調達ができない。それゆえ、事実上、組織化小売業者はサプライヤーとの間に買い手市場を形成し、逆に非組織化小売業者のほうは売り手市場を形成している。

もう一つのユニークな特徴は、企業や商業施設に対する課税政策である。商業施設に対する付加価値税が存在しないうえに、都市、州、地区によって税率が違うのである。そのため、非組織化小売業者から徴税ができていない。したがって、非組織化小売業者にとっては買い手市場が、組織化小売業者にとっては売り手市場が形成されるのである。そして、インドの小売業に影響を及ぼす三つ目のユニークな特徴は、輸入商品に対する高い関税である。この税制は、コンピュータ関連商品や文房具などに灰色市場をつくり出している。

この国の市場には、キャッシュ・アンド・キャリーという特徴もある。組織化小売業者は限られた数の灰色市場の企業から製品を調達するために、結果として売り手市場が形成される。一方、非組織化小売業者は多くの灰色市場の企業から商品調達をする能力をもっているので、買い手市場が形成される。このようなユ

カジュラーホ（Khajuraho）の通りの非組織化小売業者と買い物客

ニークな特徴のために、組織化小売業者と非組織化小売業者には売り手市場と買い手市場のどちらかが形成されることになる。（**表15－4**を参照）。

3　概念フレームワークを使ったインドの小売業

組織間取引行動の枠組では、標的企業との取引関係は、開始、実施、評価されるというプロセスを辿る。[5]

開始段階

小売業者は、まず取引可能な相手を探し始めるわけだが、それは小売業者が知っている人々（友達、販売員あるいは潜在的な仕事関係者）から始まって**想起集合**を形成する。想起集合とは、考慮する代替案という意味で、調達先は小売業者の代表者と連絡をとって取引の利点について議論をするわけである。予期される成果は、**内的報酬**（会社／産業内における達成やステータスによって得られる心理的喜び）と同様に、**外的報酬**（市場占有率、売上高および利益の上昇）がある。外的とは報酬を得る当事者の外側を意味し、内的とは報酬を得る当事者の内側を意味する。

組織化小売業者はサプライヤーとの長期的な関係を好んでおり、それによって、妥当な金額の品質のよい商品が継続的に供給されることになる。組織化小売業者のサプライヤーの選別は、交渉、契約上の義務および定期的取引によって形式的に構造化されている。これは、組織的な計画、生産および販売プロセスがスムーズに機能するために不可欠なものである。例えば、ラドハクリシュナ・グループ（ケータリングを専門とし、フードランド・スーパーマーケットを所有しているムンバイを拠点とする小売業者）の乾燥食品のサプライヤーは約30社であるが、過去10年間にわたってこの30社はほとんど変わっていない。一方、非組織化小売業者は、公式には長期的なサプライヤーと契約することができない。というのも、そのような小売業者は現金払いであるし、商品の調達も不定期になされるからである。したがって、組織化小売業者は非組織小売業者よりも複雑なスタートを必要とすると言える。

非組織化小売業者のほうは、契約内容が文書化されていなかったり代金の支払いが現金払いであったり、またサプライヤーとの関係性に基づく与信期間であったりするため開業はより非形式的なものとなる。加えて、非組織化小売業者の報酬は元来内的なものである。

小売業者の組織化が高まるほどその平均的に規模は大きくなり、SKU 数も大きくなって在庫回転率は高まり、売上高および利益も高まる（**表15－1**を参照）。組織化小売業者の代表例としては、チェンナイ最大のスーパーマーケットおよび薬局チェーンである「シュービックシャ」が挙げられる。

小売業者とサプライヤー間の関係性は、サプライヤーが価値連鎖の流れの中でどの段階に位置しているのかによって変化するだろう。サプライヤーは、製造業者、販売代理店、卸売業者であったりする。また、組織化小売業者のほうはその購買力を背景として数量割引を引き出すことができるため、非組織化小売業者と比べてもその関係性は異なることになる。

シュービックシャは規模の大きい小売業者のため、製造業者や販売代理店から大量に直接仕入れることができるので大幅な割引を受けている。さらに、シュービックシャが展開している「フード・ワールド」はインド国内に多数の店舗をもっている。この企業は、物流オペレーションを簡素化して中間業者を排除し、全店舗をカバーする中央流通センターも運営している。結果として、製造業者の役割は価格規制者からディスカウンターへと変化していった。

組織化小売業者は、課税政策によって限られた数のサプライヤーから商品を調達している。また、組織化小売業者は、正規の領収書を発行するサプライヤーとしか取引ができない。それゆえ、組織化小売業者は正規の供給者との取引に限定されるために売手市場が形成されている。売り手市場では、開業当初はサプライヤーの適法性に基づくことになる。上記基準に合致すれば、組織化小売業者はそのサプライヤーとの取引を実施することになる。サプライヤーの適法性は組織化小売業者にとって重要となるが、非組織化小売業者にとっては重要ではないため、組織化小売業者にとっては法律上の複雑さが増すことになる。

実施段階

サプライヤーと小売業者の間で製品、サービス、そして情報の交換が起こった時に実施段階となる。組織化小売業者にとっては、サプライヤーの業績によってその依存度とサプライヤーのパワーが決まることになる(6)。さらに、各企業のチャネルにおける位置付けによって行動規範や規則が各産業に存在することがある。それは、各企業の市場占有率、財務の健全性および市場地位（例えば、価格維持）に影響する。インドでは、製造業者は通常、商品に**メーカー推奨価格**を設定して印刷している。

非組織化小売業者には選択肢が限られているため、流通チャネルの関係性におけるパワーはサプライヤー側に傾斜している。一方、組織化小売業者のほうは関係性におけるパワーは均衡を保っている。小売産業では、棚スペースの獲得競争をしている製造業者の数が非常に多いためにサプライヤーの交渉力が弱くなりがちとなる。そのため、小売業者の購買力が低下するとそのパワーはサプライヤー側に傾斜することになる(7)。

ちなみに、アーメダバード（Ahmedabad）を本拠としているコンビネーション・スーパーストアの「ラブジ」は、製造業者や中間業者から大量仕入れを行っており、日々在庫管理を行い、在庫が事前に決められた数量に達すると再発注されるようになっている。シュービックシャの場合は、製造業者やその販売代理店から直接一括購入することによって大幅な割引を可能としている。在庫回転率の早さはキャッシュ・フローを改善するだけでなく企業が必要とする運転資金を削減もする(8)。

取引規範とは、意思決定グループによって少なくとも部分的に共有されている行動に関する期待と定義することができる(9)。我々のケースでは、これらの規範はサプライヤーのチャネル上の位置に依存している。

離散的な取引規範では、取引パートナーは互いに個人主義的に行動しており、両者の関係は競争的であると考えられている。個人主義的な取引相手の場合は自律性を維持しているために、自身の目標達成に向けての戦略のみ追求すると考えられる。対照的に**関係的**な取引規範とは、相互の利益期待に基づいたもので、本質的に行動を管理・規定しているものである。そしてそれは、関係性全体の満足度を高めるようにつくられている。

組織化小売業者に比べて非組織化小売業者が灰色市場から商品を調達することは容易であるし、危険も少なく困難でもない。しかし、組織化小売業者にとっては危険性が高くなる。その結果、ある製品においては非組織化小売業者で販売される製品の水準はより高いものとなる。

フード・ワールドの棚にもキラナ（零細雑貨店）の棚にも、同じブランドの小麦粉があるだろうが、在庫が少なくなった時、キラナの店主なら非ブランドの小麦粉を補充することができるが、フード・ワールドのほうはそれができない。何故なら、非ブランドの小麦粉は開放的市場から調達されるからである。仮に、組織化小売業がこの市場から購入するとなると、かなりの複雑さと損失をもたらすことになる。というのも、フード・ワールドの場合は、食品をパッケージしてバーコードを付け、その上輸送費を負担しなければならないからである。言うまでもなくこれは、利益を減少させることになる[10]。

評価段階

これは、各企業が取引から得られた報酬や損失を評価する段階である。サプライヤーと小売業者は、彼らの報酬や損失に対する評価方法を明確にしている。両者は、関係の特徴をそれぞれの企業によるものだと評価する材料としてこの評価方法を用いているために、個人や会社の業績の評価にも影響を与えている。

組織化小売業者の評価段階はかなり詳細であるため、評価方法を作成するための技術もかなりの高水準のものが必要とされる。例えば、「パンタルーン」はカテゴリー・マネジメントの概念が盛り込まれたバーン社製のソフトを利用しているが、この企業にとって重要とされる評価尺度は、平方メートル当たり利益と個々のカテゴリーの利益にまで及んでいる。

組織化小売業者では、通常、経理部は決められた方法で評価を実施している。一方、非組織化小売業者の評価段階は、報酬または損失の指標として簿外に記録されている在庫回転によって所有者自らが行っている。また、組織化小売業者の場合には役割に対する期待度が高くなっている。実績が予想した報酬をもたらさないと不満が高まり、最終的には取引終了にまで至ることになる。

クリシュナン、コールメイヤー、ラオは、「**品揃えの一貫性へのコミットメント**（Commitment to consistent assortment：C2C）」と呼ばれるシステムを強調している[(11)]。品揃えの一貫性というのは、消費者が店舗において自分の好みの商品がすぐに見つけられるように、長期にわたって一定のブランドやサイズを在庫することで、小売業者が暗黙の内に約束しているということである。C2Cを採用している小売業者は、機会主義的な購買は品揃えに矛盾をもたらすためにそれを行っていない。通常、組織化小売業者は、特定の商品カテゴリーにおいて品揃えの幅を広くしている。つまり、彼らは、品揃えの一貫性へのコミットメント（C2C）をしているわけだ。

それに反して非組織化小売業者は、品揃えの幅を狭くしており、取引上のメリットに基づいて商品を仕入れている。言ってみれば、彼らは機会主義的なバイヤーである。したがって、彼らの品揃えには一貫性がなく**雑多**と言えるだろう。ただ、非組織化小売業者は売れ行きのよいアイテムを仕入れているため、在庫の回転率は最大となる。

組織化小売業者が未登録のサプライヤーから購入しないのには多くの理由がある。その理由の一つは、組織化小売業者には年末に税還付を申請する必要があるため、法に則った売上伝票が必要だからである。一方、未登録のサプライヤーは簿外で商品を販売しているために納税から逃れることができ、その結果、はるかに低い価格で販売することが可能となっている。未登録のサプライヤーから、常に正規の伝票が得られるわけではないのだ。

また、組織化小売業者は、消費者のためにC2Cを維持するためがゆえにサプライヤーから当該商品が継続的に入手されるという保証がなければならないのだが、輸入商品を販売する未登録のサプライヤーだと商品が間違いなく入手できるかどうかは分からない。反対に、ほとんどの非組織化小売業者は納税をしておらず、無秩序に商品を在庫しているのでサプライヤーを選択する幅は広くなっている。

前述のように、サプライヤーの適法性によって非組織化小売業者にとっては買い手市場が創造され、組織化小売業者とっては売り手市場が創造されることになる。その結果、非組織化小売業者は最終消費者に税を課さず、さらに少ない運転資金で事業運営ができるために低価格を提示することができるのだ。彼らは、灰色市場から安価で製品を獲得することができるため、組織化小売業者と比べたら同じ製品でも低価格となる。

組織化小売業者は、労働力、従業員の社会保障、人通りの多いエリアでの出店、広いフロア面積、エアコンや無停電電源装置のような設備によって上昇するコスト増に耐えなければならない。そのため、非組織化小売業者に比べるとコスト面では不利な状況に置かれている。

インドのシステムは非常に柔軟である。インドの食品産業では、製造業者が小売価格統制力をもっている。さらに、小売業者の組織化の程度によってバイヤーとサプライヤーの関係性が異なっている。1994年に、マーケティング学者のバンディオパディアイ、ロビショーとヒルは、小売バイヤーとサプライヤーの関係性が低い水準から始まって時間と共に徐々に高まっていく欧米と比較して、インドの取引では、ビジネスの関係性が開始当初から高いことを見いだした。

大規模な小売業者は製品を大量に購入し、その取引形態は（結束性、相互性、柔軟性、役割の正直さ、信頼に基づく）機能志向から価格志向へと移行していく。一方、小規模な小売業者は、割引率を高めるために関係性を利用している。例えば、スーパーマーケットの粗利益は一般的には14～16％の範囲であり、税引前の利益（sales-before-tax profit）は３～５％となっている。結果的に、小売価格が製造業者に統制されているためにインドの小売業者は粗利について交渉をすることになる。このようなシステムでは、小売業者は製造業者の干渉のない、自身の粗利ベースを獲得できるプライベート・ブランドを好むことになる。

インドの大規模な製造業者は、新製品を市場に出す前に広範囲な消費者調査と試験販売を行っている。その理由は、価格割引がほとんどないために小売バイヤーは提示価格が公平であると信じているからである。製造業者はディーラーと卸売業者に誘因を与えるのだが、小売業者は値引交渉のために自身のもっている購買力を用いていない。また、製造業は、陳列に基づく手数料（slotting allowance）は支払わないが、マーケティング支援として販売促進のための手数料やリベートを与えている。インドでは、陳列に基づく手数料はないが、他の形態である取引支援（販売促進手数料、リベート）は存在しているのである。

固定価格システムにおいては、このタイプの取引支援によって小売業者の最終利益が大きく変わってくる。しかし、我々は、サプライヤーの役割が大きくなればなるほどこのタイプの取引支援が重要ではなくなると予想している。したがって、サプライヤーの役割と小売業者によって要求される取引支援は反比例すると想定される。

インドでは、各州で定められている独自の税制によって、州を基礎とした供給構造が構築されてきた。ある州から別の州に輸送される商品にまで関税が課されているため、他の州から商品を調達すると割高になる。

付加価値税（VAT）システムにより、長期的には他の州から調達するコストは縮小していくだろう。しかし、現行制度は長年にわたって存在し続けているため、おそらくその変化は緩やかなものとなるだろう。全国規模の製造業者は、各州の代理店を利用することでこの制度を回避しているが、金のかかる作業である。とはいえ、結果的にはブランド製品の地域格差はさほど大きなものではない。

本節では、バイヤー、サプライヤー関係における開始、実施、評価の段階に対して、拡大しつつある市場のユニークな特徴による影響を説明してきた。このような分析は、類似の国々を超えて、チャネル関係の行動的側面についての理解を促すことになる。次節では、インドでの市場自由化について議論していこう。インドという国の環境は独特である。そのインド政府の役割について説明するために、戦略家としての国家という概念を用いて説明していこう。

4　インド政府

製造業とは異なって小売産業は地域産業であるために、しばしば政府規制の対象となることがある。政府は、輸入商品を制限し、過度の価格競争を縮小し、国内産業を保護するために規制を実施している。

小売業における外国投資の禁止

インドでは、国家が小売の発展に大きな影響力を及ぼしてきた。2006年１月、インド政府は、自社製品を生産する外国の小売業者に対して、その製品をインド国内で販売してもよいと発表した。これは、プライベート・ブランドの製造業者にインドの小売セクターに参入することを認めるが、ウォルマートのような多様なブランドの製品を取り扱っている小売業者には許可を与えないということを意味する。

実際に、デイリー・ファームがフード・ワールドとの合弁事業でインド市場に参入した1997年まで、外国の小売業者の参入は禁止されていなかった。インドの消費者は、自分達の周りでマークス＆スペンサーやマンゴのようなブランドを目にするわけだが、これらの店舗が許可された店であり、インド人によって完全所有されていることを知らない。また、ファストフード産業は小売業ではなく製造業であると考えられているため、製造業における外国投資の規制が緩和された時にファストフード産業も自由化された。そして、メトロもインドにウェアハウスクラブを開設しているが、これは最終消費者が顧客ではなく企業であるとの理由でライセンスを与えられた。つまり、メトロは、小売業者ではなく卸売業者として参入が許可されたのである。

産業の地位の欠如

インドにおいて中小企業領域として指定されている産業の一つとして小売業がある。インドのビジネスマンは、自国の小売業を「正当な地位が与えられていない産業（denied industry status）」と表現している。

この種の政府介入は、その産業において利用可能な資金を大幅に制限してしまうことになる。もし、外国からの投資が許可されれば、多額の資金をもった外資系の小売業者がインドに投資をすることになるだろう。現在、小売産業は投資対象としての魅力を欠いているため、その他の事業資産に依存せずには事業拡大に向けての資金を借りることはできない。例えば、フード・ワードが資金を調達するためには、食料品以外の部門の資産に依存せざるを得ないわけである。しかし、世界貿易機構（WTO）との交渉においてインド政府は、小売産業への外国企業の参入を許可するとした。

貸倉庫業者（CFA: Cost and Freight Agent）

インドの各州は、他の州で生産された商品にまで課税をしている。CFA は、アメリカの保税倉庫に少し似ている。別の州から商品が倉庫に持ち込まれ、その商品が倉庫から出荷される場合に税が課せられる。ある州から持ち込まれた商品には2度課税されることとなっている。一度目はそれが生産される州で、二度目はそれが販売される州である。商品の仕入れを各州内でのみ行えばよいが、さもなければ法外な税を払うことになるので、このような州間取引に対する課税は小売業者の全国的なチェーン展開を非常に困難なものにしている。

インドは、このような CFA システムの代わりに付加価値税（VAT）システムを導入している。小規模な小売業者はこの新システムを憂慮しており、自分達は生き残ることができないのではないかと怯えている。小規模な小売業者はおそらく売上高をかなり抑えて報告してきたわけだが、この付加価値税（VAT）システムでは売上をごまかすことがかなり難しくなる。

これらの政府規制がどのように、また何故あるのかを理解することは、インドにおいて市場が自由化された時に何が起こるのかを理解するうえにおいて助けとなるだろう。そのための理論的な三つの視点として、自由主義市場経済のU対Mモデル（U versus M Models of Marketization）、政府介入の階層、戦略家としての国家の4次元が説明の基礎を提供する。

M型階層

旧東欧と旧ソ連の組織構造は、機能化あるいは専門化の原理に基づいた中央集権的な形態であった（U型経済）。対照的にインドの階層は、主に地域主義で、M型経済に基づいた多階層の多地域型であった。[12] 地方自治体の大きい権威と誘因（インセンティブ）によって、最近の改革の間にM型構造は地域のラインに沿って分権化されてきた。インドのM型構造は、より大きな地方の独立性を意味している。それぞれの地域は自給自足をしているわけだが、このようなインドの分権化には長い歴史がある。U型構造の組織的な特徴は次の通りである。

❶主として、機能化あるいは専門化原理による組織である。

❷地域間の相互依存は強く、トップでの調整が決定的に重要である。

❸一般的に企業規模は大きく、産業の集中度は高い。

対照的に、M型の特徴は次の通りである。

❶主として、地域主義による組織である。

❷各地域は相対的に自給自足であり、独立している。

❸各階層における調整は重要であるが、トップでの調整は特に決定的ではない。

❹一般的に企業規模は小さく、産業の集中度は低い。

❺これらの特徴は、最も下の階層まで多くの階層に及ぶ。[13]

ミーンは、産業政策における政府の役割を検討するために有効なフレームワークを提供している。[14] それには、全般的、部門（sector）特定的、産業特定的、企業特定的という四つのレベルの介入があるという。

企業特定的な政策は、個別企業や企業グループを対象にしている。韓国ではチェボル（Chaebols、巨大な家族経営に基づいた企業集団）が対象とされ、中国では、かつての国営の小売グループが優先的な対象であった。[15] インドの特権階級は、「ライセンス・ラジ」と呼ばれるシステムの下で、政府と良好な関係を保っている企業に特権が付与される。ギタ・ピラマルは、雑誌「ビジネス・マハラジャ（Business Maharajas）」の中でこのシステムついて考察している。[16]

政府が1971年に導入した高統合価値スキーム（High United Value Scheme）

によって、莫大な利益がもたらされた。このスキームは、ナイロン繊維の輸出に対してポリエステル・フィラメント糸の輸入を可能にしたわけだが、これはリライアンス・インダストリー（Reliance Industries）の会長であるムケシュ・アンバニ［Mukesh Ambani、1957～］がその成り行きを予想していたゲームであった。彼は、そのスキームの下で、リライアンス・コマーシャル・コーポレーションが輸出の60％以上を占めることと、そのために自らが最大の受益者であるということを認めている。そのため、そのスキームがもっぱら彼のために考案されたという噂が広がっている。ムルジ・ジェサ（Mulji Jetha）市場では、その後、ポリエステルは「チャマック（chamak）」と呼ばれ、「アンバニ（Ambani）」は「チャマトカー（chamatkar）」と呼ばれるようになった。

政府の介入の階層

先にも述べたように、政府は、全般的、部門特定的、産業特定的、企業特定的という四つのレベルの介入を用いることができる[(17)]。最初の全般的レベルは、経済全体に影響する政府の政策に言及している。このレベルでは、政府は投資、研究開発を促進し、効率的な資源配分を行っている。第２の部門特定的政策は、輸出促進または輸入代替政策を通じて製造業のような経済セクターを対象としている。ロドリックのような多くの財界人は、このレベルの介入は産業の迅速な発展を引き起こす上において決定的に重大であると見ている[(18)]。

第３の産業特定的政策は、鉄鋼や化学のような特定の産業を対象としている。そして、第４の企業特定的政策は個人、企業、グループを対象としている。韓国と中国は、産業の繁栄をもたらすために四つのレベルの政府介入を用いてきた[(19)]。インドも、これと同様の政策を実施するであろう。

インドの小売部門における政府の役割を分析するために、四つの次元（権威VS 市場、個人主義 VS 共同主義、安全 VS 繁栄、公平 VS 効率）を用いることにする。急速な経済成長を経験したアジアは、政府の介入パターンを共有している。日本、香港、シンガポール、台湾および韓国は迅速な経済成長を経験してきたわけであるが、日本、台湾、韓国の政府は、経済発展において重要な戦略的な役割を果たした。[20][21] 他のアジア各国の成長に一般的な洞察を得られるものの、インドの場合は、イギリスの植民地から民主化に至るまでの独自の歴史的な経過があるため少し複雑である。次節は国の規制の次元について説明するわけだが、いったい政府は国内市場にいかなる影響を及ぼしているのだろうか。

5　戦略家としての国家

目的を達成するためにビジネス環境を操作する時、国は戦略家となる。アメリカ人のレンウェイ&マーサは、国際的な経済戦略に影響する政府組織の四つの次元を提示している。この四つの次元とは、国内政策能力、政策ネットワークおよび国内自治、国際的自律性と外交政策能力、そして正当性および経済・非経済的価値のバランスである。[22]

次元１　国内政策能力――規制 VS 開発

経済学者のジョンソンは、政府の規制的もしくは開発的な影響を明らかにしている。[23] 規制のある政府は経済的な戦略を形成する能力をもたず、それらを実行する政策手段ももっていないため、逆に、必ずしも極度に規制される必要がない。政府は、ビジネスに対してまさに自由放任（laissez-faire）なアプローチを取っても講ずる処置が制度的なので、すべてのビジネスにおいて同様に影響することになる。アメリカと香港が規制国家の例であるが、これらの国においては、小売において外国企業の所有を禁止する特別法や所有と経営への参画に対する条件はない。一方、国家の経済管理への規制アプローチを採用している国々は、市場の力による競争的な相互作用が経済成長を保証すると仮定している。

発展中の国家は、国内の経済に戦略的もしくは目標指向なアプローチを採用している。インド政府は発展的なアプローチを用いてきた。インドは長期にわたる製造部門に焦点を当てた戦略を考案し、外国の製造業との合弁事業を通じてインド人へ重要となる技術的なノウハウを移転した。しかし、前述したように、小売業者が単に自社ブランド製品を販売する場合を除いて小売への外資の参入はまだ許可されていない。

次元２　政策ネットワークおよび国内自治――個人主義 VS 共同主義

個人主義の社会では競争が自由で活発になるため、国家は財産を保護し、契約を強化して市場を開放するために存在することになる[24]。また、このような社会では、企業は競争するべきであり、その競争が全面的な経済成長をもたらすと考えられている。この個人主義の理論は、アダム・スミス［Adam Smith、1723～1790］とデービッド・リカード［David Ricardo、1772～1823］のような新古典派の思考の中で表現されている。

また、多数決のルールは個人主義に関係している。多数決は、通常、投票の形式をとっており勝者と敗者を分ける。個人主義は、「次元１」で議論した政府規制の形態と関係があると言える。

共同主義の国家は、コミュニティ・メンバーの権利を定義、保証し、コミュニティが向かうべき方向を支持する合意を形成する際に中心的な役割を果たしている。しかし、共同主義は権威主義にも民主主義にもなりうる。権威主義である共同主義の国家は、国益の中で自らの考えを押し付けるが、民主的な共同主義国家は利益団体を設立して、労働や産業といった特定の集団を代表する排他的な特権を付与することによってその数を規制している。それらの集団には公式的な立場が与えられ、共同の経済意思決定において国の官僚政治に参加することになる。韓国のチェボルがこの例として挙げられる（375ページ参照）。ある国営の小売グループに対する中国の中央政府の支援は、民主主義的な共同主義戦略の事例であるかもしれない。インドでは、最良の政府との関わりや成功の可能性を備えた最大の組織が支援対象に選ばれている。

次元3　国際的自律性と外交政策能力——安全 VS 繁栄

安全は、国防と主権に大きく関係する。繁栄とは、個人もしくは国家の経済的な裕福さ（well-being）を指している。1990年代を通して、インドはほとんどの製品の輸入を禁止し、輸出品を生産するために必要な製品だけが輸入可能であった。つまり政府は、企業の繁栄よりも国家の安全を優先したのである。

現在、インドは世界貿易機構（WTO）の完全な加盟資格を求めている。その結果、輸入品はほぼすべての製品分野において許可され、関税もかなり引き下げられた。

次元4　正当性および経済・非経済的価値のバランス——公平 VS 効率

それぞれの国々が経済発展への段階に移行するために、公平 VS 効率についての見方を変更することになる。急速な産業化の初期段階では、国家は経済的な自由と社会秩序を断固として支持するが、国家が産業化されるようになると、社会は平等、政治的自由、そして社会的な正義を求め始めることになる。これは社会秩序と財産権に挑戦する。つまり、収益の公正な分配よりも経済成長を重視する国家は政治的な自由を犠牲にするということである。例えば、シンガポールは政治的には支配をしているわけだが、経済的には活気に満ちている。

自由経済市場における政府の戦略的な役割を明確にするために、これらの四つの次元は垂直的な組織と組み合わされることになる。最終節ではインドの小売の現状について議論するわけだが、インドの小売セクターは、先進国だけでなく発展途上国と比較しても後れを取っていると言えるだろう。

6　インドにおける小売業

インドの人口の約70%は農村（rural）に住んでいる。インドの農民は、どんな小売チャネルも経由せずに消費者に対して直接農産物の一部を販売している。彼らは、しばしば「ハーツ（haats)」と呼ばれる村市場に参加している。

食費は、典型的なインド人の収入の43%を占めているが、このシェアは、1999年の47%から2003年の43%に減少したものである。この割合は減少し続けることが予想される[25]。

インドは対照（差異）の国である。約2億6,000万人のインド人（全人口の26%)は、貧困と言われる水準かそれ以下で生活をしている。そして、2億8,000万人（人口の27%）が中流上層階級と高額所得階級にある。この貧困と裕福の区分は、人生のすべての局面において関わっている。

小売産業における最大のカテゴリーは、常設店舗では食品、飲料、そしてタバコを扱う専門の小売業者である。これら店舗は、すべての小売店舗の半数に相当する600万店に上る。食品販売の残りの半分は、他の必需品と共に販売している店舗（キラナ・ストア）やカート、屋台、露店で商売する食品小売業者である[26]。

シルク店の店員と顧客

ムンバイのような主要都市の通りを雌牛とヤギが歩き回る光景を見ることは決して珍しいことではない。私は、ある夜、雌牛がいったいどこへ行くのかと興味をもった。私の運転手は英語が話せなかったが、私の望む寄り道を十分に理解してくれた。

我々は、幹線道路を曲がり、でこぼこのわき道を横切ってノスタルジックなドライブをして、多数の雌牛が草を食んでいた場所に着いた。そこは、インドの３大都市の一つであるムンバイのちょうど中央に位置していた。草を食べ終わった雌牛は、乳を搾るために小屋に戻った。そこで搾られたミルクは、顧客の戸口まで届けられるのであろう。

インドの小売業の多くは、セルフサービスではなくフルサービスである。これには以下の要因が影響している。

❶店主の所得が低いため、大型店舗を借りたり投資することが困難である。

❷もともとインドの労働賃金が安いため、セルフサービスを行ったりして労務費を節約するというインセンティブ（誘因）が働かない。

❸インドの消費者に利用可能な限られた種類の消費財やブランドはディスプレイ・システムを強調しおり、選択肢を大幅に小さくしている。

顧客はほとんどの店で接客を受け、店主や店員が商品をカウンターの背後から持ち出して顧客に見せている。インド人の同僚と私は、伝統的なインドのシャツを売る小さな店に入った。同僚は、自分と婚約者のために数枚のシャツを購入したかったのだ。店員がプラスチックケースから30枚のシャツを取り出して彼女に見せた。少し考えてから、彼女は数枚のシャツを買うことに決めた。残りのシャツを折りたたんで、再びケースに戻さなければならないことを思うと、私は少し罪悪感を感じた。同僚にこのことを冗談めかしに言うと、彼女は笑いながら次のよう言った。

「インドの労働はとても安い。そのことをそんなに深く考える必要はない」

インドには、百貨店を経営する14の企業と、ハイパーマーケットを経営する二つの企業がある。スーパーマーケットを経営する企業数は約400に上るが、その内の10社だけがチェーン展開をしていると考えられる。スーパーマーケットや百貨店による販売は、年間に約30％増加しているということである。

フランチャイズは年間約14％の割合でさらに増加している。最初の近代的なショッピングセンターである「クロスロード」がムンバイで開店したのは1999年と少しスタートは遅かったが、現在では至る所で見かけることができる。また、ムンバイには約25軒の新モールが開発中である。

バタ、パンタルーン・リテイル、トレントの三つの小売業者だけが株式が公開されている(27)。これらの小売業者のほとんどは、小売が最も発展しているインドの南部、ムンバイからチェンナイ（Chennai）、そして南のハイドラバード（Hydrabad）にかけてのエリアで運営されている。私は、これらの小売業者のCEO と話をしたが、彼らは興味深い集団で、典型的な企業家である。

7　主要な小売業者

バタは、靴の製造業者であると共に小売業者でもある。総収入では最大の小売業者であるが、フランチャイジング収入を除外すれば RPG のほうが大きい。1930年以来、インドにおいてバタは1,500以上の店舗を有しているが、その3分の1はフランチャイズ店である。またバタは、他の小売業者にも靴を販売しており、これは「**二重（dual）流通**」と呼ばれている。

RPG エンタープライゼスは、インドで2番目に大きいチェーンである。彼らは「フード・ワールド」として知られるスーパーマーケット、ミュージックストア(ミュージック・ワールド、Music World)、健康・美容(Health & Glow)、ハイパーマーケットの「ジャイアント」を運営している。RPG は、小売で海外直接投資が禁止される前にデイリー・ファーム・インターナショナル（香港で活動する小売業者）と資本提携を結んだが、デイリー・ファームがハイパーマーケットの開発に投資しようとしたのは海外直接投資が禁止された後だったため、政府はそれを承認しなかった。RPG グループは、タイヤ、電力、情報技術および通信などの分野を先導するインドの主要企業グループである。

パンタルーン・リテイルはアパレル製造業として始まった。1997年には最初の百貨店であるパンタルーンを開店し、小売事業へと移行した。2年間で14店舗つくり、その後、ビッグ・バザール・アウトレットを開店してハイパーマーケットにも参入し、急速に拡大していった。

ショッパーズ・ストップは、インド最古で最大の百貨店チェーンを運営している。最初の店舗の開店は1991年ではあるが、彼らは開拓者と考えられる。ショッパーズ・ストップは、偉大な考えをもったカリスマ的な CEO が率いる革新的な小売投資グループであるケー・ラヘジャグループの一部である。彼らは、インドで情報システムを導入することにかけても、ロイヤルティ・プログラムやストアカードを導入するうえにおいても第一人者でもある。[(28)]

主要なディスカウントストア・チェーンと言えば「シュービックシャ」で、彼らは食料品と薬品を販売している。それらの店舗はセルフサービスではなく、希望する物を店員に伝えて倉庫から持ってきてもらうというフルサービスである。これら零細店舗は、諸経費を安価に維持することができる。

ヴィベックスは、インドの耐久消費財と家電を取り扱っている最大の小売業者である。このグループはインドの南部地域に位置しており、40店舗を所有している。また、「ライフスタイル」は百貨店を経営し、急成長を先導する効率的なサプライチェーン・マネジメントで有名である。

トレント（Tata Retail Enterprises の短縮形）は、インドのトップのビジネス財閥の一つであるタタ・グループの一員である。タタ・グループは、お茶のプランテーションを含む様々な産業に関係している。彼らは「ウェブサイド」と呼ばれる百貨店も経営しているが、11軒に上るこのウェブサイド店舗は、プライベート・ブランドの比率が高いという特徴をもっている。

次節では、何故インドのような未発達の国が、このような高度なプライベート・ブランド・プログラムをもっているのかについて説明しよう。一言で言えば、それは市場構造に起因している。

8　プライベート・ブランド製品

インドのほとんどの百貨店やスーパーマーケット・チェーンは、他のブランド品よりマージンや利益率が高いプライベート・ブランド製品の販売促進に力を入れている。さらに、ほとんどのブランド商品にMRP（製造業者の推奨価格）があり、小売業者は価格交渉ができないことをふまえていただきたい。本質的に、小売業者はサプライヤーとの粗利交渉はわずかにできるが、自ら価格を決定することはできない。プライベート・ブランド製品の利益率は他のブランド・アパレルの利益率より高く、30～50％である。

四つの主要百貨店はプライベート・ブランドの販売がほとんどである。ウェブサイト百貨店を通じてのトレントの売上の90％はプライベート・ブランドが占めている。トレントは、プライベート・ブランドに注目するイギリスのリトルウッズのインドでの運営を引き受けて1998年に小売事業に参入した。本来の意図はブランド商品とプライベート・ブランド商品を組み合わせることであったが、利益率の差のためにプライベート・ブランドに集中することとなった。

ショッパーズ・ショップは、約22％のプライベート・ブランドに加えて他のブランド商品も販売している。また、パンタルーンは、百貨店を開店するために川下の小売部門を統合をした。彼らのプライベート・ブランドは販売額の80％を占めているが、エボニーのプライベート・ブランド販売は３％にしか満たない[(29)]。

ほとんどのスーパーマーケットは、米、小麦、砂糖、塩、小麦粉、豆などをパッケージし直して、それをプライベート・ブランドとしている。フード・ワールドは、さらにピクルス、ジャム、調味料のようなプライベート・ブランド製品も販売している。フード・ワールドの売上においてプライベート・ブランドが占める率は約22％である。

別のスーパーマーケット・チェーンであるニルギリは、乳製品の販売からスタートしたこともあって乳製品のプライベート・ブランドが多く、現在もその販売額は増加しており、約40％のシェアがある[(30)]。

9　宗教と小売

ご存知のように、ヒンズー教においては雌牛は神聖なものであるため、インド南部にあるスーパーマーケットでは牛肉を販売していない。もし、販売するとしても、肉は別の建物で売られることになる。訪れた一軒のスーパーマーケットでは、地下室の中に肉を保管していた。スーパーマーケットの店主は、顧客の多数が、肉の光景や匂いをかいだだけでも身体に不調を訴えるということを知っている。

「肉のない家」として宣伝されているアパートもある。ここの居住者には、家の中で肉を食べることが認められない。これは、他の居住者への配慮である。都市の中には、肉に出会わないことを保証する通りと指定する所もある。もちろん、インド南部のマクドナルドには肉を使っている商品がない。

宗教が小売に与える影響について理解してもらえただろうか。

10　インターネット

インターネット販売はごく限られた量からのスタートだったが、現在、毎年69%ほど増加している。多くのインド家庭はコンピュータを所有しておらず、インターネットへのアクセスの大半はサイバーカフェからである。

私は、サイバーカフェがどこにでもあることに驚いた。私は、インド南部のケララ（Kerala）で休暇を過ごしたことがある。一方は素晴らしい海岸で、他方は雄大な山脈となっており、まるでインドのハワイのようである。運転手付きの自動車をレンタルしてお茶で有名な所に行ったが、この人口の少ない村でさえインターネットが使えるという広告を見かけた。

最大のインターネット企業は「バジー・コム」である。イーベイに似ており、その取引の多くがオークションである。「レディフ・コム」は1996年に始まった最も古いポータルの内の一つで、ニュース、情報、電子メールサービス、そして娯楽に加えてネット・ショッピングを提供している。また、インド・タイムズ・コムはタイムズ・グループ（インドの最大のメディア財閥）の一員で、ファブメールはアマゾンに似ているが、バンガロール（Bagalore）に「ブリック・アンド・モルタル」という食料雑貨店を所有している[31]。

訳者あとがき

本書は、ミシガン州立大学（Michigan State University）Advertising, Public Relations & Retailing 学科 Brenda Sternquist 教授が2007年に Fairchild 社から出版した International Retailing 第２版の邦訳である。原著は、アメリカの国際小売関連の学部講座で標準的に使われている、いわゆる教科書である。

近年、小売企業の国際化についての関心は、実務界と学界いずれにおいても高まっている。製造業における長い国際化のプロセスに比べれば、小売業における国際化の歴史はまだまだ浅い。また、コカコーラ、P&G、またはトヨタのような製造企業がビジネスの多くの部分を海外市場に依存しているのに対して、小売業では売上高ベースで世界１位と２位を誇るウォールマートとカルフールでさえ、総売上高に占める海外市場での売上高の割合は製造業のそれと比べたらまだ程遠い。

しかしながら、近年、小売業界には活発な国際化の動きが見られている。ウォールマートやカルフールのアジア市場での惨敗は記憶に新しいし、日本の小売企業でも過去のヤオハンの失敗を繰り返すまいと、大手のコンビニエンス・ストア・チェーンや百貨店による積極的な海外市場への進出が見られる。その動きに歩調を合わせるように、アカデミズムの世界でも小売の国際化に関する精力的な研究成果が次々と発表されている。日本国内だけでも、向山雅夫（1996）『ピュア・グローバルへの着地』（千倉書房）、矢作敏行（2007）『小売国際化プロセス』（有斐閣）、川端基夫（2007）『小売業の海外進出と戦略』（新評論）、向山雅夫・崔相鐵編（2009）『シリーズ流通体系３　小売企業の国際展開』（中央経済社）など、ここ10数年の間にいくつもの書物が刊行されている。ただし、これらはいずれも研究者をターゲットとした難易度の高い専門書であり、小売国際化の基礎的な理論と現実を分かりやすく案内する入門書ではない。よって、本書を日本で紹介する最大の意義はここにある。

本書は「小売国際化」の入門書でもあり、また原著のタイトルが示すように「国際小売」の案内書でもある。小売企業が自国市場の範囲を超えて海外市場に出店していく際の動機やその形態を説明するための独自な理論的フレームワークを「小売国際化の理論」と呼ぶならば、本書の前半部は「小売国際化」の入門書の役割を十分に果たしている。

一方、海外市場への参入を考慮する、もしくはすでに参入を終えた小売企業が現地で効果的なビジネスを遂行するためには、世界各国の小売市場の状況に精通する必要があることは言うまでもない。本書の後半部は、世界20か国以上の小売事情が、著者の現地での長年にわたるフィールドワークの経験を踏まえて極めて詳細に紹介されている。その意味で、本書は「国際小売」のテキストでもあるのだ。それが、本書の第２の特徴であると言えよう。特に後半部の「国際小売」の部分に関しては、１冊の書物の中にこれだけ多数の国や地域の小売事情が網羅されているのは類を見ないだろうと思われる。

したがって本書は、このテーマに関心をもつ研究者・学生・大学院生のみならず、海外市場進出を検討している小売企業にとっても有益な入門書となるはずである。さらに、各国の小売流通システムや消費パターンについてのユニークな情報が数多く盛り込まれていることからも、海外市場でのマーケティングと販路開拓に苦心している製造業関係者にとっては貴重な指針を与えることになるだろう。

ただし、原著は全21章構成で合計600ページを超える膨大な分量であり、昨今の日本のアカデミック書に対する厳しい出版事情を勘案すると一定部分を割愛するという選択肢をとらざるをえなかった。具体的に言うと、原著の「第９章　メキシコとカナダ」、「第10章　南米」、「第13章」のうちギリシャとポルトガル、「第14章　中央ヨーロッパおよび東ヨーロッパ」、「第15章　日本」、「第20章　オーストラリア」、そして「第21章　将来の展望」が惜しくも省略した部分である。これらの地域の小売事情に興味のある方は、ぜひ原著を一読することをおすすめしたい。

著者のブレンダ・スターンクィストは、現在ミシガン州立大学の教授を務めており、流通システムや国際小売を専門分野とする研究者である。小売の国際化を中心とする彼女の研究論文は、〈Journal of Retailing〉をはじめとし〈Journal of International Marketing〉や〈Journal of Business Research〉など有数の雑誌において発表されている。

私（崔　容熏）は、2005年から2006年にかけて在外研究の機会を利用してミシガン州立大学で研究する機会を得たが、スターンクィスト先生はその時のホストであった。彼女は、自分の大学院のセミナーや学部講義に私を招待し、若い研究者たちと議論するチャンスを与えてくれた。また、小売学科のスタッフたちの交流の場にも毎回呼んでもらい、彼女の素晴らしい邸宅でディナーを楽しみながら研究ネットワークができたことが望外の喜びである。現在、このグループとは、日米中の３か国で小売店頭における新製品導入の成功要因を探る国際比較研究を実施している最中である。

今回の翻訳作業は、流通、マーケティングを主な研究分野とする合計12人というメンバーで取り組んだ。人数が多い分、諸々の調整が簡単ではなかったという点は否めない事実だが、できる限り読みやすく、整合性のとれた訳になるように心掛けたつもりである。出版情勢が厳しい昨今、ともすれば遅れがちな翻訳作業を忍耐強く見守り、細やかな編集作業を通じてご支援、ご指導をくださった株式会社新評論の武市一幸社長には心より御礼申し上げたい。最後に、日本での翻訳出版を快く許諾していただいたスターンクィスト氏にも感謝を申し上げる。

2009年７月

訳者を代表して
崔　容熏（同志社大学商学部）

原註一覧

第 1 章

1. Deloitte. (2005). *Global Powers of Retailing.* Chain Store Age Special Report.

第 2 章

1. Salmon, W. and A. Tordjman (1989). "The Internationalization of Retailing." *International Journal of Retailing,* 4(2): 3–16.
2. Sternquist, B. (1997a). "A Conceptual Model of Strategic International Retail Expansion." *International Journal of Retail & Distribution Management,* (25) 8, 262–268.
3. "ASDA, A Model Acquisition." (June 2001). *Chain Store Age Executive,* 77 (6) 58.
4. Pellegrini, L. (1994). "Alternatives for Growth and Internationalization in Retailing." *The International Review of Retail, Distribution and Consumer Research,* 4(2):121–148.
5. Knight, G. and T. Cauvisgil (1996). "The Born Global Firm: A Challenge to Traditional Internationalization Theory." *Advances in International Marketing,* 8, 11–26.
6. Sternquist, B. (1997b). "Internationalization of Japanese Department Stores." *International Journal of Commerce and Management,* Special Issue on Global Retailing. (7) 1, 57–73. Sternquist, B. (1998) *International Retailing.* New York: Fairchild Press.
7. Dunning, J.H. (1981). *International Production and the Multinational Enterprise.* London: Allen & Unwin.
8. Cavusgil, T.S. (1982). "Some Observations on the Relevance of Critical Variables for Internationalization Stages." *Export Management: An International Context,* M.R. Czinkota & G. Tesar, eds. New York: Praeger, 55–62.
9. Cavusgil, T.S. (1984). "Organizational Characteristics Associated with Export Activity." *Journal of Management Studies,* 21(1):3–50.
10. Eroglu, S. (1992). "The Internationalisation Process of Franchise Systems: A Conceptual Model." *International Marketing Review,* 9(5):11–39.
11. "Global Powers of Retailing" (2005). *Stores.* January, Section 2. Guy, C. (2001). "Internationalisation of Large-Format Retailers and Leisure Providers in Western Europe: Planning and Property Impacts." *International Journal of Retail & Distribution Management* 29(10): 452–461.
12. Vida, I., J. Reardon, and A. Fairhurst (2000). Determinants of International Retail Involvement: The Case of Large U.S. Retail Chains. *Journal of International*

Marketing, 8(4): 37–60. Watson, J. "China's Big Mac Attack." *Foreign Affairs.* May/June, 120–134.

13. Yip, G.S., G. Biscarri, and J.A. Monti (2000). The Role of the Internationalization Process in the Performance of Newly Internationalizing Firms. *Journal of International Marketing,* 8(3):10–35.
14. Gielens, K. and M. Dekimpe (2001). "Do International Entry Decisions of Retail Chains Matter in the Long Run?" *International Journal of Research in Marketing* 18, 235–259.
15. "French Food Retailing: Strategic Threats to Hypermarkets." (January 23, 2001). Schroder Salomon Smith Barney, in *Investext Plus.*
16. ABN AMRO HOARE GOVETT-MFK (May 20, 1997). *Carrefour-Company Report in Investext Plus.*
17. Rhee, J. and L.C. Cheng (2002). "Foreign Market Uncertainty and Incremental International Expansion: The Moderating Effect of Firm Industry and Host Country Factors." *Management International Review,* 42, 419–439.
18. Evans, J. and F. Mavondo (2002). "Psychic Distance and Organizational Performance: An Empirical Examination of International Retailing Operations." *Journal of International Business Studies,* 33, 3, 515–532.
19. Scott, W. R. and S. Christensen, eds. (1995). *The Institutional Construction of Organizations.* Thousand Oaks, CA: Sage.
20. Porter, M.E. (1990). *Competitive Advantage of Nations.* NY: The Free Press.
21. Hill, C.W., P. Hwang, and W.C. Kim (1990). "An eclectic theory of the choice of international entry mode." *Strategic Management Journal,* 11, 117–128.

第4章

1. Terpstra, V. and K. David (1985). *The Cultural Environment of International Business.* Cincinnati: South-Western Publishing Company.
2. Johansson, J. (1997). *Global Marketing: Foreign Entry, Local Marketing and Global Management.* Chicago: Irwin.
3. McCraken, G. (1988). *Culture and Consumption: New Approaches to the Symbolic Character of Consumer Goods and Activities.* Bloomington: Indiana Press.
4. Hall, E. (1983). *The Dance of Life.* New York: Anchor Books-Doubleday.
5. Hall, E. (1983).
6. Cateora, P. (1993). *International Marketing.* 8th ed. Irwin.
7. Love, J. (1995). *McDonald's: Behind the Arches.* New York: Bantam Books.

第5章

1. Jordon, M. (1996). "Marketing Gurus Say: In India, Think Cheap, Lose the Cold Cereal." *Wall Street Journal,* October 11, p. A9.

2. Cateora, P. R. (1996). *International Marketing.* 5th ed. Homewood, IL: Irwin, p. 316.
3. Makki, S. and A. Somwaru (2004). "Impact of Foreign Direct Investment and Trade on Economic Growth: Evidence from Developing Countries." *American Journal of Agricultural Economics,* Vol. 83 (3), pp. 795–801.
4. Alawi, H. (1986). "Saudi Arabia: Making Sense of Self-Service." *International Marketing Review,* Spring, p. 21–38.
5. Christaller, W. (1963). (C. Baskin, trans.). *Central Places in Southern Germany.* Englewood Cliffs, NJ: Prentice-Hall.
6. Berry, B. (1967). *Geography of Market Centres and Retail Distribution.* Englewood Cliffs, NJ: Prentice-Hall.
7. Berry, B. (1963). *Commercial Structure and Commercial Blight; Retail Patterns and Processes in the City of Chicago.* Research Paper No. 85. Chicago: University of Chicago, Department of Geography.
8. Kucuk, S. (2004). "Reducing the Out-of-Stock Costs in a Developing Retailing Sector." *Journal of International Consumer Marketing,* Vol. 16(3), pp. 75–104.
9. Kucuk, S. (2004).
10. Samiee, S. (1993). "Retailing and Channel Considerations in Developing Countries: Review and Research Propositions," *Journal of Business Research,* Vol. 27, pp.103–130.

第6章

1. Fladmoe-Lindquist, K. (1996). "International Franchising: Capabilities and Development." *Journal of Business Venturing,* Vol. 11, pp. 419–438.
2. Aydin, N. and M. Kacker (1990). "International Outlook of U.S. Based Franchisers." *International Marketing Review,* Vol. 7, No. 2, pp. 43–53.
3. Huszagh, S. M., F. W. Huszagh, and F. McIntyre (1992). "International Franchising in the Context of Competitive Strategy and the Theory of the Firm." *International Marketing Review,* Vol. 9, No. 5, pp. 5–18.
4. Fladmoe-Lindquist, K. (1996).
5. Entrepreneur (1996). Seventeenth Annual Franchise 500. January, pp. 211–311.
6. Delnevo, R. (1990). "Tie Rack, plc. Case Study." In M. Abell, ed., *The International Franchise Option.* London: Waterlow Publishers, pp. 339–347.
7. Fladmoe-Lindquist, K. (1996).
8. Delnevo (1990).
9. Entrepreneur (1996).
10. Shook, C., and R. Shook (1993). *Franchising: The Business Strategy That Changed the World.* Englewood Cliffs, NJ: Prentice-Hall.
11. Robinson, T. M. and C. M. Clarke-Hill (1994). "Competitive Advantage

Through Strategic Retail Alliances: A European Perspective," presented at Recent Advances in Retailing and Service Science Conference, University of Alberta, Canada, May 1994.

第7章

1. Wolfe, A. (1991). "Single European Market: National or Euro-Brands." *International Journal of Advertising*, pp. 49–58.
2. Cateora, P. R. (1996). *International Marketing*. 9th ed. Chicago: Irwin.

第8章

1. "Retailing in the United States." (2004). London: Euromonitor Global Market Information Database.
2. "Retailing in the United States." (2004).
3. Caicco, P., and M. Petrie (2005). "A Rare Moment: U.S. Supermarket Stocks Appear Favorable." CIBC World Markets in Investext September 15, 2005.
4. "Slotting Allowances in the Retail Grocery Industry: Selected Case Studies in Five Product Categories." (2003). Washington, D.C.: Federal Trade Commission.
5. Bowersox, D., and M. B. Cooper (1992). *Strategic Marketing: Channel Management*. New York: McGraw-Hill.
6. Hall, M. (1951). *Distributive Trading*. London: Hutchinson's University Library, p. 80.
7. Bucklin, L. (1966). *A Theory of Distribution Structure*. Berkeley: IBER Special Publications.
8. Hall, M. (1951).

第9章

1. "United Kingdom." (1995). *Craighead's International Business, Travel, and Relocation Guide to More Than 80 Countries*. Detroit: Gale Research.
2. Coopers & Lybrand. (1996). "Chain Store Age." *Global Powers in Retailing*.
3. Retailing in the United Kingdom. (2004). GMID, Euromonitor, October 1.
4. Retailing in the United Kingdom. (2004).
5. Retailing in the United Kingdom. (2004). Columbus, Ohio: RetailForward, September.
6. Retailing in the United Kingdom. (2004).
7. Tesco. (2005). Credit Suisse in Investext. December 12, 22.
8. Tesco. (2005).
9. Burt, S., and L. Sparks (2005). ASDA: Wal-Mart in the United Kingdom. Working paper.
10. Strategic Focus: Retailing in the United Kingdom (2004). Columbus, Ohio:

Retailforward.
11. Burt and Sparks. (2005).
12. Burt and Sparks. (2005).
13. Retailing in the United Kingdom (2004). Columbus, Ohio: Retail Forward, September.
14. Retailing in the United Kingdom (2004). GMID, Euromonitor, October 1.
15. Strategic Focus: Retailing in the United Kingdom (2004).
16. Retailing in the United Kingdom (2004). GMID, Euromonitor, October.
17. Sparks, L. (1997). "From Coca-Colonization to Copy-Cotting: The Cott Corporation and Retailer Brand Soft Drinks in the UK and the USA." *Agribusiness*, Vol. 13, No. 2.
18. Retailing in United Kingdom (2004). GMID, Euromonitor, October
19. Burt, S., and L. Sparks (2002). "Corporate Branding, Retailing and Retail Internationalization." *Corporate Reputation Review*, 5, 194–212.
20. Hatch, M., and M. Schultz (2001). "Are the Strategic Stars Aligned for Your Corporate Brand?" *Harvard Business Review*, 79,2, 129–134.
21. Burt and Sparks (2002).
22. Burt, S., and L. Sparks. (2003). "Power and Competition in the UK Retail Grocery Market." British Journal of Management. 14, 237–254.
23. Burt and Sparks (2003).
24. Burt and Sparks (2003).
25. Burt and Sparks (2003).
26. Burt and Sparks (2003).
27. Burt and Sparks (2003).
28. Burt and Sparks (2003).
29. Burt and Sparks (2003).
30. Burt and Sparks (2003).
31. Burt and Sparks (2003).
32. Burt and Sparks (2003).
33. Burt and Sparks (2003).
34. Burt and Sparks (2003).
35. Burt and Sparks (2003).
36. Retailing in the United Kingdom (2004).
37. Retailing in the United Kingdom (2004).
38. Retailing in the United Kingdom (2004).
39. "UK Department Stores Buck Gloomy Trend (2005)." Cosmedias. December 1.
40. House of Fraser (2005). Investec Securities in Investext. September.
41. Strategic Focus: Retailing in the United Kingdom (2004).
42. Retailing in the United Kingdom (2004).

43. Retailer Hopes for a Stellar Performance in Tough Times. (2005). *The Financial Times.* October 25, 17.
44. Strategic Focus: Retailing in the United Kingdom (2004).
45. Retailing in the United Kingdom (2004).
46. Retailing in the United Kingdom (2004).
47. Retailing in the United Kingdom (2004).
48. Retailing in the United Kingdom (2004).
49. Retailing in the United Kingdom (2004).
50. Strategic Focus: Retailing in the United Kingdom (2004).
51. "The Netherlands." (1995). *Craighead's International Business, Travel, and Relocation Guide to More Than 80 Countries.* Detroit: Gale Research.
52. Retailing in the Netherlands (2004).
53. Dut Retail War (2003). Ing in Investtext, October 29.
54. Vendex KBB (2004). Ing Financial Markets in Investext, November.
55. Borchert, J. (1995). "Retail Planning Policy in the Netherlands." In R. L. Davies, ed., *Retail Planning Policies in Western Europe.* London: Routledge.
56. Retailing in the Netherlands (2004). GMID, Euromonitor, July.
57. Retailing in the Netherlands (2004).
58. "Belgium." *Craighead's International Business, Travel, and Relocation Guide to More Than 80 Countries.* Detroit: Gale Research.
59. "GIB—Company Report".
60. Retailing in Belgium (2004). GMID, Euromonitor, June.

第10章

1. "Germany." (1995). *Craighead's International Business, Travel, and Relocation Guide to More Than 80 Countries.* Detroit: Gale Research.
2. Karstadt Annual Report (1991).
3. Retailing in Germany. (2004). GMID Euromonitor, April.
4. Retailing in Germany. (2004).
5. Retailing in Germany. (2004).
6. Retailing in Germany. (2004).
7. Retailing in Germany. (2005). Columbus, Ohio: Retail Forward, January.
8. Retailing in Germany. (2005).
9. Retailing in Germany. (2005).
10. Retailing in Germany. (2004).
11. Retailing in Germany. (2004).
12. Retailing in Germany. (2004).
13. Retailing in Germany. (2004).
14. Retailing in Germany. (2005).

15. 2006 Global Powers in Retailing. (2006). Stores, January Section 2.
16. Oppenheim Finanzanalyse GMBH, October 2, 1995. Kaufhof Company Report.
17. *Retail News Letter.* (1995). No. 425, June, p. 2.
18. Retailing in Germany. (2005).
19. Retailing in Germany. (2005).
20. Retailing in Germany. (2005).
21. "Retailers: Germany—Industry Report." (1996).
22. Marfels, Christian (1991). "Concentration and Buying Power: The Case of German Food Distribution." *International Review of Retail, Distribution, and Consumer Research,* vol. 2, No. 3, pp. 233–244.
23. Sternquist, B., and M. Kacker. (1994). *European Retailing's Vanishing Borders.* Westport, CT: Quorum Press.
24. Retailing in Germany. (2005).
25. Retailing in Germany. (2005).
26. Retailing in Germany. (2004).
27. Retailing in Germany. (2004).
28. Retailing in Germany. (2004).
29. "France." (1995). *Craighead's International Business, Travel, and Relocation Guide to More Than 80 Countries.* Detroit: Gale Research.
30. "Corporate Intelligence on Retailing." (1997). *The European Retail Handbook.* London: Corporate Intelligence on Retailing.
31. "2006 Global Powers of Retailing." (2006). Stores, January Section 2.
32. Coopers & Lybrand (1996). *Global Powers of Retailing.* Chain Store Age–Special Report.
33. Coopers & Lybrand (1996).
34. Retailing in France. (2004). Columbus, Ohio: Retail Forward.
35. Retailing in France. (2004).
36. Retailing in France. (2004).
37. Retailing in France. (2004).
38. *Retail News Letter.* (1995). No. 432, February, p. 4.
39. Hoare Govett Securities, LTD, April 24, 1995, Docks de France—Company Report.
40. Carrefour-Company Report UBS Research Limited, March 13, 1997, in Investext.
41. Personal Interviews, France, July 1997.

第11章

1. "Spain." (1995). *Craighead's International Business, Travel, and Relocation Guide to More Than 80 Countries.* Detroit: Gale Research.
2. Retailing in Spain. (2004). GMID Euromonitor, May.

3. Retailing in Spain. (2004).
4. *Retail News Letter.* (1995). No. 426, July, p. 17.
5. "Carrefour Launches New Store Concept in Spain." (2005). *Financial Times,* November 7.
6. Retailing in Spain. (2004).
7. Retailing in Spain. (2004).
8. Retailing in Spain. (2004).
9. *Retail News Letter.* (1996). No. 432, February, p. 16.
10. *Retail News Letter.* (1995).
11. "Italy." (1995). *Craighead's International Business, Travel, and Relocation Guide to More Than 80 Countries.* Detroit: Gale Research.
12. "Corporate Intelligence on Retailing." (1997). *The European Retail Handbook.* London: Corporate Intelligence on Retailing.
13. Rinascente. (2002). Giubergia UBS Warburg in Investext October 22.
14. Lehman Brothers Limited, December 11, 1995, La Rinascente—Company report.
15. Lehman Brothers Limited (1995).
16. "Bennetton Plans to Expand Outsourcing from India." (2005). Global News Wire-Asia Africa Intelligence Wire, November 7.
17. Lehman Brothers Limited. (1995).
18. Lehman Brothers Limited. (1995).
19. Retailing in Italy. (2004). Columbus, Ohio: RetailForward, May.
20. Retailing in Italy. (2004).
21. Pelligrini, L., and A. Cardani. (1992). *The Italian Distribution System.* Report prepared for the OECD Study on Distribution Systems, University of Bocconi, March.
22. Retailing in Italy. (2004).
23. Retailing in Italy. (2004).
24. Ishani, M. (1996). *Franchising in Italy. Franchise Update.* Web Services by Los Trancos Systems, LLC.
25. "Greece." (1995). *Craighead's Country Reports.* Detroit: Gale Research.
26. Retailing in Greece. (2004). Columbus, Ohio: RetailForward, July.
27. Retailing in Greece. (2004).
28. Retailing in Greece. (2004).
29. Retailing in Greece. (2004).
30. "Portugal." (1995). *Craighead's Country Reports.* Detroit: Gale Research.
31. Retailing in Portugal. (2004). GMID. Euromonitor June
32. Retailing in Portugal. (2004).

第12章

1. *Statistical Review of Tourism.* (1988). Hong Kong: Hong Kong Tourist Association, p. 41.
2. Retailing in Hong Kong. (2004). GMID Euromonitor, April.
3. Retailing in Hong Kong. (2004).
4. Retailing in Hong Kong. (2004).
5. Adapted and reprinted by permission from Chang, L. D., and B. Sternquist (1993). "Taiwanese Department Stores Industry." *International Journal of Retail & Distribution Management,* Vol. 21, No. 1, pp. 26–34.
6. *Craighead's International Business.* (1996). Detroit: Gale Research.
7. Retailing in Taiwan. (2004). GMID Euromonitor, May
8. Retailing in Taiwan. (2004).
9. Retailing in Taiwan. (2004).
10. Retailing in Taiwan. (2004).
11. Retailing in Taiwan. (2004).
12. Retailing in Taiwan. (2004).

第13章

1. Hong Kong Trade Development Council Research Department. (1994). *Retail and Wholesale Distribution of Consumer Goods in China.* Hong Kong: Hong Kong Trade Development Council.
2. Hong Kong Trade Development Council Research Department. (1994).
3. *China Statistical Yearbook.* (1996) Beijing: China Statistical Publishing House.
4. "China's Retail Sales of Consumer Goods up 13 Percent in 2005." (2006). *Financial Times* Information. Global News Wire January 4.
5. Retailing in China. (2004). Columbus, Ohio: RetailForward.
6. China's Retail Sector Seeking Growth Amid Intense Competition. (2005). Citigroup Smith Barney in Investext. June
7. Retailing in China. (2004). GMID Euromonitor, September.
8. Adapted and reprinted with permission from Sternquist, B., Z. XX., Qiao, and Y. Chengmin. (1995). "China: The Planned to Free Market Paradigm." *International Journal of Retail and Distribution Management,* Vol. 23, No. 12, pp. 21–28.
9. Ling, A. (2004) China Retailing 2005: a new age. Deutsche Bank, in Investext December 7.
10. China's Retail Sector Seeking Growth Amid Intense Competition. (2005). Citigroup Smith Barney in Investext. June.
11. China Retailing 2005: A New Age. (2004). Deutsche Bank in Investext December 2004, 9.
12. China Microscope Retailing the Challenges Ahead. (2005). Credit Suisse in

Investext December 9.
13. "Guangzhou Comes Atop 5 Cities by Per Capita Income in H1." (2005). *Financial Times.* October 2005.
14. Retailing in China. (2004). GMID Euromonitor, September.
15. Retailing in China. (2004). Columbus, Ohio.
16. China's Retail Sector Seeking Growth Amid Intense Competition. (2005).
17. China's Retail Sector Seeking Growth Amid Intense Competition. (2005).
18. Hooke, P. (2005). "Profile-China's Retail Sector." *Asia Pulse,* September 30.
19. China Supermarkets: Size Does Matter (2004) JPMorgan Asia Pacific Equity Research in Investext November 30.
20. China's Retail Sector Seeking Growth Amid Intense Competition. (2005).
21. China Microscope Retailing the Challenges Ahead. (2005).
22. China's Retail Sector Seeking Growth Amid Intense Competition. (2005).
23. China's Retail Sector Seeking Growth Amid Intense Competition. (2005).
24. China's Retail Sector Seeking Growth Amid Intense Competition. (2005).
25. "Innovation Sharpens Chinese Retailers' Competitive Edge." (2005). *Financial Times,* December 14.
26. "Wal-Mart, Metro to Buy More From China." (2005). Xinhua News Agency. November 9.
27. "Parkson Jockeys for China Retail Market." (2005). Comtex News Network, November 28.
28. "Harrods, Galeries Lafayette Turn Eyes to Shanghai." (2005). *SinoCast China Financial Watch.* October 27.
29. Retailing in China. (2004). Columbus, Ohio.
30. Retailing in China. (2004). Columbus, Ohio.
31. China's Retail Sector Seeking Growth Amid Intense Competition. (2005).
32. China's Retail Sector Seeking Growth Amid Intense Competition. (2005).
33. "Little Emperors Under Pressure." (2005). *The Irish Times.* September 20, p. 15.

第14章

1. Sternquist, B., and B. Jin. (1998). "South Korean Retail Industry: Government's Role in Retail Liberalization." *International Journal of Retail and Distribution Management,* 26(9), pp. 345–353.
2. Haggard, S., et al., eds. (2003). *Economic Crisis and Corporate Restructuring in Korea: Reforming the Chaebol.* Cambridge University Press, p. 41.
3. Sternquist, B., and B. Jin. (1998).
4. Kim, D. H., H. Kim, S. H. Ahn, C. H. Oh, C. Park, I. S. Son, and K. J. Lee. (2003). *Korea's Retail Industry in the New Millennium.* Korea Chamber of Commerce & Industry, Seoul, Korea.

5. Kim et al. (2003).
6. Lee, H.-C. (1998–1999). "Transformation of Employment Practices in Korean Businesses." *International Studies of Management and Organization,* 28(4), 26–39.
7. Lee. (1998–1999), p.30–31.
8. "What Cosmetics Korean Women Are Using." (January 23, 2006). *Chosun Il bo,* A2 (in Korean).
9. Porter, M. E. (1998). *The Competitive Advantage of Nations.* NY: The Free Press.
10. Jin, B., and H-C. Moon. (2006). "The Diamond Approach to the Competitiveness of Korea's Apparel Industry: Michael Porter and Beyond." *Journal of Fashion Marketing and Management,* 10(2), 195–208.
11. Jin, B., and A. Koh. (1999). "Differences Between South Korean Male and Female Consumers in the Clothing Brand Loyalty Formation Process: Model Testing. *Clothing and Textiles Research Journal,* 17(3), 117–127.
12. Sternquist, B., and B. Jin. (1998).
13. Kim et al. (2003).
14. Kim et al. (2003)
15. Sternquist, B., and B. Jin. (1998).
16. Kim et al. (2003)
17. Chung, J.-E., B. Jin, and B. Sternquist. (under review). "Market Orientation, Dependence, and Coercion Effects on Economic and Non-economic Satisfaction when the Retailer Has Power."
18. *Country Commercial Guide* (2002), Korea Country Commercial Guide FY 2002, U.S. Commercial Service, available at http://usatrade.gov/website/ccg.nsf/ShowCCG?OpenForm&Country=Korea (accessed 27 April, 2002).
19. *Country Commercial Guide* (2002).
20. Jin, B., and J.O. Kim. (2003). "A Typology of Korean Discount Shoppers: Shopping Motives, Store Attributes, and Outcomes. *International Journal of Service Industry Management,* 14(4), 396–419.
21. Kim et al. (2003), p.26.
22. Jin, B., and J.O. Kim. (2003).
23. Jin, B., and Y.G. Suh, (2005). "Integrating Effect of Consumer Perception Factors in Predicting Private Brand Purchase in a Korean Discount Store Context." *Journal of Consumer Marketing,* 22(2), 62–71.
24. Distribution Journal. (June 2002). "Asian Countries Eager to learn Korean Discount Stores," *Distribution Journal,* pp. 30–33 (in Korean).
25. *Distribution Journal* (June 2002).
26. Cheil Economic News (October 17, 2005). "Han Ryu in Retail Industry" (in Korean).
27. Kim et al. (2003).

28. *Country Commercial Guide* (2002).
29. *Korea Economic Daily* (August 6, 2001). Apparel in Discount Store Reaches Golden Age." *Korea Economic Daily,* p. 28 (in Korean).
30. Kim et al. (2003).
31. Jin, B., and J.O. Kim. (2003).
32. Jin, B., and Y.G. Suh. (2005).
33. Kim et al. (2003).
34. Kim et al. (2003).
35. Kim et al. (2003).
36. Kim et al. (2003).
37. Kim et al. (2003).
38. Kim et al. (2003).
39. Kim et al. (2003).
40. Ipsos Reid (December 10, 2002). "Internet Use Continues to Climb in Most Markets." Retrieved March 22, 2003, from http://www.ipsos-reid.com
41. OECD (2002, September). "Broadband Access in OECD Countries per 100 Inhabitants." Retrieved March 24, 2003 from http://www.oecd.org/EN/document/0,,EN-document-29-nodirectorate-no-1-39262-29,00.html
42. Korea Chamber of Commerce and Industry. (2003).

第15章

1. A Brief History of India by Madhukar and Savita Jhingan, www.stampsofindia.com/readroom/507.htm
2. Bellman, E. and K. Hudson. (2006). "Wal-Mart Stakes India Claim," *The Wall Street Journal.* January 18, A9.
3. Bellman, E. and K. Hudson. (2006).
4. Shukla, S. (2003). "What Will This Man Do in Ten Years?" *Times News Network,* April 18.
5. Frazier, G.L. (1983). "Interorganizational Exchange Behavior in Marketing Channels: A Broadened Perspective. *Journal of Marketing,* 47, 68–78.
6. Frazier, G.L. (1984). "Interfirm Influence Strategies and Their Application Within Distribution Channels." *Journal of Marketing,* 48 (3), 43–56.
7. Chandrasekhar, P. (2001). "Retailing in India: Trends and Opportunities," *Business Line: Catalyst,* February 15.
8. Bandyopadhyay, S., R.A. Robicheaux, and J.S. Hill. (1994). "Cross-Cultural Differences in Interchange Communications: The United States and India," *Journal of International Marketing,* 2(3), 83–101.
9. Heide, J.B. and J. George. (1992). "Do Norms Matter in Marketing Relationships?" *Journal of Marketing,* 56 (2), 32–45.

10. Nanda, M. (2002), "Retailing in India: A Perspective on Scalability of Retail Formats," http://www.indiainfoline.com/bisc/reta.html.
11. Krishnan, T., K. Koelemeijer, and R. Rao. (2002). "Consistent Assortment Provision and Service Provision in a Retail Environment. *Marketing science,* 21(1), 54–73.
12. Qian, Y. and C. Xu (1993). "Why China's Economic Reforms Differ: The M-Form Hierarchy and Entry/Expansion of the Non-State Sector." *Economics of Transition.* 1 (2), 135–170.
13. Qian, Y. and C. Xu. (1993).
14. Mihn, K.H. (1988). "Industrial policy for industrialization of Korea," *KIET Occasional Papers,* 8803, Seoul: KIET.
15. Sternquist, B. and B. Jin. (1998). "South Korean Retail Industry: Government's Role in Retail Liberalization." *International Journal of Retail & Distribution Management,* 26(9)345–353.
16. Piramal, G. (1996). *Business Maharajas.* New Delhi: Penguin Press, p. 27.
17. Mihn, K.H. (1988). Industrial Policy for Industrialization of Korea, *KIET Occasional Papers,* 8803, Seoul: KIET.
18. Rodrik, D. (1995). "Getting Interventions Right: How South Korea and Taiwan Grew Rich." *Economic Policy,* 20, 35107.
19. Auty, R. (1997). "Competitive Industrial Policy and Macro Performance: Has South Korea Outperformed Taiwan?" *The Journal of Developmental Studies,* 33(4), 445–460.
20. Sternquist, B. (1998a). *International Retailing.* New York: Fairchild Books.
21. Sternquist, B. (1998b). "Internationalization of Food Retailers: A Conceptual Model." 1998 International Food and Agribusiness Management Association (IAMA). Conference, Punta del Este, Uruguay.
22. Lenway, S. and T.P. Murtha. (1994). "The State As a Strategist in International Business Research." *Journal of International Business Studies,* 3rd quarter, 513–535.
23. Johnson, C. (1982). *MITI and the Japanese Miracle; The Growth of Industrial Policy: 1927–1975,* Stanford, CA: Stanford University Press.
24. Lodge, G. (1990). *Perestroika for America.* Boston, MA: Harvard Business School Press.
25. Retailing in India. (2004). GMID Euromonitor April.
26. Retailing in India. (2004).
27. Retailing in India. (2004).
28. Retailing in India. (2004).
29. Retailing in India. (2004).
30. Retailing in India. (2004).
31. Retailing in India. (2004).

索　引——本書に登場する各国の主要小売業（日本企業は除く）

AH XL　ロイヤル・アホールドの新しいハイパーマーケット・チェーン　226
BHS　イギリスの百貨店　215
BI-LO　オランダのスーパーマーケット・チェーン。アホールドが展開している　225
Bol.com（Books on Line）　書籍のインターネット小売専業者　230
BP　イギリスの大手石油小売業　204
B&Q（特力翠豊）　キングフィッシャーとテストライトグループによる合弁企業　220, 296, 328
C1000　シュイテマが運営する大規模スーパーマーケットチェーン　226
CCカルフール（CC Carrefour）　スペイン第2位のインターネット小売業者　271, 280
CRC（華潤超市）　香港にある中国式百貨店の一つ　290, 291
CRE（China Resources Enterprises、中華資源企業）　香港第4位の小売業者　291
CRケア（CRCare、華潤堂）　漢方のチェーン店　291
C&A　ベルギーを本拠地とする衣料品チェーン。店舗の約半分がドイツに存在　245, 246
CJホーム・ショッピング（CJ home shopping）　韓国のテレビショッピングチャネル。CJグループは1993年三星グループから分離　337, 357
DFS（Duty Free Shop）　LVMHの免税店　255
GB　ベルギーの会社。欧州最大の小売スーパー「カルフール」に買収される　25
GUSグループ（GUS group）　英国の大手小売グループ。「Great Unversal Store」から2001年に社名変更　215, 220, 221
H&M　スウェーデンの大手アパレル小売業。最近、日本にも進出を果たす　16, 219, 202, 245, 255, 256
HSE（Home Shopping Europe）　ドイツの通信販売会社　247
IBM（International Business Machine）

コンピュータ関連の製品およびサービスを提供する世界的企業。本社はニューヨーク州　85
IKEA　スウェーデンの大手家具小売チェーン　9,15,170,220,288,291,329
ITM　フランスの独立商人の協同組合。インターマルシェ、エコマルシェなどの小売店を展開　240,258
J・C・ペニー（J.C.Penney）　アメリカに本社を置く大手小売チェーン。シアーズやウォルマートと並ぶアメリカの代表的企業　276
Kマート（kmart）　アメリカに本社を置くスーパーマーケット・チェーン。2005年にシアーズを買収・合併　13,16,151,160,169,170
LGグループ（LG group）　韓国有数の財閥。LGエレクトロニクス（旧、LG電子）が世界的に有名　332,357
LG電子（LG Electronics）　韓国に本社を置く世界的電子メーカー　331
LG25　韓国のLGグループが運営するコンビニエンスストア・チェーン　332,337,353
LGスーパーマーケット（LG Supermarket）　韓国のLGグループが運営するスーパーマーケット　332,356
LGホーム・ショッピング（LG home shopping）　2005年、GSホーム・ショッピングに名称変更。テレビショッピング、インターネットショッピング、カタログ販売などが主力とする韓国の企業　332,337,357
LVMH（Louis Vuitton Moet Hennesy）　フランスを本拠地とする、ファッション・ブランドや香水・化粧品，宝飾品，小売業を展開するグループ　170,255
MNG　マンゴが中国で展開している店舗　328
P&G（Procter & Gamble）　アメリカに本拠を置く一般消費財メーカー　206
PCワールド（PC World）　ディクソンが展開する家電店　219
PPRグループ（PPR group）　通信販売・百貨店・スーパーマーケット・専門店を展開するフランスの小売業　251,255
QVC　アメリカ生まれの巨大テレビ・ホームショッピング・ネットワーク。2000年から日本にも進出している　222,247
R.H.メイシー（R.H.Macy）　ニューヨークの百貨店　168
RPGグループ（RPG group）　タイヤ、電力、情報技術および通信などの分野を先導するインドの主要企業グループ　382
SKグループ（SK group）　韓国の財閥。主な事業分野は、石油精製や通信、繊維、貿易など　332

Shopping24 ドイツのオンライン・ショッピングセンター 248
T&S 英国のコンビニエンスストア・チェーン。2002年、スーパー業界のテスコに買収された 199
T&S ワンストップ（T&S One Stop） 199
U.S.ナショナルレールサービス（U.S. National Rail Service） 51
WH スミス（WH Smith） イギリスの大規模小売チェーン 222
Wm.モリソン・スーパーマーケット（Wm-Morrissons Super Market）イギリスのスーパーマーケット・チェーン 203,204,214

【ア】

アイスランド（Iceland） イギリスの大手スーパーマーケット・チェーン 214,222
アズダ（ASDA） イギリスの大手スーパーマーケット・チェーン。企業名は、The Associated Dairies and Farm Stores の頭文字をとったもの 19,202～204,213,214,223,224
アスリート・フット社（Athlete's Foot's） 40か国以上で展開している運動靴のチェーン店 132,134
アタック（Atac） フランスのスーパーマーケット 257
アドマート（Admart） 香港の小売業者 290
アパレル（Apparel） オランダのヴェンデックスが展開する小売業態 227
アホールド（Ahold） オランダのスーパーマーケット・チェーン 19,226,270
アマゾン（Amazon） ネット専門小売業。書籍を中心にDVD、雑貨など、多様な商品を販売。250万もの商品を提供している 5,222,230,386
アムトラック（Amtrack） 全米を結ぶ鉄道旅客輸送を運営する公共企業 51
アルカディア・グループ（Arcadia Group） イギリスの大手小売業。ドロシー・パーキンス、ミス・セルフリッジ、ウォリス、トップショップ、エバンス、バートン、そしてトップマンなど多数の業態を抱える 215,219
アルカンポ（Alcampo） オーシャンが展開しているハイパーマーケット 269
アルゴス（Argos） イギリスの大規模小売チェーン。グレートユニバーサルストアの傘下企業 215,216,222
アルディ（Aldi） ドイツのハードディスカウント業態を中心とする小売業。欧州、豪州、アメリカなどで事業を展

開　12, 170, 204, 225, 227, 236, 239, 240, 243, 247, 250, 258
アルバート・ハイン（AH：Alber Hein）　オランダのアホールドが展開する食品小売業　225～227
アルバートソン（Albertsons）　アメリカのスーパーマーケット・チェーン　169, 187, 189, 203
イェ・ホア（Yue Hwa Chinese Product、裕華国貨）　香港にある中国式百貨店の一つ　290
イペルコル（Hipercor）　スペイン最大の小売業者エル・コルテ・イングレスが保有するハイパーマーケット　265, 269, 270
イー・マート（E-Mart）　1993年から新世界が展開する韓国最初・最大の大型ディスカウントストア　337, 349, 350, 352, 356
インターパーク（Inter Park）　デーコム株式会社のインターネットショッピング　357, 358
インターマルシェ（Intermarche）　フランスの独立商人の協同組合であるITMによる食品スーパー　256, 258
インディテックス・グループ（Inditex group）　スペインで衣類と履物を専門的に取り扱うスペシャリティ・ストアのグループ　170, 268
インド・タイムズ・コム（Indiatimes.com）　タイムズ・グループ（インドの最大のメディア財閥）のインターネット部門　386
ヴィベックス（Viveks）　インドの耐久消費財と家電を取り扱う最大の小売業者　383
ウィミンズシークレット（Women's Secret）　スペンイン第2位の衣料品製造小売業者であるコルテフィエルが展開するチェーン　268
永安（Wing On）香港系の百貨店　58, 290, 300, 301, 327
ヴェーカンプ（Wehkamp）　オランダの通販業者　230
ウェブサイド（Westside）　トレントがインドで経営する百貨店　383
ウェルカム（Wellcome、恵康）　香港のドラッグストアチェーン　291
ウーデー（Ed）　フランスのハード・ディカウント業態　257
ウーピム・デパート（Upim department stores）　ラ・リナシェンテグループの中の中級品市場向けの百貨店　275
物美（Wumart）　北京に本拠を置くスーパーマーケット　320～325
ウールワース（Woolworse）　アメリカの小売業　215, 216, 263
ヴェン・グルーサンデルセントラム（VEN Groothandelcentrum）　オランダの現金持ち帰り会員制ディスカウン

トショップ　231
ヴェンデックス（Ventex）　オランダの大手非食品小売業。ヘマ、ヴルーム＆ドレスマン（V&D）、ベインクフォルフ、ドウ・イット・ユアセルフ、アパレル、そしてコンシューマー・エレクトロニクスの六つのグループを傘下にもつ　227, 228
ウォリス（Wallis）　アルカディア・グループの小売店　219
ウォルマート（Wal-Mart）　世界最大の規模をもつ小売企業。ディスカウントストア・チェーンとして発展し、現在はスーパーセンター、会員制倉庫型量販店を展開　6, 8, 10, 13, 19, 23, 32, 36～38, 41, 46, 50, 69, 146, 151, 169, 178, 186～188, 200, 202, 203～205, 211, 214, 318～320, 325, 326, 349, 361, 373
ヴルーム＆ドレスマン（Broom & Dressmann; V&D）　ヴェンデックスが展開する小売業態　227, 228
エコマルシェ（Ecomarch）　ITM が運営する食品スーパー　258
エスプリ（Esprit）　香港に本社を置き，アパレル製品を製造・販売する企業　244, 245, 256, 289, 328
エダ・バナーズ（Edah Banners）　ラウルスが展開する食品小売業　227
エタム（Etam Development）　フランスのファスト・ファッション企業　256
エデカ（Edeka）　ドイツにおいて購買組合の連合体として設立された食品小売業　246, 248
エデカ・セントラル（Edeka Zentrale AG）　ドイツ最大の流通グループ。小売と卸売で12, 600店以上を展開している　243
エトス（Etos）　オランダのドラッグストアチェーン　226
エバンス（Evans）　アルカディア・グループの小売店　219
エボニー（Ebony）　インドの小売業者　384
エル・コルテ・イングレス（El Corte Ingles）　スペイン最大の小売業者　262～265, 268, 269, 271, 275
エロスキ（Eroski）　スペイン第3のハイパー・マーケット、スーパーマーケットの負ループ　270
オイショ（Oysho）　スペインで衣類や履物を専門的に取り扱うインディテックス・グループの中のファッションブランド　268
オーシャン（Auchan）　フランスの大手小売業。ハイパーマーケット業態とアタックという名称でスーパーマーケットを展開　251, 257, 269
オーシャン・アンド・チッタ・メルカート（Auchan and Citta Mercato）　ラ・リナシェンテグループの中のハイパー

マーケット　275
オーシャン・リナシャンテ（Auchan-Rinascente）　フランスの流通企業オーシャンがイタリアの百貨店ラ・リナシャンテの食品事業部を買収して設立した会社　279
オッケー・マート（OK Mart）　韓国のコンビニ　354
オットー（Otto）　ドイツの通信販売会社　170, 243, 248
オビエッセ（Oviesse）　イタリアの百貨店。コインに買収される　277

【カ】

カウフホーフ（Kaufhof）　ドイツにおけるメトロ傘下の百貨店グループ　244, 245, 276
カウフラント（Kauflant）　ドイツにおけるハイパーマーケット業態の小売りチェーン　247
カジノ（Casino）　フランスの小売グループ。19か国でコンビニエンスストアやスーパーマーケットなどを展開している　255, 256, 258
カストラマ（Castorama）　フランスの本拠を置く小売業者　220
カーデーヴェー（KaDeWe）　ドイツのベルリンにある百貨店　245
カリーズ（Currys）　ディクソンが展開する家電店　219
カールシュタット・クヴェレ（Karstadt Quelle AG）　ドイツを本拠とする百貨店・通信販売チェーン　243, 244, 247～249, 276
カルフール（Carrefour）　世界各地で事業展開するフランスの小売業者　8, 25, 28, 31, 32, 37, 69, 251, 254, 256, 257, 269, 278～290, 295, 297, 318～320, 328, 349, 351, 352
カルフール・エクスプレス（Carrefour Express）　カルフールがスペインで行っているスーパーマーケット　269
カルフール商業センター（Centros Comerciales Carrefour SA）　カルフールがスペインにおける事業を展開するために設けた子会社　269
カルフール・プロモデス（Carrefour-Promodes）　フランスの小売業　256
ガレリアス・プレシアドス（Galerias Preciados）　31軒の百貨店をもつスペインの小売グループ　265
起亜自動車（Kia）　韓国の自動車メーカー。現代自動車の傘下となり現代－起亜自動車を構成　331
ギャップ（GAP）　アメリカに本社を置く巨大衣料品製造・小売りチェーン。SPAの先駆と言われる　21, 40, 141, 180, 245

ギャラリー・ラファイエット（Galeries Lafayette） フランスの高級百貨店 254,255,276,327
キラナ（Kirana） インドの食料雑貨店（パパママ・ストア） 369
キングフィッシャー（Kingfisher） イギリスの大手家庭用品小売業者。B&Q、コメットなどを傘下小売店として所有する 215,220,328
ギンベル（Gimbels） かつてニューヨークにあった百貨店 300
グッチグループ（Gucci group） フランスを本拠地とする流通会社 PPR の傘下にある。グループの株式の10%程度を LVMH が保有している 255
錦湖グループ（Kumho group） 韓国の財閥。錦湖タイヤとアシアナ航空を母体とし、2004年、錦湖アシアナグループに名称変更 332
クローガー（Krogers） アメリカのスーパーマーケット・チェーン 169,187,189
クロスロード（Crossroad） インドのショッピング・センター 382
クロノドライブ（Cronodribe） フランスのドライブスルーの店 257
愛買吉安（Geant） カジノグループと遠東グループによる合弁企業 296
グレート・ユニバーサル・ストア（Great Universal Store） 英国に本拠を置く小売グループ。2001年から「GUS」に社名変更 222
ケー・ラヘジャグループ（K Raheja group） ハイパーシティなど多様な業態を運営するインドの小売企業 383
ゲイル&ゲイル（Gall & Gall） 酒類販売チェーン 226
ケサ（Kesa） イギリスの家電量販店の大手 220
コイン（Coin） イタリアを代表する百貨店チェーン 275,277
コストコ（Costco） アメリカを本拠とする会員制倉庫型量販店 169,187,189,349
コスモス（Cosmos） 韓国の百貨店 342
コナッド（Conad） イタリアの食品小売業者 279
コネクト（Connect） BP が所有するガソリンスタンドにあるコンビニ 204
国美電器（Gome） 北京に本拠を置く家電量販店 329
コメット（Comet） 英国の家庭用品販売の大手企業。主に、郊外店を中心に展開 220
コルテフィエル（Cortefiel） スペイン第2位の衣料品製造小売業者 268
コンシューマー・エレクトロニクス（Consumer Electronics） ヴェンデックスが展開する小売業態 228

コンティネンテ（Continente）スペインのハイパーマーケット　269
コンマール（Konmar）ラウルスが展開する食品小売業　226,227

【サ】

ザ・リンク（The Link）ディクソンが展開する家電店　219
サブウェイ（Subway's）アメリカ発祥のサンドウィッチ・チェーン　133, 143
サマフィールド（Summerfield）イギリスの大手スーパーマーケット・チェーン　204,214
サマリテーヌ（Samaritaine）LVMHの百貨店　255
サムズクラブ（Sam's Club）アメリカに展開するウォールマート系列の会員制倉庫型量販店　187
三星グループ（Samsung group）韓国最大の財閥。サムスン電子をはじめ、サムスン物産、サムスン生命、サムスン重工業など多方面の事業展開。サムスン自動車は1998年フランスのルノーに売却　332,342
三星生命（Samsung Life）三星グループ系列の生命保険会社　332
三星重工業（Samsung Heavy Industries Co., Ltd）三星グループ系列で、世界トップレベルの大型造船会社　332
三星建設（Samsung C&T Corporation）三星グループ系列の、韓国最大大手の建設会社　332
三星電子（Samsung Electronics）韓国の最大手総合家電・電子部品、電子製品メーカー。サムスン・グループの中核企業　331
ザラ（Zara）スペインのインディテックス・グループの代表的なファッションブランドでグローバルな（born global）国際的小売業者　12,16,21,30,31,40,202,255,256,268
39ショッピング（39 Shopping）韓国のオンラインショップの大手。CJホームショッピングに買収された　357
雙龍グループ（Ssangyong）韓国の財閥。自動車、重工業、製油などの分野で事業展開していたが、ほとんど売却され事実上グループ解体の状態　332
シアーズ（Sears）シアーズ・ローバック社（現在はシアーズ・ホールディングス）。アメリカの小売企業。19世紀末メールオーダーによる販売で成長した。20世紀に入り郊外型百貨店を展開する。05年にKマートに買収される　59,113,151,169,215,263
シアーズ，リチャード（Richard Sears, 1863～1914）アメリカの企業家。C.ローバックと共にカタログによる通信販売会社「シアーズ・ローバック社」を設立。
ジェナーズ（Jenners）イギリスの老舗百貨店 216
シェル（Shell）世界各地にネットワークをもつ石油企業 203
システムU（Syst_me U）フランスの農村地域と小規模都市で事業を展開する協同組合。ハイパーマーケット，スーパーマーケットとコンビニエンス・ストアを展開 258
シタディウム（Citadium）フランスのスポーツ用品店 255
シティストア（Citystore）セーフウェイ所有のコンビニ 204
シティパー（Cityper）ラ・リナシェンテグループの中のスパーマーケット 275
シフラ（CIFRA）メキシコ最大の小売業 8,36,41,50,146
ジャイアント（Giant）RPGエンタープライズが運営するハイパーマーケット 382
ジャイアント・フードストア（Giant Food Store）アホールドが展開している 225
ジャクソンズ（Jacksons）セインズベリー所有のコンビニ 203
ジャーディン・マセソン・ホールディングス（Jardine Matheson Holdings Ltd、怡和洋行）デイリーファームを所有する香港の小売業者 291
上海物資（Shanghai Material）318
上海一百グループ（Shanghai Yibai Group）中国最大の小売企業の一つである百利安（Bailian）グループの子会社 318
シャンピオン（Champion）カルフールが行っていたスーパーマーケット 269
大新（Shui Hing）香港系の百貨店 300, 301
シュイテマ（Schuitema）C1000を展開しているオランダの会社 226
シュヴァルツ・グループ（リドル）（Schwarz Unternehmens Treuhand KG（Lidl））ドイツの小売業者 240, 247
シュービックシャ（Subhiksha）チェンナイ（インド南部の都市）最大のスーパーマーケットおよび薬局チェーン 367,368,383
ジョイ・マート（Joy Mart）韓国のコンビニエンスストア・チェーン 354
ジョージ・グローバル（George Global）アズダが衣料ブランドの国際的拡大を狙って立ち上げた事業部 202,203
ショッパーズ・ストップ（Shoppers' Stop）インドで最古で最大の百貨店

チェーン　383, 384
ショップ・ダイレクト・グループ（Shop Direct Group）　英国最大のホームショッピングおよびオンライン小売業者　221
ジョルダーノ（Giordano）　1981年に創業したアジア最大の衣料品小売業者　289, 328
ジョン・ルイス（John Lewis）　イギリスの百貨店。国内最大の従業員共同経営会社　215
ジョン・ワナメーカー（John Wanamaker）　フィラデルフィアの百貨店　168
新光三越百貨（Shin Kong Mitsukoshi Department Store）　台湾第2の小売業者　295, 297, 327
先施（Sincere）　香港系の百貨店　58, 290, 300, 301, 327
シンシン（Shinshin）　1950年代に創業した韓国の百貨店。現在は廃業　342
シンプリーフード（Simply Food）　マークス&スペンサー所有の食品専門店　205
新世界百貨（Shinsegae）　韓国の百貨店。流通・外食などサービス業を中心とする新世界グループの中核企業。1991年に三星グループから独立　334, 342, 344, 357
スタンダ（Standa）　イタリアの百貨店。コインに買収される　277
ステファネル（Stefanel）　イタリアのアパレルチェーン　275
ストラディヴァリウス（Stradivarius）　スペインのインディテックス・グループの中のファッションブランド　268
蘇寧電器（Suning）　江蘇省に本拠を置く家電量販店　330
スパー（Spar）　欧州を中心に、食品の卸売・小売企業が加盟することで設立されている食品小売チェーン。オランダに本部がある　240
スパー・ハンデルス社（Spar Handels）　ドイツの企業　258
スーパー・デボア（Super De Boer）　ラウルスが展開する食品小売業者　226, 227
スプリングフィールド（Springfield）　コルテフィエルが展開しているチェーン　268
スーペルメルカーティ（Supermarcati SMA）　ラ・リナシェンテグループの中の中級品市場向けの百貨店　275
スリグロ食品グループ（Sligro Food Group）　オランダの現金持ち帰り会員制ディスカウントショップ　231
新新百貨（Sun Sun）　香港系百貨店　300
セインズベリー（Sainsbury）　イギリスの大手スーパーマーケット・チェーン　19, 203, 204, 206, 214, 222

セーフウェイ（Safeway） アメリカのスーパーマーケット・チェーン 169, 187, 189, 204, 213, 214
セフォラ（Shephra） LVHMの化粧品チェーン 255
セブン・イレブン（7-Eleven） 米国のサウサランド（Southland）社が始めた最初のコンビニエンスストア。最大の開花をしたのは、日本の「7–11ジャパン」によってである 325, 337, 353
セマウル（Saemaeul） 韓国最初のスーパーマーケット・チェーン 356
セルフリッジ（Selfridge） イギリスの百貨店 215
ソファ・ワークショップ・ダイレクト（Sofa Workshop Direct） イギリスの家具通販業 221

【タ】

タイムズグループ（ ） インド最大のメディア財閥 386
タイ・ラック（Tie Rack） ネクタイやスカーフを主に販売する英国発の専門小売業 140, 142, 218
ダグラス（Douglas） スペイン第2のアパレルグループのコルテフィエルが保有するファッションブランド 243, 268
タコ・ベル（Taco Bell） アメリカのメキシコ料理を中心とするファストフード・チェーン 136
タタ・グループ（Tata group） インドの茶のプランテーションを含む様々な産業に関係する財閥 383
ダーティ（Darty） 英国の家電量販店 220
タワーレコード（Tower Record） アメリカを本拠とするレコード販売店 55, 183
ダンキン・ドーナツ（Dunkin' Donuts） アメリカのドーナツを主力とするファストフード・チェーン 145
チャイニーズ・アート・アンド・クラフト（Chinese Arts and Craft） CREが展開している小売店 291
ディア（Dia） フランスのハード・ディカウント業態 257, 269
ディクソン（Dickson） イギリスの主要電気小売業。カリーズ、PCワールド、ザ・リンクの名で店舗を展開 219, 220
ディクソン・コンセプツ（Dixon Concepts） 香港で高級品の専門店を経営する小売グループ 290
デイリー・クイーン（Dairy Queen's） アメリカのアイスクリーム・パーラー・チェーン 143
デイリーファーム（Dairy Farm：牛奶）

食品部門で支配的な香港の小売業者　289,291,373
デイリーファーム・インターナショナル（Daily Farm International）　香港で活動する小売業者。フード・ワールドとの合弁事業でインド市場に参入した　382
大宇電子（Daewoo Electronics）　韓国の大手家電メーカーの一つ　331
大宇グループ（Daewoo）　韓国の10大財閥の一つ。自動車部門はゼネラルモーターズの傘下となりGM大宇自動車技術に変更　332
テキスウィンカ（Texwinca）　香港系の専門店　328
テスコ（Tesco）　イギリスの大手スーパーマーケット・チェーン　16,23,199,200,201,203,204,206,207,211,214,222,326,332
テスコ・エクストラ（Tesco Extra）　イギリスのテスコが運営する郊外型の大型スーパーマーケット　200,201
デベンハムズ（Debemhams）　イギリスの百貨店　215,216
デルハイズ（Delhaize）　ベルギーに本拠を置く食品小売業者。世界8か国で営業　11,19,170
テンゲルマン（Tengelmann）　ドイツに本社を置くスーパーマーケット　170,243,250
トイザらス（Toy'sЯUs）　オモチャ部門の世界的小売チェーン　10,44,45,265,288
ドゥ・イット・ユアセルフ（Do-It-Yourself）　オランダのヴェンデックスが展開する小売業態　227
トップショップ（Topshop）　アルカディア・グループの小売店　219
トップ・マート（Top Mart）　セウォン流通が主に韓国のプサンで展開するスーパーマーケット・チェーン　356
トップマン（Topman）　アルカディア・グループの小売店　219
トレイダー・ジョーズ（Trader Joe's）　アメリカの食品スーパーマーケット・チェーン。比較的高級志向の商品を扱う　187,189
トレント（Trent）　インドで株式公開している三つの小売業者の一つ。インドのトップのビジネス財閥の一つであるタタ・グループの一部門　382～384
ドロシー・パーキンス（Dorothy Perkins）　アルカディア・グループの小売店　219
ドン・アルゴドン（Don Algodon）　スペイン第2のアパレルグループのコルテフィエルが保有するファッションブランド　268
新東安（Dong'an Shopping Center）　北京にある大型ショッピングセンター

306
東和百貨（Donghwa） 1963年、新世界百貨店に買収され、その前身となった韓国の百貨店 342

【ナ】

第一百貨（Number One Department Store） 上海に本拠を置く百貨店 50, 300, 326
第二百貨（Number Two Department Store） 上海に本拠を置く百貨店 301
ニュー・ソウル（New Seoul） 韓国初のスーパーマーケット 356
ニルギリ（Nilgiris） インドのスーパーマーケット・チェーン 384
ネクスト（Next） イギリスのアパレル小売業 40, 41, 202, 219, 222
ネッカーマン（Neckermann） オランダの通販業者 230, 244
ネット（Netto） ITMが運営するハード・ディスカウントストアー 258
農工商（Nonggongshang） 上海に本拠を置くスーパーマーケット 319
第六百貨（Number Six Department Store） 上海にある百貨店 329

【ハ】

百盛（Parkson Department Stores） マレーシア系の百貨店 324, 326
バーガーキング（Burger King） マクドナルドと並ぶ米国のハンバーガーチェーン。一度日本に進出して失敗した経験がある 61
楽購（Hymall） 台湾系のスーパーマーケット 326
百聯（Bailian Group） 中国最大の小売グループ。傘下には聯華、華聯、友誼などを有する国有企業 318, 326, 328
ハウス・オブ・フレイザー（House of Fraser） イギリスの百貨店 215〜217
バジー・コム（Bazee.com） オークション取引中心のインドの最大のインターネット企業 385
太平洋百貨（Pacific Department Store） 太平洋崇光（Sogo）百貨のグループ企業であり、現在、上海、北京などで9店舗を展開している 326
太平洋流通（Pacific Liutong Investment company） 台湾系の物流企業であり、1995年に遠東グループ傘下の遠百企業に買収された 295
太平洋崇光百貨（Pacific Sogo Department Store） 1987年に台湾の遠東グループ傘下の企業として創業され、

1993年より中国進出　295, 297
パークンショップ（Parkn Shop）　香港最大のスーパーマーケット　291
バスキン・ロビンズ（Baskin Robbins）　アメリカに本社を置くアイスクリーム・パーラー・チェーン。日本では、サーティーワン・アイスクリームとして有名　132, 134, 137, 145
バタ（Bata）　インドで株式公開している三つの小売業者の一つ　382
ハッチンソン・ワンポア（Hutchison Whampoa、和記黄浦）　香港の食品部門で支配的な小売業者　289, 291
バット（BUT）　英国の家具店　220
バートン（Burton）　アルカディア・グループの小売店　219
バーニーズ（Barney's）正式名称は「Barney's NewYork」米国の百貨店。日本にも進出している　9
ハノス国際ホレカ・グルーサンデル（HNOS Internationale Horeca Groothandel）　オランダの現金持ち帰り会員制ディスカウントショップ　231
ハーベイ・ニコルス（Harvey Nichols）　イギリスの高級百貨店　215
バレーノ（Baleno）　専門店ブランドとして1980年代初期に香港で展開された。1996年以降は、中国をはじめ東南アジアにも進出し、高い人気を得ている　289, 328
ハロッズ百貨店（Harrods Department Store）　ロンドンにある高級百貨店　217, 218, 300, 327
バーン（BAAN）　オランダのERP（Enterprise Resource Planning）ソフトウェア企業。2007年に、アメリカのエスエスエー　グローバル　テクノロジーズ（SSA Global Technologies）に買収された　369
ハンソルCSN（Hansol CSN）　ハンソル・グループのインターネットショッピング　357, 358
パンタルーン・リテイル（Pantaloon Retail）　インドで株式公開している三つの小売業者の一つ　369, 382, 384
漢南スーパー・チェーン（Hannam）　韓国のスーパーマーケット　356
韓進グループ（Hanjin）韓国の財閥。系列企業には韓進宅配、大韓航空など　332
韓化グループ（Hanhwa）　韓国の財閥。主な事業分野は、化学、貿易サービス、金融など　332
ハンファ・マート（Hanhwa Mart）　韓国の韓化グループのスーパーマーケット　356
ビージェイズ（BJs）　アメリカの会員制倉庫型量販店　187
ビッグ・バザール・アウトレット（Big Bazaar outlets）　パンタルーン・リテ

イルが展開するハイパーマーケット　382
ビーティーズ（Beatties）　イギリスの百貨店　187
ビンブス（Bimbus）　イタリアの百貨店。コインに買収される　277
現代グループ（Hyundai）　韓国の財閥。現代重工業、現代－起亜自動車、現代百貨店は現代グループから分離し、別会社のグループになる　332, 342
現代自動車（Hyundai）　韓国最大手の自動車メーカー　331
現代百貨店（Hyundai Department Store）　韓国の現代グループが運営している百貨店　334, 344, 357
現代ホーム・ショッピング（Hyundai Home shopping）　現代グループが展開する　337
遠東グループ（Far Eastern group）　台湾の百貨店グループ　295, 297
遠東百貨（Far Eastern Department Stores）　台湾の遠東グループの中の百貨店の一つ　295
遠百企業（Far Eastern Geant Company）　1990年代に台湾の遠東グループの傘下企業として創業し、現在「愛買」ブランドで総合量販店15店舗を展開している　295
和信（Hwashin）　韓国最初の百貨店。1980年代和信グループの解体と共に解体　342
ファースト・ナショナル・スーパーマーケット（First National Supermarket）　アホールドが展開している　225
ファストフレーム（Fastframe）　欧米の額装工房のチェーン。日本にも進出　141
ファーニチャー・アンド・ソファ・メーカーズ（Furniture and Sofa Makers）　イギリスの家具通販業　221
ファブメール（Fabmail）　アマゾンのようなインドの書籍のインターネット小売企業であるが、バンガロール（Bangalore）には伝統的な食料雑貨店も運営する　386
華聯（Hualian）　北京に本拠を置くスーパーマーケット　318, 319, 322
フィールド，マーシャル（Marshall Field，1834～1906）　アメリカの企業家。シカゴを代表する百貨店「マーシャルフィールド」を開業。
フェンウィックス（Fenwicks）　イギリスの百貨店　215
フォートレス（Fortress）　ワトソン・グループが展開する家電チェーン　291
フットロッカー（Foot Locker）　米国の大手スポーツ用品店　288
フードライオン（Food Lion）　米国生まれの食料品チェーン。全米で約1,300店を展開中　11, 19

フードランド・スーパーマーケット（Foodland supermarket）　ムンバイを拠点とする小売業者　366
フード・ワールド（Food World）　インド内に多くの店舗を有するシュービックシャの食品事業　367, 369, 373, 374, 382, 384
プライススマート（PriceSmart）　米国と中南米を中心に、会員制ウェアハウスクラブを多店舗展開している　322
プランタン（Pritemps）　フランスの百貨店　255, 276
フランプリ（Franprix）　カジノが経営するハード・ディカウント業態　258
プリカ（Pryca）　スペインのハイパーマーケット　269, 278
ブリコ・デポ（Brico Depot）　フランスに本拠を置く小売業者　220
ブリック・アンド・モルタル（Brick & Mortal）　インドのファブメールが展開する食糧雑貨店　386
ブリューガーズ・ベーグル（Bruegger's Bagle）　アメリカのパン屋・チェーン　140
友誼（Friendship Group）　北京に本拠を置く百貨店　318, 328
プール・アンド・ベア（Pull&Bear）　スペインのインディテックス・グループの中のファッションブランド　268
ブルースター・エクスチェンジ（Bluestar Exchange）　ジョルダーノが展開するアパレル小売業。1999年からアジアを中心に展開　328
プレカ・ブランメル（Preca Brummel）　イタリアの衣料小売業。SPAを展開している　277
家楽福（Presicarre Corporation）　カルフールSAと統一企業による合弁企業　296, 297
統一超商（President chain store corporation）　台湾のコンビニとハイパーマーケットのチェーン　295, 297
プロクター&ギャンブル（Procter & Gamble）　アメリカに本拠を置く一般消費財メーカー。洗剤、トイレタリー製品、食品を主力とする　190
プロモデス（Promodes）　フランスにおけるスーパーマーケット・チェーン。現在はカルフールと合併　251, 269
プント・コンビニエンスストア（Punto SMA）　ラ・リナシェンテグループの中のコンビニエンスストア　275
ベインクフォルフ（Bijenkforf）　オランダのヴェンデックスが展開する小売業態　227, 228
ベスト・バイ（Best Buy）　アメリカ合衆国の家電量販店チェーン　43, 169, 172
ヘテ流通（Haitai）　韓国のスーパーマーケット　356
ペドロ・デル・イエロ（Pedro del Hierro）

スペイン第2のアパレルグループのコルテフィエルが保有するファッションブランド　268
ヘネス&モーリッツ——H&M
ベネトン（Benetton）　世界100か国以上でフランチャイズ事業を展開しているイタリアのアパレルチェーン　8,40,275,278,284,288
ヘマ（HEMA）　オランダのヴェンデックスが展開する小売業態（百貨店）227,231
ベルシュカ（Bershka）　スペインのインディテックス・グループの中のファッションブランド　268
ベルズ（Bells）　セインズベリー所有のコンビニ　203
ヘルティ（Hertie）　ドイツにおける百貨店グループ。現在はカールシュタットに買収されている　244
ベントールズ（Bentalls）イギリスの百貨店　215
ボガタ（Bogata）　ウォルマートがメキシコに進出した際のスーパーセンターの名称　41
ボディショップ（The Body Shop）　主にトイレタリーや化粧品を取り扱うイギリス発の専門小売業　8,40,46,218
ホーム・デポ（Home Depot）　米国の住宅リフォーム、建設資材などの小売チェーン。米国、カナダ、メキシコを中心に展開し、中国に多数の店舗を出店している　43,169
ホーム・プラス（Home Plus）　三星テスコ㈱が運営する韓国の大型ディスカウントストア　332,337,349,351,352
ホームベース（Homebase）　GUSのホームセンター　220
好美家（Home Mart）　上海に本拠を置くホームセンター　328
ホルテン（Horten）　ドイツにおける百貨店グループ。現在はカウフホーフに買収されている　244,245
ホール・フーズ（Whole Foods）　アメリカの高級食品スーパー。オーガニック商品をうりものとする　187,189
ボン・マルシェ（Bon Marche'）　元々はパリの生地屋。1852年、ブシコー夫妻が買い取り、百貨店としてのシステムを確立。世界初の百貨店とされる　171,254,255
ポンドランド（Poundland）　イギリス版の1ドルストア。スナック、パーソナルケア・アイテム、生活用品、ガーデニング用品、ペットフードなどを売る　219

【マ】

マイヤーズ（Meyers）　アメリカのハイ

パーマーケット　186
マキシ・ディア（Maxi-Dia）　カルフールのスペイン現地会社であるディアがもつ消費財を取り扱うスーパーマーケット　269
マークス＆スペンサー（Marks & Spencer）　PBの衣料品・靴・ギフト商品・家庭用雑貨・食品などを販売するイギリスの小売事業者　30,40,170,202,205,216,218,219,263,373
マクドナルド（McDonald's）　米国に本社を置くハンバーガー・チェーン　8,14,20,22,61,82,94～97,130,134,141,144,263,296,385
マクロ（Makro）　ウェアハウスクラブを中心に小売業を展開するオランダ・ドイツの合作会社　31
萬客隆（Makro-SHV）ホールディングスと豊群ホールディングスによる合弁企業　296
マーシャルフィールド（Marshall Field）　シカゴの百貨店　168
マタラン（Matalan）　低価格を売りとするイギリスのファッション小売業者　218
マッシモ・デュッティ（Massimo Dutti）　スペインのインディテックス・グループの中のファッションブランド　268
マーティンズ（Martins）　イギリスの新聞販売店　204
マデリオス（Madelios）　フランスの紳士服店　255
マンゴ（Mango）　スペイン発祥で世界各国で事業を行う衣料品の製造・小売企業　16,21,30,31,40,133,202,246,256,328
ミス・セルフリッジ（Miss Selfridge）　アルカディア・グループの小売店　219
ミダス（Midas's）　アメリカ発祥の自動車修理サービスのチェーン　143
ミドパ（Midopa）　韓国の百貨店　342
ミラノ（Milano）　スペイン第2のアパレルグループのコルテフィエルが保有するファッションブランド　268
メイシーズ（Macy's）　かつてニューヨークにあった百貨店　300
メイド・イン・スポート（Made in Sport）　フランスのスポーツ用品店　255
メゾン・ラファイエット（Maison Lafayette）　家庭用品、デザイン家具を扱う小売店　255
メトロ（Metro）　ドイツに本社を置く世界有数の小売グループ。スーパーマーケットを展開　239,240,244,245,247～249,319,320,373
メトロ・エクスプレス（Metro Express）　イギリスの小規模型食品店。生鮮食品や肉などの食料雑貨品を販売している

200
メトロ・キャッシュ&キャリー（Metro Cash & Carry） オランダの会員制のディスカウント店 231
メルカドナ（Mercadona SA） スペイン第3のスーパーマーケットを中心とした小売業者 270
モエ・ヘネシー・ルイヴィトン――LVMH
モノプリ・チェーン（Monoprix） フランスでスーパーマーケットなどを展開する小売業者 255
モンゴメリー・ウォード（Montgomery Ward） アメリカの通信販売会社 168

【ヤ】

亜東百貨（Ya Tung department store） 台湾の遠東グループの中の百貨店 295
統一企業（Uni-President Enterprises） 台湾首位の小売グループ 295
ユニリーバ（Unilever） イギリス発の家庭用消費財および家庭用食品メーカー 206
ユーリカ（Eurika） ユニークな販売促進プログラムを展開したメキシコの会社 114
ヨーンカサ（Yorn Casa） カールシュタットが展開するインテリアを扱うショップ 244
永楽電器（Yongle） 上海に本拠を置く家電量販店 330

【ラ】

ラ・ロドゥート（La Redoute） フランス最大の流通グループであるPPRグループの小売部門ブランド 221
ラ・リナシェンテ（La Rinascente） イタリアの百貨店チェーンであり、高級品市場向けの百貨店の名でもある 275, 276, 278
ライフスタイル（Lifestyle） インドの百貨店 383
ラブジ（Ravji's） もともとアーメダバードを本拠とするコンビネーション・スーパーストア 368
ラウルス（Laurus） ドイツ系小売業。スーパー・デボア、コンマール、エダ・バナーズなどを展開する 227
ラドハクリシュナ・グループ（Radhakrishna group） フードランド・スーパーマーケット（Foodland supermarket）所有するインドのムンバイを拠点とする食物ケータリング専門の小売業者 366

ランコム（lancom）　フランスの化粧品会社　340
聯華（Lianhua）　上海に本拠を置くスーパーマーケット　318～322
リーダープライス（Leader Price）　カジノが経営するハード・ディスカウント業態　258
リチャード・シアーズ（Richard Sears）　アメリカの通信販売会社　168
リドル（Lidl）　ドイツに本社を置く，ハード・ディスカウント業態の小売業。欧州各地で事業を展開　205,227,247,258,270
リトルウッズ（Littlewoods）　イギリスの複合小売業。ホームショッピング先発者の一つ　220,221,384
リミティッド（Limited）　アメリカのアパレルチェーン　177,180
リライアンス・コマーシャル・コーポレーション（Reliance Commercial Corporation）　1958年に創業されたインドの財閥の一つ　376
ルクレール（Leclerc）　フランスの食品小売業　256,257
ルレ・デ・マスケティアーズ・グロサリー・ストアー（Relais des Mousquetaires grocery stores）　ITMが運営する食品スーパー　258
北京燕莎友誼商城（Luthansa Shopping Center）　北京にある大型ショッピングセンター　306
レ・アール・デュ・オーシャン（Les Halles d'Auchan）　フランスの食品ディスカウント業態　257
レーヴェ（Rewe）　ドイツを中心とするスーパーマーケット・チェーン。エデカより分離して設立　239,247
レーヴェ・ゼントラル（Rewe-Zentral AG）　ヨーロッパで小売および卸事業を展開している流通クラブ　241,243
レディフ・コム（Rediff.com）　インドのポータル・サイトの一つ。ネット・ショッピングも提供　385
ロイヤル・アホールド（Royal Ahold）　オランダ最大の食品小売業者。アルバート・ハイン、BI-LO，ジャイアント・フードストア、ファーストナショナル・スーパーマーケットなど店舗を展開　170
ローカル（Local）　セインズベリー所有のコンビニエンスストア　203
ロッテグループ（Lotte）　韓国の財閥。ロッテ製菓、ロッテ百貨店、ロッテホテルなどが中核事業　332
ロッテ百貨店（Lotte Department Store）　韓国ロッテグループが運営している韓国最大の百貨店　332,334,342,344,357
ロッテ・マート（Lotte Mart）　ロッテグループが運営している小規模のスー

パーマーケット　332, 337, 349, 350, 356
ロッテ・レモン（Lotte Lemon）ロッテ・マートが展開している小規模のディスカウントストア　356

【ワ】

ワーク・コンビニエンス・ストア（Work Convenience store）ブーツ所有のコンビニ　204
ワトソングループ（Watson&CO.、屈臣氏）香港最大の小売グループ　291
ワトソンズ（Watson's）ワトソングループが展開するドラッグストアー　291
王府井百貨（Wangfujing Department Store）北京に本拠を置く百貨店。北京市百貨大楼、東安市場、長安商場など、16社の完全子会社を有する　327

訳者紹介一覧（アイウエオ順）

栗村俊夫（あわむら・としお）（第８章）

1954年生まれ。京都大学大学院経済学研究科博士後期課程単位取得退学満期退学。現在、奈良県立大学地域創造学部準教授。著書として、近藤文男・若林靖永編『日本企業のマス・マーケティング史』（共著、同文館、1999年）、論文として、「家計の製品需要について－家計経営の視点から」（『奈良県立商科大学研究季報』第10巻４号所収）がある。

林　美玉（いむ・みおく）（第14章）

1970年生まれ。甲南大学マネジメント創造学部専任講師。論文として、「機械主義の抑制による取引コストのコントロール・メカニズム」（『日本経営学会誌』第20号、千倉書房、2007年所収）がある。

大内秀二郎（おおうち・しゅうじろう）（第２章）

1974年生まれ。近畿大学経営学部准教授。著書として、京都大学マーケティング研究会編『マス・マーケティングの発展・革新』（共著、同文館、2001年）、論文として「戦前期の東京電気のマーケティング活動の『特殊性』――電球事業のチャネル政策を中心に」（『商経学叢』第51巻第２号、2004年所収）などがある。

岡本哲弥（おかもと・てつや）（第15章）

1969年生まれ。京都橘大学現代ビジネス学部准教授。著書に、『情報化時代の流通機能論』（晃洋書房、2008年）がある。

加賀美　太記（かがみ・たいき）（第６・７章）

1981年生まれ。京都大学大学院経済学研究科博士後期課程在籍中。論文「技術優位にもとづく長期継続的なOEM供給に関する考察――キヤノンにおけるLBPのOEM供給を事例として」（日本流通学会『流通』第24号、2009年所収）などがある。

徐　彬如（じょ・ひんじょ）（第13章）

1974年、中国・内モンゴル生まれ。吉備国際大学社会学部卒業。京都大学大学院経済学研究科修士課程終了。2000年より、イオン株式会社勤務。2006年より、京都大学大学院経済学研究科博士後期課程に在学中。専攻は、流通、サービス・マーケティング。

玉置　了（たまき・とおる）（第12章）

1977年生まれ。近畿大学経営学部准教授。京都大学大学院経済学研究科博士後期課程修了・博士（経済学）。著書として、『テキスト・流通の構図』（共著、中央経済社、2005年）がある。

崔　容熏――奥付参照。

日髙謙一（ひだか・けんいち）

1970年生まれ。神戸学院大学経営学部准教授。著書として、京都大学マーケティング研究会編『マス・マーケティングの発展・革新』（共著、同文館、2001年）がある。

藤岡章子（ふじおか・あきこ）（第９章）

1971年生まれ。龍谷大学経営学部准教授。著書として、『ネットワーク・イノベーションとマーケティング』（共著、晃洋書房、2006年）。

リー・キョンハ（Katie Lee）

1977年９月生まれ。京都大学大学院経済学研究科ビジネス科学専攻博士後期課程修了。

若林靖永――奥付参照。

訳者紹介

若林靖永（わかばやし・やすなが）（第1章）

1961年生まれ。

京都大学経営管理大学院教授・京都大学大学院経済学研究科教授。京都大学経済学部、京都大学大学院経済学研究科修士課程、同博士後期課程を経て博士（経済学）。京都産業大学専任講師、京都大学経済学部助教授を経て現職。

著書として『顧客志向のマス・マーケティング』（同文舘、2003年）、『商品開発・管理入門』（共著、中央経済社、2007年）、『現代生協論の探求（理論編）』（共著、コープ出版、2006年）などがある。

崔　容熏（ちぇ・よんふん）（第3・4章、訳者あとがき）

1967年生まれ。

同志社大学商学部准教授

韓国外大、京都大学大学院経済学研究科修士課程、同博士後期課程を経て経済学博士。

1999年4月より福井県立大学経済学部専任講師、同准教授を経て2008年4月から現職。

2005年から2006年にかけミシガン州立大学招聘研究員。研究分野はマーケティング・チャネル、製販統合、産業財ブランドなど。

著書・論文として、『マス・マーケティングの発展・革新』（共著、同文舘、2001年）、『リレーションシップ・マーケティング』（共訳、中央経済社、2007年）、「マーケティング・チャネルにおける取引特定的投資が防御メカニズムの選択に及ぼす影響：日本の製造企業に対する経験的研究」（日本商業学会『流通研究』第11巻3号所収）などがある。

変わる世界の小売業

——ローカルからグローバルへ——

（検印廃止）

2009年10月10日　初版第1刷発行

訳者　若林靖永
　　　崔　容熏
　　　他

発行者　武市一幸

発行所　株式会社　新評論

〒169-0051 東京都新宿区西早稲田3-16-28
http://www.shinhyoron.co.jp

TEL 03（3202）7391
FAX 03（3202）5832
振替 00160-1-113487

落丁・乱丁はお取り替えします。
定価はカバーに表示してあります。

印刷　フォレスト
装丁　山田英春
製本　桂川製本

©若林靖永・崔　容熏 他

Printed in Japan
ISBN978-4-7948-0814-1

新評論　好評既刊 ❖ 「市場」を考える本

川端基夫

立地ウォーズ

企業・地域の成長戦略と「場所のチカラ」

街の裏側で繰り広げられている「場所のチカラ」をめぐる攻防を徹底解明! 製造業から小売業まで、立地戦略の画期的入門書。

[四六上製 262頁 2520円 ISBN978-4-7948-0789-2]

川端基夫

小売業の海外進出と戦略

国際立地の理論と実態

「アジア進出」を国際市場の文脈で捉える先駆的研究。50社以上、延べ100人の実務家からのヒアリングに基づく。

[A5上製 340頁 3990円 ISBN4-7948-0502-0]

川端基夫

アジア市場のコンテキスト[東南アジア編]

グローバリゼーションの現場から

企業のグローバル化と対峙して多様な攻防をくりひろげるタイ、マレーシア、シンガポール他のローカル市場のダイナミズムを追う。

[四六上製 268頁 2310円 ISBN4-7948-0677-9]

川端基夫

アジア市場のコンテキスト[東アジア編]

受容のしくみと地域暗黙知

中国、韓国、台湾の消費市場のダイナミズムを"現場の視点"で解読し、グローバル化の真実を明らかにする。

[四六上製 312頁 2625円 ISBN4-7948-0697-3]

ミカ・クルユ／末延弘子 訳／笹野尚＋ユッカ・ヴィータネン 監修

オウルの奇跡

フィンランドのＩＴクラスター地域の立役者達

IT集積の主役達への詳細な取材を通して、ハイテク都市の成立に「地域の誇りと存続」を賭けた振興の精神を浮き彫りにする。

[A5並製 220頁 2310円 ISBN978-4-7948-0758-8]

＊ 表示価格はすべて消費税込みの定価です。